浙江省线上一流课程

浙江省普通高校“十三五”新形态教材

税务会计

邵　露　李梦漪　郑爱民　主　编

曾雨舟　闫转转　刘玉琴　王　磊　副主编

郭　敏　陈俊瑜　刘方莲

中国商业出版社

图书在版编目(CIP)数据

税务会计 / 邵露，李梦漪，郑爱民主编 . —北京：中国商业出版社，2024. 2

ISBN 978-7-5208-2753-9

Ⅰ. ①税… Ⅱ. ①邵… ②李… ③郑… Ⅲ. ①税务会计 Ⅳ. ①F810. 42

中国国家版本馆 CIP 数据核字（2023）第 231704 号

责任编辑：聂立芳
策划编辑：张　盈

中国商业出版社出版发行
（www. zgsycb. com 100053　北京广安门内报国寺 1 号）
总编室：010-63180647　编辑室：010-63033100
发行部：010-83120835/8286
新华书店经销
涿州汇美亿浓印刷有限公司印刷

* * * * *

787 毫米×1092 毫米　16 开　20 印张　458 千字
2024 年 2 月第 1 版　2024 年 2 月第 1 次印刷
定价：54. 00 元

* * * *

（如有印装质量问题可更换）

前言

税务会计课程是会计学专业和财务管理专业的一门专业课，也是会计学专业的主干课程之一。开设本课程目的在于，培养学生比较全面系统地掌握企业税务会计的基本理论、基本方法、基本技能，能够正确分析和解决企业日常实际税务会计问题，适应企业日常税务会计工作，提高学生运用税务与会计知识解决企业日常的税务实务问题的能力。

本教材以现行税收法规为准绳，较全面地介绍了各个税种的基本规定、确认、计量、纳税申报及相应的会计处理，以提高学生的职业判断能力为目的，在充分借鉴近年来国内外税务会计学相关教材编写精髓的基础上，力求简化、通俗地阐述税务会计基本理论、基本知识、基本技能，在专业性、实践性、可操作性等诸方面满足课程教学需要。

本教材是嘉兴南湖学院会计学省级一流本科专业系列教材建设的标志性成果之一。在教材编写过程中，注重理论与实务相结合。本教材可供会计学专业、财务管理专业及其他专业学生教学之用，也可以供广大实务工作者阅读参考。

本教材融合“大智移云”（大数据、人工智能、移动互联网、云计算）等现代技术，结合中国会计学会会计专业教育委员会所倡导的“互联网+会计教学一体化改革”，创新教材形态，即通过移动互联网技术，将教材、课堂、教学资源三者融合，实现线上线下结合的教材出版新模式。

本教材将党的二十大精神有机融入各章节内容，使学生深入理解其丰富内涵，激发学生的昂扬斗志、坚定学生的理想信念、培育学生的责任担当，将价值塑造、知识传授和能力培养融为一体，为党育人、为国育才。

为构建全员、全课程育人格局，将各类课程与思想政治理论课同向同行，形成协同效应，把“立德树人”作为教育的根本任务，本课程部分章节增加了课程思政资料，供学习者参考。

本教材在编写过程中得到了袁志明教授的大力支持，同时参阅了历年税务师考试教材和国内兄弟院校编著的教材，在此表示衷心的感谢！同时，特别感谢浙江衡信教育科技有限公司提供的视频支持。

本教材历经多次讨论，力求体系完整，内容编排合理，但也极有可能还存在考虑不周、安排和表述不妥的地方，某些失误亦难以避免，恳请读者批评指正。

编　者

CONTENTS 目录

目录 | CONTENTS

第一章

总　论

学习目标

掌握税务会计与税收的含义、税务会计核算方法，我国现行的税种及分类；理解税务会计的对象、目标和特点，税法构成要素；理解税务会计与财务会计、管理会计的关系；了解税务会计的前提，企业纳税工作管理。同时让学生熟悉会计学专业税务会计人才应具备的职业道德和基本素养。

思政目标

本章全面阐述税务会计的基本概念、原则、对象、方法和作用，全面贯彻党的教育方针，落实立德树人根本任务。通过学习，培养学生具备税务会计人才应具备的职业道德和基本素养，使他们能够在各类税务会计工作中，始终坚持党的方针政策，忠诚于国家税收事业，严守职业道德，积极服务社会经济发展。

重点

税务会计的含义，税务会计的对象，税务会计与财务会计、管理会计的关系，我国现行的税种及分类，税法构成要素。

难点

税务会计的含义，税务会计与其他会计的关系，我国现行的税种及分类，税法构成要素。

第一节　税务会计概述

一、税务会计的含义及特点

税务会计是社会经济发展到一定阶段的产物，是关于税收及其账务处理的方法体系。由于其形成时间较短，因此，专家学者对税务会计的含义有不同的表述。

美国著名税务会计学家吉特曼博士认为："税务会计主要是处理某项目何时被确认为收入或费用账务问题的一种专业会计。"

日本著名税务会计专家武田昌辅认为："税务会计是为计算法人税法中的课税所得而设立的会计，它不是制度会计，是以企业会计为依据，按税法的要求对既定的盈利进行加工修正的会计。"

我国台湾辅仁大学吴习认为："税务会计是一种融合会计处理与税务法律为一体的专门技术，借以引导纳税义务人合理而公平地缴纳其应负担的租税。"

国内著名税务会计学者盖地教授认为："税务会计是以国家现行税收法律为准绳，运用会计学的理论和方法，连续、系统、全面地对税款的形成、计算和缴纳，即税务活动引起的资金运动进行核算和监督的一种专业会计。"

由于社会经济发展，收入费用的确认和计量变得越来越复杂，会计准则和税法特别是对收入、费用确认进行适当分离，所以会计人员除了按会计准则要求对收入费用进行确认和计量外，还需要从税务的角度来对收入费用进行确认计量以满足税务的需要。另外，纳税申报流程、税款计算、税务报表的编制等也变得越来越复杂，需要具备丰富的税法知识的会计人员来从事这项特殊的会计工作，税务会计也就诞生了。因此本教材认为税务会计是以国家现行税收法律为准绳，以货币为主要计量单位，运用会计学的理论和方法，连续、系统、全面地对纳税人应纳税款的形成、计算和缴纳等涉税活动所引起的资金运动进行核算和监督，以确保税款正确、及时地纳入国库的一种专门会计管理活动。税务会计是在财务会计基础上形成和发展而来的一门会计分支，融税收法规与会计核算方法于一体，是一门特殊专业会计。它具有以下几个特点。

1. 法律性

法律性表现为税务会计在核算和监督应纳税款的形成、计算和缴纳的过程中，必须以国家的税收法律为依据，做到依法计税、依法纳税和依法减免，这是税务会计区别于其他专业会计的一个重要特征。我国《宪法》规定，依法纳税是每个公民的义务。因此，税法同其他法律一样具有严肃性。如果纳税人不遵守税法，就会受到处罚，情节严重者将承担刑事责任。另外，当财务会计准则、制度与现行税法的计税方法、计税范围等发生矛盾时，税务会计必须以现行税收法律为准，对财务会计做适当调整、修改或补充。

2. 广泛性

广泛性表现为税务会计的适用范围非常广泛。由于法定纳税人的广泛性，决定了税务会计的广泛性，它适用于国民经济中的工业、商品流通、交通运输、服务业、房地产和金融保险等各个行业。

3. 统一性

由于税务会计是融各类会计和税收法律于一体的会计，税法的统一性决定了税务会计统一性的特点。这就是说，同一种税对不同纳税人的税务处理的规定一般是相同的。当然，在统一的前提下，也不排除特殊情况下的灵活性，如减免税规定、个体工商户因条件限制确实无力建账的经批准可暂免建账等。

4. 专业性

税务会计是企业会计的一个特殊领域，是对企业生产经营活动中涉税部分的核算和反映，其核算基础也依据会计学的理论和核算方法。但和其他会计相比较，税务会计具有其相对的独立性和特殊性，因为国家规定的征税依据与企业会计制度的规定是有一定差别的，其处理方法、计算口径不尽相同，这些都需要有专业的会计知识和税收知识。因此，税务会计是一门专业性很强的会计学科。

5. 两重性

税务会计的两重性是指其会计目标的两重性。一方面，税务会计最重要的目标是保证国家及时、足额地收取税收收入。离开这一目标，税务会计便失去了存在的意义。税务会计报送纳税申报表与税收缴款书等会计资料，就是在接受税务机关的监督与审核，完成其纳税义务。另一方面，税务会计的又一重要目标是维护纳税人的合法权益。税务机关要依法征税，纳税人要依法纳税。纳税人在完成纳税义务的同时，也要充分行使其权利，维护其合法权益。

二、税务会计的目标

税务会计的目标是向税务机关、投资人等税务会计信息使用者提供有助于税务决策的会计信息，具体可概括如下：

第一，依法纳税，认真履行纳税人的权利和义务。税务会计要以税法为依据，正确地分析、核算税务成本与费用，详细地填报纳税报表，正确、足额、及时地缴纳各种应纳税款，履行纳税人义务，维护纳税人的合法权益。

第二，正确纳税，协调好税法和会计核算的关系。税务会计要依据税法对财务会计核算的信息资料进行调整，以便在对外报告中正确披露税后的财务信息。当两者出现矛盾时，税务会计要坚持税法原则，以税法的规定处理，协调好与财务会计的关系。

第三，科学纳税，有效规避税收风险，保证企业税收负担的优化。税负是纳税人的一项成本费用，因此，纳税人要在涉税业务中进行科学的纳税筹划和细致的税负分析，选择税负较轻的纳税方案，以降低纳税人的税务成本和费用，提高经济效益。

三、税务会计的基本前提

财务会计核算的基本前提是会计主体、持续经营、货币计量和会计分期四大假设。由于税务会计核算要在遵守税法的前提下，采用会计准则和方法对涉税事项进行会计处理，这决定了财务会计的核算前提也适用于税务会计。但税务会计毕竟同财务会计存在区别，在核算前提方面有其自身特点。

（一）纳税主体

纳税主体是指税收法律关系中依法履行纳税义务，进行税款缴纳行为的一方当事人。这明确了国家对谁征税的问题。

纳税主体与财务会计的“会计主体”相类似，两者有密切联系，也有一定区别。会计主体是财务会计为之服务的特定单位或组织，会计处理的数据和提供的财务信息被严格限制在一个特定的、独立的或相对独立的经营单位之内，典型的会计主体是企业。纳税主体必须是能够独立承担纳税义务的纳税人。一般情况下，会计主体应是纳税主体，但在某些特殊情况下，会计主体不一定是纳税主体，纳税主体也不一定是会计主体。

例如，铁路部门、各商业银行，由中国铁路总公司和各商业银行总行集中纳税，其基层单位是会计主体，但不是纳税主体。又如，对稿酬征纳个人所得税时，其纳税人（即稿酬收入者）并非会计主体，而作为扣缴义务人的出版社或杂志社则成为这一纳税事项的会计主体。纳税主体作为代扣（或代收、付）代缴义务人时，纳税人与负税人是分开的。作为税务会计的一项基本前提，应侧重从会计主体的角度来理解和应用纳税主体。

（二）持续经营

持续经营这一前提指纳税人在可预见的将来，将继续存在足够长的时间，以保证生产经营活动持续稳定进行。这是税务会计核算的重要前提。以企业所得税为例，在持续经营前提下，将预期所得税在将来被继续课征，这使得递延所得税款能够存在，并且能够使用纳税影响会计法进行所得税跨期摊配。这样对于资产折旧的计提，也不必担心计税基础与账面价值差异，造成递延税款无法转回。

（三）货币时间价值

货币作为会计计量的统一尺度，是会计核算的重要手段。税务会计在进行涉税事项会计处理时，同样以货币作为计量手段。但与财务会计不同，税务会计不只将货币计量视作核算手段，还认为货币是有时间价值的，也就是随着经济活动的可持续发展，投入使用的货币资金将会产生增值。因此，税务会计在进行税务会计政策、会计处理方法选择时，普遍倾向于加速确认费用，延迟确认收益，这样将获得纳税筹划上的经济利益。

（四）纳税年度

纳税年度是指纳税人按照税法规定选定的缴纳税款的起止时间。我国的纳税年度是指自公历 1 月 1 日起至 12 月 31 日止。但如果纳税人在 1 个纳税年度的中间开业，或者由于改组、合并和破产关闭等原因，使该纳税年度的实际经营期限不足 12 个月的，应当以其实际经营期限为 1 个纳税年度。纳税人清算时，应当以清算期间作为 1 个纳税年度。纳税年度不等同于纳税期限，如增值税、消费税的纳税期限一般是月，而所得税强调的是年度应税收益，实行的是按月或按季预缴，年度汇算清缴。纳税人可在税法规定的范围内选择、确定纳税年度，但必须符合税法规定的采用和改变纳税年度的办法，并且遵循税法做出的关于对不同企业组织形式、企业类型的各种限制性规定。

四、税务会计的对象

税务会计的对象是税务会计的客体。它是纳税人因纳税而引起的税款的形成、计算、缴纳、补退、罚款等经济活动以货币表现的资金运动。企业在生产、经营过程中以货币表现的税务活动，主要包括以下四个方面。

（一）经营收入

经营收入是企业在生产、经营过程中，销售产品（商品）、提供劳务所取得的收入，它是企业资金运动的终点，也是下一次资金运动的起点。由成品（商品）资金转化为货币资金，既包含了用于补偿已消耗的各项成本费用，也包括了实现的税金、利润，因此，经营收入不仅是流转税的计税依据，也是计算所得税的前提。

（二）成本费用

成本费用是企业在生产经营过程中所耗费的全部资金支出，它包括生产过程的生产费用和流通过程的流通费用。成本费用主要反映企业资金的垫支和耗费，是企业资金补偿的尺度。一定会计期间的成本费用总额与同期经营收入总额相比，可以反映企业生产经营的盈亏、劳动生产率的高低等情况，同时也是企业计算应纳税所得额的基础，从而影响纳税额的多少。

（三）收益分配

收益分配是对企业在一定时期内实现的利润总额的分配。收益主要在国家、企业和职工个人之间进行分配。其中，国家收益的部分，主要是以缴纳所得税等形式实现的。因此，对收益的计算是否正确以及分配是否符合有关法规，直接关系到国家税收和企业留利。

（四）税款的缴纳或减免

由于各种税的计税依据和征收方法不同，同一种税对不同行业、不同纳税人的会计处理也有所不同。因此，反映各种税款的缴纳方法也不尽一致。减免税是对某些纳税人和课税对象给予鼓励或照顾的一种特殊规定，是解决一些特殊情况下的特殊需要，从而更好地体现我国的税收政策。企业对减免税款，应按国家规定进行会计核算和正确使用。

企业纳税、减税、免税等税务活动，都会引起企业的资金运动，因而都是企业税务会计的内容。此外，支付各项税收的滞纳金和罚款，也属税务会计的内容。

五、税务会计与财务会计的比较

（一）联系

税务会计与财务会计同属于企业会计学范畴，它是财务会计的一个特殊领域，以财务会计为基础，后来为了适应社会经济发展的需要而从传统财务会计中分离出来。因此，税务会计与财务会计一直以来是互相联系的，主要表现在以下几方面。

1. 核算原理相同

税务会计的分立并不是对传统财务会计的否定，而是适应纳税会计信息的特殊需求的产物，因此，税务会计对传统的财务会计方法具有实质性的继承。在实际工作中，它并不要求在财务会计之外再另设一套会计凭证、账簿和报表（专门的纳税报表除外），也没有设置专门的税务会计机构。在目前情况下，企业平时按照会计准则和会计制度规定的程序和方法进行会计处理，在纳税申报时，再以财务会计核算资料为基础，按现行税法的规定做出相应的调整即可。所以，可以认为税务会计与财务会计核算原理相同，即两者都使用了会计的基本核算原理，包括会计的基本核算方法和数据处理方法等。

2. 税务会计以财务会计为基础

首先，税法条款对会计概念和会计技术的采纳，表明了税务会计与财务会计有着相互依存的基础。计算税金的程序大多模拟会计方法，如应纳税所得额的计算就类似于会计利润的核算，计税依据一般取自会计记录。可以说，税法是借助了会计技术才得以实施的，税收管理因采用了会计方法才日趋成熟。其次，从税务会计反映的内容来看，它反映和监督的不是全部资金运动，仅是企业资金运动中与计税有关的部分，这部分资金并未独立于企业全部资金运动之外，税务会计的核算仍应以财务会计核算为基础，并监督其是否符合税法。但是，从另一个角度而言，税法也对会计产生了广泛而深远的影响，它使会计实务处理更加规范化、法治化，有时也制约了会计对某些核算方法的选择，同时促使会计人员的业务范围不断扩大。

（二）区别

1. 目标不同

税务会计通过税款计算缴纳完成纳税义务，同时对涉税业务活动进行会计处理，以记录税款形成缴纳所产生的资金运动。因此，税务会计的目标是向税务部门及相关信息使用者提供真实准确的涉税活动信息，以及时履行纳税义务，降低纳税成本和涉税风险，揭示企业税务管理活动现状。而财务会计目标则是向股东、债权人、经营者以及其他相关的报表资料使用者，及时、准确、完整地提供企业财务状况、经营成果和现金流量变动等情况的决策有用信息，以更好地为企业本身的生产经营服务。

2. 依据不同

财务会计以会计准则为依据，对企业经营活动所引起的资金变动进行全面、连续、系统记录，以提供会计信息使用者决策有用的会计信息；税务会计则以税法为准绳，以会计理论和方法为工具，对涉税活动或事项引起的税款资金运动进行确认、计量、记录和报告。当税法和会计准则规定或处理办法不一致时，则应按照税法规定，对其进行调整和处理。目前，我国的会计准则与税法的差异，主要表现企业所得税中的收入确认口径、费用扣减标准和资产负债的计税基础等方面。

3. 对象不同

财务会计核算的对象是企业以货币计量的全部经济事项，包括资金的投入、循环、周转和退出等经济过程。税务会计核算和监督的对象则只是企业以货币计量的涉税经济事项，如税基的形成，税款的计算、申报纳税、补退和罚款等经济活动。

4. 基础不同

财务会计以权责发生制为基础，规定凡是当期实现的收入和费用，不论款项是否收付，都应作为当期收入和费用处理，目的在于正确核算企业当期收益；而税务会计出于“负担能力原则”和“最少征收费用原则”，为保证税款的及时收缴入库，在采用权责发生制的同时，也采用收付实现制。如纳税人采用预收款方式销售自行开发的房地产项目，需按照适用税率预交增值税，而不是等到收入实现时，再确认缴纳增值税税款。这说明财务会计和税务会计核算基础不同。

5. 计算损益的程序不同

企业财务会计的核算应服从于税务会计的核算。在日常核算中，财务会计遵循的是会计准则，其损益是按照“收入-费用=利润”来计算的，强调的是“会计利润”。税务会计则除了要遵循一般的会计原则外，更要遵守税法的要求。当会计准则和税法产生差异时，应按照税法规定进行调整，将会计利润调整为应纳税所得，即按“应税收入-扣除费用=应税所得”来计算应纳税所得额，强调的是“应税所得”。

六、税务会计的核算方法

为了准确反映纳税人税款的计算缴纳情况，为税务信息使用者提供及时有用的决策信息，统一税务会计账户设置和规范涉税业务会计处理就显得非常重要。

1. 税务会计账户设置

税务会计账户设置是进行涉税业务处理的前提和基础。按照会计权责发生制要求，会计确认税款产生的时间与税款实际缴纳时间并不完全一致。在这种情况下，企业应缴税款形成一项负债，需设置“应交税费”会计科目进行核算。

“应交税费”作为负债类科目，贷方登记按照税法规定应缴纳的增值税、消费税、企业所得税、资源税、土地增值税、城市维护建设税、房产税等各种税费，借方登记实际缴纳的税费，期末余额一般在贷方，表示企业尚未缴纳的税费；如果期末出现借方余额，表示企业多缴或尚未抵扣的税费。“应交税费”属于总账科目，根据会计核算和税款管理需要，可设置“应交增值税”“应交消费税”“应交企业所得税”等不同的二级科目，个别情况下，可设置三级科目，如“应交税费——应交增值税”二级科目下可设置“进项税额”“销项税额”“已交税金”“出口退税”等三级科目，对当期增值税进行明细核算。

企业在确认应交税费时，根据会计处理有关规定，消费税、城市维护建设税和资源税等税款可抵减当期收益，需设置“税金及附加”会计科目进行核算。另外，对于企业所得税，由于税法和会计准则在会计处理规定上不同造成的暂时性差异，需设置“递延所得税资产”和“递延所得税负债”科目进行核算。

2. 会计处理方法

涉税业务会计处理，主要涉及税款形成和缴纳两个环节。

根据税法和会计处理有关规定，在税款形成环节，企业在确认税款负债时，贷记“应交税费”会计科目，借方要根据所交税款的性质，分别计入不同会计科目。消费税、城市维护建设税、教育费附加、资源税等可直接冲减收益的税费，在发生时计入“税金及附加”；除此之外，计入“税金及附加”会计科目的还包括房产税、车船税、城镇土地使用税以及印花税等税费；企业所得税通过“所得税费用”科目核算；增值税作为价外税，在发生时不通过成本费用科目进行核算。

在税款缴纳环节，根据税收缴款书和银行回单，借记“应交税费”，贷记“银行存款”。值得注意的是，有的税费在发生时直接缴纳，不通过“应交税费”进行预提核算，如印花税、耕地占用税和契税，在实际缴纳时，分别计入“税金及附加”“在建工程”“固定资产”等会计科目。此外，企业由于违反税法相关规定，被税务机关征收的税收滞纳金、罚款等，在发生时，计入“营业外支出”会计科目借方，同时贷记“其他应付款”“银行存款”等会计科目。

第二节　纳税基础概述

一、税收的含义及特点

（一）税收的含义

税收又称税赋、税负、税捐、租税等，是国家为了实现其职能，凭借政治权力，按照法律规定，强制地、无偿地参与社会剩余产品分配，以取得财政收入的一种规范模式。

税收体现了国家与纳税人在征收，纳税的利益分配上的一种特殊关系，是一定社会制度下的一种特定分配关系。税收收入是国家财政收入最主要的来源。马克思指出：“赋税是政府机器的经济基础，而不是其他任何东西。”“国家存在的经济体现就是捐税。”恩格斯指出：“为了维持这种公共权力，就需要公民缴纳费用——捐税。”19 世纪美国法官霍尔姆斯认为：“税收是我们为文明社会付出的代价。”这些都说明了税收对于国家经济生活和社会文明的重要作用。

（二）税收的特点

税收与其他财政收入形式相比较，具有以下基本特征。

1. 强制性

任何社会制度下的税收，都是国家凭借政治权力，通过税法所进行的强制征收。税法是国家法律的重要组成部分，任何纳税义务人都必须依照税法纳税，否则就要受到法律的制裁。因此，税收是国家取得财政收入的最普遍和最可靠的形式。

2. 无偿性

税收是国家对纳税义务人的无偿征收。征收以后的税款，就成为国家的财政收入，不支付任何报酬，也不再直接偿还给纳税人。税收这种无偿性，同债权收入有本质区别。

3. 固定性

在征税以前，税法预先对纳税人、纳税对象、税目、税率、应纳税额、纳税期限等做了规定，有一个比较稳定的适用期间，是一种固定的连续性收入。税收的这种固定性，使征纳双方都有法可依，以维护征纳双方的正当权益。当然，税收的固定性并非一成不变，国家依据政治、经济的发展变化，可以相应修改税法，调整税收的各项规定，但这种变动和税收的固定性并不矛盾。税收能成为调节经济的重要杠杆，是同税收的固定性特征密不可分的。

税收的三个特征是统一的整体，相互联系，缺一不可。无偿性是税收这种特殊分配手段本质的体现，强制性是实现税收无偿征收的保证，固定性是无偿性和强制性的必然要求。三者相互配合，保证了政府财政收入的稳定。

二、我国现行的税种及分类

（一）我国现行税制概况

改革开放 40 多年来，我国税收制度日趋完善。改革开放初期的税制改革是以适应对外开放需要、建立涉外税收制度为突破口。1983 年和 1984 年我国又先后分两步实施国营企业“利改税”改革，把国家与企业的分配关系以税收的形式固定下来。1994 年，我国实施了中华人民共和国成立以来规模最大、范围最广、成效最显著、影响最深远的一次税制改革。这次改革围绕建立社会主义市场经济体制的目标，积极构建适应社会主义市场经济体制要求的税制体系。2003 年以来，按照科学发展观的要求，围绕完善社会主义市场经济体制和全面建成小康社会的目标，我国分步实施了改革农村税费、完善货物和劳务税制、所得税制、财产税制等一系列税制改革和出口退税机制改革。2011 年，经国务院批准，财政部、国家税务总局联合下发营业税改增值税试点方案。从 2012 年 1 月 1 日起，我国在上海交通运输业和部分现代服务业开展营业税改征增值税试点。自 2016 年 5 月 1 日起，我国在全国范围内全面推开营业税改增值税试点，将建筑业、房地产业、金融业、生活服务业全部纳入营业税改增值税试点。至此，营业税退出历史舞台，增值税制度更加规范。这是自 1994 年分税制改革以来，中国财税体制的又一次深刻变革。几经变革，目前，我国共有增值税、消费税、企业所得税、个人所得税、资源税、城镇土地使用税、房产税、城市维护建设税、耕地占用税、土地增值税、车辆购置税、车船税、印花税、环境保护税、契税、烟叶税、关税和船舶吨税 18 个税种。其中，16 个税种由税务部门负责征收，关税和船舶吨税由海关征收，进口货物的增值税、消费税也由海关代征。

（二）税收的分类

1. 按照征税对象分类

按照征税对象分类是最基本和最主要的分类方法，税收可以分为流转税、所得税、财产税、行为税和资源税五种类型。

（1）流转税是指以流转额为课税对象的一类税。流转税是我国税制结构中的主体税类，目前包括增值税、消费税和关税等税种。

（2）所得税也称收益税，是指以各种所得额为课税对象的一类税。所得税也是我国税制结构中的主体税类，目前包括企业所得税、个人所得税。

（3）资源税是指对在我国境内从事资源开发的单位和个人征收的一类税。我国现行税制中的资源税、土地增值税、城镇土地使用税和耕地占用税都属于资源税。

（4）财产税是指以纳税人所拥有或支配的财产为课税对象的一类税。我国现行税制中的房产税、契税、车船税和车辆购置税都属于财产税。

（5）行为税是指以纳税人的某些特定行为为课税对象的一类税。我国现行税制中的城市维护建设税、印花税、烟叶税和环境保护税都属于行为税。

2. 按照税收与价格的关系分类

按照税收与价格的关系分类，税收可以分为价内税和价外税。

（1）价内税是指税款在应税商品价格内，作为商品价格一个组成部分的一类税，其商品价格构成由“成本+利润+税金”形成。例如，我国现行的消费税、关税等税种。

（2）价外税是指税款不在商品价格之内，不作为商品价格的一个组成部分的一类税。例如，我国现行的增值税就是一种典型的价外税。

3. 按照计税依据分类

按照计税依据的不同分类，税收可以分为从量税和从价税。

（1）从量税是指以课税对象的数量（重量、面积、件数）为依据，按固定税额计征的一类税。从量税实行定额税率，具有计算简便等优点。例如，我国现行的资源税、车船税和土地使用税等。

（2）从价税是指以课税对象的价格为依据，按一定比例计征的一类税。从价税实行比例税率和累进税率，税收负担比较合理。例如，我国现行的增值税、关税和所得税等。

4. 按照税负能否转嫁分类

按照税负能否转嫁分类，税收可以分为直接税和间接税。

（1）直接税是指纳税人本身承担税负，不发生税负转嫁关系的一类税，如所得税和财产税等。直接税的纳税人即负税人。

（2）间接税是指纳税人本身不是负税人，可将税负转嫁与他人的一类税，如流转税和资源税等。间接税的纳税人与负税人不一致。

5. 按照税收管理与使用权限分类

按照税收管理与使用权限的不同分类，税收可以分为中央税、地方税以及中央与地方共享税。

（1）中央税是指由中央政府征收和管理使用或由地方政府征收后全部划解中央政府所有并支配使用的一类税，如我国现行的关税和消费税等。这类税一般收入较大，征收范围广泛。

（2）地方税是指由地方政府征收和管理使用的一类税，如我国现行的土地增值税、契税、耕地占用税、房产税、车船税等。这类税一般收入稳定，并与地方经济利益关系密切。

（3）中央与地方共享税是指税收的管理权和使用权属中央政府和地方政府共同拥有的一类税，如我国现行的增值税、印花税、企业所得税和个人所得税。这类税直接涉及中央与地方的共同利益。

这种分类方法是实行分税制财政体制的基础。

三、税法构成要素

税法构成要素指构成各类税收实体法的基本组成要素，主要包括纳税义务人、征税对象、税目、税率、纳税环节、纳税期限以及税收减免和加征等项目。

（一）纳税义务人

纳税义务人又称纳税人或纳税主体，是指税法规定的直接负有纳税义务的自然人、法人或其他组织。

纳税人应当与负税人进行区别。负税人是经济学中的概念，即税收的实际负担者，而纳税人是法律用语，即依法缴纳税金的人。税法只规定纳税人，不规定负税人，两者有时可能相同，有时不尽相同。当某一税种可以转嫁时，该税种的纳税人与负税人便不一致，该税就为间接税。例如，增值税的纳税人与负税人就不一致，其纳税人是税法规定的销售货物，进口货物，提供加工、修理修配劳务的单位和个人，但实际负税人却是最终消费者。如果某一税种纳税人与实际负税人一致，则说明该税为直接税。例如，企业所得税的纳税人与负税人是相同的。

另外，纳税人也应当与扣缴义务人进行区别。扣缴义务人是指法律、行政法规规定负有代扣代缴、代收代缴税款义务的单位和个人。扣缴义务人既可以是各种类型的企业，也可以是机关、社会团体、民办非企业单位、部队、学校和其他单位，或者是个体工商户、个人合伙经营者和其他自然人。扣缴义务人并不是纳税的主体，而是纳税人和税务机关的中介，按照税法和税务机关的要求履行扣缴税款的义务。例如，个人所得税法中规定单位对于职工取得的工资薪金具有代扣代缴义务，则单位便是扣缴义务人。又如，委托加工消费税应税消费品时，受托方在收取加工费时应代收代缴委托方应缴纳的消费税，此时受托方就是税法规定的代收代缴义务人。

（二）征税对象

征税对象又称征税客体或课税对象，是指税法规定对什么征税，是征纳税双方权利义务共同指向的客体或标的物，是区别一种税与另一种税的重要标志。征税对象是各个税种之间相互区别的根本标志。征税对象按其性质的不同，通常划分为流转额、所得额、财产、资源、特定行为五大类。税收也分为相应的五大类，即流转税或商品和劳务税、所得税、财产税、资源税和特定行为税。例如，流转税的课税对象是商品流通过程中的流转额，所得税的征税对象是所得额。

为了具体实施，还必须对征税对象在量上加以具体化，即确定计税依据。计税依据又称税基，是指税法规定的用于计算各种应纳税款的依据或者标准，如应纳税所得额、计税价格、计税数量和计税收入等。计税依据是征税对象的量的表现。征税对象的量包括价值量（货币量）和实物量。根据征税对象的价值量计算税款，称为“从价计征”；根据征税对象的实物量计算税款，称为“从量计征”。例如，企业所得税实行从价计征，资源税实行从量计征。因此，征税对象是指征税的目的物，而计税依据则是在目的物已经确定的前提下，对目的物据以计算税款的依据或者标准。

（三）税目

税目是征税对象的具体化，反映具体的征税范围，体现每个税种的征税广度。不是所有的税种都规定税目，对那些纳税对象简单明确的税种，如增值税、房产税等，就不必另行规定税目。对征税对象比较复杂的税种，需要在税种内部针对不同征税对象采用不同的税率档次进行调节时，就需要对征税对象做进一步的划分，划分的具体征税类别就是税目。

（四）税率

税率是对征税对象的征收比例或征收额度。税率是计算税额的尺度，也是衡量税负轻重的重要标志。税率的高低直接关系到纳税人的负担和国家税收收入的多少，是国家在一定时期内税收政策的主要表现形式，是税收制度的核心要素。税率主要有比例税率、固定税率和累进税率三种基本形式。

1. 比例税率

比例税率是对同一课税对象不论数额大小，都按同一比例征税，税额占课税对象的比例总是相同的。比例税率是最常见的税率之一，应用广泛。例如，增值税的基本税率是13%，企业所得税的基本税率是25%。比例税率具有横向公平性，其主要优点是计算简便，便于征收和缴纳。

2. 固定税率

固定税率又称定额税率，是按课税对象的计量单位直接规定应纳税额的税率形式，课税对象的计量单位主要有吨、升、平方米、千立方米、辆等。定额税率一般适用于从量定额计征的某些课税对象，实际是从量比例税率。例如，消费税中黄酒的税率为240元/吨，印花税中权利许可证照的税率为5元/件，资源税中固体盐的税率为10~60元/吨。

3. 累进税率

累进税率是指按课税对象数额的大小规定不同的等级，随着课税数量增大而逐渐提高的税率。具体做法是：按课税对象数额的大小划分为若干等级，规定最低税率、最高税率和若干等级的中间税率；不同等级的课税数额分别适用不同的税率，课税数额越大，适用税率越高。累进税率一般在财产税和所得课税中使用，可以充分体现对纳税人收入多的多征、收入少的少征、无收入的不征的税收原则，从而有效地调节纳税人的收入。相比比例税率，累进税率可以正确处理税收负担的纵向公平问题。

按照累进税率的累进方式不同，累进税率可以分为全额累进税率，超额累进税率和超率累进税率等类型。

（1）全额累进税率简称全累税率，即征税对象的全部数量都按其相应等级的累进税率计算征税额。全额累进税率实际上是按照征税对象数额大小，分等级规定的一种差别比例税率。其计算方法简单，但存在着在累进分界点上税负跳跃式增长、税负不尽合理的弊端。

（2）超额累进税率简称超累税率，是把征税对象的数额划分为若干等级，对每个等级部分的数额分别规定相应税率，分别计算税额，各级税额之和为应纳税额。超累税率的“超”字，是指征税对象数额超过某一等级时，仅就超过部分，按高一级税率计算征税。其累进程度相比全额累进而言较为缓和，但在计算上也比较复杂。例如，目前我国个人所得税中工资薪金所得的税率采用的就是3%~5%的七级超额累进税率。

（3）超率累进税率，即以征税对象数额的相对率划分若干级距，分别规定相应的差别税率，相对率每超过一个级距的，对超过的部分就按高一级的税率计算征税。它与超额累进税率在原理上基本相同，不过税率累进的依据不是绝对数，而是相对数，如销售利润率、增值率等。我国1993年12月13日发布的《土地增值税条例》规定，土地增值税实行的是四级超率累进税率。增值额未超过扣除项目金额50%（含）的部分，税率为30%；增值额超过扣除项目金额50%、未超过扣除项目金额100%（含）的部分，税率为40%；增值额超过扣除项目金额100%、未超过扣除项目金额200%（含）的部分，税率为50%；增值额超过扣除项目金额200%的部分，税率为60%。超率累进税率与超额累进税率的累进方式不同，区别在于划分征税级距的标准不同。相比之下，超率累进税率比超额累进税率计算更复杂。

（五）纳税环节

纳税环节主要是指税法规定的征税对象在从生产到消费的流转过程中应当缴纳税款的环节。每一个税种都有自己特定的纳税环节，有的纳税环节单一，有的则需要在不同环节分别纳税。按照纳税环节的多少，可将税收课征制度划分为两类，即一次课征制度和多次课征制度。一次课征制度是指一种税收在各个流通环节只征收一次税的制度。一次课征制税源集中，可以避免重复征税。例如，我国现行资源税中的盐税就采取的是一次课征制。即在盐出场时课税，对以后其他环节不再重征。多次课征制度是指一种税收在各个流通环节选择两个或两个以上的环节征税的制度。例如，我国的增值税就是在商品流通的每一个环节都要纳税。

（六）纳税期限

纳税期限指税法规定的关于税款缴纳时间即纳税时限方面的限定。税法关于纳税时限的规定，有三个相关概念。

一是纳税义务发生时间，是指应税行为发生的时间。例如，《中华人民共和国增值税暂行条例》（以下简称《增值税暂行条例》）规定，采取预收款方式销售货物的，其纳税义务发生时间为货物发出的当天。

二是纳税期限，即每隔固定时间汇总一次纳税义务的时间。例如，《增值税暂行条例》

规定，增值税的具体纳税期限分别为1日、3日、5日、10日、15日、1个月或者1个季度。纳税人的具体纳税期限，由主管税务机关根据纳税人应纳税额的大小分别核定，不能按照固定期限纳税的，可以按次纳税。

三是缴库期限，即税法规定的纳税期满后，纳税人将应纳税款缴入国库的期限。例如，《增值税暂行条例》规定，纳税人以1个月或者1个季度为1个纳税期的，自期满之日起15日内申报纳税；以1日、3日、5日、10日或者15日为1个纳税期的，自期满之日起5日内预缴税款，于次月1日起15日内申报纳税并结清上月应纳税款。

（七）纳税地点

纳税地点主要是指根据各个税种纳税对象的纳税环节和有利于对税款的源泉控制而规定的纳税人（包括代征、代扣、代缴义务人）的具体申报缴纳税金的地方。纳税地点一般为纳税人的住所地，也有规定在营业地、财产所在地或特定行为发生地的。

（八）税收减免和加征

1. 税收减免

税收减免是减税和免税的合称，是对特定纳税人或特定纳税对象应税行为给予鼓励或照顾的一种特别规定。减税是对应纳税额少征一部分税款，而免税则是对应纳税额全部免征税款。除税法另有规定外，一般减税、免税都属于定期减免性质，期满后要恢复征税。减税、免税体现税收在原则性基础上的灵活性，是构成税收优惠的主要内容，但存在扭曲资源配置的缺点。税收减免的形式一般包括以下几种。

（1）减税。对纳税人的应纳税额通过打一定折扣，少征税款或通过降低法定税率而减轻纳税人的部分纳税负担。

（2）免税。对纳税人的某一项或某几项应纳税额免予征税。

（3）起征点。它是计税依据达到国家规定标准开始征税的界限，计税依据的数额未达到起征点的不征税；达到或超过起征点的，就其全部数额征税，而不是仅就超过部分征税。如某地增值税个人纳税人销售货物起征点为月销售额3 000元，则当期月销售额不满3 000元时不缴税；月销售额超过3 000元时，全额缴税。

（4）免征额。免征额是在计税依据总额中免予征税的数额。它是按照一定标准从计税依据总额中预先减除的数额。免征额部分不纳税，只对超过免征额的部分征税。规定免征额，有利于保证纳税人的基本所得。如我国新个人所得税法中规定综合所得免征额为每年60 000元，即当年综合所得额超过60 000元时，仅对超过部分计征个人所得税。

2. 税收加征

（1）地方附加。地方附加简称附加，是地方政府按照国家规定的比例，随同正税一起征收的作为地方财政收入的款项。税收的附加率必须由国家统一规定。按附加率征收的地方附加款项，国家也规定专门的使用范围，地方政府均不得擅自变更。

（2）加成征收。加成征收是指在按规定税率计算出应纳税额后，再加征一定成数的税额。一成为税额的10%，以此类推，一般最高为十成。加成实际上是税率的延伸，是对税率的补充规定。规定加成征收办法，有利于对所得额较大的纳税人，在税收上加以限制，更好地体现公平税负原则，还有利于简化税率的设计。加成征税，可以在不增加税率档次的情况下，使税率能够合理地延伸，易于征纳双方掌握。

（3）加倍征收。加倍征收是指在按规定税率计算出税额后，再加征一定倍数的税额。加倍征税是累进税率的一种特别补充，其延伸程度远远大于加成征税。因为加成征税并未超过税率自身的规定范围，最大的加成幅度才一倍，如税率为 10%，加征一成，税负为 11%；加征十成，税负为 20%。而加倍征税则最少一倍。因此，其调控跨度大。加倍征收主要适用于收益类税种，对收益额特大的纳税人，采用加倍征税办法时，一般应规定计税基数，对超基数的倍数实行加倍征收，以缩小由于纳税人收入相差悬殊而产生的贫富差距过大的现象。

四、企业纳税工作管理

企业纳税工作管理，是指对经营活动中的涉税事项进行的管理，包括税务登记、纳税申报、涉税事项审批、账簿和凭证管理等方面的内容。

（一）税务登记

税务登记指税务机关依据税法规定，对纳税人经营活动进行登记管理的一项规定制度，目的在于掌握纳税人的基本情况和税源分布情况。从税务登记开始，纳税人的身份及征纳双方的法律关系得到确认。

我国现行税务登记制度包括设立（开业）税务登记、变更税务登记、注销税务登记、外出经营报验登记以及停业、复业登记。

1. 开业登记

依据税收征管法有关要求，凡经国家工商行政管理部门批准，从事生产、经营的居民纳税人都应该在自领取营业执照之日起 30 日内，向生产、经营地或者纳税义务发生地主管税务机关申报办理税务登记。2015 年 10 月，为提高市场准入效率，我国开始施行“三证合一”商事登记制度改革，规定新设立企业、农民专业合作社领取由工商部门核发加载统一社会信用代码的营业执照后，无须再次进行税务登记，营业执照、组织机构代码证、税务登记证（“三证”）实现整合。随着改革深入，“多证合一”（在三证基础上，整合社保登记证、统计登记证等）也在逐步推进。

2. 变更税务登记

纳税人办理设立税务登记后，因登记内容发生变化，需要对原有登记内容进行更改而向主管税务机关申报办理的税务登记。需要办理工商变更的，自工商行政管理机关变更登记之日起 30 日内，向税务机关办理变更税务登记；不需要办理工商变更的，自税务登记内容实际发生变化之日起 30 日内，向税务机关办理变更税务登记。

3. 停业、复业登记

停业、复业登记是指定期定额征收方式的纳税人，因自身经营的需要暂停经营或者恢复经营而向主管税务机关申请办理的税务登记手续。

4. 注销税务登记

注销税务登记是指纳税人由于出现法定的情形终止纳税义务时，向税务机关申请办理的取消税务登记的手续。办理注销税务登记后，该当事人不再接受原税务机关的管理。

（二）纳税申报

纳税申报是指纳税义务人在发生纳税义务后，按照税法规定的期限和内容，向主管税务机关提交有关纳税事项书面报告的法律行为。

1. 初始申报

纳税人办理完税务登记后，应及时到主管税务机关办理初始申报。税务机关对应纳税种、税目、税率等项目进行纳税核定。在办理初始申报时，应向税务机关提供营业执照或工商登记证及税务机关要求的其他证件、资料。

2. 纳税申报的范围

凡是有纳税义务的单位和个人，不论当期是否有应纳税款，都应办理纳税申报。

3. 纳税申报的方式

目前，我国的纳税申报方式主要有三种。

（1）直接申报。纳税人、扣缴义务人直接到主管税务机关办理纳税申报或扣缴税款的报告。

（2）邮寄申报。纳税人、扣缴义务人采用邮寄方式向主管税务机关办理纳税申报或扣缴税款的报告。

（3）数据电文申报。数据电文申报指经税务机关批准，纳税人经由电子、光学或类似手段生成、储存或传递纳税申报或扣缴税款的报告。当前，随着互联网的普及与技术的进步，网上申报得到逐步推广，这也属于数据电文申报的一种。相对于传统报税方式，它快捷便利，纳税人只需登录电子税务局网站，即可完成纳税申报业务办理，大大方便了纳税人。

（三）涉税事项审批

1. 减免税的申报

减免税的申报指符合减免税条件的企业，在规定的期限内向所在地主管税务机关提交申请减免税报告，详细说明该单位基本情况、相关指标、减免条件、政策依据、要求减免的税种和金额等。税务机关在受理申请后，根据调查核实情况，按权限审批是否给予减免税。

2. 退税事项申报

纳税人已经缴纳了超过应纳税额的税款，税务机关发现后应立即退还，或纳税人发现后申请退还。

3. 延期申报与零申报

纳税人在两种情况下可以延期申报：一是法定延期。当纳税申报期限的最后一天是星期天或法定节假日时，可以顺延到实际休假日的次日。二是核准延期。纳税人、扣缴义务人不能按期办理纳税申报，经税务机关核准，可以延期申报。但应按上期实际缴纳的税款或税务机关核定的税款预缴，并在核准的延期内办理税款结算。

零申报是纳税人和扣缴义务人在申报期间内，没有取得应税收入或所得，没有应缴税款发生，或者已办理税务登记但未开始经营或开业期间没有经营收入，除已办理停业审批手续的以外，必须按规定的申报纳税期限进行零申报。

说明：纳税人进行零申报，应在申报期内向主管税务机关正常报送纳税申报表及有关资料，并在纳税申报表上注明“零”或“无收入”字样。

（四）账簿和凭证管理

账簿、凭证是纳税人进行生产经营活动和核算财务收支的重要资料，也是税务机关对纳税人进行征税、管理、核查的重要依据。纳税人所使用的凭证、登记的账簿、编制的报表及其所反映的内容是否真实可靠，直接关系到计征税款依据的真实性，从而影响应纳税款及时足额入库。

（五）发票管理

发票是指在购销商品、提供或接受服务以及从事其他经营活动中，开具、收取的收付款凭证。它是确定经济收支行为发生的法定凭证，是会计核算的原始依据，也是税务稽查的重要依据。根据业务经营性质及纳税身份的不同，纳税人使用的发票主要分增值税专用发票、普通发票和专业发票三种。在填制和开具时，应遵守《中华人民共和国发票管理办法》和《增值税专用发票使用规定》等相关法规的要求。

本章思维导图

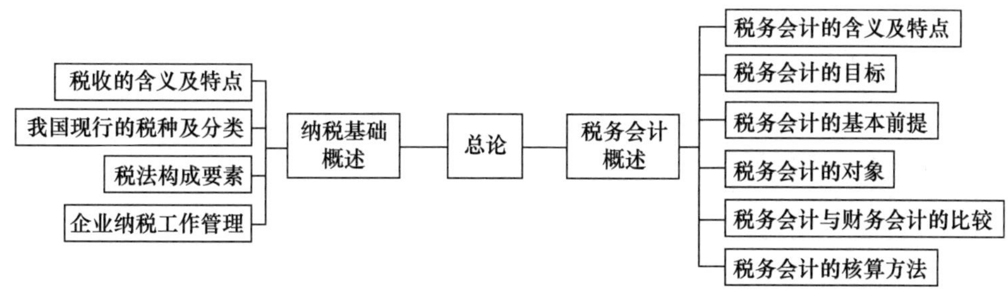

本章延伸阅读

1.《中华人民共和国税收征收管理法》（2001 年 4 月 28 日第九届全国人民代表大会常务委员会第 21 次会议修订）

2.《中华人民共和国税收征收管理法实施细则》(国务院第 362 号令发布)

3.《中华人民共和国发票管理办法实施细则》(国税发〔1993〕157 号)

4.《税务登记管理办法》(国税发〔2003〕7 号)

5.《国家税务总局关于推进“三证合一”进一步完善税源管理有关问题的通知》（税总函〔2015〕645 号)

本章习题

一、单项选择题

1. 税务会计以（　　）为准绳。

A. 会计制度　　B. 会计准则

C. 国家税收法令　　D. 财务会计

2. 所得税递延的前提是（　　）。

A. 货币的时间价值　　B. 持续经营

C. 纳税年度　　D. 年度会计核算

3. 税务筹划的内在原因是（　　）。

A. 纳税主体　　B. 持续经营

C. 货币的时间价值　　D. 纳税年度

4. 关于纳税主体（　　）是正确的。

A. 税务会计纳税主体与财务会计中的“会计主体”相同

B. 会计主体不都是纳税主体

C. 纳税主体不一定是会计主体

D. 纳税主体一定是会计主体

5. 以下说法不正确的是（　　）。

A. 税务与会计目标不同　　B. 税务与会计计量所得的标准不同

C. 税务与会计内含的概念不同　　D. 税务与会计计量的依据相同

6. 以下各税种中，由海关负责征收的是（　　）。

A. 印花税　　B. 资源税

C. 关税　　D. 车船税

二、多项选择题

1. 税务会计与财务会计的区别是（　　）。

A. 目标不同　　B. 对象不同

C. 核算基础、处理依据不同　　D. 计算损益的程序不同

2. 税务会计的特点是（　　）。

A. 法定性　　B. 广泛性

C. 统一性　　D. 非独立性

3. 税务会计的对象是（　　）。

A. 经营收入　　B. 生产、经营成本费用

C. 收益分配　　D. 税款的缴纳或减免

4. 税务会计的基本前提是（　　）。

A. 纳税主体　　B. 持续经营

C. 货币的时间价值　　D. 纳税年度

5. 我国现行税制中采用的累进税率有（　　）。

A. 全额累进税率　　B. 超率累进税率

C. 超额累进税率　　D. 超倍累进税率

6. 下列税种属于流转税的有（　　）。

A. 增值税　　B. 房产税

C. 消费税　　D. 关税

7. 税收减免的形式一般包括（　　）。

A. 减税　　B. 免税

C. 起征点　　D. 免征额

8. 纳税人在（　　）情况下可以延期申报。

A. 当期零收入　　B. 税务机关核准

C. 法定节假日　　D. 暂停营业

第二章

增值税会计

学习目标

了解增值税的概念、特点和优点、增值税纳税人、增值税纳税期限、增值税专用发票管理办法；理解增值税征税范围、应缴增值税明细账的设置；掌握增值税纳税义务的确认；掌握增值税销项税和进项税的计算与会计处理。

思政目标

本章阐述增值税的基本概念、核算方法，结合我国的税收政策，对增值税的税收优惠、税收减免等政策进行解读。通过学习，使学生了解如何合理利用税收政策，为企业减税降负提供支持。同时，本章还关注增值税的改革动态，对增值税的改革方向、改革措施进行探讨，培养学生的创新能力和适应能力。

重点

增值税的概念、增值税征税范围、增值税纳税义务的确认、增值税销项税和进项税的计算与会计处理。

难点

增值税征税范围中的特殊项目和特殊行为、增值税进销项税的会计处理方法。

第一节 增值税税制要素

一、增值税的基本含义

（一）增值税的概念

增值税是对在我国境内销售货物、进口货物以及提供劳务、服务的单位和个人，就其经营过程中取得的增值额为课税对象征收的一种流转税。

由于实务中增值额难以准确确认计量，因此目前各国一般采用税款抵扣的办法，即根据货物、劳务和服务的销售额，按规定税率计算出销项税额，然后再从中扣除上一环节已纳增值税款，其余额即为纳税人应缴纳的增值税税额。

2016 年 5 月起，在我国境内提供销售服务、无形资产和不动产的应税行为也属于增值税的征收范围，这标志着当前增值税的征收范围已由传统货物销售全面扩展到服务业、无形资产、不动产销售等领域。

（二）增值税的类型

增值税按对外购固定资产处理方式的不同，可划分为生产型增值税、收入型增值税和消费型增值税。

1. 生产型增值税

生产型增值税，是指计算增值税时，不允许扣除任何外购固定资产的价款，作为课税基数的法定增值额除包括纳税人新创造价值外，还包括当期计入成本的外购固定资产价款部分，即法定增值额相当于当期工资、利息、租金、利润等理论增值额和折旧额之和。从整个国民经济来看，这一课税基数大体相当于国民生产总值的统计口径，故称为生产型增值税。此种类型的增值税对固定资产存在重复征税，而且越是资本有机构成高的行业，重复征税就越严重。这种类型的增值税虽然不利于鼓励投资，但可以保证财政收入。

2. 收入型增值税

收入型增值税，是指计算增值税时，对外购固定资产价款只允许扣除当期计入产品价值的折旧费部分，作为课税基数的法定增值额相当于当期工资、利息、租金和利润等各增值项目之和。从整个国民经济来看，这一课税基数相当于国民收入部分，故称为收入型增值税。此种类型的增值税从理论上讲是一种标准的增值税，但由于外购固定资产价款是以计提折旧的方式分期转入产品价值的，且转入部分没有逐笔对应的外购凭证，故给凭发票扣税的计算方法带来困难，从而影响了这种方法的广泛采用。

3. 消费型增值税

消费型增值税，是指计算增值税时，允许将当期购入的固定资产价款一次全部扣除，作为课税基数的法定增值额相当于纳税人当期全部销售额扣除外购的全部生产资料价款后的余额。从整个国民经济来看，这一课税基数仅限于消费资料价值的部分，故称为消费型增值税。此种类型的增值税在购进固定资产的当期因扣除额大大增加，会减少财政收入。但这种方法最宜规范凭发票扣税的计算方法，因为凭固定资产的外购发票可以一次将其已纳税款全部扣除，既便于操作，也便于管理，所以是三种类型中最简便、最能体现增值税优越性的一种类型。我国实行消费型增值税。

（三）增值税的性质及其计税原理

1. 增值税的性质

增值税以增值额为课税对象，以销售额为计税依据，同时实行税款抵扣的计税方式，这种计税方式决定了增值税是属于货物劳务税性质的税种。作为货物劳务税，增值税同一般销售税以及对特定消费品征收的消费税有着很多共同的方面。

（1）以全部销售额为计税销售额。实行增值税的国家无论采取哪种类型的增值税，在计税方法上都是以货物或劳务的全部销售额为计税依据，这同消费税是一样的，所不同的只是增值税还同时实行税款抵扣制度。

（2）税负具有转嫁性。增值税实行价外征税，经营者出售商品时，税款附加在价格之上转嫁给购买者，随着商品流通环节的延伸，税款最终由消费者承担。

（3）按产品或行业实行比例税率，而不能采取累进税率。这一点与其他货物劳务税一样，但与所得税则完全不同。增值税的主要作用在于广泛征集财政收入，而非调节收入差距，因此不必也不应采用累进税率。

2. 增值税的计税原理

增值税的计税原理是通过增值税的计税方法体现出来的。增值税的计税方法是以每一生产经营环节上发生的货物或劳务的销售额为计税依据，然后按规定税率计算出货物或劳务的整体税负，同时通过税款抵扣方式将外购项目在以前环节已纳的税款予以扣除，从而完全避免了重复征税。该原理具体体现在以下几个方面。

（1）按全部销售额计算税款，但只对货物或劳务价值中新增价值部分征税；

（2）实行税款抵扣制度，对以前环节已纳税款予以扣除；

（3）税款随着货物的销售逐环节转移，最终消费者是全部税款的承担者，但政府并不直接向消费者征税，而是在生产经营的各个环节分段征收，各环节的纳税人并不承担增值税税款。

二、纳税人和分类

（一）纳税人与扣缴义务人

1. 纳税人

凡在中华人民共和国境内销售货物，或者加工、修理修配劳务（以下简称劳务），销售服务、无形资产、不动产以及进口货物的单位和个人等，为增值税的纳税人。

单位，是指一切从事销售或进口货物、提供劳务、销售服务、无形资产或不动产的单位，包括企业、行政单位、事业单位、军事单位、社会团体及其他单位。

个人，是指从事销售或进口货物、提供应税劳务、销售应税服务、无形资产或不动产的个人，包括个体工商户和其他个人。

单位以承包、承租、挂靠方式经营的，承包人、承租人、挂靠人（以下统称承包人）以发包人、出租人、被挂靠人（以下统称发包人）名义对外经营并由发包人承担相关法律责任的，该发包人为纳税人。否则，以承包人为纳税人。

对报关进口的货物，以进口货物的收货人或办理报关手续的单位和个人为进口货物的纳税人。对代理进口货物，以海关开具的完税凭证上的纳税人为增值税纳税人。即对报关进口货物，凡是海关的完税凭证开具给委托方的，对代理方不征增值税；凡是海关的完税凭证开具给代理方的，对代理方应按规定征收增值税。

2. 扣缴义务人

中华人民共和国境外（以下简称境外）的单位或个人在境内提供应税劳务，在境内未设有经营机构的，其应纳税款以境内代理人为扣缴义务人；在境内没有代理人的，以购买者为扣缴义务人。境外单位或个人在境内销售服务、无形资产或者不动产，在境内未设有经营机构的，以购买方为增值税扣缴义务人。财政部和国家税务总局另有规定的除外。

（二）增值税纳税人的分类

为了便于增值税的征收管理并简化计税，我国将增值税纳税人划分为小规模纳税人和一般纳税人。

1. 小规模纳税人

根据《财政部　国家税务总局关于统一增值税小规模纳税人标准的通知》（财税〔2018〕33号）规定，自2018年5月1日起，统一增值税小规模纳税人标准，即增值税小规模纳税人标准为年应征增值税销售额500万元及以下。

年应税销售额超过小规模纳税人标准的其他个人按小规模纳税人纳税；年应税销售额超过规定标准但不经常发生应税行为的单位和个体工商户，以及非企业性单位、不经常发生应税行为的企业，可选择按照小规模纳税人纳税。兼有销售货物、提供加工修理修配劳务以及应税服务，且不经常发生应税行为的单位和个体工商户可选择按小规模纳税人纳税。

2. 一般纳税人

年应税销售额超过小规模纳税人规定标准的，应向主管税务机关办理一般纳税人登记（选择按小规模纳税人纳税的和其他个人除外）。纳税人应根据《增值税一般纳税人登记管理办法》，填报“增值税一般纳税人登记表”。纳税人兼有应税货物及劳务和销售服务、无形资产、不动产（以下简称“应税行为”）的，应税货物及劳务销售额与应税行为销售额分别计算，分别适用增值税一般纳税人登记标准，其中有一项销售额超过规定标准，也应按规定办理增值税一般纳税人登记相关手续。

年应税销售额未超过规定标准以及新开业的纳税人，若符合规定条件（有固定经营场所，能够准确提供税务核算资料），小规模纳税人会计核算健全（按照国家统一会计制度规定设置账簿，根据合法、有效会计凭证进行会计核算)，也可向主管税务机关办理一般纳税人资格登记。

三、征税范围

(一) 现行增值税征税范围的一般规定

在我国境内销售和进口货物，提供加工、修理修配劳务，销售服务、无形资产和不动产，均属增值税的征税范围。

1. 境内销售的界定

(1) 境内销售货物，是指货物的起运地或者所在地在境内。

(2) 境内销售服务、无形资产或不动产：

①服务（租赁不动产除外）或者无形资产（自然资源使用权除外）的销售方或者购买方在境内；

②所销售或者租赁的不动产在境内；

③所销售自然资源使用权的自然资源在境内；

④财政部和国家税务总局规定的其他情形。

(3) 下列情形不属于在境内销售服务或无形资产：

①境外单位或者个人向境内单位或者个人销售完全在境外发生的服务；

②境外单位或者个人向境内单位或者个人销售完全在境外使用的无形资产；

③境外单位或者个人向境内单位或者个人出租完全在境外使用的有形动产；

④财政部和国家税务总局规定的其他情形。

(4) 境外单位或者个人发生的下列行为不属于在境内销售服务或者无形资产：

①为出境的函件、包裹在境外提供的邮政服务、收派服务；

②向境内单位或者个人提供的工程施工地点在境外的建筑服务、工程监理服务；

③向境内单位或者个人提供的工程、矿产资源在境外的工程勘察勘探服务；

④向境内单位或者个人提供的会议展览地点在境外的会议展览服务。

(5) 境内单位和个人作为工程分包方，为施工地点在境外的工程项目提供建筑服务，从境内工程总承包方取得的分包款收入，视同从境外取得收入。

2. 销售和进口货物

货物，是指有形动产，包括电力、热力和气体在内。销售货物是指有偿转让货物的所有权。有偿，不仅指从购买方取得货币，还包括取得货物或其他经济利益。

非经营活动不属于增值税的征税范围：

(1) 行政单位收取的同时满足以下条件的政府性基金或行政事业性收费。由国务院或财政部批准设立的政府性基金，由国务院或省级人民政府及其财政、价格主管部门批准设立的行政事业性收费；收取时开具省级以上（含省级）财政部门监（印）制的财政票据；所收款项全额缴纳财政。

(2) 非保本投资收益。如果合同中没有明确承诺到期本金可全部收回，则这种金融商品（理财产品、股票、基金等）持有期间取得的收益属于非保本收益，不属于利息或利息性质的收入。纳税人购入非保本型基金、信托、理财产品等各类资产管理产品，持有至到期，不属于金融商品转让，不缴纳增值税。如果购入的是保本型的资产管理产品，其兑付收益按贷款服务缴纳增值税。

（3）企业销售预付卡（开具增值税普通发票）时，不缴增值税；待持卡人实际消费（不得向持卡人开具发票）时，缴纳增值税。

（4）单位和个体工商户为聘用的员工提供服务、聘用的员工为本单位或雇主提供取得工资的服务。

（5）不动产租赁合同中双方约定的免租期，不视同销售缴纳增值税。

（6）财政部、国家税务总局规定的其他情形。

进口货物，是指申报进入我国海关境内的货物。确定一项货物是否属于进口货物，必须看其是否办理了报关进口手续。通常境外产品要输入境内，必须向我国海关申报进口，并办理有关报关手续。只要是报关进口的应税货物，均属于增值税征税范围，在进口环节缴纳增值税（享受免税政策的货物除外）。

3. 销售劳务

劳务是加工和修理修配劳务。加工，是指接收来料承做货物，加工后的货物所有权仍属于委托者的业务，即通常所说的委托加工业务。委托加工业务，是指由委托方提供原料及主要材料，受托方按照委托方的要求制造货物并收取加工费的业务。修理修配，是指受托对损伤和丧失功能的货物进行修复，使其恢复原状和功能的业务。

提供加工和修理修配劳务，是指有偿提供加工和修理修配劳务。但单位或个体工商户聘用的员工为本单位或雇主提供加工、修理修配劳务则不包括在内。

4. 销售服务

分别指交通运输服务、邮政服务、电信服务（基础、增值）、建筑服务、金融服务、现代服务、生活服务。各行业重点业务列表见表2-1。

表2-1 销售服务增值税征税范围

<table>
<tr><th>行业</th><th>应税服务</th><th>具体内容</th></tr>
<tr><td rowspan="4">1. 交通运输服务</td><td>（1）陆路运输</td><td>包括铁路、公路、缆车、索道、地铁、城市轻轨等运输。
出租车公司向使用本公司自有出租车的出租车司机收取的管理费用</td></tr>
<tr><td>（2）水路运输</td><td>水路运输的程租、期租业务，属于水路运输服务</td></tr>
<tr><td>（3）航空运输</td><td>航天运输、航空运输的湿租业务，属于航空运输服务</td></tr>
<tr><td>（4）管道运输</td><td>通过管道输送气体、液体、固体物质的运输服务</td></tr>
<tr><td rowspan="3">2. 邮政服务</td><td>（1）邮政普遍</td><td>函件、包裹等邮件寄递，以及邮票发行、报刊发行和邮政汇兑等业务活动</td></tr>
<tr><td>（2）邮政特殊</td><td>义务兵平常信函、机要通信、盲人读物和革命烈士遗物的寄递等业务活动</td></tr>
<tr><td>（3）其他邮政</td><td>邮册等邮品销售、邮政代理等活动</td></tr>
</table>

续表

行业	应税服务	具体内容
3. 电信服务	(1) 基础电信服务	利用固网、移动网、卫星、互联网，提供语音通话服务及出租出售带宽、波长等网络元素
	(2) 增值电信服务	利用固网、移动网、卫星、互联网、有线电视网络，提供短信和彩信服务、电子数据和信息的传输及应用服务、互联网接入服务等业务活动。 卫星电视信号落地转接服务，按照增值电信服务计算缴纳增值税
4. 建筑服务	(1) 工程服务	新建、改建各种建筑物、构筑物的工程作业
	(2) 安装服务	包括固话、有线电视、宽带、水、电、燃气、暖气等收取的安装费、初装费、扩容费等
	(3) 修缮服务	对建筑物、构筑物进行修补、加固、养护、改善
	(4) 装饰服务	修饰装修，使之美观或具有特定用途的工程
	(5) 其他	如钻井（打井）、拆除建筑物、平整土地、园林绿化等。 物业服务企业为业主提供的装修服务、纳税人将建筑施工设备出租给他人使用并配备操作人员，均按“建筑服务”缴纳增值税
5. 金融服务	(1) 贷款服务	各种占用、拆借资金取得的收入、融资性售后回租、罚息、票据贴现等业务取得的利息。 特殊：以货币资金投资收取的固定利润、保底利润，征收增值税。 金融商品持有期间（含到期）取得的非保本收益，不征收增值税
	(2) 直接收费金融服务	包括提供信用卡、基金管理、金融交易场所管理、资金结算、资金清算等
	(3) 保险服务	包括人身保险服务和财产保险服务
	(4) 金融商品转让	包括转让外汇、有价证券、非货物期货和其他金融商品所有权的业务活动（主观）。 纳税人购入基金、信托、理财产品等各类资产管理产品持有至到期，不属于金融商品转让，不征收增值税（客观）
6. 现代服务	(1) 研发和技术服务	包括研发服务、合同能源管理服务、工程勘察勘探服务、专业技术服务（如气象服务、地震服务、海洋服务、测绘服务、城市规划、环境与生态监测服务等专项技术服务）
	(2) 信息技术服务	包括软件服务、电路设计及测试服务、信息系统服务、业务流程管理服务和信息系统增值服务
	(3) 文化创意服务	包括设计服务、知识产权服务、广告服务和会议展览服务。 宾馆、旅馆、旅社、度假村和其他经营性住宿场所提供会议场地及配套服务的活动，按“会议展览服务”缴纳增值税
	(4) 物流辅助服务	包括航空服务、港口码头服务（含港口设施保安费）、货运客运场站服务、打捞救助服务、装卸搬运服务、仓储服务、收派服务（含收、分、送等服务）

续表

行业	应税服务	具体内容
6. 现代服务	(5) 租赁服务	经营性租赁中：①水路运输的光租业务、航空运输的干租业务；②将不动产或飞机、车辆等动产的广告位出租给其他单位或个人用于发布广告；③车辆停放服务、道路通行服务（包括过路费、过桥费、过闸费等）。 融资租赁中的售后回租业务，属于金融服务。其他融资租赁业务属于租赁服务
	(6) 鉴证咨询服务	包括认证服务、鉴证服务和咨询服务。 如：会计税务法律鉴证、工程监理、资产评估、环境评估、房地产土地评估、建筑图纸审核、医疗事故鉴定等。 翻译服务、市场调查服务以及咨询服务
	(7) 广播影视服务	包括广播影视节目（作品）的制作服务、发行服务、播映（含放映）服务
	(8) 商务辅助服务	包括企业管理服务（含物业管理）、经纪代理服务（如金融代理、知识产权代理、法律代理、房地产中介、婚姻中介等）、人力资源服务、安全保护服务（如武装守护押运服务）。 婚庆服务属于生活服务——居民日常服务。 拍卖行受托拍卖取得的手续费或佣金收入，按照“经纪代理服务”缴纳增值税
	(9) 其他现代服务	自2018年1月1日起，纳税人为客户办理退票而向客户收取的退票费、手续费等收入，按照“其他现代服务”缴纳增值税。 纳税人对安装运行后的电梯提供的维护保养服务，按照“其他现代服务”缴纳增值税
7. 生活服务	(1) 文化体育服务	包括文艺表演、文化比赛，档案馆的档案管理，文物及非物质遗产保护，提供游览场所等。 纳税人在游览场所经营索道、摆渡车、电瓶车、游船等取得的收入，按照“文化体育服务”缴纳增值税
	(2) 教育医疗服务	包括教育服务和医疗服务。教育服务，是指提供学历教育服务、非学历教育服务、教育辅助服务的业务活动
	(3) 旅游娱乐服务	包括旅游服务和娱乐服务
	(4) 餐饮住宿服务	包括餐饮服务和住宿服务。纳税人以长（短）租形式出租酒店式公寓并提供配套服务的，按照住宿服务缴纳增值税提供餐饮服务的纳税人销售的外卖食品，按照“餐饮服务”缴纳增值税
	(5) 居民日常服务	包括市容市政管理、家政、婚庆、养老、殡葬、护理、美容美发、按摩、桑拿、沐浴、洗染、摄影扩印等服务
	(6) 其他	纳税人提供植物养护服务，按“其他生活服务”缴纳

5. 销售无形资产

销售无形资产，是指有偿转让无形资产，是转让无形资产所有权或者使用权的业务活动。

无形资产，是指不具实物形态，但能带来经济利益的资产，包括技术、商标、著作权、商誉、自然资源使用权和其他权益性无形资产。技术，包括专利技术和非专利技术。自然资源使用权，包括土地使用权、海域使用权、探矿权、采矿权、取水权和其他自然资源使用权。其他权益性无形资产，包括基础设施资产经营权、公共事业特许权、配额、经营权（包括特许经营权、连锁经营权、其他经营权）、经销权、分销权、代理权、会员权、席位权、网络游戏虚拟道具、域名、名称权、肖像权、冠名权、转会费等。

6. 销售不动产

销售不动产，是指有偿转让不动产，是转让不动产所有权的业务活动。

不动产，是指不能移动或者移动后会引起性质、形状改变的财产，包括建筑物、构筑物等。建筑物，包括住宅、商业营业用房、办公楼等可供居住、工作或者进行其他活动的建造物。构筑物，包括道路、桥梁、隧道、水坝等建造物。转让建筑物有限产权或者永久使用权的，转让在建的建筑物或者构筑物所有权的，以及在转让建筑物或者构筑物时一并转让其所占土地的使用权的，按照销售不动产缴纳增值税。

（二）征税范围的特殊规定

1. 视同销售

视同销售行为是指在财务会计中一般不确认销售收入，但按税法规定属于应税行为，应确认收入并计算缴纳税款的转移行为。站在税制设计和税收征管的角度，将无偿赠送和有偿销售货物，无偿和有偿提供服务，无偿和有偿转让无形资产、不动产同等对待，均纳入征税范围，既体现税收的公平原则，又可堵塞漏洞，防止纳税人逃避缴纳税款。同时，又将以公益活动为目的或以社会公众为对象的无偿赠送（转让）货物、无偿提供服务排除在视同销售之外，有利于促进社会公益事业的发展。

（1）视同销售货物。

①将货物交付其他单位或者个人代销。

②销售代销货物。

③设有两个以上机构并实行统一核算的纳税人，将货物从一个机构移送其他机构用于销售，但相关机构设在同一县（市）的除外。

④将自产、委托加工的货物用于集体福利或个人消费。

⑤将自产、委托加工或购进的货物作为投资，提供给其他单位或个体工商户。

⑥将自产、委托加工或购进的货物分配给股东或投资者。

⑦将自产、委托加工或购进的货物无偿赠送给其他单位或者个人。

（2）视同销售服务、无形资产或者不动产。单位、个体工商户向其他单位或个人无偿提供服务，无偿转让无形资产和不动产；但用于公益事业或者以社会公众为对象的除外；财政部和国家税务总局规定的其他情形。

【例 2-1】 某客运公司为一般纳税人，本月购买矿泉水一批，取得增值税专用发票注明价款 20 000 元、增值税 2 600 元，其中 70%赠送给运送的旅客，30%用于公司集体福利。判断上述业务是否为视同销售。

解析： 70%赠送给旅客的部分为视同销售，30%用于公司集体福利的部分则不可抵扣进项税。

2. 混合销售

一项销售行为如果既涉及货物又涉及服务，为混合销售。其中的货物是指增值税暂行条例中规定的有形动产，服务是指交通运输服务、建筑服务、金融保险服务、邮政服务、电信服务、现代服务和生活服务等。从事货物的生产、批发或者零售的单位和个体工商户的混合销售行为，按照销售货物缴纳增值税；其他单位和个体工商户的混合销售行为按照销售服务缴纳增值税。

上述“从事货物的生产、批发或者零售的单位和个体工商户”，包括以从事货物的生产、批发或者零售为主并兼营销售服务的单位和个体工商户。在具体判定时以货物的生产、批发或者零售销售额占全部销售额的比重是否超过 50%为标准。

3. 兼营

兼营行为，是指纳税人的经营范围既包括销售货物和加工修理修配劳务，又包括销售服务、无形资产或者不动产。根据《中华人民共和国增值税暂行条例实施细则》和《营业税改征增值税试点有关事项的规定》（财税〔2016〕36 号附件 2），纳税人销售货物、加工修理修配劳务、服务、无形资产或者不动产适用不同税率或者征收率的，应当分别核算适用不同税率或者征收率的销售额，未分别核算销售额的，按照以下方法适用税率或者征收率。

（1）兼有不同税率的销售货物、加工修理修配劳务、服务、无形资产或者不动产，从高适用税率。

（2）兼有不同征收率的销售货物、加工修理修配劳务、服务、无形资产或者不动产，从高适用征收率。

（3）兼有不同税率和征收率的销售货物、加工修理修配劳务、服务、无形资产或者不动产，从高适用税率。

纳税人兼营免税、减税项目的，应当分别核算免税、减税项目的销售额；未分别核算的，不得减税、免税。

混合销售和兼营的区别见表 2-2。

表 2-2 混合销售和兼营的区别

	混合销售	兼营
是否同时发生	同时	非同时
是否针对同一客户	同一客户	非同一客户
处理原则	合并计税	分别计税

4. 不征收增值税的项目

不征收增值税项目就是不属于增值税征收范围的项目。它包括：①根据国家指令无偿提供的铁路运输服务、航空运输服务，属于公益事业的服务；②存款利息；③被保险人获得的保险赔付；④房地产主管部门或其指定机构、公积金管理中心、开发企业及物业管理单位代收的住宅专项维修资金；⑤在资产重组过程中，通过合并、分立、出售、置换等方式，将全部或部分实物资产以及与其相关联的债权、负债和劳动力一并转让给其他单位和个人，其中涉及的不动产、土地使用权转让行为。

四、税率和征收率

（一）增值税的税率

1. 基本税率

纳税人销售货物、劳务、有形动产租赁服务或者进口货物，适用基本税率，税率为13%。

2. 低税率

（1）纳税人销售交通运输、邮政、基础电信、建筑、不动产租赁服务，销售不动产，转让土地使用权，销售或者进口下列货物适用较低税率，税率为9%。

①粮食、食用植物油等农产品，食用盐；

②自来水、暖气、冷气、热水、煤气、石油液化气、天然气、二甲醚、沼气、居民用煤炭制品；

③图书、报纸、杂志、音像制品、电子出版物；

④饲料、化肥、农药、农机、农膜；

⑤国务院规定的其他货物。

（2）纳税人销售服务、无形资产以及增值电信服务，除另有规定外适用低税率，税率为6%。

3. 零税率

出口货物、劳务或者境内单位和个人发生的跨境应税行为，税率为零。

（二）增值税征收率和预征率

1. 3%的征收率

小规模纳税人以及选择简易计税方法的一般纳税人销售货物、无形资产，提供劳务、服务、建筑服务、公交运输服务，有形动产租赁，资管产品运营收益等。

2. 5%的征收率

小规模纳税人以及选择简易计税方法的一般纳税人销售不动产（不含自建），不动产租赁，转让土地使用权，提供劳务派遣服务等。

3. 2%、3%、5%的预征率

纳税人提供建筑服务取得预收款，适用一般计税方法计税的项目预征率为2%，适用简易计税方法计税的项目预征率为3%。房地产开发企业采取预收款方式销售所开发的房地产项目，收到预收款时按3%的预征率预缴增值税。房地产开发企业中的一般纳税人销售老项目，适用一般计税方法的，以取得的全部价款和价外费用，在不动产所在地，按3%的预征率预缴税款。房地产开发企业中的一般纳税人，出租其“营改增”后自行开发的与机构所在地不在同一县（市）的房地产项目，应按3%的预征率在所在地预缴税款。一般纳税人销售不动产，选择一般计税方法计税的，预征率为5%。

五、优惠政策

（一）增值税的免税

根据《增值税暂行条例》，下列项目免征增值税。

（1）农业生产者销售的自产农产品。

农业生产者销售的自产农产品免征增值税。农业，是指种植业、养殖业、林业、牧业、水产业。农业生产者，包括从事农业生产的单位和个人。农产品，是指初级农产品，具体范围由财政部、国家税务总局确定。

（2）避孕药品和用具。

（3）古旧图书，古旧图书是指向社会收购的古书和旧书。

（4）直接用于科学研究、科学试验和教学的进口仪器、设备。

对科学研究机构、技术开发机构、学校等单位进口国内不能生产或者性能不能满足需要的科学研究、科技开发和教学用品，免征进口关税和进口环节增值税、消费税。

（5）外国政府、国际组织无偿援助的进口物资和设备。

（6）由残疾人的组织直接进口供残疾人专用的物品。

（7）销售的自己使用过的物品，自己使用过的物品是指其个人使用过的物品。

除上述规定外，增值税的免税、减税项目由国务院规定，任何地区、部门均不得规定免税、减税项目。

（二）增值税的即征即退、先征后退

1. 资源综合利用劳务

增值税一般纳税人销售自产的资源综合利用产品和提供资源综合利用劳务符合相关规定时，可享受一定比例的增值税即征即退政策。

2. 修理修配劳务

对飞机维修劳务增值税实际税负超过6%的部分即征即退。

3. 软件产品

增值税一般纳税人销售其自行开发生产的软件产品（含电子出版物）或将进口软件进行转换等本地化改造（重新设计、改进、转换等，不含单纯进行汉字化处理）后对外销售，按基本税率征收增值税后，对其增值税实际税负超过3%的部分实行即征即退政策。

即征即退税额=当期软件产品增值税应纳税额−当期软件产品销售额×3%

4. 安置残疾人

对安置残疾人的单位和个体工商户，由税务机关按纳税人安置残疾人的人数，限额即征即退增值税。安置的每位残疾人每月可退还的增值税具体限额，由县级以上税务机关根据纳税人所在区县（含县级市、旗，下同）适用的经省（含自治区、直辖市、计划单列市）人民政府批准的月最低工资标准的4倍确定。

5. 管道运输服务

一般纳税人提供管道运输服务，对其增值税实际税负超过3%的部分实行增值税即征即退。

6. 动漫产业

对动漫企业增值税一般纳税人销售其自主开发生产的动漫软件，按照基本税率征收增值税后，对其增值税实际税负超过3%的部分，实行即征即退政策。动漫软件出口免征增值税。

7. 有形动产融资租赁和售后回租服务

经中国人民银行、中国银行业监督管理委员会或商务部批准从事融资租赁业务的试点纳税人中的一般纳税人，提供有形动产融资租赁服务和有形动产融资性售后回租服务，对其增值税实际税负超过3%的部分，实行增值税即征即退。

8. 风力发电

自2015年7月1日起，对纳税人销售自产的利用风力生产的电力产品，实行增值税即征即退50%的政策。

9. 符合相关法规规定的特定图书、报纸和期刊

其增值税先征后退50%或100%。

（三）增值税的减征

第一，纳税人（一般指旧货经营单位）销售旧货，依3%的征收率减按2%征收增值税，且只能开具普通发票，不得自行或由税务机关代开增值税专用发票。“旧货”是指进入二次流通的具有部分使用价值的货物（含旧汽车、旧摩托车和旧游艇），但不包括自己使用过的物品。

第二，一般纳税人销售自己使用过的特定固定资产（在财务会计中已经计提折旧），按简易计税方法3%的征收率减按2%计缴增值税：①购进或自制固定资产时为小规模纳税人，认定为一般纳税人后，销售该固定资产。②适用一般计税方法的增值税一般纳税人，销售其规定不得抵扣且未抵扣进项税额的固定资产。③一般纳税人发生按简易计税方法计缴增值税应税行为，销售其按规定不得抵扣且未抵扣进项税额的固定资产。④销售“营改增”之前购进或自制的、自己使用过的固定资产。

（四）增值税的起征点

小微企业、个体工商户和其他个人的小规模纳税人，合计月销售额未超过15万元或季度销售额未超过45万元的，免征增值税。

小规模纳税人发生增值税应税销售行为，合计月销售额超过 15 万元，但扣除本期发生的销售不动产的销售额后未超过 15 万元的，其销售货物、劳务、服务、无形资产取得的销售额免征增值税。

（五）减免增值税的放弃

纳税人销售货物、提供应税劳务、应税服务，适用免税、减税规定的，可以放弃免税、减税。要求放弃减免税权应当以书面形式提交放弃减免税权声明，报主管税务机关备案。一经放弃减免税权，其生产销售的全部增值税应税货物、劳务、服务均应按照适用税率缴税，不得选择某一减免税项目放弃减免税权，也不得根据不同的销售对象选择部分货物、劳务、服务放弃减免税权，而且在 36 个月内不得再申请减免税。纳税人也可以放弃适用零税率，选择减免税或按规定缴纳增值税。放弃适用零税率后，36 个月内不得再申请适用零税率。

六、征收管理

（一）增值税的纳税期限

增值税的纳税期限规定为 1 日、3 日、5 日、10 日、15 日、1 个月或者 1 个季度，以 1 个季度为纳税期限的规定适用于小规模纳税人以及财政部和国家税务总局规定的其他纳税人。纳税人的具体纳税期限，由主管税务机关根据纳税人应纳税额的大小分别核定。不能按照固定期限纳税的，可以按次纳税。

以 1 个季度为纳税期限的规定适用于小规模纳税人、银行、财务公司、信托投资公司、信用社，以及财政部和国家税务总局规定的其他纳税人。不能按照固定期限纳税的，可以按次纳税。

按固定期限纳税的小规模纳税人可以选择以 1 个月或 1 个季度为纳税期限，一经选择，一个会计年度内不得变更。

（1）纳税人以 1 个月或者 1 个季度为 1 个纳税期的，自期满之日起 15 日内申报纳税；以 1 日、3 日、5 日、10 日或 15 日为 1 个纳税期的，自期满之日起 5 日内预缴税款，于次月 1 日起 15 日内申报纳税并结清上月应纳税款。

扣缴义务人解缴税款的期限，按照上述规定执行。

（2）纳税人进口货物，应当自海关填发海关进口增值税专用缴款书之日起 15 日内缴纳税款。

（二）增值税的纳税地点

1. 固定业户的纳税地点

固定业户应当向其机构所在地主管税务机关申报纳税。总机构和分支机构不在同一县（市）的，应当分别向各自所在地主管税务机关申报纳税；经国务院财政、税务主管部门或者其授权的财政、税务机关批准，可以由总机构汇总向总机构所在地主管税务机关申报纳税。

固定业户到外县（市）销售货物或者劳务的，应当向其机构所在地主管税务机关报告外出经营事项，并向其机构所在地主管税务机关申报纳税。未报告的应当向销售地或者劳务发生地主管税务机关申报纳税；未向销售地或者劳务发生地主管税务机关申报纳税的，由其机构所在地主管税务机关补征税款。

2. 非固定业户的纳税地点

非固定业户销售货物或者劳务，应当向销售地或者劳务发生地的主管税务机关申报纳税；未向销售地或者劳务发生地主管税务机关申报纳税的，由其机构所在地或居住地的主管税务机关补征税款。

3. 进口货物的纳税地点

进口货物，应当由进口人或其代理人向报关地海关申报纳税。

4. 扣缴义务人的扣税地点

扣缴义务人应当向其机构所在地或者居住地的主管税务机关申报缴纳其扣缴的税款。

七、增值税发票管理

（一）增值税发票的种类

1. 增值税专用发票

增值税专用发票是增值税纳税人应税销售行为发生时通过增值税税控系统开具的专用发票，是一般计税方式下的购买方可按照增值税有关规定据以抵扣增值税进项税额的凭证。目前有增值税纸质专用发票和增值税电子专用发票两种类型。增值税电子专用发票由各省税务局监制，采用电子签名代替发票专用章，其法律效力、基本用途、基本使用规定等与增值税纸质专用发票相同。

增值税专用发票由基本联次或者基本联次附加其他联次构成，分为三联版和六联版两种。基本联次为三联。第一联为记账联，是销售方记账凭证；第二联为抵扣联，是购买方扣税凭证；第三联为发票联，是购买方记账凭证。其他联次用途，由纳税人自行确定。纳税人办理产权过户手续需要使用发票的，可以使用增值税专用发票第六联。

2. 增值税普通发票

增值税普通发票（含折叠票、卷票、电子普通发票和通行费发票等）是增值税纳税人发生应税销售行为时开具的普通发票。增值税普通发票的格式、字体、栏次、内容与增值税专用发票完全一致，按发票联次分为两联票和五联票两种。基本联次为两联。第一联为记账联，是销售方记账凭证；第二联为发票联，是购买方记账凭证。其他联次用途由纳税人自行确定。纳税人办理产权过户手续需要使用发票的，可以使用增值税普通发票第三联。

3. 增值税电子普通发票

增值税电子普通发票的开票方和受票方需要纸质发票的，可以自行打印增值税电子普通发票的版式文件，其法律效力、基本用途、基本使用规定等与税务机关监制的增值税普通发票相同。

4. 机动车销售统一发票

从事机动车零售业务的单位和个人，在销售机动车（不包括销售旧机动车）收取款项时，开具机动车销售统一发票。机动车销售统一发票为电脑六联式发票。第一联为发票联，是购货单位付款凭证；第二联为抵扣联，是购货单位扣税凭证；第三联为报税联，车辆购置税征收单位留存；第四联为注册登记联，车辆登记单位留存；第五联为记账联，销货单位记账凭证；第六联为存根联，销货单位留存。

（二）增值税发票的申领

发票申领包括票种核定、税控专用设备发行和发票领用等业务。纳税人办理税务登记后需领用发票的，应向主管税务机关确认领用发票的种类、数量、开票限额等事宜。纳税人在初次使用或重新领用增值税税控专用设备开具发票之前，税务机关对增值税税控专用设备进行初始化发行，将开票所需的各种信息载入增值税税控专用设备。纳税人完成初始发行后，即可领用增值税发票，纳税人根据实际生产经营需要在税务机关核定的范围内在线上或线下领用发票，装增值税发票开票系统软件后可以开具增值税发票。

自各地专票电子化实行之日起，本地区需要开具增值税纸质普通发票、增值税电子普通发票（以下简称电子普票）、纸质专票、电子专票、纸质机动车销售统一发票和纸质二手车销售统一发票的新办纳税人，统一领取税务 UKey 开具发票。税务机关向新办纳税人免费发放税务 UKey，并依托增值税电子发票公共服务平台，为纳税人提供免费的电子专票开具服务。税务机关按照电子专票和纸质专票的合计数，为纳税人核定增值税专用发票领用数量。电子专票和纸质专票的增值税专用发票（增值税税控系统）最高开票限额应当相同。

（三）增值税发票的使用

1. 发票开具

增值税一般纳税人销售货物、提供加工修理修配劳务和发生应税行为，使用新系统开具增值税专用发票、增值税普通发票、机动车销售统一发票、增值税电子普通发票。纳税人开具增值税专用发票时，既可以开具电子专票，也可以开具纸质专票。受票方索取纸质专票的，开票方应当开具纸质专票。

自 2020 年 2 月 1 日起，纳入增值税小规模纳税人自开增值税专用发票试点的小规模纳税人需要开具增值税专用发票的，可以通过新系统自行开具，主管税务机关不再为其代开。

填开发票的单位和个人必须在发生经营业务确认营业收入时开具发票，未发生经营业务一律不准开具发票。销售方开具增值税发票时，发票内容应按照实际销售情况如实开具，不得根据购买方要求填开与实际交易不符的内容，任何单位和个人不得有虚开发票行为。

单位和个人在开具发票时，必须做到按照号码顺序填开，填写项目齐全，内容真实，字迹清楚。全部联次一次打印，内容完全一致，并在发票联和抵扣联加盖发票专用章，提供货物运输等业务，法律要求发票备注栏填写信息的，应按规定填写完整。纸质增值税专用发票应按下列要求开具。

（1）项目齐全，与实际交易相符；

（2）字迹清楚，不得压线、错格；

（3）按照增值税纳税义务的发生时间开具。

不符合上列要求的增值税专用发票，购买方有权拒收。

以下情况不得开具专用发票情况。

（1）向消费者个人销售应税项目；

（2）一般纳税人零售的烟酒、服装、鞋帽（不含劳保专用品）、化妆品等最终消费品；

（3）销售货物、提供应税劳务、应税服务，适用免税规定的；

（4）接受方是其本单位的视同销售货物；

（5）销售旧货。

2. 发票作废与红字发票开具

（1）发票作废。纳税人在开具纸质增值税专用发票当月，发生销货退回、开票有误等情形，收到退回的发票联、抵扣联符合作废条件的，按作废处理。开具时发现有误的，可即时作废。

作废增值税专用发票须在增值税发票管理系统中将相应的数据电文按“作废”处理，在纸质增值税专用发票（含未打印的增值税专用发票）各联次上注明“作废”字样，全联次留存。同时具有下列情形的，为作废条件。

①收到退回的发票联、抵扣联，且时间未超过销售方开票当月；

②销售方未汇总上传且未记账；

③购买方未认证，或者认证结果为“纳税人识别号认证不符”“增值税专用发票代码、号码认证不符”。

（2）开具红字发票。纳税人开具增值税发票后，发生开票有误、销货退回、应税服务中止等情形但不符合发票作废条件或者因销货部分退回及发生销售折让，可开具红字增值税发票。按照以下规定执行。

①购买方已将电子专票用于申报抵扣的，由购买方在增值税发票管理系统中填开并上传开具红字增值税专用发票信息表（以下简称信息表），填开信息表时不填写相对应的蓝字电子专票信息。购买方未将电子专票用于申报抵扣的，由销售方在增值税发票管理系统中填开并上传信息表，填开信息表时应填写相对应的蓝字电子专票信息。

②税务机关通过网络接收纳税人上传的信息表，系统自动校验通过后，生成带有“红字发票信息表编号”的信息表，并将信息同步至纳税人端系统中。

③销售方凭税务机关系统校验通过的信息表开具红字电子专票，在增值税发票管理系统中以销项负数开具。红字电子专票应与信息表对应。

④购买方已将电子专票用于申报抵扣的，应当暂依信息表所列增值税税额从当期进项税额中转出，待取得销售方开具的红字电子专票后，与信息表一并作为记账凭证。

(四)增值税发票的确认

一般纳税人取得增值税发票(包括增值税专用发票、机动车销售统一发票、收费公路通行费增值税电子普通发票,下同)后,可以自愿使用增值税发票选择确认平台查询,选择用于申报抵扣、出口退税或者代办退税的增值税发票信息。增值税发票选择确认平台的登录地址由国家税务总局各省、自治区、直辖市和计划单列市税务局确定并公布。

增值税小规模纳税人没有进项抵扣的问题,不需要取得增值税专用发票和进行发票认证。红字增值税专用发票不需要认证。纳税人初次购买增值税税控设备,按规定可以全额抵减应纳税额,不需要进行认证。

第二节　增值税销项税的确认计量

一、增值税纳税义务的确认

(一)纳税义务确认的基本原则

增值税纳税义务发生时间,是指增值税纳税义务人、扣缴义务人发生应税、扣缴税款行为应承担纳税义务、扣缴义务的时间。《增值税暂行条例》明确规定了增值税纳税义务发生时间有以下两个方面:销售货物、劳务、服务、无形资产或不动产,为收讫销售款或者取得索取销售款凭据的当天;先开具发票的,为开具发票的当天。进口货物,为报关进口的当天。收讫销售款项,是指纳税人销售服务、无形资产、不动产过程中或者完成后收到款项。取得索取销售款项凭据的当天,是指书面合同确定的付款日期;未签订书面合同或者书面合同未确定付款日期的,为服务、无形资产转让完成的当天或者不动产权属变更的当天。

(二)纳税义务的具体规定

销售货物或者提供应税劳务的纳税义务发生时间,按销售结算方式的不同,具体为:

(1)采取直接收款方式销售货物,不论货物是否发出,均为收到销售款或取得索取销售款凭据的当天。

纳税人生产经营活动中采取直接收款方式销售货物,已将货物移送对方并暂估销售收入入账,但既未取得销售款或取得索取销售款凭据也未开具销售发票的,其增值税纳税义务发生时间为取得销售款或取得索取销售款凭据的当天;先开具发票的,为开具发票的当天。

(2)采取托收承付和委托银行收款方式销售货物,为发出货物并办妥托收手续的当天。

(3)采取赊销和分期收款方式销售货物,为书面合同约定收款日期的当天。无书面合同或者书面合同没有约定收款日期的，为货物发出的当天。

（4）采取预收货款方式销售货物，为货物发出的当天。但生产销售生产工期超过12个月的大型机械设备、船舶、飞机等货物，应为收到预收款或者书面合同约定的收款日期的当天。

（5）委托其他纳税人代销货物，为收到代销单位的代销清单或者收到全部或者部分货款的当天；未收到代销清单及货款的，为发出代销货物满180日的当天。

（6）销售应税劳务，为提供劳务同时收讫销售款或取得索取销售款的凭据的当天。

（7）纳税人发生除将货物交付其他单位或者个人代销和销售代销货物以外的，视同销售货物行为，为货物移送的当天。

（8）纳税人提供租赁服务采取预收款方式的，其纳税义务发生时间为收到预收款的当天。

（9）纳税人从事金融商品转让的，为金融商品所有权转移的当天。

（10）纳税人发生视同销售服务、无形资产或者不动产情形的，其纳税义务发生时间为服务、无形资产转让完成的当天或者不动产权属变更的当天。

（11）增值税扣缴义务发生时间为纳税人增值税纳税义务发生的当天。

（12）纳税人提供建筑服务，被工程发包方从应支付的工程款中扣押的质押金、保证金，未开具发票的，以纳税人实际收到质押金、保证金的当天为纳税义务发生时间。

纳税义务确认的特殊原则：以先发生者为准。对以下情况，哪一个发生在先，就以那个时点确认纳税义务。

（1）开具增值税发票的时间。

（2）实际收款（包括预收款）的时间。

（3）合同约定的收款时间。特殊原则是，销售方应纳增值税的确认应早于购买方抵扣税款的认定，而不能相反。

二、一般销售方式销项税额的确认计量

（一）销售额的一般规定

在增值税税率一定的情况下，计算销项税额的关键在于正确、合理地确定销售额。

销售额为纳税人发生应税销售行为收取的全部价款和价外费用，但是不包括收取的销项税额。具体来说，应税销售额包括以下内容。

（1）销售货物或提供应税劳务取自于购买方的全部价款。

（2）向购买方收取的各种价外费用。具体包括手续费、补贴、基金、集资费、返还利润、奖励费、违约金、延期付款利息、滞纳金、赔偿金、包装费、包装物租金、储备费、邮资费、运输装卸费、代收款项、代垫款项及其他各种性质的价外收费。价外费用无论其会计制度如何核算，都应并入销售额计税。但上述价外费用不包括以下费用。

①受托加工应征消费税的货物，而由受托方向委托方代收代缴的消费税。这是因为代收代缴消费税只是受托方履行法定义务的一种行为，此项税金虽然构成委托加工货物售价

的一部分，但它同受托方的加工业务及其收取的应税加工费没有内在关联。

②同时符合以下两个条件的代垫运费：承运部门的运费发票开具给购买方，并且由纳税人将该项发票转交给购买方的。在这种情况下，纳税人仅仅是为购货人代办运输业务，而未从中收取额外费用。

③销售货物的同时代办保险等而向购买方收取的保险费，以及向购买方收取的代购买方缴纳的车辆购置税、车辆牌照费。

（3）消费税税金。由于消费税属于价内税，因此，凡征收消费税的货物在计征增值税额时，其应税销售额应包括消费税税金。

税法规定，纳税人销售货物和提供应税劳务时向购买方收取的各种价外费用均要并入计税销售额计算征税，目的是防止纳税人以各种名目的收费减少计税销售额逃避纳税。同时应注意，根据国家税务总局规定，纳税人向购买方收取的价外费用和包装物押金，应视为含税收入，在并入销售额征税时，应将其换算为不含税收入再并入销售额征税。

销售额以人民币计算。纳税人以人民币以外的货币结算销售额的，应当折合成人民币计算。折合率可以选择销售额发生的当天或者当月 1 日的人民币汇率中间价。纳税人应在事先确定采用何种折合率，确定后 1 年内不得变更。

（二）含税销售额的换算

我国现行增值税实行价外计税，即以不含增值税税款的销售额作为计税销售额。若在销售时出现将销售额和销项税额合并定价的情况，此时需要将含税销售额换算为不含税销售额后再计算增值税税额，换算公式如下：

应税销售额 = 含税销售额 ÷（1 + 增值税税率）

【例 2-2】某生产企业销售产品向购货方收取货款 100 000 元，增值税税率 13%，同时代政府收取政府性基金 5 000 元并开具财政票据，当月上缴财政。另收取违约金 2 260 元。该货物由企业代办托运代垫运输费用 3 000 元，该运输发票已交给购货方。

应税销售额 = 100 000 + 2 260 ÷（1 + 13%）= 102 000(元)

（三）销项税额的计算

纳税人销售货物、劳务、服务、无形资产或者不动产，按照销售额和税法规定的税率计算收取的增值税额，为销项税额。其含义：一是销项税额是计算出来的，对销售方来讲在没有依法抵扣其进项税额前，销项税额不是其应纳增值税额，而是应税销售行为的整体税负；二是销售额是不含销项税额的销售额，销项税额是从购买方收取的，体现了价外税性质。

销项税额是纳税人发生应税销售行为，按照销售额与税率计算的乘积。定义销项税额是为了区别于应纳税额。其计算公式如下：

销项税额 = 销售额×税率

【例 2-3】以【例 2-2】为例，该商场本月销项税额 = 销售额×税率 = 102 000×13% = 13 260（元）

（四）增值税会计账户的设置

1. 一般纳税人增值税会计账户设置

“应交税费”下设二级账户。

（1）应交增值税。该账户的借方发生额为购进和进口货物、固定资产、无形资产以及接受应税劳务服务支付的进项税额、缴纳增值税等，贷方发生额为销售货物、转让无形资产、不动产、提供应税劳务服务等应交增值税、出口货物退税、进项税额转出等。期末贷方余额反映企业尚未缴纳的增值税额，借方余额反映企业尚未抵扣的、多交的增值税额。

（2）未交增值税。纳税人月度终了从“应交增值税”“预交增值税”明细账户转入当月应交未交、多交或预交的增值税额，以及当月缴纳以前期间未交的增值税额。其借方发生额反映上交以前月份未交增值税和期末转入多交增值税，贷方发生额记录转入当月未交增值税，期末借方余额为企业多交增值税，贷方余额为未交增值税。

（3）预交增值税。记录纳税人转让不动产、提供不动产租赁服务、提供建筑服务、采用预收款方式销售自行开发的房地产项目等，按规定应预交的增值税额。

（4）待认证进项税额。记录纳税人因未经税务机关认证而不得从当期销项税额中抵扣的进项税额。包括纳税人已取得增值税扣税凭证、按规定准予从销项税额中抵扣，但尚未认证的进项税额；纳税人取得货物等已入账，但因尚未收到相关增值税扣税凭证而不得从当期销项税额中抵扣的进项税额。

（5）待抵扣进项税额。记录纳税人已取得增值税扣税凭证并经认证，按照规定准予以后期间从销项税额中抵扣的进项税额。它包括实行纳税辅导期管理的一般纳税人取得的尚未交叉稽核比对的增值税扣税凭证上注明或计算的进项税额、企业取得海关专用缴款书实行“先稽核比对、后抵扣”方式的进项税额。

（6）待转销项税额。纳税人销售货物、无形资产及不动产，提供劳务、服务时，财务会计根据会计制度规定先确认相关收入及相应增值税额，在期末填制资产负债表时，需要重分类至“其他流动负债”或“其他非流动负债”。税务会计根据税法规定，对尚未发生增值税纳税义务的事项不予确认销项税额。

（7）转让金融商品应交增值税。记录纳税人转让金融商品发生的增值税额。月末，结转金融商品转让损失的应抵扣税额及实际缴纳增值税时，借记本账户；结转金融商品转让收益应纳税额时，贷记本账户。

（8）代扣代交增值税。记录纳税人购进在境内未设经营机构的境外单位或个人在境内的应税行为代扣代交的增值税。

（9）增值税留抵税额。对纳税人而言，当本期可抵扣进项税额大于同期销项税额时，其差额（期末“应交增值税”账户呈借方余额）为留抵税额，即留待后期抵扣的税额，不必单独进行会计处理。企业实际收到税务机关退还的留抵税额时，借记“银行存款”，贷记“应交税费——应交增值税（进项税额转出）”。

（10）增值税检查调整。记录企业在增值税检查中查出的以前各期应补、应退增值税额，借方记调减的销项税额和调增的进项税额，贷方记调增的销项税额、调减的进项税额、调增的进项税转出额，全部调整事项入账后，应结出本账户余额，并对余额进行账务处理。

（11）简易计税。记录一般纳税人采用简易计税方法时增值税的计提、扣减、预缴、缴纳、抵减、减免等事项。既核算纳税人适用简易计税方法应纳税额的计提，也核算差额计税的扣减、特定情形的预缴及申报后的缴纳。

2. “应交税费——应交增值税”下设三级账户

企业一般应设置进项税额、进项税额转出、销项税额、销项税额拆减、已交税金、减免税款、出口退税、出口退税抵减应纳税额、转出未交增值税、转出多交增值税等三级明细账户。

（1）进项税额。记录企业购入和进口货物、固定资产、不动产、无形资产、接受应税劳务、服务而支付的、准予从销项税额中抵扣的增值税额，若发生购货退回或折让，应以红字记入，以示冲销进项税额。

（2）进项税额转出。当企业已经抵扣的进项税额不再符合抵扣条件时，应将确认的已经抵扣的进项税额在会计上作转出处理，贷记该明细账户，表示对借记“进项税额”账户的冲减。

（3）销项税额。记录企业销售货物、固定资产、不动产，提供应税劳务、服务应收取的增值税额。若发生销货退回或销售折让，应以红字记入，以示冲减销项税额。一般纳税人采用简易计税方法计算的应交增值税额，也应在此明细账中反映，但也可通过专设明细账户记录。

（4）销项税额抵减。记录一般纳税人中适用全额开票、差额计税政策时（如房地产企业），因按规定抵减销售额而减少的销项税额。

（5）已交税金。记录企业当月缴纳本月应交增值税额。收到退回的多交增值税额时，以红字记入。

（6）减免税款。记录企业按规定直接减免、用于指定用途的或未规定专门用途的、准予从销项税额中抵扣的增值税额。

（7）出口退税。记录企业向海关办理报关出口手续后，凭出口报关单等有关单证，向主管出口退税的税务机关申报办理出口退税而确认的应予退回的税款及应免抵税款。若办理退税后，又发生退货或者退关而补缴已退增值税，则用红字记入。

（8）出口退税抵减应纳税额。记录出口企业按规定退税率计算的当期应予抵扣的税额。

（9）转出未交增值税。记录企业月（季）终将当月发生的应交未交增值税转出额，转至“未交增值税”账户后，“应交增值税”账户的期末余额不包括当期应交未交税额。

（10）转出多交增值税。记录企业月（季）终时将当月多交税额的转出额，转至“未交增值税”账户后，“应交增值税”账户的期末余额不含当期多交税额。

如果企业不设“未交增值税”二级账户，在“应交增值税”三级明细账户中也就没有必要设置“转出未交增值税”和“转出多交增值税”明细账户。从事“四项服务”的纳税人，可在“应交税费——应交增值税”下增设“加计抵减额”明细项目。

（五）一般销售方式销项税额的会计处理

企业销售货物、无形资产、不动产，提供劳务服务，借记“应收账款”“银行存款”等账户，贷记“主管业务收入”“固定资产清理”“工程结算”等账户，贷记“应交税费——应交增值税（销项税额）”账户。

若按会计准则确认收入或利得的时点早于按照税法规定确认的增值税纳税义务发生时点时，先将相关销项税额记入“应交税费——待转销项税额”账户，待实际发生纳税义务时再转入“应交税费——应交增值税（销项税额）”账户。如果前者确认的时点晚于后者确认的时点，应按应纳增值税额，借记“应收账款”账户，贷记“应交税费——应交增值税（销项税额）”账户，待按会计准则确认收入或利得时，应按扣除增值税销项税额后的金额确认收入。

1. 现销方式销售货物销项税额的会计处理

现销方式销售货物即直接收款方式销售货物。按收入确认的原则和条件，不论货物是否发出，均应以收到货款或取得索取销货款凭据、销货发票交给购货方的当日，确认销售成立并发生纳税义务。即使对不完全符合收入确认条件的销售业务，只要已经向对方开出专用发票，也应确认销项税额。企业应根据销售结算凭证和银行存款进账单等，借记“银行存款”“应收账款”等账户；按专用发票上所列增值税额或普通发票上所列货款按征收率折算增值税额，贷记“应交税费——应交增值税（销项税额）”账户，按销售额，贷记“主营业务收入”账户。

【例 2-4】甲公司采用汇兑结算方式向光明厂销售甲产品 180 件，300 元/件，计价款 108 000 元、税额 14 040 元，开出转账支票代垫运杂费 500 元，货款尚未收到。

借：应收账款——光明厂　　122 540
　贷：主营业务收入　　108 000
　　应交税费——应交增值税（销项税额）　　14 040
　　银行存款　　500

2. 赊销和分期收款方式销售货物销项税额的会计处理

赊销赊购是一种信用方式，即销售方给予购买方一定时期的信用期，购买方在信用期内支付货物、服务的款项。赊销方发出货物时即负有以后要缴纳增值税的义务，且该义务并非未来发生的交易事项形成的，属于现时义务，因此应就该义务确认一项税金负债。按会计准则确认收入或利得的时点早于按增值税法规确认纳税义务发生时点的，应将相关销项税额记入“应交税费——待转销项税额”账户，待实际发生纳税义务时再转入“应交税费——应交增值税（销项税额）”。

企业采用分期收款方式销售货物，其纳税义务的发生时间为“按合同约定的收款日期的当天”。即不论在合同约定的收款日是否收到或如数收到货款，均应确认纳税义务发生，并在规定时间内缴纳增值税。发出商品时，借记“长期应收款”账户，贷记“主营业务收入”账户；同时，结转销售成本。按合同约定的收款日期开具发票，借记“银行存款”“应收账款”等账户，贷记“长期应收款”“应交税费——应交增值税（销项税额）”

账户。

而按会计准则的规定，如果收款期较短（通常在3年以下），以合同金额确认收入，其会计处理与税法规定基本相同。如果收款期较长（通常在3年以上），实质上是具有融资性质的销售商品，按应收合同或协议价款，借记“长期应收款”账户，按应收合同或协议价款的公允价值（未来现金流量现值），贷记“主营业务收入”账户，按专用发票上注明的增值税额，贷记“应交税费——应交增值税（销项税额）”账户，按其差额，贷记“未实现融资收益”账户。未实现融资收益在收款期内按实际利率法摊销，摊销结果与直线法相差不大时，也可以采用直线法摊销。

【例2-5】 甲工厂按销售合同向N公司销售A产品600件，不含税售价2 000元/件，产品成本1 600元/件，税率13%。按合同规定付款期限为18个月，货款分3次平均支付。3月30日为第1期产品销售实现月，开出增值税专用发票：价款200 000元，税额26 000元，价税已收到（假定不计息）。作会计分录如下：

（1）确认销售时：

借：应收账款　　678 000

　　贷：主营业务收入　　600 000

　　　　应交税费——待转销项税额　　78 000

借：主营业务成本　　480 000

　　贷：库存商品　　480 000

（2）3月30日，在约定收款日收到款项时：

借：银行存款　　226 000

　　贷：应收账款　　226 000

借：应交税费——待转销项税额　　26 000

　　贷：应交税费——应交增值税（销项税额）　　26 000

三、特殊销售方式销项税额的确认计量

（一）特殊销售方式下销售额的确认

在市场竞争过程中，纳税人会采取某些特殊、灵活的销售方式销售货物、服务、无形资产或者不动产，以求扩大销售、占领市场。这些特殊销售方式及销售额的确定方法是：

1. 以折扣方式销售

常见的有折扣销售、销售折扣和销售折让，具体见表2-3。

表2-3　不同折扣方式下税务处理比较

销售方式	折扣原因	发生时间	折扣形式	税务处理
折扣销售（商业折扣）	购买数量多	发生在销售时	购500件，打9折；购买1 000件，打8折	销售额和折扣额在同一张发票上，按扣除折扣后的余额计算增值税

续表

销售方式	折扣原因	发生时间	折扣形式	税务处理
销售折扣（现金折扣）	鼓励买方尽早还款	发生在销售后	5/10，2/20，N/30	折扣额不得抵扣
销售折让	销售的货物有质量问题等	发生在销售后	原售价100元，因质量瑕疵给买方折让10元	折让额可在销售额中扣除

【例2-6】某商场为增值税一般纳税人，本月举办促销活动，全部商品8折销售，销售商品原价不含税收入400 000元，销售额和折旧额均在同一张发票的金额栏上分别注明。上月销售商品本月发生退货，向消费者退款1 800元。求该商场本月销项税额。

本月销售额 = (400 000 × 80% − 1 800) × 13% = 318 200 × 13% = 41 366(元)

【例2-7】某工业企业为增值税一般纳税人，本月销售货物，开具增值税专用发票注明金额300万元，因购买数量较大给予相应折扣，并在同一张发票“金额”栏注明折扣金额50万元。为鼓励买方及早付款，实行现金折扣2/30，1/45，N/60。买方于第45天付款。求该企业上述业务的销项税额。

销项税额 = (300 − 50) × 13% = 32. 5(万元)

2. 以旧换新方式销售

以旧换新销售是纳税人在销售过程中，折价收回同类旧货物，并以折价款部分冲减货物价款的一种销售方式。税法规定纳税人采取以旧换新方式销售货物的（金银首饰除外），应按新货物的同期销售价格确定销售额。

3. 还本销售方式销售

所谓还本销售，指销货方将货物出售之后，按约定的时间，一次或分次将购货款部分或全部退还给购货方，退还的货款即为还本支出。纳税人采取还本销售货物的，不得从销售额中减除还本支出。

4. 采取以物易物方式销售

以物易物是一种较为特殊的购销活动，是指购销双方不是以货币结算，而是以同等价款的货物相互结算，实现货物购销的一种方式。以物易物双方都应作购销处理，以各自发出的货物核算销售额并计算销项税额，以各自收到的货物核算购货额及进项税额。在以物易物活动中，双方应各自开具合法的票据，必须计算销项税额。但如果收到货物不能取得相应的增值税专用发票或者其他增值税扣税凭证，不得抵扣进项税额。

5. 直销企业增值税销售额确定

直销企业的经营模式主要有两种。一是直销员按照批发价向直销企业购买货物，再按照零售价向消费者销售货物。二是直销员仅起到中介介绍作用，直销企业按照零售价向直销员介绍的消费者销售货物，并另外向直销员支付报酬。根据直销企业的经营模式，直销企业增值税的销售额的确定分以下两种。

（1）直销企业先将货物销售给直销员，直销员再将货物销售给消费者的，直销企业的销售额为其向直销员收取的全部价款和价外费用。直销员将货物销售给消费者时，应按照现行规定缴纳增值税。

（2）直销企业通过直销员向消费者销售货物，直接向消费者收取货款，直销企业的销售额为其向消费者收取的全部价款和价外费用。

6. 销货退回或销售折让计税问题

纳税人在销售货物时，因货物质量、规格等原因而发生销货退回或销售折让，由于销货退回或折让不仅涉及销货价款或折让价款的退回，还涉及增值税的退回，因此销货方应对当期销项税额进行调整。税法规定，一般纳税人因销货退回和折让而退还给购买方的增值税额，应从发生销货退回或折让当期的销项税额中扣减。

7. 贷款服务

银行提供贷款服务按期计收利息的，结息日当日计收的全部利息收入，均应计入结息日所属期的销售额，按照现行规定计算缴纳增值税。以提供贷款服务取得的全部利息及利息性质的收入为销售额。

8. 直接收费金融服务

直接收费金融服务以提供直接收费金融服务收取的手续费、佣金、酬金、管理费、服务费、经手费、开户费、过户费、结算费、转托管费等各类费用为销售额。自 2018 年 1 月 1 日起，金融机构开展贴现、转贴现业务，以其实际持有票据期间取得的利息收入作为贷款服务销售额计算缴纳增值税。

（二）特殊销售方式销项税额的会计处理

1. 销货退回销项税额的会计处理

一般纳税人销售货物、提供应税劳务服务并开具增值税专用发票后，在发生销售货物退回时，应按规定开具红字专用发票，对退还给购买方的增值税额，可从发生销货退回当期的销项税额中扣减。未按规定开具红字专用发票的，不得冲减当期销项税额。

（1）已开发票未入账退货的会计处理。当销货方收到退回发票时，可对原蓝字发票作废处理，一般不做账务处理。在产品退回时发生的相关费用，借记“销售费用”账户，贷记“银行存款”、“其他应付款”（购货方代垫）等账户。

（2）无退货条件且已入账的会计处理。如未确认收入，企业应按已计入发出商品账户的商品成本金额，借记“库存商品”等账户，贷记“发出商品”账户。采用计划成本或售价核算的，应按计划成本或售价记入库存商品，同时计算产品成本差异或商品进销差价。

（3）如已确认收入，销货方在购货方提供进货退出或索取折让通知单后，开具红字专用发票。红字贷记“主营业务收入”“应交税费——应交增值税（销项税额）”账户，红字借记（或蓝字贷记）“应收账款”“银行存款”“财务费用”等账户；同时，借记“库存商品”账户，贷记“主营业务成本”账户。

（4）根据新修订的《企业会计准则第 14 号——收入》，对于附有销售退回条款的销售，企业应当在客户取得相关商品控制权时，按照因向客户转让商品而预期有权收取的对价金额（不含预期因销售退回而可能退还的金额）确认收入，按照预期因销售退回而可能退还的金额确认负债。同时，按预期将退回商品转让时的账面价值扣除收回该商品预计发生的成本（包括退回商品的价值减损）后的余额，确认为一项资产；按商品转让时的账面价值，扣除上述资产成本的净额结转成本。在资产负债表日，应重新估计未来销售退回情况，如有变化应当作为会计估计变更进行会计处理。

（5）税务会计应在销售时全部确认销项税额，实际发生退货时开具红字发票冲减当期的销项税额和销售收入等。财务会计只对有控制权的不会退回部分确认收入，由此产生的暂时性差异，需要进行递延所得税的会计处理。

【例 2-8】 某公司 20X3 年 2 月销售不含税价格 20 000 元的产品一批，同年 3 月由于型号原因，购货方将货物退回。已知销售退回时，该公司尚未开具增值税发票。会计处理如下：

（1）销售发生时：

借：应收账款　　22 600

　　贷：主营业务收入　　20 000

　　　　应交税费——待转销项税额　　2 600

（2）退货发生时：

借：应收账款　　22 600

　　贷：主营业务收入　　20 000

　　　　应交税费——待转销项税额　　2 600

如果销售时销售方已开具了增值税发票，在退货发生时的会计处理则为：

借：应收账款　　22 600

　　贷：主营业务收入　　20 000

　　　　应交税费——应交增值税（销项税额）　　2 600

2. 销货折让销项税额的会计处理

销售折让指货物销售后，因品种、规格、质量等原因，购货方未予退货，而由销货方给予购货方的一种价格上的减让。对销售折让，可在实际发生时直接从当期实现的销售收入中抵减，即按折让后的货款作为销售额，计算缴纳增值税。具体处理应分以下不同情况。

（1）购货方尚未进行账务处理、也未付款。销货方应在收到购货方转来的原开增值税专用发票的发票联和抵扣联上注明"作废"字样。如属当月销售，销货方尚未进行账务处理，则不需要进行冲销当月产品销售收入和销项税额的账务处理，只需根据双方协商扣除折让后的价款和增值税额重新开具增值税专用发票，并进行账务处理。

（2）购货方已进行账务处理，发票联和抵扣联已无法退还。这时销货方一般也已进行了账务处理，销货方应根据购货方转来的通知单，按折让金额（价款和税额）开具红字增值税专用发票，作为冲销当期主营业务收入和销项税额的凭据。

3. 折扣销售销项税额的会计处理

（1）折扣销售销项税额的会计处理。折扣销售即财务会计中的商业折扣，是指销货方在销售货物时，因购货方购货数量较大或与销售方有特殊关系等原因而给予对方的折扣额或实物折扣。纳税人采取折扣方式销售货物，如果销售额和折扣额在同一张发票上的“金额”栏分别注明，可按折扣后的销售额征收增值税；未在同一张发票“金额”栏注明折扣额，而仅在发票的“备注”栏注明折扣额的，折扣额不得从销售额中扣除。如果将折扣额另开发票，不论其在财务会计上如何处理，也不得从销售额中扣除折扣额，即要按折扣前的销售额全额作为计算销项税额的依据。

折扣销售仅限于对货物价格的折扣，如果销售方将自产、委托加工和购买的货物用于实物折扣的，则该实物价款不能从货物销售额中减除，且该实物应按“视同销售货物”中的“将自产、委托加工或者购进的货物无偿赠送其他单位或者个人”的行为计算缴纳增值税。

（2）销售折扣销项税额的会计处理。销售折扣即财务会计中的现金折扣，是指销货方在销售货物后，为了鼓励购货方早日偿还货款而许诺给予一定比率的折扣优惠。折扣条件一般用“2/10，1/20，N/30”等表示，其含义是：10 天内付款给予 2%的折扣，20 天内付款给予 1%的折扣，30 天内付款全价付款，没有折扣。

纳税人销售货物时，确认纳税义务，开具专用发票，折扣额不得从销售额中减除，即按销售额全额计算销项税额。在财务会计中，对附有现金折扣条件的商品销售，可将销售额扣除估计的极有可能发生的现金折扣后的余额记入“应收账款”账户，将销售额（不含税交易总价）扣除现金折扣后的余额贷记“主营业务收入”账户。资产负债表日，应重新估计可能收到的对价，按其差额调整“主营业务收入”账户。

【例 2-9】 A 公司销售给 B 公司 20 000 件产品，每件不含税价格 20 元。由于购买数量较多，A 公司按原价的 8 折销售，并在增值税发票上单独列出。并提供“1/10，*N*/20”的现金折扣条件。B 公司在 10 日内付款。

（1）A 公司账务处理如下：

借：应收账款	361 600	
贷：主营业务收入		320 000
应交税费——应交增值税（销项税额）		41 600

（2）收到货款时：

借：银行存款	358 400	
财务费用	3 200	
贷：应收账款		361 600

四、视同销售行为销项税额的确认计量

（一）视同销售行为销售额的确定

视同销售行为是增值税税法规定的特殊销售行为。由于视同销售行为一般不以资金形式反映出来，因而会出现视同销售而无销售额的情况。根据《增值税暂行条例》，纳税人发生应税销售行为的价格明显偏低并无正当理由的，由主管税务机关按照下列顺序核定其计税销售额。

（1）按纳税人最近时期同类货物、服务、无形资产或者不动产的平均销售价格确定。

（2）按其他纳税人最近时期同类货物、服务、无形资产或者不动产的平均销售价格确定。

（3）用以上两种方法均不能确定其销售额的情况下，可按组成计税价格确定销售额。公式为：

$$组成计税价格 = 成本 \times (1 + 成本利润率)$$

若视同销售中的货物属于应征消费税，其组成计税价格应加计消费税税额。计算公式为：

$$组成计税价格 = 成本 \times (1 + 成本利润率) + 消费税税额$$

$$或：组成计税价格 = 成本 \times (1 + 成本利润率) + (1 - 消费税税率)$$

上式中，货物“成本”分为两种情况：属于销售自产货物的为实际生产成本；属于销售外购货物的为实际采购成本。货物“成本利润率”为10%。但属于应征收消费税的货物，其组成计税价格公式中的成本利润率，为消费税政策中规定的成本利润率，由国家税务总局确定。

（二）视同销售行为销项税额的计算

视同销售中若以组成计税价格作为应税销售额，销项税额计税公式则为：

销项税额=组成计税价格×适用税率

【例2-10】 某企业将自产的一批新型号彩电作为福利发放给职工，成本200万元，成本利润率为10%。已知市场上没有同类型彩电销售。

$$组成计税价格 = 200 \times (1 + 10\%) = 220(万元)$$

$$该业务销项税额 = 220 \times 13\% = 28.6(万元)$$

（三）视同销售销项税额的会计处理

视同销售是指没有直接现金流入的“销售”。根据税法的要求，所有视同销售行为都应正常计税。在财务会计中，视同销售一般不符合收入确认原则。对视同销售行为的会计处理，难点主要是应否通过收入账户进行核算，有两种观点（两种做法）：一种是与正常的、真正的销售核算相同，即按售价记销售收入并相应计提销项税金，再按成本结转销售成本。另一种是不通过收入账户核算，直接按成本结转，同时按市价或公允价值计提销项税金，期末，还应进行所得税纳税调整。前者是财务会计与税务会计不分离，即会计准则与税法规定一致或财务会计服从税法；后者是两种会计分离的做法。对视同销售行为的会计处理，一般应遵循如下原则。

（1）视同销售行为是否会使企业获得收益。如果能获得收益，就应按销售收入处理；否则，按其成本进行结转。

（2）对视同销售计算的应交增值税，与一般的“进项税额转出”意义不同，税务会计应将其作为“销项税额”处理。

（3）视同销售行为的价格（计税依据）应按税法规定确定（税务部门认定）。

（4）财务会计不作收入的视同销售的会计处理。企业将自产货物用于业务招待、宣传、捐赠、赞助等，不属于两个会计主体之间的利益交换。这类会计事项不符合会计准则收入确认标准（条件），因为不产生经济利益流入，主要风险和报酬也没有转移到另一个会计主体。因此，不作收入处理，直接结转产品成本。但按税法规定，应按公允价值确认计量其销项税额。

（5）作为收入的视同销售的会计处理。企业将自产或外购货物用于债务重组、奖励、职工福利、利润分配等，税务会计与财务会计均视同销售处理，即企业应交增值税、所得税要视同销售进行处理，财务会计也同步确认收入。这类会计事项，符合会计准则的收入确认条件。虽然没有直接的现金流入，但它减少了企业的负债或提升了企业形象，促进商品销售，提高潜在盈利能力。

1. 委托代销商品销项税额的会计处理

纳税人以代销方式销售货物，一般有以下三种方式。

第一种是收取手续费方式。委托方和受托方签订代销合同或协议，受托方按合同或协议约定的价格销售商品，并按代销商品销售额或销售量以一定比率或金额计算确定代销手续费收入。

第二种是视同买断方式。委托方和受托方签订代销合同或协议，委托方按合同或协议价格收取代销商品款，商品实际售价由受托方自定，实际售价与合同或协议约定价之间的差额归受托方所有。委托方将商品交付给受托方时，商品所有权的风险和报酬并未转移给受托方，因此，该方式本质上仍属代销。

第三种是视同买断并收取手续费方式。委托方按合同或协议约定的价格收取代销商品款，实际销售价格由受托方自定，其加价部分归受托方所有。此外，委托方还要再按代销商品销售额或销售量以一定比率或金额支付受托方手续费。

委托方在收到代销清单前已收到全部或部分货款的，其纳税义务发生时间为收到全部或部分货款的当天。对于发出代销商品超过规定时间仍未收到代销清单及货款的，视同销售实现，其纳税义务发生时间为发出代销商品满规定期限的当天。

（1）以支付手续费方式的委托代销委托方应按商品售价（不含税）反映销售收入，所支付的手续费以“销售费用——手续费”列支。如果受托方为一般纳税人，则应给其开具增值税专用发票，列明代销商品价款和增值税款；如果受托方为小规模纳税人，应按税款和价款合计开具普通发票。借记“应收账款”或“银行存款”账户，贷记“主营业务收入”“应交税费——应交增值税（销项税额）”账户。收到受托方开来的手续费普通发票后，借记“销售费用——手续费”账户，贷记“应收账款”或“银行存款”账户。

（2）视同买断的委托代销委托方不采用支付手续费方式的委托代销商品，一般是通过商品售价调整，作为对代销单位的报酬。这种方式实质上是一种赊销，至于受托方按什么价格销售，既可以双方事先约定，也可以由受托方自定。委托方在收到受托方的代销清单后，按商品代销价反映销售收入，其账务处理基本同前，只是不支付手续费而已。

【例 2-11】 A 公司委托 B 公司代销某产品 200 件，不含税价 200 元每件，税率 13%，单位成本 100 元。月末收到 B 公司转来的代销清单，上列该产品全部销售并开出增值税专用发票。代销手续费按不含税价的5%支付，已通过银行转账收到扣除代销手续费的全部款项。

(1) 发出代销商品时：

借：委托代销商品　　20 000

　贷：库存商品　　20 000

(2) 收到B公司转来的代销清单并结转代销手续费时：

借：银行存款

　销售费用　　2 000（200×200×5%）

　贷：主营业务收入　　40 000

　　应交税费——应交增值税（销项税额）　　5 200

(3) 结转代销商品成本时：

借：主营业务成本　　20 000

　贷：委托代销商品　　20 000

2. 受托代销商品销项税额的会计处理

收取手续费方式。受托方代销商品应作为应税商品销售，计算增值税销项税额。收取的手续费属应税劳务，应计算缴纳增值税。

视同买断方式。委托方在交付商品时不确认收入，受托方也不作商品购进处理。受托方在销售商品时，应向购货方开具增值税专用发票，作销售处理，计算缴纳增值税。

由于受托代销商品的所有权不属于本企业，因此，应当在表外账户核算并登记受托代销商品登记簿。若企业受托代销商品业务规模较大，与本企业自有商品在实物形态上难以划分，企业也可以设置“受托代销商品”和“受托代销商品款”账户进行核算，并分别不同的代销方式进行账务处理。

(1) 以收取手续费方式的受托代销受托方收取的代销手续费收入应按劳务收入计算缴纳增值税，代销商品应作为应税销售，计算销项税额。如购货方为一般纳税人，就要为其开具增值税专用发票。

(2) 视同买断方式的受托代销在会计处理上又分两种情况：一种是委托方和受托方在合同或协议中明确受托方在取得代销商品后，无论是否能够卖出、是否获利，均与委托方无关。双方之间的代销商品交易，与委托方直接销售商品给受托方没有实质区别，在符合销售商品收入确认条件时，委托方确认销售收入，受托方则直接作购进商品处理。

另一种情况是，双方之间的合同或协议明确，如果受托方未能将商品售出，可将商品退给委托方，或受托方因代销商品出现亏损，可要求委托方补偿。委托方在交付商品时不确认收入，受托方也不作购进商品处理。受托方将商品销售后，按实际售价确认销售收入，并向委托方开具代销清单，委托方收到代销清单时，再确认销售收入。该方式实属赊购商品销售，代销商品收益不表现为手续费收入，而是差额（毛利）。

3. 货物移送销项税额的会计处理

税法规定视同销售，会计处理不作购销处理，但双方仍作销项或进项税额处理，各自缴纳增值税。

（1）移出商品机构的会计处理：

借：应收账款

　　贷：应交税费——应交增值税（销项税额）（A 机构缴纳税金）

（2）移入商品机构的会计处理：

借：应交税费——应交增值税（进项税额）（B 机构缴纳税金）

　　贷：应付账款

（3）移入商品机构销售时：

借：银行存款

　　贷：主营业务收入

　　　　应交税费——应交增值税（销项税额）（B 机构缴纳税金）

【例 2-12】 某总公司设在甲市，有一个非独立核算的生产分厂设在乙市。乙市分厂生产的产品要调拨到甲市销售。调拨发生时，乙市生产分厂开出增值税专用发票，销售额为 300 000 元，增值税税额为 39 000 元。

账务处理如下：

借：应收账款　　339 000

　　贷：主营业务收入　　300 000

　　　　应交税费——应交增值税（销项税额）　　39 000

4. 自产或委托加工货物用于集体福利、个人消费的销项税额的会计处理

企业将自产或委托加工货物用于集体福利、个人消费时，虽然没有产生现金流，但不论是增值税规定，还是会计准则规范，都将其视为销售，应按移送货物的市场销售平均价格确认计量收入并计算销项税额。

【例 2-13】 某面粉有限公司系增值税一般纳税人，主营面粉、挂面加工等，共有职工 90 人，其中生产工人 80 人，厂部管理人员 10 人。20X3 年 1 月，公司决定以其生产的特制面粉作为福利发放给职工，每人 2 袋面粉。每袋面粉单位生产成本 20 元，当月平均销售价格为 32.7 元/袋（含增值税）。会计处理如下：

（1）给职工发放面粉时：

$$应交增值税 = [32.7 \div (1 + 9\%) \times 90 \times 2] \times 9\% = 486(元)$$

借：应付职工薪酬——职工福利　　5 886

　　贷：主营业务收入　　5 400

　　　　应交税费——应交增值税（销项税额）　　486

（2）结转发放自产面粉成本时：

借：主营业务成本　　3 600

　　贷：库存商品——面粉　　3 600

（3）成本费用分配：

计入生产成本＝5 886×80÷90＝5 232（元）

计入管理费用＝5 886×10÷90＝654（元）

借：生产成本　　5 232

管理费用　　654

贷：应付职工薪酬——职工福利　　5 886

5. 无偿赠送货物、无偿提供服务销项税额的会计处理

在财务会计中，这类事项不符合收入确认条件，因为企业并未获得经济利益，但按税法规定，要视同销售计算缴纳增值税等。由于自产、委托加工的货物本身所耗原材料、支付的加工费等的“进项税额”以及购入货物中的“进项税额”已从“销项税额”中抵扣，若不按视同销售处理，双方“互赠”，将会造成税款流失。企业按所赠货物成本，贷记“产成品”“库存商品”等账户，按所赠货物售价或组成计税价格乘以税率计算应纳增值税，贷记“应交税费——应交增值税（销项税额）”账户，按两者之和借记“营业外支出”账户。

【例 2-14】甲公司系增值税一般纳税人，适用增值税税率为 13%。20X3 年 2 月将一批自产产品通过政府部门向灾区捐赠，成本 1 000 万元，市场不含增值税价 1 300 万元；将一批外购产品通过政府部门向灾区捐赠，外购价格为 800 万元。会计处理（仅反映增值税，其他税费略）如下：

（1）自产产品对外捐赠：

视同销售收入：1 300 万元

视同销售成本：1 000 万元

销项税额 = 1 300×13% = 169 万元

借：营业外支出——捐赠　　11 690 000

贷：库存商品　　10 000 000

应交税费——应交增值税（销项税额）　　1 690 000

（2）外购产品对外捐赠：

视同销售收入：800 万元

视同销售成本：800 万元

销项税额 = 800×13% = 104 万元

借：营业外支出——捐赠　　9 040 000

贷：库存商品　　8 000 000

应交税费——应交增值税（销项税额）　　1 040 000

【例 2-15】某网络公司举办周年庆典活动，请客户 100 人参加。外购笔记本电脑 100 台用于赠送，购进不含税单价 5 600 元，支付价税合计金额 316 400 元。会计处理如下：

（1）购买笔记本电脑时：

借：库存商品——笔记本电脑　　560 000

应交税费——应交增值税（进项税额）　　72 800

贷：银行存款　　632 800

（2）向客户赠送电脑时：

借：管理费用——业务招待费　　632 800

贷：库存商品——笔记本电脑　　560 000

应交税费——应交增值税（销项税额）　　72 800

五、包装物业务销项税额的确认计量

（一）包装物押金的确认

包装物，是指纳税人包装本单位货物的各种物品。为了促使购货方尽早退回包装物以便周转使用，一般情况下，销货方向购货方收取包装物押金，购货方在规定的期间内返回包装物，销货方再将收取的包装物押金返还。根据税法规定，纳税人为销售货物而出租出借包装物收取的押金，单独记账的、时间在1年内又未过期的，不并入销售额征税；但对逾期未收回不再退还的包装物押金，应按所包装货物的适用税率计算纳税。这里需要注意两个问题：一是"逾期"的界定，"逾期"是以1年（12个月）为期限。二是押金属于含税收入，应先将其换算为不含税销售额再并入销售额征税。另外，包装物押金与包装物租金不能混淆。包装物租金属于价外费用，在收取时便并入销售额征税。

对销售除啤酒、黄酒以外的其他酒类产品收取的包装物押金，无论是否返还以及会计上如何核算，均应并入当期销售额征税。

（二）包装物业务销项税额的会计处理

1. 包装物销售的销项税额的会计处理

包装物随产品销售而销售时，若不单独计价，其会计处理同商品销售；若单独计价，应作为销售计算缴纳增值税，借记"银行存款""应收账款"账户，贷记"其他业务收入""应交税费——应交增值税（销项税额）"账户。

【例2-16】 甲厂销售给本市乙厂带包装物的丁产品300件，包装物单独计价，开出增值税专用发票列明：产品销售价款48 000元，包装物销售价款5 000元，款未收到。会计处理如下：

销项税额＝（48 000+5 000）×13%＝6 890（元）

借：应收账款——乙厂　　　　59 890

　　贷：主营业务收入——丁产品　　　　48 000

　　　　其他业务收入——包装物销售　　　　5 000

　　　　应交税费——应交增值税（销项税额）　　　　6 890

2. 包装物出租、出借的销项税额的会计处理

（1）包装物租金的会计处理。包装物随产品销售而周转（出租）时，其应计税的销售额为纳税人销售货物或应税劳务向购买方收取的全部价款和价外费用。企业收取的包装物租金属于价外费用，应缴纳增值税。

【例2-17】 甲厂采用银行汇票结算方式，销售给乙机械厂A产品400件，200元/件，增值税税额为10 400元，包装物400个出租，承租期为两个月，共计租金2 260元，一次收取包装物押金11 700元。会计处理如下：

收取包装物租金应计算的销售额，不包括向购买方收取的销项税额，应倒算销售额，计算应交增值税。

包装物租金销售额 = 2 260÷（1+13%）= 2 000（元）

包装物租金应计销项税额 = 2 000×13% = 260（元）

借：银行存款　　　　　　　　　　　　　　　　　　184 360

　　贷：主营业务收入　　　　　　　　　　　　　　　　160 000

　　　　其他业务收入　　　　　　　　　　　　　　　　　2 000

　　　　应交税费——应交增值税（销项税额）　　　　　　10 600

　　　　其他应付款——存入保证金　　　　　　　　　　　11 700

（2）包装物押金的会计处理。按现行财务会计制度的规定，包装物押金可分为三大类。

第一，销售酒类产品而收取的押金。它又分为两种情况。一是啤酒、黄酒。其计税要求、会计处理方法同第二类。二是其他酒类。对这类货物销售时收取的包装物押金，无论将来押金是否返回或按时返回，以及财务会计上如何核算，均应并入当期销售额计税。

第二、销售酒类产品之外的货物而收取的押金。当包装物逾期未收回时，没收押金，按适用税率计算销项税额。“逾期”以 1 年为限，收取押金超过 1 年时，无论是否退回，均应并入销售额计税。

第三，加收押金。它指包装物已随产品售出并已计税，但为了督促购货方退回包装物，在销售产品时又加收一定数额的押金。购货方按时退回包装物时，除了如数退回加收的押金外，还应按一定比率退回收取的包装物价款；若逾期未退回包装物，则没收加收的包装物押金。“逾期”的含义同第二类，只是会计账户有所不同。

【例 2-18】某企业去年 2 月销售 A 产品，加收包装物押金 1 130 元。今年 3 月，逾期没收押金时，作会计分录如下：

借：其他应付款——存入保证金　　　　　　　　　　　1 130

　　贷：其他业务收入　　　　　　　　　　　　　　　　1 000

　　　　应交税费——应交增值税（销项税额）　　　　　　　130

六、差额计税销售的确认计量

现行增值税政策规定，增值税的销售额为纳税人发生应税销售行为收取的全部价款和价外费用。但下列行为的销售额特殊规定如下：

（1）经纪代理服务，以取得的全部价款和价外费用，扣除向委托方收取并代为支付的政府性基金或者行政事业性收费后的余额为销售额。向委托方收取的政府性基金或者行政事业性收费，不得开具增值税专用发票。

（2）纳税人提供人力资源外包服务，按照经纪代理服务缴纳增值税，其销售额不包括受客户单位委托代为向客户单位员工发放的工资和代理缴纳的社会保险、住房公积金。向委托方收取并代为发放的工资和代理缴纳的社会保险、住房公积金，不得开具增值税专用发票，但可以开具增值税普通发票。

（3）纳税人提供签证代理服务，以取得的全部价款和价外费用，扣除向服务接受方收取并代为支付给外交部和外国驻华使（领）馆的签证费、认证费后的余额为销售额。向服务接受方收取并代为支付的签证费、认证费，不得开具增值税专用发票，可以开具增值税普通发票。

（4）纳税人代理进口按规定免征进口增值税的货物，其销售额不包括向委托方收取并代为支付的货款。向委托方收取并代为支付的款项，不得开具增值税专用发票，可以开具增值税普通发票。

（5）航空运输企业的销售额，不包括代收的机场建设费和代售其他航空运输企业客票而代收转付的价款。

（6）一般纳税人提供客运场站服务，以其取得的全部价款和价外费用，扣除支付给承运方运费后的余额为销售额。

（7）航空运输销售代理企业的销售额。

①提供境外航段机票代理服务，以取得的全部价款和价外费用，扣除向客户收取并支付给其他单位或者个人的境外航段机票结算款和相关费用后的余额为销售额。

②提供境内机票代理服务，以取得的全部价款和价外费用，扣除向客户收取并支付给航空运输企业或其他航空运输销售代理企业的境内机票净结算款和相关费用后的余额为销售额。

（8）纳税人提供旅游服务，可以选择以取得的全部价款和价外费用，扣除向旅游服务购买方收取并支付给其他单位或者个人的住宿费、餐饮费、交通费、签证费、门票费和支付给其他接团旅游企业的旅游费用后的余额为销售额。

纳税人提供旅游服务，将火车票、飞机票等交通费发票原件交付给旅游服务购买方而无法收回的，以交通费发票复印件作为差额扣除凭证。选择上述办法计算销售额的纳税人，向旅游服务购买方收取并支付的上述费用，不得开具增值税专用发票，但可以开具增值税普通发票。

（9）提供劳务派遣服务的销售额。一般纳税人提供劳务派遣服务，也可以选择差额纳税，以取得的全部价款和价外费用，扣除代用工单位支付给劳务派遣员工的工资、福利和为其办理社会保险及住房公积金后的余额为销售额。

（10）房地产开发企业中的一般纳税人销售其开发的房地产项目（选择简易计税方法的房地产老项目除外），以取得的全部价款和价外费用，扣除受让土地时向政府部门支付的土地价款后的余额为销售额。“向政府部门支付的土地价款”，包括土地受让人向政府部门支付的征地和拆迁补偿费用、土地前期开发费用和土地出让收益等。

（11）房地产开发企业中的一般纳税人销售其开发的房地产项目（选择简易计税方法的房地产老项目除外），在取得土地时向其他单位或个人支付的拆迁补偿费用也允许在计算销售额时扣除。

（12）金融商品转让，按照卖出价扣除买入价后的余额为销售额。转让金融商品出现的正负差，按盈亏相抵后的余额为销售额。若相抵后出现负差，结转下一纳税期与下期转让金融商品销售额相抵，但年末时仍出现负差的，不得转入下一个会计年度。

【例 2-19】某房开项目（一般计税）总可售建筑面积 100 000 平方米，至 20X3 年 3 月已销售 80 000 平方米，每平方米含税售价 1.09 万元/平方米。该地块支付地价款

32 700 万元。假定 20X3 年 3 月交房，产生纳税义务。

20X3 年 3 月销项税额 =（全部价款和价外费用 - 当期允许扣除的土地价款）÷（1 + 9%）× 9% =（80 000 × 1.09 - 26 160）/（1 + 9%）× 9% = 5 040（万元）

当期允许扣除的土地价款 =（当期销售房地产项目建筑面积 ÷ 房地产项目可供销售建筑面积）× 支付的土地价款 =（80 000/100 000）× 32 700 = 26 160（万元）

七、转让、销售固定资产（有形动产、不动产）销项税额的确认计量

（一）转让固定资产（有形动产）应交增值税的确认计量

企业转让（销售）已使用过的、可抵扣增值税的固定资产，因该项固定资产在原来取得时，其增值税进项税额已记入“应交税费——应交增值税（进项税额）”账户，销售时按计算的增值税销项税额，应借记“固定资产清理”账户，贷记“应交税费——应交增值税（销项税额）”账户。

【例 2-20】 某企业出售一台已经使用过的生产设备，原值为 200 万元，已提折旧 20 万元，但未计提资产减值准备。该固定资产取得时，其进项税额 26 万元已记入“应交税费——应交增值税（进项税额）”账户，出售时收到含税价款 160 万元，不考虑城市维护建设税及附加税费。

（1）转入清理时：

	借方	贷方
借：固定资产清理	1 800 000	
累计折旧	200 000	
贷：固定资产		2 000 000

（2）出售时：

	借方	贷方
借：银行存款	1 600 000	
贷：固定资产清理		1 415 930
应交税费——应交增值税（销项税额）		184 070
借：资产处置损益	384 070	
贷：固定资产清理		384 070

（二）一般纳税人转让不动产的确认计量

（1）一般纳税人转让其 2016 年 4 月 30 日前取得（不含自建）的不动产，可选择简易计税方法计税，以取得的全部价款和价外费用扣除不动产购置原价或者取得不动产时作价后的余额为销售额，按照 5%的征收率计算应纳税额。纳税人应按照上述计税方法向不动产所在地主管税务机关预缴税款，向机构所在地主管税务机关申报纳税。

（2）一般纳税人转让其 2016 年 4 月 30 日前自建的不动产，可选择简易计税方法计税，以取得的全部价款和价外费用为销售额，按照 5%的征收率计算应纳税额。纳税人应按照上述计税方法向不动产所在地主管税务机关预缴税款，向机构所在地主管税务机关申报纳税。

（3）一般纳税人转让其2016年4月30日前取得（不含自建）的不动产，选择适用一般计税方法计税的，以取得的全部价款和价外费用为销售额计算应纳税额。纳税人应以取得的全部价款和价外费用扣除不动产购置原价后的余额，按照5%的预征率向不动产所在地主管税务机关预缴税款，向机构所在地主管税务机关申报纳税。

（4）一般纳税人转让其2016年4月30日前自建的不动产，选择适用一般计税方法计税的，以取得的全部价款和价外费用为销售额计算应纳税额。纳税人应以取得的全部价款和价外费用，按照5%的预征率向不动产所在地主管税务机关预缴税款，向机构所在地主管税务机关申报纳税。

（5）一般纳税人转让其2016年5月1日后取得（不含自建）的不动产，适用一般计税方法的，以取得的全部价款和价外费用为销售额计算应纳税额。纳税人应以取得的全部价款和价外费用扣除不动产购置原价后的余额，按照5%的预征率向不动产所在地主管税务机关预缴税款，向机构所在地主管税务机关申报纳税。

（6）一般纳税人转让其2016年5月1日后自建的不动产，适用一般计税方法，以取得的全部价款和价外费用为销售额计算应纳税额。纳税人应以取得的全部价款和价外费用，按照5%的预征率向不动产所在地主管税务机关预缴税款，向机构所在地主管税务机关申报纳税。

（三）房地产企业销售不动产应交增值税的确认计量

房地产开发企业中的一般纳税人销售自行开发的房地产项目，适用一般计税方法计税，按照取得的全部价款和价外费用，扣除当期销售房地产项目对应的土地价款后的余额计算销售额。当期允许扣除的土地价款=（当期销售房地产项目建筑面积÷房地产项目可供销售建筑面积）×支付的土地价款。采取预收款方式销售自行开发的房地产项目，应在收到预收款时按照3%的预征率预缴增值税。以当期销售额和9%的适用税率计算当期应纳税额，抵减已预缴税款后，向主管税务机关申报纳税。

【例2-21】某房产公司上年2月支付土地出让金654万元取得一块土地，开发某小区商品房，适用一般计税方法。建筑总规模24 000平方米，可供出售建筑面积20 000平方米。当年3月开始预售，当月预售9 000平方米，预收房款2 180万元。当年11月，该房产公司办理预售房产权转移手续，开具专用发票。作相关会计分录如下：

（1）收到预收款并预缴增值税时：

借：银行存款　　21 800 000

　贷：预收账款　　2 180 000

　　应预缴增值税=2 180÷（1+9%）×3%=60（万元）

借：应交税费——预交增值税　　600 000

　贷：银行存款　　600 000

（2）办理产权转移手续、确认纳税义务时：

借：预收账款　　21 800 000

　贷：主营业务收入　　20 000 000

应交税费——应交增值税（销项税额）　　180 000

（3）结转当期土地价款中的增值税：

当期准予扣除土地价款＝654×9 000÷20 000＝294.3（万元）

土地价款增值税＝294.3÷（1+9%）×9%＝24.3（万元）

借：应交税费——应交增值税（销项税额抵减）　　243 000

贷：主营业务成本　　243 000

（4）期末结转预交增值税：

借：应交税费——未交增值税　　600 000

贷：应交税费——预交增值税　　600 000

如果公司在3月没有发生增值税其他事项，结转"未交增值税"时：

未交增值税＝180－24.3＝155.7（万元）

借：应交税费——应交增值税（转出未交增值税）　　1 557 000

贷：应交税费——未交增值税　　1 557 000

下月初缴纳时：

应交增值税＝155.7－60＝95.7（万元）

借：应交税费——未交增值税　　975 000

贷：银行存款　　975 000

八、出租固定资产（有形动产、不动产）销项税额的确认计量

（一）出租有形动产销项税额的确认计量

【例2-22】A企业向B企业出租生产用新购设备一台，合同约定租赁日期从当年4月1日起，租期1年，含税租赁价款总额为497.2万元，双方约定，B企业于每季度前10天内向A企业按季预付。3月20日，B企业向A企业支付了第一个季度的租赁费用124.3万元。

（1）收到B企业预付租金时：

销项税额＝1 243 000÷（1+13%）×13%＝143 000（元）

借：银行存款　　1 243 000

贷：预收账款——B企业　　1 100 000

应交税费——应交增值税（销项税额）　　143 000

（2）确认该季度每月收入时：

每月收入额＝1 100 000÷3＝366 666元

借：预收账款——B企业　　366 666

贷：其他业务收入——租赁收入　　366 666

（二）出租不动产销项税额的确认计量

（1）一般纳税人出租其2016年4月30日前取得的不动产，可以选择适用简易计税方

法，按照 5%的征收率计算应纳税额。不动产所在地与机构所在地不在同一县（市、区）的，纳税人应按照上述计税方法向不动产所在地主管税务机关预缴税款，向机构所在地主管税务机关申报纳税。

（2）一般纳税人出租其 2016 年 5 月 1 日后取得的不动产，适用一般计税方法计税。不动产所在地与机构所在地不在同一县（市、区）的，纳税人应按照 3%的预征率向不动产所在地主管税务机关预缴税款，向机构所在地主管税务机关申报纳税。一般纳税人出租其 2016 年 4 月 30 日前取得的不动产适用一般计税方法计税的，也按上述规定执行。

（3）房地产开发企业中的一般纳税人，出租自行开发的房地产老项目，可以选择适用简易计税方法，按照 5%的征收率计算应纳税额。纳税人出租自行开发的房地产老项目与其机构所在地不在同一县（市）的，应按照上述计税方法在不动产所在地预缴税款后，向机构所在地主管税务机关进行纳税申报。

（4）房地产开发企业中的一般纳税人，出租其 2016 年 5 月 1 日后自行开发的与机构所在地不在同一县（市）的房地产项目，应按照 3%预征率在不动产所在地预缴税款后，向机构所在地主管税务机关进行纳税申报。

【例 2-23】 A 公司为从事货物生产销售的增值税一般纳税人。20X3 年 3 月将“营改增”后购置的异地房产出租，按一般计税方法计税，年租金 392.4 万元，租赁期限 2 年，租金按年收取。3 月 30 日收到第 1 年租金，租期从 4 月 1 日开始计算。

$$应预缴增值税 = 392.4 \div (1 + 9\%) \times 3\% = 10.8(万元)$$

$$应交增值税 = 392.4 \div (1 + 9\%) \times 9\% = 32.4(万元)$$

$$应申报缴纳增值税 = 32.4 - 10.8 = 21.6(万元)$$

（1）收到房屋租金时：

	借方	贷方
借：银行存款	3 924 000	
贷：预收账款		3 600 000
应交税费——应交增值税（销项税额）		324 000

（2）异地预交增值税时：

	借方	贷方
借：应交税费——预交增值税	108 000	
贷：银行存款		108 000

（3）期末结转预交增值税时：

	借方	贷方
借：应交税费——未交增值税	108 000	
贷：应交税费——预交增值税		108 000

（4）在机构所在地缴税时：

	借方	贷方
借：应交税费——未交增值税	216 000	
贷：银行存款		216 000

（5）每月确认收入时：

	借方	贷方
借：预收账款	300 000	
贷：其他业务收入		300 000

第三节　增值税进项税额的确认计量

一、准予抵扣进项税额的确认计量

（一）准予抵扣的进项税额

进项税额是增值税一般纳税人购进货物，接受应税劳务、服务所支付或者所负担的增值税额。进项税额实际上是购货方通过销货方向政府支付的税额，对购货方来说是进项税额，对销货方来说，则是在价外收取的应交增值税。

（1）从销售方取得的增值税专用发票上注明的增值税额，是指增值税一般纳税人在购进货物、劳务、服务、无形资产或不动产时，取得对方的增值税专用发票已注明的增值税税额。

（2）从海关取得的海关进口增值税专用缴款书上注明的增值税额，是指进口货物报关进口时海关代征进口环节增值税，从海关取得进口增值税专用缴款书上已注明的增值税额。

（3）购进农产品进项税额的扣除。

①纳税人购进农产品，取得一般纳税人开具的增值税专用发票或海关进口增值税专用缴款书的，以增值税专用发票或海关进口增值税专用缴款书上注明的增值税额为进项税额。

②从按照简易计税方法依照3%征收率计算缴纳增值税的小规模纳税人取得增值税专用发票的，以增值税专用发票上注明的金额和9%的扣除率计算进项税额。

纳税人取得（开具）农产品销售发票或收购发票的，以农产品销售发票或收购发票上注明的农产品买价和9%的扣除率计算进项税额。纳税人购进用于生产或者委托加工13%税率货物的农产品，按照10%的扣除率计算进项税额。

纳税人凭完税凭证抵扣进项税额的，应当具备书面合同、付款证明和境外单位的对账单或者发票。资料不全的，其进项税额不得从销项税额中抵扣。

③部分行业试点增值税进项税额核定扣除方法。具体范围包括以购进农产品为原料生产销售液体乳及乳制品、酒及酒精、植物油的增值税一般纳税人。

（4）纳税人购进国内旅客运输服务未取得增值税专用发票准予扣除的进项税额的确定。

①取得增值税电子普通发票的，为发票上注明的税额。电子普通发票上注明的购买"名称""纳税人识别号"等信息，应当与实际抵扣税款的纳税人一致，否则不予抵扣。

②取得注明旅客身份信息的航空运输电子客票行程单的，为按照下列公式计算的进项税额：

航空旅客运输进项税额 =（票价 + 燃油附加费）÷（1 + 9%）× 9%

③取得注明旅客身份信息的铁路车票的，按照下列公式计算抵扣的进项税额：

铁路旅客运输进项税额=票面金额÷（1+9%）×9%

④取得注明旅客身份信息的公路、水路等其他客票的，按照下列公式计算抵扣进项税额：

公路、水路等其他旅客运输进项税额 = 票面金额 ÷（1 + 3%）× 3%

（5）纳税人支付的道路、桥、闸通行费抵扣进项税额。

①纳税人支付的道路通行费，按照收费公路通行费增值税电子普通发票上注明的增值税额抵扣进项税额。

②纳税人支付的桥、闸通行费，暂凭取得的通行费发票上注明的收费金额，按照下列公式计算抵扣进项税额：

桥、闸通行费抵扣进项税额 = 桥、闸通行费发票上注明的金额 ÷（1 + 5%）× 5%

（6）建筑业进项税额抵扣的特殊规定。

建筑企业与发包方签订建筑合同后，以内部授权或者三方协议等方式，授权集团内其他纳税人（以下简称第三方）为发包方提供建筑服务，并由第三方直接与发包方结算工程款的，由第三方向发包方开具增值税发票，发包方可凭实际提供建筑服务的纳税人开具的增值税专用发票抵扣进项税额。

（7）纳税人租入固定资产、不动产，既用于一般计税方法计税项目，又用于简易计税方法计税项目、免征增值税项目、集体福利或个人消费的，其进项税额准予从销项税额中全额抵扣。

（8）不动产进项税额的抵扣。自 2019 年 4 月 1 日起，纳税人取得不动产或者不动产在建工程的进项税额不再分 2 年抵扣。此前按照规定尚未抵扣完毕的待抵扣进项税额，可自 2019 年 4 月起从销项税额中抵扣。

（9）自境外单位或者个人购进劳务、服务、无形资产或者境内的不动产，从税务机关或者代扣代缴义务人取得的代扣代缴税款的完税凭证上注明的增值税额，准予从销项税额中抵扣。

（10）进口环节进项税额的抵扣。增值税税法对进口环节进项税额抵扣条件做了特殊规定。对海关代征进口环节增值税开具的增值税专用缴款书上标明有两个单位名称，既有代理进口单位名称，又有委托进口单位名称的，只准予其中取得专用缴款书原件的一个单位抵扣税款。申报抵扣税款的委托进口单位，必须提供相应的海关代征增值税专用缴款书原件、委托代理合同及付款凭证，否则，不予抵扣进项税额。

（11）关于生产、生活性服务业纳税人加计抵减政策。

①自 2023 年 1 月 1 日至 2023 年 12 月 31 日，允许生产性服务业纳税人按照当期可抵扣进项税额加计 5%抵减应纳税额。

生产性服务业纳税人，是指提供邮政服务、电信服务、现代服务、生活服务（以下简称四项服务）取得的销售额占全部销售额的比重超过 50%的纳税人。适用加计抵减政策的销售额，包括纳税申报销售额、稽查补销售额、纳税评估调整销售额；稽查补销售额和纳税评估调整销售额，计入查补或评估调整当期销售额确定适用加计抵减政策。适用增值税差额征收政策的，以差额后的销售额确定适用加计抵减政策。

纳税人（除生活性服务业外）应按照当期可抵扣进项税额的5%计提当期加计抵减额。按照现行规定不得从销项税额中抵扣的进项税额，不得计提加计抵减额；已计提加计抵减额的进项税额，按规定作进项税额转出的，应在进项税额转出当期，相应调减加计抵减额。计算公式如下：

当期计提加计抵减额 = 当期可抵扣进项税额 × 5%

当期可抵减加计抵减额 = 上期末加计抵减额余额 + 当期计提加计抵减额 − 当期调减加计抵减额

纳税人应按照现行规定计算一般计税方法下的应纳税额（以下简称抵减前的应纳税额）后，区分以下情形加计抵减：①抵减前的应纳税额等于零的，当期可抵减加计抵减额全部结转下期抵减。②抵减前的应纳税额大于零，且大于当期可抵减加计抵减额的，当期可抵减加计抵减额全额从抵减前的应纳税额中抵减。③抵减前的应纳税额大于零，且小于或等于当期可抵减加计抵减额的，以当期可抵减加计抵减额抵减应纳税额至零；未抵减完的当期可抵减加计抵减额，结转下期继续抵减。

纳税人出口货物、劳务，发生跨境应税行为，不适用加计抵减政策，其对应的进项税额不得计提加计抵减额。纳税人兼营出口货物、劳务，发生跨境应税行为且无法划分不得计提加计抵减额的进项税额，按照以下公式计算：

不得计提加计抵减额的进项税额 = 当期无法划分的全部进项税额 × 当期出口货物劳务和发生跨境应税行为的销售额 ÷ 当期全部销售额

②自2023年1月1日至2023年12月31日，允许生活性服务业纳税人按照当期可抵扣进项税额加计10%抵减应纳税额。

生活性服务业纳税人，是指提供生活服务取得的销售额占全部销售额的比重超过50%的纳税人。按照现行规定不得从销项税额中抵扣的进项税额，不得计提加计抵减额；已按10%计提加计抵减额的进项税额，按规定作进项税额转出的，应在进项税额转出当期，相应调减加计抵减额。计算公式如下：

当期计提加计抵减额 = 当期可抵扣进项税额 × 10%

当期可抵减加计抵减额 = 上期末加计抵减额余额 + 当期计提加计抵减额 − 当期调减加计抵减额

③2023年1月1日至2027年12月31日，允许先进制造业企业按照当期可抵扣进项税额加计5%抵减应纳增值税税额。

先进制造业企业是指高新技术企业（含所属的非法人分支机构）中的制造业一般纳税人。按照现行规定不得从销项税额中抵扣的进项税额，不得计提加计抵减额；已计提加计抵减额的进项税额，按规定作进项税额转出的，应在进项税额转出当期，相应调减加计抵减额。

（二）准予抵扣进项税额的会计处理

一般纳税人采用一般计税方法购进货物、无形资产和不动产，接受劳务服务，按应计成本费用的金额，借记“在途物资”“原材料”“库存商品”“生产成本”“无形资产”“固定资产”“管理费用”等账户，借记“应交税费——应交增值税（进项税额）”账户（已认证的可抵扣税额）、“应交税费——待认证进项税额”账户（未认证的可抵扣税额），按应付或实际支付金额，贷记“应付账款”“应付票据”“银行存款”等账户。

1. 购进原材料进项税额的会计处理

企业外购应税原材料，应按货物的实际采购成本，借记“材料采购”“在途物资”“原材料”等账户，企业按应预缴或垫支的增值税额，借记“应交税费——应交增值税（进项税额）”账户，按货物的实际成本和增值税进项税额之和，贷记“银行存款”“应付票据”“应付账款”等账户。

如有退货情况，若原增值税专用发票已作认证，根据红字增值税专用发票作冲账的会计分录；若原增值税专用发票未作认证，应将发票退回并作冲账的会计分录。

【例 2-24】 甲公司 20X3 年 2 月 6 日收到银行转来的购买乙工厂原材料的“托收承付结算凭证”及发票，数量为 10 000 千克，价格为 22 元/千克，增值税进项税额为 28 600 元。企业购进货物并取得增值税专用发票后，在未认证前，应通过“待认证进项税额”账户过渡，作会计分录如下：

借：在途物资　　220 000
　　应交税费——待认证进项税额　　28 600
　　贷：银行存款　　248 600

材料验收入库时：

借：原材料　　220 000
　　贷：在途物资　　220 000

企业在规定时间内进行比对认证并获得通过后，记：

借：应交税费——应交增值税（进项税额）　　28 600
　　贷：应交税费——待认证进项税额　　28 600

如果在规定时间内进行认证但未获通过，或超过规定时间未进行认证，则记：

借：原材料　　28 600
　　贷：应交税费——待认证进项税额　　28 600

2. 购进商品进项税额的会计处理

购进商品分提货制和送货制两种购货方式，一般采用支票、商业汇票、现金结算方式。异地供货单位购进商品，一般采用发货制方式，货款通常采用异地托收承付等结算方式。货款结算时，按购买价格，借记“在途物资”账户，按增值税专用发票上注明的增值税额，借记“应交税费——应交增值税（进项税额）”账户，按购买价格与增值税之和，贷记“应付账款”“应付票据”“银行存款”等账户；商品验收入库时，借记“库存商品”账户，贷记“在途物资”账户。

一般纳税人购进货物等已验收入库，但尚未收到增值税扣税凭证的，应按货物清单或相关合同协议价格暂估入账，借记“原材料”“库存商品”等账户，按以后可抵扣增值税额，借记“应交税费——待认证进项税额”账户，贷记“应付账款”“应付票据”“银行存款”等账户。待取得扣税凭证并经认证后，借记“应交税费——应交增值税（进项税额）”或“应交税费——待抵扣进项税额”账户，贷记“应交税费——待认证进项税额”账户。

【例 2-25】某商业企业从服装厂购进女衬衣 1 000 件，44 元/件，增值税专用发票注明：价款 44 000 元，税额为 5 720 元，以转账支票付款。

（1）支付货款时：

借：在途物资——衬衣　　44 000

　　应交税费——应交增值税（待认证进项税额）　　5 720

　　贷：银行存款　　49 720

（2）验收入库时：

借：库存商品——衬衣　　44 000

　　贷：在途物资——衬衣　　44 000

假如采购业务的商品已经运到并验收入库，但发票等结算凭证尚未收到。货款未支付，月末按照暂估价入账，假设其暂估价为 44 元/件。

（1）验收入库时：

借：库存商品　　40 000

　　贷：应付账款——暂估应付账款　　40 000

（2）下月初用红字将上述分录原账冲回：

借：库存商品　　40 000

　　贷：应付账款——暂估应付账款　　40 000

（3）收到有关结算凭证，并支付货款时：

借：库存商品　　44 000

　　应交税费——应交增值税（进项税额）　　5 720

　　贷：银行存款　　49 720

3. 购进农产品进项税额的会计处理

纳税人购进农产品，增值税扣除率为 9%；购进用于生产销售、委托加工 13%税率货物的农产品，以 10%的扣除率计算进项税额。除取得增值税专用发票或者海关进口增值税专用缴款书外，按照农产品收购发票或者销售发票上注明的农产品买价和 9%或 10%的扣除率计算进项税额。

借：原材料或在途物资或材料采购

　　应交税费——应交增值税（进项税额）

　　贷：库存现金或银行存款

4. 进口货物进项税额的会计处理

纳税人在取得海关缴款书后，先借记“应交税费——待认证进项税额”账户，贷记相关对应账户；稽核比对相符允许抵扣时，借记“应交税费——应交增值税（进项税额）”账户，贷记“应交税费——待认证进项税额”账户。对不得抵扣的进项税额，借记相关对应账户，贷记“应交税费——待认证进项税额”账户。

5. 购进水电费进项税额的会计处理

企业购入的水电费可以根据增值税专用发票上注明的增值税额进行税款抵扣。

【例 2-26】 甲公司 20X3 年 2 月收到电力公司开来的电力增值税专用发票。因甲公司生产经营用电和职工生活用电是一个电度表，因此增值税专用发票的增值税额中有属于职工个人消费的部分。2 月该公司用电总价 40 000 元，其中：生产用电的电价为 36 000 元，职工生活用电的电价是 4 000 元。电力公司开来的增值税专用发票，电价 40 000 元，税额 5 200 元，价税合计 45 200 元。该厂对职工个人用电的价税计算到个人，在发工资时扣回。作会计分录如下：

借：制造费用　　36 000
　　应交税费——应交增值税（进项税额）　　4 680
　　应付职工薪酬　　4 520
　　贷：银行存款　　45 200

6. 购入固定资产（有形动产、不动产）进项税额的会计处理

一般纳税人自“营改增”后取得并按固定资产核算的不动产、不动产在建工程，其进项税额按现行规定自取得之日起分 2 年从销项税额中抵扣的，应按取得成本，借记“固定资产”“在建工程”等账户，按当期可抵扣增值税额，借记“应交税费——应交增值税（进项税额）”账户，对后期可抵扣的增值税额，借记“应交税费——待抵扣进项税额”账户，贷记“应付账款”“应付票据”“银行存款”等账户。尚未抵扣的进项税额在后期允许抵扣时，按允许抵扣的金额，借记“应交税费——应交增值税（进项税额）”账户，贷记“应交税费——待抵扣进项税额”账户。

外购时，根据收到的增值税专用发票记载金额，借记“固定资产”“应交税费——应交增值税（进项税额）”等账户，贷记“应付账款”“应付票据”“银行存款”等账户。纳税人应建立不动产和不动产在建工程台账，分别记录并归集不动产和不动产在建工程的成本、费用、扣税凭证及进项税额抵扣情况，留存备查。

【例 2-27】 某企业采购机器设备一台供生产部门使用，取得增值税专用发票上注明的价款 250 000 元，增值税 32 500 元，以银行存款支付。会计处理如下：

借：固定资产　　250 000
　　应交税费——应交增值税（进项税额）　　32 500
　　贷：银行存款　　282 500

【例 2-28】 某企业于 20X3 年 2 月从某开发商处购入“营改增”后建造的办公写字间一套，增值税发票注明价款 600 万元，增值税 54 万元，款项通过银行转账支付。会计处理如下：

借：固定资产　　6 000 000
　　应交税费——应交增值税（进项税额）　　540 000

贷：银行存款　　6 540 000

二、不得抵扣的进项税额

（一）不得抵扣进项税额情形

按增值税法规有关规定，下列项目的进项税额不得从销项税额中抵扣。

（1）用于简易计税方法计税项目、免征增值税项目、集体福利或者个人消费的购进货物、劳务、服务、无形资产和不动产。

（2）非正常损失的购进货物，以及相关的劳务和交通运输服务。

（3）非正常损失的在产品、产成品所耗用的购进货物（不包括固定资产）、劳务和交通运输服务。

（4）非正常损失的不动产，以及该不动产所耗用的购进货物、设计服务和建筑服务。

（5）非正常损失的不动产在建工程所耗用的购进货物、设计服务和建筑服务。

非正常损失，是指因管理不善造成货物被盗、丢失、霉烂变质，以及因违反法律法规造成货物或者不动产被依法没收、销毁、拆除的情形。

（6）购进的贷款服务、餐饮服务、居民日常服务和娱乐服务。

（7）财政部和国家税务总局规定的其他情形。

（二）不得抵扣进项税额的转出

1. 不得抵扣进项税额的分类

（1）进项税额直接计入相关成本费用。包括采用简易计税方法的纳税人和采用一般计税方法的纳税人，在涉税行为发生时就能明确是用于免税项目、集体福利、个人消费，即使取得的是专用发票，其进项税额也应直接计入相关成本费用。

（2）进项税额抵扣后，因资产改变用途，用于不得抵扣项目，或计税方法改为简易计税方法，原已抵扣的进项税额应予转出。

2. 不得抵扣进项税额转出的计算

进项税额转出的计算方法有直接转出法、还原转出法、比例转出法和净值转出法等方法。

（1）已抵扣进项税额的不动产，发生非正常损失，或者改变用途，专用于简易计税方法计税项目、免征增值税项目、集体福利或者个人消费的，按照下列公式计算不得抵扣的进项税额，并从当期进项税额中扣减：

不得抵扣的进项税额 = 已抵扣进项税额 × 不动产净值率 =（不动产净值 ÷ 不动产原值）× 100

（2）适用一般计税方法的纳税人，兼营简易计税方法计税项目、免税项目而无法划分进项税额的，不得抵扣进项税额按以下方法计算：

不得抵扣的进项税额 = 当期无法划分的全部进项税额 ×（当期简易计税方法计税销售额 + 免税项目销售额）÷ 当期全部销售额

【例 2-29】甲企业系增值税一般纳税人，主要从事采砂业务，同时购进散装水泥，部分包装外销，部分用于生产掺兑煤矸石比例不低于 30% 的水泥砖。出售采砂选择简易计税方法缴纳增值税，生产的水泥砖符合规定免缴增值税。1 月不含税销售收入 140 万元，其中水泥销售收入 49 万元、砂销售收入 39 万元、水泥砖销售收入 52 万元。当月无法划分的进项税额为 2.4 万元。

当月不得抵扣的进项税额 = 2.4 × (39 + 52) ÷ (49 + 39 + 52) = 1.56(万元)

（三）增值税进项税额转出的会计处理

当企业购进货物用于免征增值税项目、集体福利、个人消费，或者发生非正常损失，应做进项税额转出或将其视同销项税额处理，从本期的进项税额中抵减，借记有关账户，贷记“应交税费——应交增值税（进项税额转出）”等。出口货物的进项税额与出口退税额的差额，也应作“进项税额转出”的会计处理。

1. 直接或改用于集体福利、个人消费进项税额转出的会计处理

企业购进货物、不动产，如果直接或者改为用于集体福利、个人消费，对其已抵扣的进项税额，应做“进项税额转出”处理。

【例 2-30】某企业系增值税一般纳税人，20X3 年 2 月发生涉及进项税额转出的四笔业务：

购进大米 3 600 千克，单价 4.5 元，金额 14 336.28 元，税额 1 863.72 元，用于职工食堂。购进食用油 1 500 千克，单价 22.6 元，金额 30 000 元，税额 3 900 元，用于职工食堂。购进燃气灶具，金额 24 955.75 元，税额 3 244.25 元，用于职工食堂。用于业务应酬消费 31 858.41 元，税额 4 141.59 元。

相关会计处理如下：

(1) 取得发票并支付货款时：

借：应付职工薪酬——职工福利费　　44 336.28
　　管理费用——业务费　　31 858.41
　　固定资产——燃气灶具　　24 955.75
　　应交税费——待认证进项税额　　13 149.56
　　贷：银行存款　　114 300

(2) 对上述发票进行认证后：

借：应交税费——应交增值税（进项税额）　　13 149.56
　　贷：应交税费——待认证进项税额　　13 149.56

(3) 因上述税额不得抵扣销项税额，所以作进项税额转出处理：

借：应付职工薪酬——职工福利费　　5 763.72
　　管理费用——业务费　　4 141.59
　　固定资产——燃气灶具　　3 244.25
　　贷：应交税费——应交增值税（进项税额转出）　　13 149.56

2. 用于免税项目进项税额转出的会计处理

企业购进的货物，如果既用于应税项目，又用于免税项目，而进项税额又不能单独核算时，月末应按免税项目销售额与应税免税项目销售额合计之比计算免税项目不予抵扣的进项税额，然后作“进项税额转出”的会计处理。如果企业生产的产品全部是免税项目，其购进货物的进项税额应计入采购成本，因而就不存在进项税额转出的问题。

【例 2-31】某超市为增值税一般纳税人，其中经营当地蔬菜、水果等农产品。在上年 12 月末增值税纳税申报表中，“期末留抵税额”中蔬菜、水果金额共计 44 000 元。按有关规定，从当年 1 月起，蔬菜、水果分别属于免税货物和应税货物。该超市 1 月销售蔬菜 120 000 元、水果 80 000 元。本月销售上述业务，共发生（分摊）电费 4 000 元、运输费 3 000 元，均取得符合规定的抵扣凭据，但无法在水果与蔬菜之间进行划分。

$$期初留抵税额中转出数 = 44\,000 \times 120\,000 \div (120\,000 + 80\,000) = 26\,400(元)$$

$$当月电费和运输费用可抵扣进项税额 = 4\,000 \times 13\% + 3\,000 \times 9\% = 790(元)$$

$$当月免税项目进项税额转出数 = 790 \times 120\,000 \div 200\,000 = 474(元)$$

$$进项税额转出合计 = 26\,400 + 474 = 26\,874(元)$$

作会计分录如下：

借：主营业务成本——蔬菜、水果　　　　26 874

　　贷：应交税费——应交增值税（进项税额转出）　　　　26 874

3. 非正常损失货物进项税额转出的会计处理

一般纳税人在生产经营过程中，可能因管理不善，造成存货被盗、霉烂变质等损失。按照税法规定，非正常损失购进货物的进项税额和非正常损失的在产品、产成品所耗用的购进货物或应税劳务的进项税额，不得从销项税额中抵扣。

购进货物发生非正常损失后，其税负也就不能再往后转嫁。因此，对发生损失的企业（视为应税货物的最终消费者）应征收该货物的增值税。因当初进货时支付的增值税额已作为“进项税额”进行了抵扣，发生损失后应将其转出，由该企业负担该项税负，即转作待处理财产损失的增值税，应与遭受损失的存货成本一并处理。企业应根据税法规定，正确界定正常损失与非正常损失。非正常损失存货有不含运费的原材料、含运费的原材料及产成品、半成品等情况，企业应分情况，正确进行会计处理。

对非正常损失存货进行会计处理，关键是正确计算其涉及的不得从销项税额中抵扣的进项税额。由于非正常损失的购进货物与非正常损失的在产品、产成品所耗用的购进货物或者应税劳务的进项税额，一般都已在此前做了抵扣。发生损失后，一般很难核实所损失的货物是在何时购进的。其原始进价和进项税额也无法准确核定。因此，可按货物的实际成本计算不得抵扣的进项税额。由于损失的在产品、产成品中耗用外购货物或应税劳务的实际成本，还需要参照企业近期的成本资料加以计算。

【例 2-32】某企业一批原材料被盗，其账面价值 300 000 元，该批原材料增值税进项税额为 39 000 元。因被盗而发生的损失属于非正常损失，其进项税额不可抵扣。会计处理如下：

（1）毁损发生时：

借：待处理财产损溢——待处理流动资产损溢　　　　339 000

　　贷：原材料　　　　300 000

应交税费——应交增值税（进项税额转出） 39 000

（2）报经批准后：

借：营业外支出 339 000

贷：待处理财产损溢——待处理流动资产损溢 339 000

三、增值税留抵税额退税制度

（一）试行期末留抵税额退税规定

自2019年4月1日起，试行增值税期末留抵税额退税制度。同时符合以下条件的纳税人，可以向主管税务机关申请退还增量留抵税额。

（1）自2019年4月税款所属期起，连续6个月（按季纳税的，连续2个季度）增量留抵税额均大于零，且第6个月增量留抵税额不低于50万元。增量留抵税额是指与2019年3月底相比新增加的期末留抵税额。

（2）纳税信用等级为A级或者B级。

（3）申请退税前36个月未发生骗取留抵退税、出口退税或虚开增值税专用发票情形的。

（4）申请退税前36个月未因偷税被税务机关处罚两次及以上的。

（5）自2019年4月1日起未享受即征即退、先征后返（退）政策的。

（二）纳税人当期允许退还的增量留抵税额的计算

允许退还的增量留抵税额=增量留抵税额×进项构成比率×60%

进项构成比率，为2019年4月至申请退税前一税款所属期内已抵扣的增值税专用发票（含税控机动车销售统一发票）、海关进口增值税专用缴款书、解缴税款完税凭证注明的增值税额占同期全部已抵扣进项税额的比重。在计算允许退还的增量留抵税额的“进项构成比率”时，无须就纳税人在2019年4月至申请退税前一税款所属期内按规定转出的进项税额部分进行调整。

第四节 简易计税应纳税额的确认计量

增值税应纳税额的计算有一般计税方法和简易计税方法两种基本方法。一般纳税人选择简易计税方法的，选择后36个月内不得变。增值税简易计税方法适用于小规模纳税人和一般纳税人的特定货物、特定服务、特定项目。

一、简易计税方法应纳税额的计算

（1）小规模纳税人采用简易计税方法。

（2）符合条件的一般纳税人也可选择适用简易计税方法，简易计税方法的应纳税额是按销售额和征收率计算的增值税额，不得抵扣进项税额。应纳税额计算公式如下：

应纳税额=销售额×征收率

【例 2-33】某汽车配件店为增值税小规模纳税人，本月购进配件 24 000 元，增值税专用发票注明税额 3 120 元。随后将全部配件零售出去并取得销售收入 30 900 元。计算该店当月的应纳增值税。

不含税销售额=30 900÷（1+3%）=30 000（元）

小规模纳税人不得抵扣进项税

应纳税额=30 000×3%=900（元）

二、增值税简易计税方法的会计处理

（一）一般纳税人简易计税方法的会计处理

一般纳税人采用简易计税方法的计税项目，其进项税额按规定不得从销项税额中抵扣，应计入相关成本费用，在其销售货物、无形资产、不动产，提供劳务服务时，借记“应收账款”“银行存款”等账户，贷记“主营业务收入”等账户，贷记“应交税费——简易计税”账户。

一般纳税人在增值税转型之前购入的机器设备，因当初购入时进项税额已计入资产成本，现在出售时，应按简易计税方法，依 3%征收率减按 2%计算缴纳增值税，将固定资产转让损益记入“资产处置损益”账户。

【例 2-34】某公司系一般纳税人，主营钢材和商品混凝土业务，其中，自产商品混凝土选择简易计税方法。当月钢材销售额 350 万元，钢材采购额 400 万元；商品混凝土销售收入 318 万元（含税）。作会计分录如下：

（1）销售钢材：

借：应收账款——××客户　　3 955 000

　　贷：主营业务收入——钢材　　3 500 000

应交税费——应交增值税（销项税额）　　455 000

（2）采购钢材：

借：库存商品　　4 000 000

　　应交税费——应交增值税（进项税额）　　520 000

　　贷：应付账款——××供应商　　4 520 000

（3）销售混凝土：

借：应收账款——××客户　　3 180 000

　　贷：主营业务收入——商品混凝土　　3 087 379

　　　　应交税费——简易计税　　92 621

【例 2-35】某一般纳税人企业本月销售一台使用过的特定设备（2008 年购入，未抵扣增值进项税额），变价收入 15.45 万元。

（1）销售时：

借：银行存款　　154 500

贷：固定资产清理　　　　150 000

　　应交税费——简易计税　　　　4 500

(2) 反映减计1%的税款：

借：应交税费——简易计税　　　　1 500

　贷：营业外收入——政府补助收入　　　　1 500

(3) 下个月按2%交税：

借：应交税费——简易计税　　　　3 000

　贷：银行存款　　　　3 000

(二) 小规模纳税人增值税的会计处理

1. 小规模纳税人增值税会计账户设置

小规模纳税人应在“应交税费”账户下设置“应交增值税”二级账户，并根据需要可设置“转让金融商品应交增值税”“代扣代交增值税”明细账户，但一般无须再设其他明细项目。其贷方记应交的增值税额，借方记实际上交的增值税额；期末贷方余额反映企业尚未上交或欠交的增值税额，借方余额则反映多交的增值税额。此外，根据需要，还可以设置“增值税检查调整”二级账户，其核算内容与一般纳税人相同。

2. 小规模纳税人购进业务的会计处理

由于小规模纳税人不实行税款抵扣制，因此，不论收到普通发票，还是增值税专用发票，其所付税款均不必单独反映，可直接计入采购成本。按应付或实际支付的价款和进项税额，借记“材料采购”“原材料”“管理费用”等账户，贷记“应付账款”“银行存款”“库存现金”等账户。

【例2-36】 某公司系小规模纳税人，20X3年2月购入原材料一批，增值税专用发票上注明价款4 400元，税额572元；购入包装物一批，普通发票上所列价款3 000元。已付款并验收入库。作会计分录如下：

借：原材料　　　　4 972

　　包装物　　　　3 000

　贷：银行存款　　　　7 972

3. 小规模纳税人销售业务的会计处理

小规模纳税人不实行税款抵扣办法，应以不含税销售额乘以征收率，计算应交增值税。因此，只需通过“应交税费——应交增值税”账户反映增值税的应交、上交和欠交情况。

【例2-37】 某工业企业属小规模纳税人，20X3年3月产品含税销售收入5 300元，货款尚未收到。作会计分录如下：

(1) 销售时：

应纳增值税额 = 5 300÷(1+3%)×3% = 154.37(元)

借：应收账款　　　　5 300

　贷：主营业务收入　　　　5 145.63

应交税费——应交增值税　　154.37

(2) 月末缴纳增值税时：

借：应交税费——应交增值税　　154.37

贷：银行存款　　154.37

第五节　增值税应纳税额的计算和缴纳

一、增值税应纳税额的计算

在一般计税方法下，当期销项税额减去同期准予抵扣进项税额后的余额即为应纳税额，这是其基本表述，但在持续经营情况下，应纳税额的计算程序是：

应抵扣税额=进项税额+上期留抵税额-进项税额转出-免抵退应退税额+纳税检查应补缴税额应纳税额

=销项税额-实际抵扣税

如果销项税额大于应抵扣税额，实际抵扣税额就是应抵扣税额。如果销项税额小于应抵扣税额，实际抵扣税额就是销项税额，当期销项税额与同期应抵扣税额的差额为本期留抵税额，留抵税额可以结转下期继续抵扣，直至抵扣完（无时间限制）。企业若有增值税欠税，应以期末留抵税额抵减。

应纳税额合计=应纳税额+简易计税应纳税额-减免税额

【例 2-38】某建筑公司为在某市设立的建筑集团有限公司，系增值税一般纳税人。20X3 年3 月发生如下业务：购进办公楼一幢，取得增值税专用发票，注明价款 550 万元，增值税额 49.5 万元；购进钢材等商品取得增值税专用发票，注明价款 4 250 万元，增值税额 552.5 万元；从个体户张某处购得砂石料 25 万元，取得税务机关代开的增值税专用发票；支付银行贷款利息 50 万元；支付私募债券利息 100 万元；支付来客用餐费用 5 万元。

销售“营改增”前在本市开工的建筑服务，开具专用发票，注明价款 600 万元；销售当月在本市开工的建筑服务，开具专用发票，注明价款 8 500 万元，增值税额 765 万元；为本市某敬老院无偿建造一幢老年公寓，价值 230 万元；公司异地工程项目部在南京提供建筑服务，开具增值税专用发票，注明价款 775 万元，增值税额 69.75 万元；在缅甸提供建筑服务，取得收入折合人民币 120 万元。公司当月增值税计算如下：

1. 进项税额的计算

(1) 购进办公楼进项税额 49.5 万元。

(2) 购进钢材等商品进项税额 552.5 元。

(3) 购砂石料进项税额=25÷（1+3%）×3%=0.73（万元）。

(4) 支付银行贷款利息和私募债券利息属于贷款服务，不得从销项税额中抵扣进项税额。

(5) 支付来客用餐费用属于餐饮服务，不得从销项税额中抵扣进项税额。

可抵扣进项税额合计=49.5+552.5+0.73=602.73（万元）

2. 销项税额的计算

(1) "营改增"前开工的建筑服务应纳税额=600×3%=18(万元)。

(2) 当月开工的建筑服务销项税额=8 500×9%=765(万元)。

(3) 无偿建造一幢老年公寓属公益事业,不视同销售,不缴纳增值税。

(4) 异地工程项目部销售建筑服务,按2%预征率在建筑服务发生地预缴增值税15.5万元(775×2%),在公司所在地应交增值税54.25万元(69.75-15.5)。

(5) 在缅甸销售建筑服务,取得收入折合人民币120万元,属于工程项目在境外的建筑服务,免征增值税。

销项税额=765+69.75=834.75(万元)

3. 应纳税额的计算

应交增值税=834.75-602.73-15.5+18=234.52(万元)

二、进口环节增值税的计算

根据《增值税暂行条例》的规定,中华人民共和国境内进口货物的单位和个人均应按规定缴纳增值税。

纳税人进口货物,按照组成计税价格计算应纳税额,不得抵扣发生在我国境外的各种税金。计算公式如下:

应纳税额=组成计税价格×税率

组成计税价格=关税完税价格+关税

如果进口货物同时征收消费税的,其组成计税价格公式为:

组成计税价格=关税完税价格+关税+消费税

或: 组成计税价格=(关税完税价格+关税)÷(1-消费税税率)

【例2-39】某公司20X3年2月进口货物一批,该批货物在国外的买价是20万元,另该批货物运抵我国海关前发生的包装费、运输费、保险费等共计10万元,货物报关后公司按规定缴纳了进口环节的增值税并取得了海关开具的完税凭证。假定该批进口货物在国内全部销售,取得不含税销售额40万元。已知货物关税税率为15%,增值税税率为13%。计算该批货物进口环节、国内销售环节分别应缴纳的增值税额。

(1) 关税的组成计税价格=20+10=30万元

(2) 应缴纳进口关税=30×15%=4.5万元

(3) 进口环节应纳增值税的组成计税价格=30+4.5=34.5万元

(4) 进口环节应缴纳的增值税=34.5×13%=4.485万元

(5) 国内销售环节的销项税额=40×13%=5.2万元

(6) 国内销售环节应缴纳增值税税额=5.2-4.485=0.715万元

三、增值税缴纳的会计处理

(一)按日申报缴纳增值税的会计处理

以日为一期纳税的,自期满之日起5日内预缴税款,于次月1日起15日内申报纳税并结清上月应纳税款。企业平时按核定纳税期纳税时，属预缴性质。月末，结出“应交税费——应交增值税”账户借贷方合计和余额，下月初在核实上月应交增值税额后，应于15日前清缴。

（二）按月申报缴纳增值税的会计处理

（1）企业平时缴纳当月应交的增值税，借记“应交税费——应交增值税（已交税金）”账户（小规模纳税人应借记“应交税费——应交增值税”账户），贷记“银行存款”账户。

（2）按月申报的纳税人本月的税款，于下月1—15日内进行纳税申报并缴纳税款。纳税人缴纳上月及之前欠缴增值税。采用一般计税方法计税的，借记“应交税费——未交增值税”账户，贷记“银行存款”账户。采用简易计税方法计税的，借记“应交税费——简易计税”账户，贷记“银行存款”账户。

（3）月度终了，企业应当将当月应交未交或多交的增值税，自“应交增值税”明细账户转入“未交增值税”明细账户。若“应交税费——应交增值税”账户为贷方余额，表示本月应交未交增值税额。对于当月应交未交的增值税，借记“应交税费——应交增值税（转出未交增值税）”账户，贷记“应交税费——未交增值税”账户。

（4）若“应交税费——应交增值税”账户为借方余额，对于当月多交的增值税，借记“应交税费——未交增值税”科目，贷记“应交税费——应交增值税（转出多交增值税）账户。

【例2-40】某企业按规定缴纳本月的增值税10 000元。会计处理如下：

借：应交税费——应交增值税（已交税金）　　10 000
　　贷：银行存款　　10 000

【例2-41】某企业20X3年3月31日“应交税费——应交增值税”科目借方余额合计为10 000元，贷方余额为17 500元。月末时，“应交税费——应交增值税”借贷余额为贷方7 500元，属于应交未交增值税。会计处理如下：

借：应交税费——应交增值税（转出未交增值税）　　7 500
　　贷：应交税费——未交增值税　　7 500

下月实际缴纳增值税时：

借：应交税费——未交增值税　　7 500
　　贷：银行存款　　7 500

（三）按季申报缴纳增值税的会计处理

纳税人按季度申报增值税时，每月只作计提增值税的会计处理，不作缴纳或免征增值税的会计处理，季末合并计算销售额。如果符合免征增值税条件，再作免征增值税的会计处理；如果不符合免征增值税条件，按季度合计销售额全额计算缴纳增值税。

（四）预缴和补缴增值税的会计处理

企业预缴增值税时，采用一般计税方法的纳税人，借记“应交税费——预交增值税”账户，贷记“银行存款”账户。月末企业应将“预交增值税”明细账户余额转入“未交增值税”明细账户，借记“应交税费——未交增值税”账户，贷记“应交税费——预交增值税”账户。一般纳税人选择简易计税方法时，借记“应交税费——增值税简易计税”账户，贷记“银行存款”账户，月末不必结转，无须进行专门的会计处理。纳税人缴纳以前期间未交的增值税，借记“应交税费——未交增值税”账户，贷记“银行存款”账户。

【例 2-42】某企业根据有关规定，当月转让不动产预缴增值税 3 000 元。同时补交上月未交增值税 7 500 元。会计处理如下：

（1）预缴增值税时：

借：应交税费——预交增值税　　1 500

　　贷：银行存款　　1 500

同时，当月预交增值税月末转入“应交税费——未交增值税”账户：

借：应交税费——未交增值税　　1 500

　　贷：应交税费——预交增值税　　1 500

（2）补交增值税时：

借：应交税费——未交增值税　　7 500

　　贷：银行存款　　7 500

四、增值税减免的会计处理

（一）直接减免的会计处理

销售免税项目时，借记“银行存款”等账户，贷记“主营业务收入”“应交税费——应交增值税（销项税额）”账户。对直接减免的销项税额，借记“应交税费——应交增值税（减免税款）”账户，应贷记“其他收益”账户，但这样可能会导致记账凭证与原始凭证不符，如果贷记“主营业务收入”账户就不会出现两者不符的情况。在价税合计记账法下，对法定免征的增值税无须作专门的会计处理，其进项税额计入相关项目的成本或费用中，并按收款全额贷记“主营业务收入”账户。

小规模纳税未到起征点的免税。平时销售时先计算应交增值税进行会计处理，期末时未达到起征点的，将免税金额转作营业外收入处理。

（二）即征即退增值税的会计处理

税法规定，采用增值税即征即退的办法的企业，在向主管税务机关办理增值税纳税的同时，办理增值税的退税手续。到税务机关办理即征即退手续后，凭有关单据借记“应交税费——应交增值税（已交税金）”或“应交税费——未交增值税”账户，贷记“银行存款”账户。同时，按即退税额，借记“银行存款”账户，贷记“其他收益——减免税款”账户等。

（三）先征后返增值税的会计处理

符合先征后返减免情形的纳税人，在销售货物或提供应税劳务、服务时，应正常确认收入。借记“银行存款”等账户，贷记“主营业务收入”、“应交税费——应交增值税

（销项税额）”账户。缴纳增值税时，借记“应交税费——未交增值税”账户，贷记“银行存款”账户。计提应收返还的增值税时应借记“其他应收款”，贷记“营业外收入”账户。在收到返还增值税时，应借记“银行存款”账户，贷记“其他应收款”账户。

五、增值税查补的会计处理

（一）查补逃税税额的确定

增值税一般纳税人不报、少报销项税额或多报进项税额，均影响增值税的缴纳，是逃税行为。其逃税数额应当按销项税额的不报、少报部分或进项税额的多报部分确定。如果销项、进项均查有逃税问题，其逃税数额应当为两项逃税数额之和。一般纳税人若采取账外经营，即购销活动均不入账，而造成不缴、少缴增值税的，其逃税数额应按账外经营部分的销项税额抵扣账外经营部分中已销货物进项税额后的余额确定。此时逃税数额为应纳税额。

一般纳税人发生逃税行为，确定逃税数额补征入库时，其补税数额应根据纳税人不同情况分别处理。根据检查核实的一般纳税人与其全部销项税额与进项税额（包括当期留抵扣税额），重新计算当期全部应纳税额。若应纳税额为正数，应当作补税处理；若应纳税额为负数，应按《增值税日常稽查办法》的规定执行。

（二）查补税款的会计处理

增值税经税务机关检查后，应进行相应的会计调整。应设立“应交税费——增值税检查调整”账户。凡检查后应调减账面进项税额或调增销项税额和进项税转出的数额，应借记有关账户，贷记本账户，凡检查后应调增账面进项税额或调减销项税额和进项税额转出的数额，应借记本账户，贷记有关账户，全部调账事项入账后，应结出本账户的余额，并对该余额进行处理。

第六节　出口环节增值税的确认计量

一、出口退税制度

（一）出口退税政策

出口环节退（免）税，是指在国际贸易业务中，对报关出口的货物或者劳务和服务退还在国内各生产环节和流转环节按税法规定已缴纳的增值税，或免征应缴纳的增值税，是一种在国际贸易中通常采用并为世界各国普遍接受的，目的在于鼓励各国出口货物劳务公平竞争的税收措施。

我国自 1985 年起对出口产品实施出口退税政策，1988 年明确了“征多少退多少，不征不退和彻底退税”的原则。可以说，我国出口退税制度一开始在设计上是遵循税收中性原则的。但事实上，税收中性原则的内容从来都是相对的，中性原则运用于出口退税制度设计时往往要受到诸多因素的影响和制约。

（二）出口货物退（免）税的方法

目前，我国对出口货物退税有“免、抵、退”和“先征后退”两种方法。

1. “免抵退”税方法

“免抵退”税是指对生产企业的出口货物在生产销售环节实行免税，其进项税额先抵顶内销货物的销项税额，不足抵扣部分给予退税。“免”税是指对生产企业自营出口或委托外贸企业代理出口的自产货物，免征本企业生产销售环节的增值税；“抵”税是指对生产企业自营出口或委托外贸企业代理出口的自产货物应予免征或退还所耗用原材料、零部件等已纳税款抵顶内销货物的应纳税款；退税是指生产企业出口的自产货物在当月应抵扣的进项税额大于应纳税额时，对未抵扣完的部分予以退税。

2. “先征后退”方法

“先征后退”作为出口退税的一种主要计算办法，有广义和狭义之分。广义的“先征后退”是指出口货物在生产（供货）环节按规定缴纳增值税，货物出口后由出口的外（工）贸企业向其主管出口退税的税务机关申请办理出口货物退税。狭义的“先征后退”仅指对生产企业自营出口或委托外贸企业代理出口自产货物实行的一种出口退税办法，即有进出口经营权的生产企业自营出口或委托外贸企业代理出口的自产货物，一律先按出口货物离岸价及增值税法定征税税率计算征税，然后，按出口货物离岸价及规定的退税率计算退税。

（三）跨境应税行为退（免）税的方法

按照国家有关规定，境内单位和个人提供者提供零税率应税服务，免征出口环节增值税。对应的进项税额抵减应纳增值税税额（不包括适用增值税即征即退、先征后退政策的应纳增值税额），未抵减完的部分则予以退还。因此我国跨境应税行为退税所包含的具体内容与货物出口“免抵退”办法基本相同，但需注意的是，如果是小规模纳税人提供零税率应税服务，实行免征增值税办法则不予退税。

（四）出口增值税退税率

出口货物免退税是对报关出口的货物免征或退还其在国内各生产环节和流通环节按税法规定缴纳的增值税，即对出口货物实行零税率。从退税的基本原则来看，企业产品出口后，税务部门应按照出口商品的进项税额为企业办理退税，但由于税收减免及其国家经济政策等原因，商品的进项税额往往不等于实际负担的税额，如果按出口商品的进项税额退税，就会产生少征多退的问题，为此就有了计算出口商品应退税款的比率——出口退税率。目前我国出口货物增值税退税率有6%、9%、10%、13%等档次。

同出口货物退税相比，跨境应税行为退税率与征收率相同。例如国际运输服务的退税率为9%，研发和设计服务的退税率为6%等。

二、出口货物免退税的计算

（一）外贸企业出口货物免退增值税的计算

外贸企业出口货物退还增值税应依据购进货物的增值税专用发票所注明的价款和出口货物所对应的退税率计算。实行出口退税电子化管理后，外贸企业应退税款的计算方法有单票对应法和加权平均法。

1. 单票对应法

单票对应法就是对同一关联号下的出口数量、金额按商品代码进行加权平均，合理分配各出口货物占用的数量，计算每笔出口货物的应退税额。采用这种办法，在一次申报中，同一关联号、同一商品代码下，应保持进货与出口数量一致。如果进货数量大于出口数量，企业应到主管退税机关开具进货分批申报表。

单票对应法的进货与出口的对应关系有一票进货对应一票出口、一票进货对应多票出口、多票进货对应一票出口、多票进货对应多票出口等四种。不论何种对应关系，采取单票对应法计算及申报出口退税时，都要保证进货数量与出口数量一致。单票对应法退税计算公式如下：

应退增值税＝出口货物的购进金额×退税率

＝出口货物的进项税额－出口货物不予退税的税额

出口货物不予退税的税额＝出口货物的购进金额×（增值税法定税率－增值税退税率）

出口货物的购进金额＝出口货物数量×出口货物的购进单价或加权平均购进单价

2. 加权平均法

加权平均法是指出口企业进货凭证按企业代码+部门代码+商品代码汇总，加权平均计算每种商品代码下的加权平均单价和平均退税率。出口申报按同样的“关键字”计算本次实际进货占用，即用上述加权平均单价乘以平均退税率乘以实际退税数量，计算得出每种商品代码下的应退税额。审核数据按月保存，进货结余自动保留，可供下期退税时继续使用。采用加权平均法计算出口退税的计算公式如下：

应退增值税＝出口数量×加权平均单价×退税率

加权平均单价＝本次进货可用金额÷本次进货可用数量

本次进货可用金额＝上期结余金额+本次发生金额+释放出口金额（指调整出口数据后返回进货已占用金额）

本次进货可用数量＝上期结余数量+本次发生数量+释放出口数量（指调整出口数据后返回进货已占用数量）

本次进货可用退税额＝上期结余可退税额+本次发生可退税额+释放出口可退税额（指调整出口数据后返回进货已占用可退税额）

3. 外贸企业“进料加工”方式出口货物应退（免）税额的计算

外贸企业以进料加工贸易方式进口原料、零部件转售给其他企业加工时，应先填开进料加工贸易申请表，报经主管出口退税的税务机关同意签章后，再将申报表报送主管征税的税务机关，并据此在计算征税时予以扣除，或开具增值税专用发票时可按规定税率计算注明销售料件的税额，主管出口企业征税的税务机关对这部分准予扣除的税额或销售料件的增值税专用发票上注明的应缴税额不计征入库，而由主管退税的税务机关在出口企业办出口退税时在退税额中抵扣。其计算公式如下：

出口退税额=出口货物的应退税额-销售进口料件的应缴税额

销售进口料件的应缴税额=销售进口料件金额×税率-海关已对进口料件的实征增值税税额

对属于外贸企业出口的，其保税进口的原材料、零部件转售给其他企业加工时，应按规定的增值税税率计征销售料件的增值税。

【例 2-43】某外贸出口企业本期库存商品（轻工产品）明细账如下：期初结存 1 000 千克，金额 3 000 元，本期购进 10 500 千克，金额 31 650 元，本期出口 5 000 千克，本期非销售付出 550 千克，金额 1 650 元。假设该货物的出口退税率为 10%，则该企业出口货物应退税额如下：

加权平均单价=(期初结存金额+本期收入金额-本期非销售付出金额）÷（期初结存数量+本期收入数量-本期非销售付出数量)

=（3 000+31 650-1 650）÷（1 000+10 500-550）= 3. 01（元/千克）

应退增值税=5 000×3. 01×10%=1 505（元）

（二）生产企业出口货物免、抵、退增值税的计算

生产企业出口货物劳务，既可以采用“免抵退”税方法，又可以选择免（征）税方法。采用“免抵退”税办法，可以使出口货物的进项税额能够先抵顶其应纳税额，从而减少现金流，有利于加速企业资金周转。同时，有利于加强征退税的衔接，更有效地防止骗取出口退税等。但该方法操作复杂，而且有可能比免（征）税方法多缴税。

1. 生产企业出口货物离岸价格的确定

生产企业出口货物的“免抵退”税额应根据出口货物离岸价格（FOB 价格）、出口货物退税率计算。出口货物离岸价格是以出口发票为依据计算的报关离境价。若以其他价格条件成交的应扣除按会计制度规定允许冲减出口收入的运费、保险费、佣金等。出口发票不能如实反映实际离岸价的，企业必须按照实际离岸价向主管税务机关申报。同时主管税务机关有权依照相关规定予以核定。

2. 生产企业免、抵、退税的计算方法

（1）当期应纳税额的计算。

当期应纳税额=(当期内销货物的销项税额-当期进项税额-当期免抵退税不得免征和抵扣税额）-上期期末留抵税额

若计算结果为正数，说明企业从内销货物销项税额中抵扣有余，应该缴纳增值税；若计算结果是负数，则应退税，再根据下文“（3）”判断实际应退金额。

（2）当期免抵退税额的计算。

免抵退税额=当期出口货物FOB价×外汇人民币牌价×出口货物退税率-免抵退税额抵减额

其中“免抵退税额抵减额”计算公式如下：

免抵退税额抵减额=免税购进原材料价格×出口货物退税率

免税购进原材料包括从国内购进免税原材料和进料加工免税进口料件，其中进料加工免税进口料件的价格为组成计税价格。

进料加工免税进口料件的组成计税价格=货物CIF价+海关实征关税+海关实征消费税

（3）当期应退税额和当期免抵税额的计算。

①在当期期末留抵税额≤当期免抵退税额时：

当期应退税额=当期期末留抵税额当期免抵税额=当期免抵退税额-当期应退税额

②在当期期末留抵税额>当期免抵退税额时：

当期应退税额=当期免抵退税额当期免抵税额=0

（4）当期免抵退税不得免征和抵扣税额的计算。

当期免抵退税不得免征和抵扣税额=当期出口货物FOB价×外汇人民币牌价×（出口货物征税率-出口货物退税率）-免抵退税不得免征和抵扣税额抵减额

免抵退税不得免征和抵扣税额抵减额=免税购进原材料价格×（出口货物征税率-出口货物退税率）

【例2-44】某厂是一家有进出口经营权的生产企业，兼营国际贸易和国内贸易，从事某产品的生产，适用增值税税率13%。20X3年3月发生的有关业务为：当月国内购入的原材料，取得增值税专用发票上注明的价款为170万元，增值税额为22.1万元，本月已通过税务机关的认证；运输发票上注明的运费为9万元，保险费为1.2万元，运输发票已经税务机关比对认证。2月有尚未抵扣完的进项税额10.8万元。本月内销塑料制品取得不含税收入64万元，报关出口货物离岸价42.6万美元，折算汇率为1∶6，假定出口退税率为10%，已经收汇核销。计算该企业3月的应纳（退）增值税额。

当期进项税额=22.1+9×9%=22.91（万元）

当期免抵退税不得免征和抵扣税额=42.6×6×（13%-10%）=7.688（万元）

当期应交增值税=64×13%-（22.91-7.688）-10.8=-17.722（万元）

当期免抵退税额=42.6×6×10%=25.56（万元）

当期期末留抵税额17.722（万元）<当期免抵退税额25.56（万元）

当期应退税额=当期期末留抵税额=17.722（万元）

当期免抵税额=当期免抵退税额-当期应退税额=25.56-17.722=7.838（万元）

当月没有留抵下期的进项税额。

该企业4月国内购入的原材料，已认证的增值税专用发票上注明的价款为494万元，增值税额为64.22万元；运输发票上注明的运费为13.2万元，保险费为1.4万元，装卸费为1.6万元，运输发票已经税务机关比对认证。本月内销塑料制品取得不含税收入122万元，报关出口货物离岸价为39万美元，折算汇率为1∶6，适用出口退税率为10%，已经收汇核销。计算该企业 4 月的应纳（退）增值税额。

当期进项税额 = 64.22+13.2×9% = 65.408（万元）

当期免抵退税不得免征和抵扣税额 = 39×6×（13%−10%）= 7.02（万元）

当期应交增值税 = 122×13%−65.408−7.02 = −42.528（万元）

当期免抵退税额 = 39×6×10% = 23.4（万元）

当期期末留抵税额 42.528（万元）>当期免抵退税额 23.4（万元）

当期应退税额 = 当期免抵退税额 = 23.4（万元）

当期免抵税额 = 0

当月结转下期抵扣的进项税额 = 42.528−23.4 = 19.128（万元）

该企业 5 月国内购入的原材料，已认证的增值税专用发票上注明的价款为 136 万元，增值税额为 17.68 万元。本月内销塑料制品取得不含税收入 400 万元，报关出口货物离岸价 24.4 万美元，折算汇率为 1∶6，适用出口退税率为 10%，已经收汇核销。计算该企业 5 月的应纳（退）增值税额。

当期进项税额 = 17.68（万元）

当期免抵退税不得免征和抵扣税额 = 24.4×6×（13%−10%）= 4.392（万元）

当期应交增值税 = 400×13%−（17.68−4.392）−19.129 = 19.583（万元）

当月应交增值税 = 19.583（万元）

三、出口货物免退税的申报

（一）外贸企业出口货物免退税的申报

外贸企业自营或委托出口的货物，除另有规定外，可在货物报关出口并在财务上作销售核算后凭有关凭证在规定的期限内向所在地主管税务机关退税部门申报免抵退税。

1. 申报资料

外贸企业出口退税进货明细申报表；外贸企业出口退税出口明细申报表；外贸企业出口退税汇总申报表；税务机关要求提供的其他相关资料。

2. 外贸企业申报出口免退税的期限

外贸企业应在货物报关出口之日起 90 日内向所在地主管税务机关退税部门申报办理出口货物退（免）税手续。外贸企业确有特殊原因在上述规定期限内无法申报出口退税的，须按现行有关规定申请办理延期申报手续。

（二）生产企业出口货物免退税的申报

生产企业自营或委托外贸企业代理出口的自产货物，除另有规定外，可在货物报关出口并在财务上作销售核算后，凭有关凭证在规定的期限内向所在地主管税务机关退税部门申报免抵退税。

1. 申报资料

生产企业出口货物免、抵、退税申报汇总表及附表；生产企业出口货物免、抵、退税申报明细表；税务机关要求提供的其他相关资料。

2. 生产企业申报出口免退税的期限

生产企业应在货物报关出口之日起 90 日内向所在地主管税务机关退税部门申报办理出口货物免、抵、退税手续，如果其到期之日超过当月的免、抵、退税申报期的，应当在次月免抵退税申报期内申报免抵退税。

四、出口货物免退税的会计处理

（一）外贸企业出口货物免、退增值税的会计处理

外贸企业收购出口的货物，在购进时，应按照增值税专用发票上注明的增值税额，借记“应交税费——应交增值税（进项税额）”账户；按照增值税专用发票上记载的应计入采购成本的金额，借记“在途物资”等账户；按照应付或实际支付的金额，贷记“应付账款”“应付票据”“银行存款”等账户。货物出口销售后，结转销售成本时，借记“主营业务成本”账户，贷记“库存商品”账户；按照出口货物购进时取得的增值税专用发票上记载的进项税额或应分摊的进项税额，与按照国家规定的退税率计算的应退税额的差额，借记“主营业务成本”账户，贷记“应交税费——应交增值税（进项税额转出）”账户。

外贸企业按照规定的退税率计算出应收的出口退税时，借记“应收出口退税”账户，贷记“应交税费——应交增值税（出口退税）”账户；收到出口退税款时，借记“银行存款”账户，贷记“应收出口退税”账户。

【例 2-45】 某外贸进出口公司当月收购一批服装全部出口，专用发票上注明的价款 1 000 万元。出口货物的离岸价格折合人民币 1 200 万元，并在规定时间内办妥退税手续。假设退税率为 10% 并已收到退税款。

（1）计算不予以退税的税额：

不予以抵扣或退税额 = 1 000×13% − 1 000×10% = 30 万元

借：主营业务成本　　30

　　贷：应交税费——应交增值税（进项税额转出）　　30

（2）计算应退增值税税额：

应退税额 = 1 000×10% = 100 万元

借：其他应收款　　100

　　贷：应交税费——应交增值税（出口退税）　　100

（3）收到出口退税时：

借：银行存款　　100

　　贷：其他应收款　　100

（二）生产企业出口货物免、抵、退增值税的会计处理

生产企业免抵退增值税按现行会计制度规定，出口企业应在“应交税费——应交增值税”二级账户下设置有关明细账户，在免抵退税的会计处理中，主要涉及“出口抵减内销

产品应纳税额”“出口退税”“进项税额转出”“转出多交增值税”4个明细项目。

（1）“出口抵减内销产品应纳税额”明细项目：记录实行“免、抵、退”办法的一般纳税人按规定计算的出口货物的进项税抵减内销产品的应纳税额。

借：应交税费——应交增值税（出口抵减内销产品应纳税额）

　　贷：应交税费——应交增值税（出口退税）

（2）“出口退税”明细项目：记录企业凭有关单证向税务机关申报办理出口退税而应收的出口退税款及应免抵税额。出口货物应退回的增值税额，用蓝字登记，退税后又发生退货、退关而补缴已退税款时，用红字登记。

借：应收出口退税（或其他应收款）

　　贷：应交税费——应交增值税（出口退税）

借：应交税费——应交增值税（出口抵减内销产品应纳税额）

　　贷：应交税费——应交增值税（出口退税）

（3）“进项税额转出”明细项目：企业在核算出口货物免税收入的同时，免税收入按征税率和退税率之差计算“不得抵扣税额”。

借：主营业务成本

　　贷：应交税费——应交增值税（进项税额转出）

根据“免、抵、退”税政策规定，计算出生产企业当期的应免抵税额、应退税额以及不予抵扣和退税的税额。会计分录如下。

（1）不予抵扣和退税的税额，记作：

借：主营业务成本（不予抵扣和退税的税额，即出口退税差额）

　　贷：应交税费——应交增值税（进项税额转出）

（2）当期有应退税额的，记作：

借：应收出口退税（或其他应收款——应收出口退税）

　　应交税费——应交增值税（出口抵减内销产品应纳税额）

　　贷：应交税费——应交增值税（出口退税）

（3）收到退税款时，记作：

借：银行存款

　　贷：应收出口退税（或其他应收款——应收出口退税）

【例2-46】 某有自营出口权的生产企业当期购进1 000万元原材料，进项税额130万元，材料验收入库。当期发生内销收入750万元（不含税），发生出口货物销售折人民币收入900万元。增值税税率13%，退税率10%。期初无留抵税额。

当期不予抵扣或退税的税额＝900×（13%－10%）＝27万元

当期应纳增值税额＝750×13%－（130－27）＝－5.5万元

当期免抵退税额＝900×10%＝90万元

当期免抵退税额90万元>当期期末留抵税额5.5万元

当期应退税额＝5.5万元

当期免抵税额＝90－5.5＝84.5万元

会计分录如下（单位：万元）：

（1）购进材料，支付货款时，记作：

借：在途物资　1 000

　　应交税费——应交增值税（进项税额）　130

　　贷：银行存款　1 130

（2）物验收入库时，记作：

借：原材料　1 000

　　贷：在途物资　1 000

（3）内销货物，记作：

借：银行存款　847.5

　　贷：主营业务收入　750

　　　　应交税费——应交增值税（销项税额）　97.5

（4）自营出口货物，记作：

借：应收账款——××客户　900

　　贷：主营业务收入　900

（5）收到外汇时，记作：

借：银行存款　900

　　贷：应收账款——××客户　900

（6）当期不予免征和抵扣税的税额转出，记作：

借：主营业务成本　27

　　贷：应交税费——应交增值税（进项税额转出）　27

（7）申报时，记作：

借：应收出口退税——应退增值税　5.5

　　应交税费——应交增值税（出口抵减内销产品应纳税额）　84.5

　　贷：应交税费——应交增值税（出口退税）　90

（8）收到退税款时，记作：

借：银行存款　5.5

　　贷：应收出口退税——应退增值税　5.5

【例 2-47】某自营出口生产企业是增值税一般纳税人，出口货物的征税税率为 13%，退税税率为 11%。20X3 年 1 月购原材料取得的增值税专用发票注明的价款 200 万元，外购货物准予抵扣进项税额 26 万元通过认证。当月进料加工出口货物耗用的保税进口料件金额 100 万元。材料均已验收入库，并通过银行转账支付。上期末留抵税款 8 万元。本月内销货物不含税销售额 100 万元。收款 113 万元存入银行。本月出口货物销售额（FOB价）折合人民币 200 万元。

（1）当期应纳税额＝100×13%－｛26－［200×（13%－11%）－100×（13%－11%）］｝－8＝－19（万元）

（2）免抵退税额＝200×11%－100×11%＝11（万元）

(3) 当期应退税额=11(万元)

当期免抵税额=11-11=0(万元)

留抵下期继续抵扣税额=19-11=8(万元)

会计分录如下(单位:万元):

① 购进材料,支付货款时,记作:

借:在途物资 200
　　应交税费——应交增值税(进项税额) 26
　　贷:银行存款 226

② 货物验收入库时,记作:

借:原材料 200
　　贷:在途物资 200

购进保税区原材料,记作:

借:原材料 100
　　贷:银行存款 100

③ 内销货物,记作:

借:银行存款 113
　　贷:主营业务收入 100
　　　　应交税费——应交增值税(销项税额) 13

④ 自营出口货物,记作:

借:应收账款——××客户 200
　　贷:主营业务收入 200

⑤ 收到外汇时,记作:

借:银行存款 200
　　贷:应收账款——××客户 200

⑥ 当期不予免征和抵扣税的税额转出,记作:

借:主营业务成本 2
　　贷:应交税费——应交增值税(进项税额转出) 2

⑦ 申报时,记作:

借:应收出口退税——应退增值税 11
　　贷:应交税费——应交增值税(出口退税) 11

⑧ 收到退税款时,记作:

借:银行存款 11
　　贷:应收出口退税——增值税 11

第七节　增值税的纳税申报

一、一般纳税人申报

按照增值税有关规定，纳税人无论当期是否发生应税行为或是否应该缴税，均应按主管税务机关核定的纳税期限填报纳税申报表进行申报。

（一）纳税申报流程

一般纳税人办理纳税申报需要经过发票勾选确认、抄报、纳税申报、报税和税款缴纳等流程。

首先，纳税人应在申报期内登录开票软件抄税，并通过网上抄报税，向税务机关上传上月开票数据；其次，纳税人需登录增值税发票综合服务平台对本月抵扣的进项发票进行勾选确认；最后，纳税人登录电子税务局服务平台进行网上申报，网上申报成功并通过税银联网实时扣缴税款。

（二）纳税申报资料

一般纳税人申报资料包括增值税及附加税申报表（一般纳税人适用），见表2-4。增值税及附加税申报表附列资料：（一）本期销售情况明细，增值税及附加税申报表附列资料；（二）本期进项税额明细，增值税及附加税申报表附列资料；（三）服务、不动产和无形资产扣除项目明细，增值税及附加税申报表附列资料；（四）税额抵减情况表，增值税及附加税费申报表附列资料；（五）附加税费情况表和增值税减免税申报明细表等。

二、小规模纳税人的纳税申报

小规模纳税人应按主管税务机关核定的纳税期限，如实填写并及时报送增值税纳税申报表，申报表格式见表2-5。

表 2-4　增值税及附加税申报表

（一般纳税人适用）

根据国家税收法律法规及增值税相关规定制定本表。纳税人不论有无销售额，均应按税务机关核定的纳税期限填写本表，并向当地税务机关申报。

税款所属时间：自　　年　月　日至　　年　月　日　　　　填表日期：　　年　　月　　日　　　　金额单位：元（列至角分）

纳税人识别号				所属行业：		
纳税人名称	（公章）	法定代表人姓名		注册地址	生产经营地址	
开户银行及账号		登记注册类型			电话号码	

	项目	栏次	一般项目		即征即退项目	
			本月数	本年累计	本月数	本年累计
销售额	（一）按适用税率计税销售额	1				
	其中：应税货物销售额	2				
	应税劳务销售额	3				
	纳税检查调整的销售额	4				
	（二）按简易办法计税销售额	5				
	其中：纳税检查调整的销售额	6				
	（三）免、抵、退办法出口销售额	7			—	—
	（四）免税销售额	8			—	—
	其中：免税货物销售额	9			—	—
	免税劳务销售额	10			—	—
税款计算	销项税额	11				
	进项税额	12				
	上期留抵税额	13				—
	进项税额转出	14				

续表

项目		栏次	一般项目		即征即退项目	
			本月数	本年累计	本月数	本年累计
税款计算	免、抵、退应退税额	15			—	—
	按适用税率计算的纳税检查应补缴税额	16			—	—
	应抵扣税额合计	17=12+13-14-15+16		—		—
	实际抵扣税额	18（如17<11，则为17，否则为11）				
	应纳税额	19=11-18				
	期末留抵税额	20=17-18				—
	简易计税办法计算的应纳税额	21				
	按简易计税办法计算的纳税检查应补缴税额	22			—	—
	应纳税额减征额	23				
	应纳税额合计	24=19+21-23				
税款缴纳	期初未缴税额（多缴为负数）	25				
	实收出口开具专用缴款书退税额	26			—	—
	本期已缴税额	27=28+29+30+31				
	①分次预缴税额	28		—		—
	②出口开具专用缴款书预缴税额	29		—	—	—
	③本期缴纳上期应纳税额	30				
	④本期缴纳欠缴税额	31				
	期末未缴税额（多缴为负数）	32=24+25+26-27				
	其中：欠缴税额（≥0）	33=25+26-27		—		—

续表

项目		栏次	一般项目		即征即退项目	
			本月数	本年累计	本月数	本年累计
税款缴纳	本期应补（退）税额	34＝24－28－29		—		—
	即征即退实际退税额	35	—	—		
	期初未缴查补税额	36			—	—
	本期入库查补税额	37			—	—
	期末未缴查补税额	38＝16+22+36－37			—	—
附加税费	城市维护建设税本期应补（退）税额					
	教育费附加本期应补（退）费额					
	地方教育附加本期应补（退）费额					

声明：此表是根据国家税收法律法规及相关规定填写的，本人（单位）对填报内容（及附带资料）的真实性、可靠性、完整性负责。

纳税人（签章）：　　　　年　月　日

经办人： 经办人身份证号： 代理机构签章： 代理机构统一社会信用代码：	受理人： 受理税务机关（章）：　　　　受理日期：　　年　月　日

表 2-5　增值税及附加税费申报表

（小规模纳税人适用）

纳税人识别号（统一社会信用代码）：□□□□□□□□□□□□□□□□□□□□

纳税人名称：　　　　　　　　　　　　　　　　　　　　　　　　金额单位：元（列至角分）

税款所属时间：自　　年　月　日至　　年　月　日　　　　　　　　填表日期：　　年　月　日

项目		栏次	本期数		本年累计	
			货物及劳务	服务、不动产和无形资产	货物及劳务	服务、不动产和无形资产
一、计税依据	（一）应征增值税不含税销售额（3%征收率）	1				
	增值税专用发票不含税销售额	2				
	其他增值税发票不含税销售额	3				
	（二）应征增值税不含税销售额（5%征收率）	4	—		—	
	增值税专用发票不含税销售额	5	—		—	
	其他增值税发票不含税销售额	6	—		—	
	（三）销售使用过的固定资产不含税销售额	7（7≥8）		—		—
	其中：其他增值税发票不含税销售额	8		—		—
	（四）免税销售额	9=10+11+12				
	其中：小微企业免税销售额	10				
	未达起征点销售额	11				

续表

项目		栏次	本期数		本年累计	
			货物及劳务	服务、不动产和无形资产	货物及劳务	服务、不动产和无形资产
一、计税依据	其他免税销售额	12				
	（五）出口免税销售额	13（13≥14）				
	其中：其他增值税发票不含税销售额	14				
二、税款计算	本期应纳税额	15				
	本期应纳税额减征额	16				
	本期免税额	17				
	其中：小微企业免税额	18				
	未达起征点免税额	19				
	应纳税额合计	20＝15−16				
	本期预缴税额	21			—	—
	本期应补（退）税额	22＝20−21			—	—
三、附加税费	城市维护建设税本期应补（退）税额	23				
	教育费附加本期应补（退）费额	24				
	地方教育附加本期应补（退）费额	25				

声明：此表是根据国家税收法律法规及相关规定填写的，本人（单位）对填报内容（及附带资料）的真实性、可靠性、完整性负责。

纳税人（签章）：　　　　年　月　日

经办人： 经办人身份证号： 代理机构签章： 代理机构统一社会信用代码：	受理人： 受理税务机关（章）： 受理日期：　　年　月　日

本章思维导图

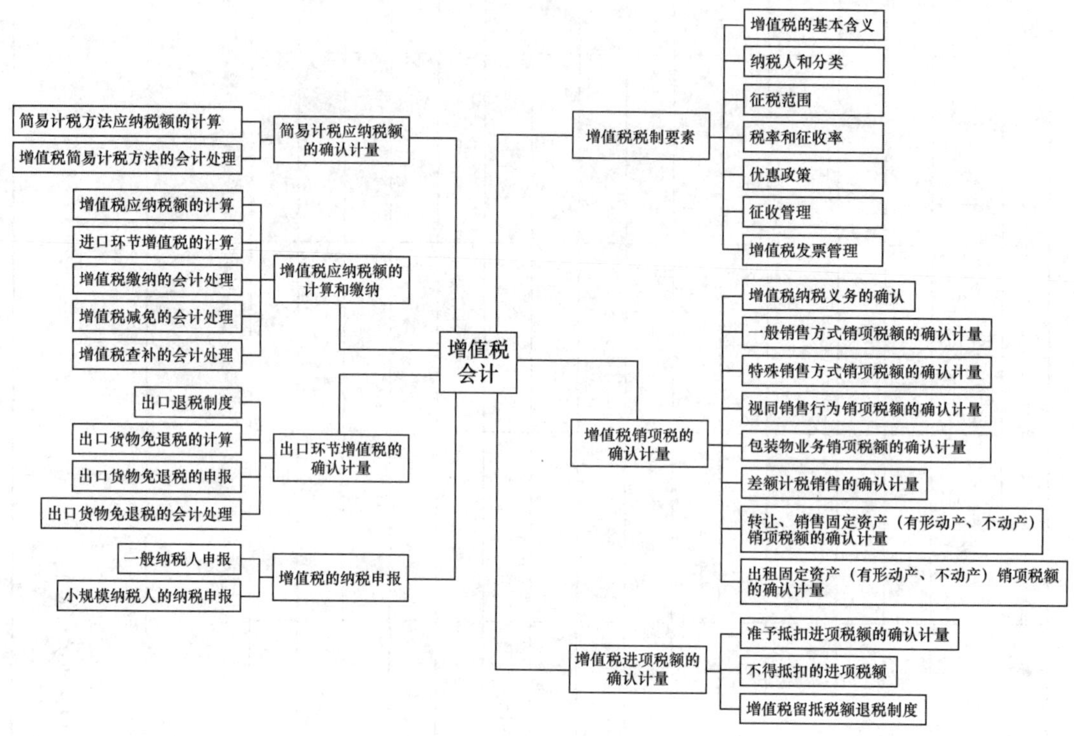

本章延伸阅读

1.《中华人民共和国增值税暂行条例》（2008 年 11 月 10 日中华人民共和国国务院令第 538 号颁布实施）

2.《中华人民共和国增值税暂行条例实施细则》（2008 年 12 月 15 日财政部、国家税务总局第 50 号令）

3.《财政部、国家税务总局关于固定资产进项税额抵扣问题的通知》（2009 年 9 月 9 日财税〔2009〕113 号）

4.《财政部、国家税务总局关于全面推开营业税改征增值税试点的通知》（2016 年 3 月 23 日财税〔2016〕36 号）

5.《增值税会计处理规定》（2016 年 12 月 3 日财会〔2016〕22 号）

6.《财政部、国家税务总局关于调整增值税税率的通知》（2018 年 4 月 4 日财税〔2018〕32 号）

7.《关于深化增值税改革有关政策的公告》（2019 年 4 月 1 日财政部　国家税务总局　海关总署 2019 年第 39 号）

8.《国家税务总局关于印发〈出口货物退（免）税管理办法（试行）〉的通知》（2005 年 3 月 16 日国税发〔2005〕51 号）

9.《财政部　国家税务总局关于出口货物劳务增值税和消费税政策的通知》（2012 年 5 月 25 日财税〔2012〕39 号）

10.《财政部　国家税务总局关于调整部分产品出口退税率的通知》（2018 年 10 月 22 日财税〔2018〕123 号）

本章习题

一、单项选择题

1. 下列选项中，属于增值税征税范围，应征收增值税的是（　　）。

A. 电力公司向发电企业收取的过网费

B. 行政单位收取的满足条件的政府性基金或行政事业性收费

C. 员工为受雇单位提供取得工资薪金的服务

D. 企业销售预付卡

2. 下列行为属于视同销售货物，应征收增值税的是（　　）。

A. 某商店为服装厂代销儿童服装

B. 将自产货物移送本县分支机构用于销售

C. 某企业将外购的空调用于集体福利部门使用

D. 某商场将外购的灯具用于内部招待所

3. 某冰箱生产企业为增值税一般纳税人，20X3 年 2 月 2 日向某商场销售电冰箱 100 台，开具增值税专用发票上注明价款 170 000 元，税额 22 100 元。因商场在 10 日内付款所以享受含税价款 2%的折扣，该冰箱生产企业实际收到货款 188 258 元；本月购进原材料取得增值税专用发票上注明增值税税额合计 8 190 元（已通过税务机关认证）。该冰箱生产企业 2 月应缴纳增值税（　　）元。

A. 13 468　　B. 13 910　　C. 16 284　　D. 21 658

4. 下列关于增值税纳税义务发生时间的表述中，错误的是（　　）。

A. 采用直接收款方式销售货物，已将货物移送对方并暂估销售收入入账，但既未取得销售款或取得索取销售款凭据也未开具销售发票的，其纳税义务发生时间为取得销售款或取得销售款凭据的当天

B. 采用直接收款方式销售货物，先开具发票的，纳税义务发生时间为发出货物的当天

C. 采取预收货款方式销售货物，其纳税义务发生时间为货物发出的当天，但生产销售生产工期超过 12 个月的大型机械设备、船舶、飞机等货物，为收到预收款或者书面合同约定的收款日期的当天

D. 销售应税劳务，其纳税义务发生时间为提供劳务同时收讫销售款或者取得索取

销售款的凭据的当天

5. 下列关于小规模纳税人的表述中，说法错误的是（　　）。
   A. 转登记日前连续 12 个月（以 1 个月为 1 个纳税期）累计销售额未超过 500 万元的一般纳税人，在 2020 年 12 月 31 日前，可选择转登记为小规模纳税人
   B. 自 2018 年 5 月 1 日起，增值税小规模纳税人标准为年应征增值税销售额 500 万元及以下
   C. 非企业性单位、不经常发生应税行为的企业，可以选择按小规模纳税人纳税
   D. 年应税销售额超过规定标准的个体工商户，只能按照小规模纳税人纳税
6. 某广告设计企业（增值税一般纳税人）的下列进项税额，不得从销项税额中抵扣的是（　　）。
   A. 购买地板装修职工食堂发生的进项税额
   B. 购买办公用复印纸发生的进项税额
   C. 购买办公用中轻型商务车所发生的进项税额
   D. 购买用于赠送客户礼品的进项税额
7. 某生产企业兼营国际贸易和国内贸易，当期应纳税额为 19. 5 万元，当期免抵退税额为 12. 8 万元，当期免抵税额为（　　）。
   A. 19. 5 万元　　B. 12. 8 万元　　C. 6. 7 万元　　D. 0 万元
8. 某生产企业（具有出口经营权）为增值税一般纳税人，20X3 年 2 月从国内采购生产用原材料一批，取得增值税专用发票，注明价款 810 万元、增值税税额 105. 3 万元；当月国内销售货物取得不含税销售额 150 万元，出口自产货物的离岸价格折合人民币 690 万元。已知适用的增值税税率为 13%，出口退税率为 9%，月初无留抵税额。则下列关于该企业增值税的税务处理的表述中，说法正确的是（　　）。
   A. 应缴纳增值税 62. 1 万元，免抵增值税额为 23. 7 万元
   B. 应退增值税 58. 2 万元，免抵增值税额为 0
   C. 应退增值税 62. 1 万元，免抵增值税额为 0
   D. 应退增值税 58. 2 万元，免抵增值税额为 3. 9 万元
9. 某生产企业本月出口货物销售额折合人民币为 1 250 万元，免税购进原材料为 280 万元，该货物的增值税税率为 13%，退税率为 10%，当期不得免征和抵扣税额为（　　）。
   A. 8. 4 万元　　B. 25 万元　　C. 29. 1 万元　　D. 37. 4 万元
10. 某企业（增值税一般纳税人）20X3 年 2 月生产货物用于销售，取得不含税销售收入 100 000 元，当月外购原材料取得增值税专用发票上注明增值税 3 400 元。当月将上月购入的一批原材料改变用途，用于生产免征增值税的项目。已知该批原材料的账面成本为 10 000 元，其中含运费 465 元，购入时分别取得了原材料及运费增值税专用发票，进项税额已抵扣。则该企业当期应纳增值税税额为（　　）元。
    A. 9 600　　B. 13 000　　C. 10 441. 5　　D. 10 881. 4

二、多项选择题

1. 下列关于增值税特殊销售方式的说法中，表述正确的有（　　）。
   A. 纳税人采取折扣方式销售货物，如果销售额和折扣额在同一张发票上的“金额”栏分别注明，可以按折扣后的销售额征收增值税
   B. 纳税人为销售货物而出租出借包装物收取的押金，单独记账的、时间在1年内又未过期的，不并入销售额征税
   C. 包装物租金不并入销售额征税
   D. 纳税人采取还本销售货物的，不得从销售额中减除还本支出
2. 下列关于2019年4月1日后增值税进项税额抵扣的规定，表述不正确的有（　　）。
   A. 纳税人购进国内旅客运输服务，取得注明旅客身份信息的航空运输电子客票行程单的，航空旅客运输进项税额=（票价+燃油附加费+机场建设费）÷（1+9%）×9%
   B. 纳税人购进国内旅客运输服务，取得注明旅客身份信息的铁路车票的，铁路旅客运输进项税额=票面金额÷（1+9%）×9%
   C. 纳税人购进国内旅客运输服务，取得注明旅客身份信息的公路、水路等其他客票的，公路、水路等其他旅客运输进项税额=票面金额÷（1+3%）×3%
   D. 纳税人购进用于生产或者委托加工13%税率货物的农产品，按照9%的扣除率计算进项税额
3. 根据现行增值税的规定，下列项目中，其进项税额不得从销项税额中抵扣的有（　　）。
   A. 因自然灾害毁损的库存外购商品
   B. 因管理不善被盗的产成品所耗用的外购原材料
   C. 职工宿舍楼耗用的外购原材料
   D. 生产免税产品接受的劳务
4. 下列各项中，不征收增值税的有（　　）。
   A. 存款利息
   B. 被保险人获得的保险赔付
   C. 物业管理单位代收的住宅专项维修资金
   D. 纳税人取得的中央财政补贴
5. 根据《增值税暂行条例》及其实施细则的规定，下列各项中，属于增值税免税项目的有（　　）。
   A. 避孕药品和用具
   B. 古旧图书
   C. 外国企业无偿援助的进口物资和设备
   D. 其他个人销售自己使用过的物品
6. 对纳税人为销售货物而出租出借包装物收取的押金，其增值税错误的计税方法有（　　）。

A. 单独记账核算的，一律不并入销售额征税，对逾期收取的包装物押金，均并入销售额征税

B. 酒类包装物押金，一律并入销售额计税，其他货物押金，单独记账核算的，不并入销售额征税

C. 无论会计如何核算，均应并入销售额计算缴纳增值税

D. 对销售除啤酒、黄酒外的其他酒类产品收取的包装物押金，均应并入当期销售额征税，其他货物押金，单独记账且未逾期者，不计算缴纳增值税

7. 企业发生下列业务进项税额不可以抵扣的有（　　）。

A. 外购的货物用于个人消费

B. 外购的货物用于集体福利

C. 外购的货物用于捐赠

D. 外购的货物用于免征增值税的项目

8. 下列各项中，境外单位发生的下列业务中，属于在境内销售服务、无形资产或者不动产的有（　　）。

A. 销售位于境内的仓库

B. 出租位于境内的厂房

C. 为出境的包裹在境外提供的收派服务

D. 转让位于境内的矿山开采权

9. 根据增值税法律制度的有关规定，下列各项中可以作为增值税进项税额抵扣凭证的有（　　）。

A. 增值税专用发票

B. 接受境外单位提供的应税服务从税务机关取得的完税凭证

C. 增值税普通发票

D. 农产品收购发票

10. 位于市区的甲生产企业是增值税一般纳税人（具有进出口经营权），出口货物适用的征税率为13%，退税率为9%。2021年7月购进原材料，取得的增值税专用发票上注明增值税税额68万元；当月进料加工保税进口料件的组成计税价格是150万元；本月内销货物取得含税销售收入226万元；本月出口货物离岸价折合人民币300万元；已知进料加工保税进口料件的计划分配率为75%，6月末无留抵税额；8月内销产品，取得不含税销售收入200万元，购进生产用原材料，取得增值税专用发票上注明的增值税税额1.3万元。则下列关于甲企业7月和8月增值税的相关税务处理，正确的有（　　）。

A. 甲生产企业7月应退增值税6.75万元、免抵税额为0

B. 甲生产企业7月应退增值税39万元、免抵税额为32.25万元

C. 甲生产企业7月应退增值税32.25万元、免抵税额为6.75万元

D. 甲生产企业8月留抵税额为7.55万元

三、计算分录题

1. 某生产企业为增值税一般纳税人，20X3 年 2 月发生以下业务：

（1）销售给有长期合作关系的客户 10 万件货物，价目表上注明该批货物不含税单价为每件 80 元，给予 5%的折扣，开具增值税专用发票，在金额栏注明销售额 800 万元，折扣额 40 万元；款项已收到并存入银行。

（2）销售给 A 商场一批货物，开具的增值税专用发票上注明销售额 200 万元，A 商场尚未付款提货，也未支付款项。

（3）销售库存原材料，开具普通发票注明含税价款 24 万元，款项已收到并存入银行。

（4）销售 2008 年 12 月购进的设备一台，取得含税销售额 6 万元，该设备账面原值 21 万元，已提折旧 8 万元（该企业未放弃相关减税优惠），货款已入账。

（5）为生产免税产品购入一批原材料，取得的增值税专用发票上注明金额 4 万元，增值税税额 0.52 万元，款项尚未支付。

（6）为生产应税产品购进一批生产用原材料，取得的增值税专用发票上注明金额 600 万元，增值税税额 78 万元，已支付货款并已验收入库；支付不含税运费 10 万元，取得小规模纳税人申请税务机关代开的增值税专用发票。已知：有关涉税凭证合法且已勾选确认在本月抵扣。

要求：根据上述资料，计算下列问题，每问需计算出合计数。

（1）第（4）笔业务应纳的增值税；

（2）计算 20X3 年 2 月该企业应确认的销项税额；

（3）计算 20X3 年 2 月该企业准予从销项税额中抵扣的进项税额；

（4）计算 20X3 年 2 月该企业应纳的增值税税额；

（5）做出以上业务的会计分录。

2. 某自营出口生产企业是增值税一般纳税人，出口货物的征税税率为 13%，退税税率为 10%。20X3 年 1 月有关经营业务为：购原材料取得的增值税专用发票注明的价款 1 000 万元，进项税额 130 万元准予抵扣，材料均已验收入库，并通过银行转账支付。本月内销货物不含税销售额 750 万元，款项已存入银行。本月出口货物销售额（FOB 价）折合人民币 900 万元。期初无留抵税额。

要求：（单位以“万元”表示）

（1）计算本月应纳税额、免抵退税额、应退税额和免抵税额；

（2）做出生产企业出口货物免抵退增值税的会计处理。

第三章

消费税会计

学习目标

通过学习，了解消费税的概念、特点、消费税的税目、税率、消费税纳税期限、纳税地点；理解消费税纳税人和征税范围；掌握消费税的计税依据、应纳税额的计算、应交消费税明细账的设置、销售应税消费品的会计处理、委托加工应税消费品的会计处理、进出口应税消费品的会计处理。

思政目标

本章围绕消费税的税制设计、税收政策、会计处理等方面展开论述。通过学习，使学生了解消费税的性质、功能和我国消费税制的发展历程，开展创新发展理念下的消费税改革探讨，培养学生合理核算和缴纳消费税的能力，为企业合规经营提供支持。

重点

消费税的征税范围、销售额和销售数量的确定、应纳消费税的会计处理、委托加工应税消费品和进口应税消费品的会计处理。

难点

委托加工应税消费品和进口应税消费品的会计处理。

第一节 消费税税制要素

一、纳税人和征税范围

（一）纳税人

在中华人民共和国境内生产、委托加工和进口应税消费品的单位和个人，以及国务院确定的销售《消费税暂行条例》规定的消费品的其他单位和个人，为消费税的纳税人，应当依照《消费税暂行条例》缴纳消费税。

单位，是指企业、行政单位、事业单位、军事单位、社会团体及其他单位。

个人，是指个体工商户及其他个人。

在中华人民共和国境内，是指生产、委托加工和进口属于应当缴纳消费税的消费品的起运地或者所在地在境内。

为了加强消费税的源泉控税，对于委托加工应税消费品的纳税人应当缴纳的消费税，由受托方于委托方提货时代收代缴（受托方为个体经营者除外）。

（二）征税范围

消费税的征税范围主要是根据我国目前的经济发展现状和消费政策，人民群众的消费水平和消费结构，以及财政需要，并借鉴国外的成功经验和通行做法所确定的产品。

1. 一些过度消费会对人类健康、社会秩序、生态环境等方面造成危害的特殊消费品

（1）烟。以烟叶为原料加工生产的特殊消费品。如卷烟、雪茄烟、烟丝等。

（2）酒。以粮食、薯类、糠麸、植物果实、果品和药材为原料或辅料经发酵或配制的白酒、黄酒、啤酒及其他复制酒、药酒、酒精等产品。

（3）鞭炮、焰火。以火药、烟火剂制成爆炸品或烟火喷射品。

2. 奢侈品、非生活必需品

（1）高档化妆品。高档化妆品是指生产（进口）环节销售（完税）价格在10元/毫升（克）或15元/片（张）及以上的美容、修饰类化妆品和护肤类化妆品。

（2）贵重首饰及珠宝玉石，各种金银、珠宝首饰和经采掘、打磨、加工的各种珠宝玉石。包括纯金银首饰及镶嵌首饰、钻石、珍珠、翡翠、玛瑙、琥珀及合成刚玉和玻璃仿制品等。

3. 高能耗及高档消费品

（1）小汽车。由动力装置驱动，具有四个和四个以上车轮的非轨道、无架线，主要用于载送人员及其随身物品的车辆。

（2）摩托车。由动力装置驱动，具有两个或三个车轮的车辆，包括两轮车、边三轮车和正三轮车。

4. 不可再生和替代的石油类消费品

二、税目和税率

（一）税目

消费税共设置15个税目、若干个子目。参见表3-1。征税主旨明确，课税对象清晰。

（1）烟税目。包括卷烟、雪茄烟和烟丝等子目。

（2）酒税目。包括白酒、黄酒、啤酒、其他酒等子目。

（3）高档化妆品税目。包括高档美容、修饰类化妆品、高档护肤类化妆品和成套化妆品。

（4）高尔夫球及球具税目。本税目是指从事高尔夫球运动所需的各种专用装备，包括高尔夫球、高尔夫球杆及高尔夫球包（袋）等。

（5）高档手表税目。本税目是指销售价格（不含增值税）每只在10 000元（含）以上的各类手表。

（6）游艇税目。本税目包括艇身长度大于8米（含）小于90米（含），内置发动机，可以在水上移动，一般为私人或团体购置，主要用于水上运动和休闲娱乐等非营利活动的各类机动艇。

（7）木制一次性筷子税目。本税目包括各种规格的木制一次性筷子。未经打磨、倒角的木制一次性筷子属于本税目征税范围。

（8）实木地板税目。本税目包括各类规格的实木地板、实木指接地板、实木复合地板及用于装饰墙壁、天棚的侧端面为榫、槽的实木装饰板。未经涂饰的素板属于本税目征税范围。

（9）贵重首饰和珠宝玉石税目。本税目包括各种金银珠宝首饰和经采掘、打磨、加工的各种珠宝玉石。

（10）鞭炮、焰火税目。体育上用的发令纸、鞭炮药引线不按本税目征收。

（11）成品油税目。包括汽油、柴油、石脑油、溶剂油、润滑油、燃料油、航空煤油等子目。航空煤油暂缓征收消费税。

（12）摩托车税目。指气缸容量250毫升和250毫升（不含）以上的摩托车。

（13）小汽车税目。包括乘用车、中轻型商用客车和超豪华小汽车三个子目。

（14）电池税目。包括原电池、蓄电池、燃料电池、太阳能电池和其他电池。对无汞原电池、金属氢化物镍蓄电池、锂原电池、锂离子蓄电池、太阳能电池、燃料电池和全钒液流电池免征消费税。

（15）涂料税目。是指涂于物体表面能形成具有保护、装饰或特殊性能的固态涂膜的一类液体或固体材料之总称。对施工状态下挥发性有机物含量低于420克/升（含）的涂料免征消费税。

（二）税率

消费税税率包括从价比例税率、从量定额税率和复合计税三种形式。见表3-1。

表 3-1 消费税税目税率表

税目	税率		
	生产（进口）环节	批发环节	零售环节
一、烟			
1. 卷烟			
（1）甲类卷烟	56%加 0.003 元/支		
（2）乙类卷烟	36%加 0.003 元/支		
（3）商业批发		11%加 0.005 元/支	
2. 雪茄烟	36%		
3. 烟丝	30%		
二、酒			
1. 白酒	20%加 0.5 元/500 克（或者 500 毫升）		
2. 黄酒	240 元/吨		
3. 啤酒			
（1）甲类啤酒	250 元/吨		
（2）乙类啤酒	220 元/吨		
4. 其他酒	10%		
三、高档化妆品	15%		
四、贵重首饰及珠宝玉石			
1. 金银首饰、铂金首饰和钻石及钻石饰品			5%
2. 其他贵重首饰和珠宝玉石	10%		
五、鞭炮、焰火	15%		
六、成品油			
1. 汽油	1. 52 元/升		
2. 柴油	1.20 元/升		
3. 航空煤油	1.20 元/升		
4. 石脑油	1.52 元/升		
5. 溶剂油	1.52 元/升		
6. 润滑油	1. 52 元/升		

续表

税目	税率		
	生产（进口）环节	批发环节	零售环节
7. 燃料油	1.20元/升		
七、摩托车			
1. 气缸容量（排气量，下同）为250毫升的	3%		
2. 气缸容量在250毫升以上的	10%		
八、小汽车			
1. 乘用车			
（1）气缸容量（排气量，下同）在1.0升（含1.0升）以下的	1%		
（2）气缸容量在1升以上至1.5升（含1.5升）的	3%		
（3）气缸容量在1.5升以上至2.0升（含2.0升）的	5%		
（4）气缸容量在2.0升以上至2.5升（含2.5升）的	9%		
（5）气缸容量在2.5升以上至3.0升（含3.0升）的	12%		
（6）气缸容量在3.0升以上至4.0升（含4.0升）的	25%		
（7）气缸容量在4.0升以上的	40%		
2. 中轻型商用客车	5%		
3. 超豪华小汽车	按照乘用车和中轻型商用客车的规定征收		10%
九、高尔夫球及球具	10%		
十、高档手表	20%		
十一、游艇	10%		
十二、木制一次性筷子	5%		
十三、实木地板	5%		
十四、电池	4%		
十五、涂料	4%		

三、征收管理

（一）纳税期限

消费税的纳税期限分别为 1 日、3 日、5 日、10 日、15 日、1 个月或者 1 个季度。纳税人的具体纳税期限，由主管税务机关根据纳税人应纳税额的大小分别核定。不能按照固定期限纳税的，可以按次纳税。

纳税人以 1 个月或者 1 个季度为 1 个纳税期的，自期满之日起 15 日内申报纳税。以其他期限纳税的，自期满之日起 5 日内预缴税款，于次月 1 日起 15 日内申报纳税并结清上月税款。

纳税人进口应税消费品，自海关填发海关进口消费税专用缴款书之日起 15 日内缴纳税款。

（二）纳税地点

消费税纳税地点分为以下几种情况。

纳税人销售的应税消费品及自产自用的应税消费品，除国家另有规定外，应当向纳税人机构所在地或者居住地的主管税务机关申报纳税。

纳税人的总机构与分支机构不在同一县（市）的，应当分别向各自机构所在地的主管税务机关申报纳税。经财政部、国家税务总局或者其授权的财政、税务机关批准，可以由总机构汇总向总机构所在地的主管税务机关申报纳税。

纳税人到外县（市）销售或委托外县（市）代销自产应税消费品的，于应税消费品销售后，向机构所在地或者居住地主管税务机关申报纳税。

委托加工的应税消费品，除受托方为个人外，由受托方向机构所在地或者居住地的主管税务机关解缴消费税税款。委托个人加工的应税消费品，由委托方向其机构所在地或者居住地主管税务机关申报纳税。

进口的应税消费品，由进口人或由其代理人向报关地海关申报纳税。此外，个人携带或者邮寄进境的应税消费品的消费税，连同关税由海关一并计征。具体办法由国务院关税税则委员会会同有关部门制定。

第二节　消费税的确认计量

一、纳税义务的确认

（一）纳税环节

1. 生产环节

生产应税消费品销售是消费税征收的主要环节，生产应税消费品由生产者于销售时纳税。消费税具有单一环节征税的特点，在生产销售环节征税以后，流通环节一般不需要再缴纳消费税。

2. 委托加工

委托加工应税消费品，由受托方在向委托方交货时代收代缴税款。委托加工的应税消费品直接出售的，不再征收消费税；委托加工应税消费品收回后用于连续生产应税消费品的，可以抵扣委托加工应税消费品的已纳消费税税款。例如，以委托加工收回的高档化妆品为原料生产的高档化妆品因最终生产的消费品需缴纳消费税，因此，对受托方代收代缴的高档化妆品消费税税款准予抵扣。

3. 进口环节

进口的应税消费品，由进口报关者于报关进口时纳税。进口环节消费税由海关代征。

4. 零售环节

金银首饰消费税由生产销售环节征收改为零售环节征收。自2016年12月1日起，对超豪华小汽车在生产（进口）环节按现行税率，在零售环节加征消费税。

5. 批发环节

自2009年5月1日起，除生产环节外，对卷烟批发环节加征一道从价税。

6. 移送使用环节

纳税人自产自用的应税消费品，用于连续生产应税消费品的，不纳税；用于其他方面的，具体包括用于生产非应税消费品、在建工程、提供劳务、馈赠、赞助、集资、广告、样品、职工福利、奖励等方面，于移送使用时纳税。

（二）纳税义务的确认

消费税纳税义务发生时间按不同的销售结算方式分为以下几种情况。

（1）纳税人销售的应税消费品，其纳税义务发生的时间为：

①纳税人采取赊销和分期收款结算方式的，为书面合同约定的收款日期的当天，书面合同没有约定收款日期或者无书面合同的，为发出应税消费品的当天。

②纳税人采取预收货款结算方式的，为发出应税消费品的当天。

③纳税人采取托收承付和委托银行收款方式的，为发出应税消费品并办妥托收手续的当天。

④纳税人采取其他结算方式的，为收讫销售款或者取得索取销售款凭据的当天。

（2）纳税人自产自用应税消费品的，其纳税义务的发生时间，为移送使用的当天。

（3）纳税人委托加工应税消费品的，其纳税义务的发生时间，为纳税人提货的当天。

（4）纳税人进口应税消费品的，其纳税义务的发生时间，为报关进口的当天。

二、消费税的计税依据

消费税实行从价定率、从量定额，或者从价定率和从量定额复合计税三种计征办法。

（一）从价定率计征的计税依据

实行从价定率办法征税的应税消费品，计税依据为应税消费品的销售额。由于消费税和增值税实行交叉征收，消费税实行价内税，增值税实行价外税，这种情况决定了实行从价定率征收的消费品，原则上消费税税基和增值税税基是一致的，即都是以含消费税而不含增值税的销售额作为计税依据。

1. 销售额的确定

销售额为纳税人销售应税消费品从购买方收取的全部价款和价外费用。销售，是指有偿转让应税消费品的所有权。有偿，是指从购买方取得货币、货物或者其他经济利益。“价外费用”是指：价外向购买方收取的手续费、补贴、基金、集资费、返还利润、奖励费、违约金、滞纳金、延期付款利息、赔偿金、代收款项、代垫款项、包装费、包装物租金、储备费、优质费、运输装卸费以及其他各种性质的价外收费。

2. 含税销售额的换算

销售额不包括应向购买方收取的增值税税额。如果纳税人应税消费品的销售额中未扣除增值税税额或者因不得开具增值税专用发票而发生价款和增值税税额合并收取的，在计算消费税时，应当换算为不含增值税税额的销售额。其换算公式如下：

$$\text{应税消费品的销售额}=\frac{\text{含增值税的销售额}}{1+\text{增值税税率或征收率}}$$

（二）从量定额计征的计税依据

实行从量定额办法计算的消费税应纳税额等于销售数量乘以定额税率，应纳税额的大小取决于销售数量和定额税率两个因素。从量定额通常以每单位应税消费品的重量、容积或数量为计税依据，并按每单位应税消费品规定固定税额计征消费税税额。

销售数量是指应税消费品的数量。其含义包括：

（1）销售应税消费品的，为应税消费品的实际销售量。

（2）自产自用应税消费品的，为应税消费品的移送使用量。

（3）委托加工应税消费品的，为纳税人收回的应税消费品量。

（4）进口的应税消费品，为海关核定的应税消费品进口征税量。

（三）从价定率和从量定额复合计征的计税依据

在消费税的征收范围中，卷烟、白酒采用复合计征方法计税。应纳税额等于应税销售数量乘以定额税率再加上应税销售额乘以比例税率。纳税人生产销售卷烟和白酒，从量定额计税依据为实际销售数量，从价定率计税依据为销售额。

（四）计税依据的特殊规定

根据《国家税务总局关于加强白酒消费税征收管理的通知》（国税函〔2009〕380号）的规定，自2009年8月1日起，对白酒消费税实行最低计税价格核定管理办法。

白酒生产企业销售给销售单位的白酒，生产企业消费税计税价格低于销售单位对外销售价格（不含增值税）70%以下的，税务机关应核定消费税最低计税价格。自2015年6月1日起，纳税人将委托加工收回的白酒销售给销售单位，消费税计税价格低于销售单位对外销售价格（不含增值税）70%以下，也应核定消费税最低计税价格。白酒生产企业应将各种白酒的消费税计税价格和销售单位销售价格，按照规定的式样及要求，在主管税务机关规定的时限内填报。白酒消费税最低计税价格由白酒生产企业自行申报，税务机关核定。

白酒生产企业申报的销售给销售单位的消费税计税价格低于销售单位对外销售价格70%以下、年销售额1 000万元以上的各种白酒，以及其他需要核定消费税最低计税价格的白酒，消费税最低计税价格由各省、自治区、直辖市和计划单列市税务局核定。

白酒消费税最低计税价格核定标准：

（1）白酒生产企业销售给销售单位的白酒，生产企业消费税计税价格高于销售单位对外销售价格70%（含70%）以上的，税务机关暂不核定消费税最低计税价格。

（2）白酒生产企业销售给销售单位的白酒，生产企业消费税计税价格低于销售单位对外销售价格70%以下的，消费税最低计税价格由税务机关根据生产规模、白酒品牌、利润水平等情况在销售单位对外销售价格50%~70%范围内自行核定。其中生产规模较大、利润水平较高的企业生产的需要核定消费税最低计税价格的白酒，税务机关核价幅度原则上应选择在销售单位对外销售价格的60%~70%。

三、销售应税消费品的确认计量

（一）销售应税消费品应纳税额的计算

消费税实行从价定率、从量定额，或者从价定率和从量定额复合计税（以下简称复合计税）的办法计算应纳税额。应纳税额计算公式如下：

实行从价定率办法计算的应纳税额=销售额×比例税率

实行从量定额办法计算的应纳税额=销售数量×定额税率

实行复合计税办法计算的应纳税额=销售额×比例税率+销售数量×定额税

纳税人销售的应税消费品，以人民币计算销售额。纳税人以人民币以外的货币结算销售额的，应当折合成人民币计算。

在从量定额计税时，黄酒、啤酒是以吨为税额单位，成品油是以升为税额单位。为了规范不同产品的计量单位，准确计算应纳税额，税法对吨与升两个计量单位的换算标准规定如下：

黄酒1吨=962升　　啤酒1吨=988升　　汽油1吨=1 388升
柴油1吨=1 176升　　石脑油1吨=1 385升　　溶剂油1吨=1 282升
润滑油1吨=1 126升　　燃料油1吨=1 015升　　航空煤油1吨=1 246升

【例3-1】某化妆品生产企业为增值税一般纳税人，20X3年1月15日向甲商场销售高档化妆品一批，开具增值税专用发票，取得不含增值税销售额60万元；1月20日向乙单位销售高档化妆品一批，取得含增值税销售额9.36万元，无其他应税销售业务。计算该化妆品生产企业1月应缴纳的消费税税额（高档化妆品消费税税率为15%）：

（1）向甲商场销售高档化妆品应纳消费税=60×15%=9（万元）

（2）向乙单位销售高档化妆品应纳消费税=9.36÷（1+13%）×15%=1.24（万元）

（3）该化妆品生产企业 10 月应缴纳消费税＝9+1.24＝10.24（万元）

【例 3-2】 某啤酒厂 20X3 年 2 月销售啤酒 200 吨，每吨出厂价格 1 450 元（不含增值税），另收取非重复使用的包装物押金 113 元/吨。计算该啤酒厂 2 月应缴纳的消费税税额。

（1）判断啤酒定额税率的每吨出厂价格＝1 450+113÷（1+13%）＝1 550（元）

（2）每吨出厂价在 3 000 元以下，适用单位税额 220 元。

（3）该啤酒厂 2 月应缴纳消费税＝销售数量×定额税率＝200×220＝44 000（元）

【例 3-3】 20X3 年 1 月，某白酒厂销售白酒 200 吨，当月取得不含增值税销售额1 480 万元。计算该厂当月应缴纳的消费税税额。

该酒厂 1 月应缴纳消费税＝200×2 000×0.5÷10 000+2 960×20%＝612（万元）

（二）销售应税消费品的会计处理

1. 会计账户的设置

（1）“应交税费——应交消费税”账户。为了正确、及时地反映企业应缴、已缴、欠缴消费税等相关涉税事项，纳税人应在“应交税费”账户下设置“应交消费税”明细账户进行会计处理。该明细账户采用三栏式账户记账，贷方核算企业按规定应缴纳的消费税，借方核算企业实际缴纳的消费税、允许抵扣的消费税。期末，贷方余额表示尚未缴纳的消费税，借方余额表示企业多缴的消费税。

（2）“税金及附加”账户。为了反映因消费税负债而产生的消费税费用，企业还应设置“税金及附加”账户，该账户核算因企业销售应税产品而负担的消费税金及其附加(城市维护建设税、教育费附加等)。计算应交消费税时，借记“税金及附加”账户，贷记“应交税费——应交消费税”账户。实际缴纳时，借记“应交税费——应交消费税”账户，贷记“银行存款”账户。期末，应将“税金及附加”账户的余额转入“本年利润”账户，结转后，本账户无余额。

2. 会计处理

因消费税是价内税，企业销售应税消费品的售价包含消费税（但不包含增值税），所以企业缴纳的消费税应记入“税金及附加”账户，由销售收入补偿。发生销货退回及退税时，作相反的会计分录。企业出口应税消费品，如按规定不予免税或退税的，应视同国内销售，按上述规定进行会计处理。

（1）销售实现时：

借：税金及附加

　　贷：应交税费——应交消费税

（2）实际缴纳消费税时：

借：应交税费——应交消费税

　　贷：银行存款

（3）发生销货退回及退税时，作相反的会计分录。

【例 3-4】 某企业本月销售乘用车 15 辆，汽缸容量为 2.2 升，出厂价 150 000 元/辆，价外收取有关费用每 11 000 元/辆。有关的计算公式如下：

应交消费税=（150 000+11 000÷1.13）×9%×15=215 642（元）

应交增值税=（150 000+11 000÷1.13）×13%×15=311 482（元）

根据上述有关凭证，作会计分录如下：

借：银行存款　　2 707 500

　　贷：主营业务收入　　2 396 018

　　　　应交税费——应交增值税（销项税额）　　311 482

同时：借：税金及附加　　215 642

　　　　贷：应交税费——应交消费税　　215 642

下月上缴税金（假设同期应交增值税11万元）时，作会计分录如下：

借：应交税费——应交增值税（已交税金）　　110 000

　　　　　　——应交消费税　　215 642

　　贷：银行存款　　325 642

四、视同销售应税消费品的确认计量

（一）视同销售应税消费品应纳税额的计算

消费税的视同销售行为范围除与增值税相同之处外，还包括自产自用，即纳税人生产应税消费品后，不是直接用于对外销售，而是用于连续生产应税消费品或生产非应税消费品或用于其他方面。

对视同销售行为，一般按同类应税消费品市场价格计税，但对纳税人用于换取生产资料、消费资料、投资入股和抵偿债务等方面的应税消费品，应当以纳税人同类应税消费品的最高销售价格为计税依据计算应交消费税。

纳税人若是用于连续生产应税消费品的（作为生产最终应税消费品的直接材料，并构成最终产品实体的应税消费品，如卷烟厂生产的烟丝，再用于本厂连续生产出最终产品——卷烟），根据税不重征的原则，不纳消费税。生产企业将自产石脑油用于本企业连续生产汽油等应税消费品的，不缴纳消费税；用于连续生产乙烯等非应税消费品或其他方面的，于移送使用时缴纳消费税。

若是用于其他方面，纳税人应于移送时缴纳消费税。纳税人自产自用的应税消费品，不是用于连续生产应税消费品，而是用于其他方面，应按照纳税人生产同类消费品的销售价格为计税依据。若没有同类消费品的销售价格，则可按组成计税价格计算纳税。纳税人自产自用的应税消费品，按照纳税人生产的同类消费品的销售价格计算纳税。没有同类消费品销售价格的，按照组成计税价格计算纳税。

“同类消费品的销售价格”是指纳税人或者代收代缴义务人当月销售的同类消费品的销售价格，如果当月同类消费品各期销售价格高低不同，应按销售数量加权平均计算。但销售的应税消费品有下列情况之一的，不得列入加权平均计算。

（1）销售价格明显偏低且无正当理由的。

（2）无销售价格。

如果当月无销售或者当月未完结，应按照同类消费品上月或者最近月份的销售价格计算纳税。实行从价定率办法计算纳税的组成计税价格计算公式如下：

组成计税价格=（成本+利润）÷（1-比例税率）

实行复合计税办法计算纳税的组成计税价格计算公式如下：

组成计税价格=成本+利润+自产自用数量×定额税率÷（1-比例税率）

其中：成本是应税消费品的产品生产成本；利润是按应税消费品的全国平均成本利润率计算的利润。

【例 3-5】某汽车制造厂将自产乘用车（汽缸容量 2.0 升）1 辆，转作自用（固定资产），该种汽车对外销售价格 200 000 元。计算应交消费税额如下：

200 000×5%=10 000（元）

如果该自用车没有同类消费品的销售价格，其生产成本为 180 000 元，乘用车全国平均利润表为 8%。则组成计税价格如下：

消费税组成计税价格=180 000×（1+8%）÷（1-5%）=204 631. 58（元）

应交消费税=204 631. 58×5%=10 231. 58（元）

（二）应税消费品视同销售的会计处理

消费税的视同销售行为范围除与增值税相同之处外，还包括纳税人以自产应税消费品连续生产非应税消费品行为。对视同销售行为，一般按同类应税消费品市场价格计税，但对纳税人用于换取生产资料、消费资料、投资入股和抵偿债务等方面的应税消费品，应当以纳税人同类应税消费品的最高销售价格为计税依据计算应交消费税。

1. 企业以生产的应税消费品作为投资的会计处理

企业以生产的应税消费品作为投资，应视同销售缴纳消费税；但在会计处理上，投资不宜作销售处理。因为投资与销售两者性质不同，投资作价与用于投资的应税消费品账面成本之间的差额应由整个投资期间的损益来承担，而不应仅由投资当期损益承担。但现行税法要求作销售处理，主要是基于不影响所得税的计算。

企业在投资时，借记“长期股权投资”及“存货跌价准备”等账户，按该应税消费品的账面成本，贷记“产成品”或“自制半成品”及“银行存款”等（反映支付的相关税费）账户，按合同作价与账面成本的差额，借记或贷记“资本公积”账户，但税法规定，其金额要计入同期应税所得额。按投资应税消费品售价或组成计税价格计算的应交消费税，贷记“应交税费——应交消费税”账户。

2. 企业以生产的应税消费品换取生产资料、消费资料或抵偿债务的会计处理

企业以生产的应消费品换取生产资料、消费资料或抵偿债务、支付代购劳务费等，应视同销售行为，在会计上作销售处理。以应税消费品换取生产资料和消费资料的，应按售价（若有不同售价，计算增值税时按平均售价，计算消费税时，应按最高售价）借记“材料采购”等账户，贷记“主营业务收入”账户；以应税消费品支付代购劳务费，按售价借记“应付账款”等账户，贷记“主营业务收入”账户。同时，按售价计算应交消费税，借记“税金及附加”账户，贷记“应交税费——应交消费税”账户，并结转销售成本。

【例3-6】 某白酒厂20X3年1月用粮食白酒10吨，抵偿胜利农场大米款45 000元。该粮食白酒每吨本月售价在3 800~4 200元之间浮动，平均销售价格4 000元/吨。10吨白酒的市价为41 000元。

以物抵债属销售范畴，应交增值税的销项税额为：

$$4\ 000\times10\times13\%=5\ 200\ （元）$$

该粮食白酒的最高销售价格为4 200元/吨，应交消费税额：

$$4\ 200\times10\times20\%+10\times2\ 000\times0.5=18\ 400\ （元）$$

作会计分录如下：

借：应付账款——胜利农场　　45 000
　　　　　营业外支出　　1 200
　贷：主营业务收入　　41 000
　　　应交税费——应交增值税（销项税额）　　5 200

借：税金及附加　　18 400
　贷：应交税费——应交消费税　　18 400

3. 企业以自产应税消费品用于在建工程、职工福利的会计处理

企业将自产的产品自用是一种内部结转关系，不存在销售行为，企业并没有现金流入，因此，应按产品成本转账，并据其用途记入相应账户。当企业将应税消费品移送自用时，按其成本转账，借记“在建工程”“营业外支出”“销售费用”“应付职工薪酬”等账户，贷记“产成品”或“自制半成品”账户。按自用产品的销售价格或组成计税价格计算应交消费税时，则借记“在建工程”“营业外支出”“销售费用”等账户（不通过“税金及附加”账户），贷记“应交税费——应交消费税”账户。企业将自产应税消费品作为职工福利发放时，应确认收入，即按销售进行会计处理，借记有关对应账户，贷记“主营业务收入”“应交税费”等账户。

【例3-7】 某啤酒厂将自己生产的某新品牌啤酒10吨发给职工作为福利，5吨用于广告宣传，让客户及顾客免费品尝。该啤酒每吨成本1 000元，每吨出厂价1 500元。

（1）发给职工的啤酒：

应付职工薪酬 $=10\times1\ 500\times1.13=16\ 950$（元）

应交消费税 $=10\times220=2\ 200$（元）

应交增值税 $=1\ 500\times10\times13\%=1\ 950$（元）

借：应付职工薪酬　　16 950
　贷：主营业务收入　　15 000
　　　应交税费——应交增值税（销项税额）　　1 950

借：税金及附加　　2 200
　贷：应交税费——应交消费税　　2 200

借：主营业务成本　　10 000
　贷：产成品/库存商品　　10 000

(2) 用于广告宣传的啤酒:

应交消费税=5×220=1 100(元)

应交增值税=1 500×5×13%=975(元)

借:销售费用	7 075	
贷:应交税费——应交增值税(销项税额)		975
应交税费——应交消费税		1 100
库存商品		5 000

五、委托加工应税消费品的确认计量

(一)委托加工应税消费品应纳税额的计算

委托加工应税消费品是指由委托方提供原料或主要材料，受托方只收取加工费和代垫部分辅助材料进行加工的应税消费品。如确属税法规定的委托加工行为，受托方必须严格履行代收代缴义务，正确计算和按时代缴税款(若受托方为个体经营者，一律于委托方收回后，在委托方所在地缴纳消费税)。在与委托方办理交货结算时，代收代缴消费税。委托加工的应税消费品，按照受托方的同类消费品的销售价格计算纳税。没有同类消费品销售价格的，按照组成计税价格计算纳税。

实行从价定率办法计算纳税的组成计税价格计算公式如下:

组成计税价格=(材料成本+加工费)÷(1-比例税率)

实行复合计税办法计算纳税的组成计税价格计算公式如下:

组成计税价格=材料成本+加工费+委托加工数量×定额税率÷(1-比例税率)

组成计税价格中的“材料成本”，是指委托方所提供加工的材料实际成本。委托方必须在委托加工合同中如实注明(或者以其他方式提供)材料成本。凡未提供材料成本的，受托方主管税务机关有权核定其材料成本。“加工费”是受托方加工应税消费品向委托方收取的全部费用(包括代垫的辅助材料实际成本)。

【例 3-8】 甲企业委托乙企业加工一批应税消费品，甲企业为乙企业提供原材料，实际成本为 14 000 元，支付给乙企业不含增值税的加工费 4 000 元，其中包括乙企业代垫的辅助材料 1 000 元。已知适用消费税税率为 10%，且实行从价定率办法计征。受托方无同类消费品销售价格。请计算乙企业代收代缴应税消费品的消费税税款。

组成计税价格=(材料成本+加工费)÷(1-比例税率) = (14 000 + 4 000) ÷(1-10%) = 20 000(元)

代收代缴消费税税款=20 000×10%=2 000(元)

【例 3-9】 甲涂料生产企业 20X3 年 1 月发生如下经营业务:在境内生产并销售油脂类涂料(施工状态下挥发性有机物含量高于 420 克/升)1 吨，取得不含增值税销售额 100 万元。委托境内乙企业加工橡胶类涂料(施工状态下挥发性有机物含量高于 420 克/升)1 吨，收回后再销售的不含税销售额 50 万元，乙企业同类消费品的销售价格(不含税)为 40 万元/吨，涂料成本 10 万元，加工费 5 万元。涂料消费税税率为 4%。根据上述资料回答下列问题：

（1）甲企业生产销售自产涂料应缴纳的消费税=100×4%=4（万元）

（2）乙企业受托加工涂料应代收代缴的消费税=40×4%=1.6（万元）

（3）甲企业销售委托加工收回的涂料应缴纳的消费税=50×4%-40×4%=0.4（万元）

（4）甲企业本月应缴纳的消费税=4+0.4=4.4（万元）

若以外购、委托加工收回的应税消费品为原料，继续加工生产成为另一种应税消费品，当其销售时，根据税不重征的原则，准予从应纳消费税中扣除原已缴纳的消费税。企业外购和委托加工收回的应税消费品连续生产应税消费品时，应按该纳税期生产耗用的外购和委托加工收回的已税消费品数量，计算当期准予扣除的应税消费品已纳税款，即用“实耗扣税法”计算扣税，“外购应税消费品买价”是不含增值税的价格。有关的计算公式如下：

本期应交消费税=当期销售额×消费税税率-当期准予扣除的应税消费品已纳税额

当期准予扣除的外购应税消费品已纳税款=当期准予扣除的外购应税消费品买价×外购应税消费品适用税率

当期准予扣除的外购应税消费品买价=期初库存的外购应税消费品的买价+当期购进的应税消费品的买价-期末库存的外购应税消费品的买价

当期准予扣除的委托加工应税消费品已纳税款=期初库存的委托加工应税消费品已纳税款+当期收回的委托加工应税消费品已纳税款-期末库存的委托加工应税消费品已纳税款

如果企业对收回的委托加工应税消费品不再继续加工，当以不高于受托方的计税价格直接出售时，不再计算缴纳消费税；如果企业对收回的委托加工应税消费品不再继续加工，但以高于受托方的计税价格出售时，需按规定计算缴纳消费税，并准予扣除受托方已代收代缴的消费税。

为了避免重复征税，用外购已纳消费税的应税消费品连续生产的应税消费品计算征收消费税时，税法规定，应按当期生产领用数量计算准予扣除的外购的应税消费品已纳的消费税税款。扣税范围：在消费税15个税目中，除酒（葡萄酒例外）、小汽车、高档手表、游艇、电池、涂料、摩托车外，其余有扣税规定。

（1）外购已税烟丝生产的卷烟；

（2）外购已税高档化妆品生产的高档化妆品；

（3）外购已税珠宝玉石生产的贵重首饰及珠宝玉石；

（4）外购已税鞭炮焰火生产的鞭炮焰火；

（5）外购已税杆头、杆身和握把为原料生产的高尔夫球杆；

（6）外购已税木制一次性筷子为原料生产的木制一次性筷子；

（7）外购已税实木地板为原料生产的实木地板；

（8）外购已税汽油、柴油、石脑油、燃料油、润滑油为原料用于连续生产应税成品油；

（9）外购葡萄酒连续生产应税葡萄酒。

【例 3-10】某高档化妆品生产企业为增值税一般纳税人，以外购已税化妆品为原料生产高档化妆品。月初库存外购原材料买价 100 万元，当月购进原材料 300 万元，月末库存外购原材料买价 200 万元。购进原材料按规定取得增值税专用发票，并于当月通过增值税发票选择确认平台勾选认证。高档化妆品消费税税率为 15%，增值税税率为 13%。

当月准予扣除的增值税进项税额 = 300×13% = 39（万元）

当月准予扣除的外购应税消费品价款 = 100+300−200 = 200（万元）

当月准予扣除的已交消费税 = 200×15% = 30（万元）

（二）委托加工应税消费品的会计处理

1. 委托方的会计处理

（1）收回后直接用于销售的。委托方发出委托加工材料、向受托方支付加工费和代收代缴消费税时，借记“委托加工物资”等账户，贷记“应付账款”“银行存款”等账户。在将收回的委托加工应税消费品不再加工而销售时，如果委托方在受托方计税基础上加价出售，计税并作应交消费税的会计分录；如果直接出售（不加价），因为不缴消费税，不必作应交消费税的会计分录。

（2）收回后连续生产应税消费品的。收回后连续生产应税消费品时，已纳消费税款准予抵扣。因此，委托方应将受托方代收代缴的消费税，借记“应交税费——应交消费税”账户。最终应税消费品销售时，允许从应缴纳的消费税中抵扣。

【例 3-11】A 公司委托 B 公司加工一批烟丝，双方均为增值税一般纳税人。A 公司提供烟叶，发出成本 28 000 元，支付加工费 7 000 元。该批烟丝收回后 A 公司直接原价销售。已知 B 公司没有生产过同类型烟丝。

委托方 A 公司会计处理：

（1）发出材料时：

	借方	贷方
借：委托加工物资	28 000	
贷：原材料		28 000

（2）支付加工费、消费税、增值税时：

组成计税价格 =（28 000+7 000）÷（1−30%）= 50 000（元）

应纳消费税 = 50 000×30% = 15 000（元）

应纳增值税 = 7 000×13% = 910（元）

	借方	贷方
借：委托加工物资	22 000	
应交税费——应交增值税（进项税额）	910	
贷：银行存款		22 910

（3）收回加工物资时：

	借方	贷方
借：库存商品	50 000	
贷：委托加工物资		50 000

【例 3-12】接上例，假设该批烟丝收回后用于连续生产卷烟，并全部对外销售取得不含税销售额 90 000 元。假设缴纳消费税为 33 000 元。

委托方A公司会计处理：

(1) 发出材料时：

借：委托加工物资　28 000

　　贷：原材料　28 000

(2) 支付加工费、消费税、增值税时：

借：委托加工物资　7 000

　　应交税费——应交增值税（进项税额）　910

　　　　　　——应交消费税　15 000

　　贷：银行存款　22 910

(3) 收回加工物资时：

借：库存商品　35 000

　　贷：委托加工物资　35 000

(4) 对外销售卷烟时：

借：税金及附加　33 000

　　贷：应交税费——应交消费税　33 000

(5) 实际缴纳消费税时：

应纳消费税=33 000−15 000=18 000（元）

借：应交税费——应交消费税　18 000

　　贷：银行存款　18 000

2. 受托方的会计处理

受托方可按本企业同类消费品的销售价格计算代收代缴消费税。若没有同类消费品销售价格的，按照组成计税价格计算。

【例3-13】 接前例，B公司作为受托方为A公司加工一批烟丝，没有同类消费品销售价格，其他条件不变。

受托方B公司会计处理：

组成计税价格=（28 000+7 000）÷（1−30%）=50 000（元）

应代扣代缴消费税=50 000×30%=15 000（元）

借：银行存款　15 000

　　贷：应交税费——应交消费税　15 000

实际缴纳时作相反会计分录。

六、应税消费品包装物的确认计量

（一）包装物及其押金的消费税计算

包装物连同应税消费品销售。无论包装物是否单独计价以及在会计上如何核算，均应并入应税消费品的销售额中缴纳消费税。对一般纳税人向购买方收取的价外费用和逾期包装物押金，应视为含税收入，在计税时换算成不含税收入并入销售额计算增值税、消费税。

包装物不作价随同产品销售，而是收取押金时，押金不应并入应税消费品的销售额中计税，但对因逾期未收回的包装物不再退还的或者已收取时间超过12个月的押金，应并入应税消费品的销售额，按照应税消费品的适用税率计算缴纳消费税。

既随应税消费品销售又加收押金的包装物。这种情况下，押金暂不并入销售额计税，只对作价销售的包装物征收消费税，但纳税人在规定的期限内没有退还的，均应并入应税消费品的销售额，按照应税消费品的适用税率缴纳消费税。

【例3-14】 某企业（一般纳税人）向某商场销售摩托车（汽缸容量250毫升以上），价款共计52 000元，并收取包装费8 000元，另外又加收包装物押金5 000元，应税消费品消费税税率为10%。计算应交消费税：

应交消费税=［52 000+8 000÷（1+13%）］×10%=5 907.96（元）

如果纳税人在规定期限内没有退还包装物，对没收的押金，应交消费税=［5 000÷（1+13%）］×10%=442.48（元）

（二）应税消费品包装物的会计处理

实行从价定率计征消费税的消费品连同包装物销售的，无论包装物是否单独计价，均应并入应税消费品的销售额中计算缴纳消费税。对出租、出借包装物收取的押金和包装物已作价随同应税消费品销售，又另外加收的押金，因逾期未收回包装物而没收的部分，也应并入应税消费品的销售额中缴纳消费税。

1. 随同产品销售而不单独计价

因为其收入已包括在产品销售收入中，其应纳消费税与产品销售一并进行会计处理。

2. 随同产品出售而单独计价

随同产品出售而单独计价的收入计入其他业务收入，其成本计入其他业务成本，应纳增值税和消费税。

【例3-15】 某酒厂异地销售粮食白酒，包装物单独计价，收取包装费1 400元（不含税）出售包装物应缴的增值税、消费税计算如下：

应纳消费税=1 400×20%=280（元）

应纳增值税=1 400×13%=182（元）

借：应收账款　　1 582
　　贷：其他业务收入　　1 400
　　　　应交税费——应交增值税（销项税额）　　182

借：税金及附加　　280
　　贷：应交税费——应交消费税　　280

3. 出租、出借包装物逾期未收回而没收的押金

出租、出借包装物逾期未收回而没收的押金应该计征增值税，随同应税消费品销售时出租的也计征消费税。

【例3-16】 某企业销售A产品（非酒类产品）200件，成本价700元/件，售价1 000元/件，收取包装物押金18 080元，包装物成本价为140元/件。该产品是征收消费税产品，税率为10%。

（1）销售产品时：

借：银行存款　　246 080

　　贷：主营业务收入——A产品　　200 000

　　　　应交税费——应交增值税（销项税额）　　26 000

　　　　其他应付款——存入保证金　　18 080

（2）计提消费税时：

借：税金及附加　　20 000

　　贷：应交税费——应交消费税　　20 000

（3）没收逾期未退包装物押金时：

借：其他应付款——存入保证金　　18 080

　　贷：应交税费——应交增值税（销项税额）　　2 080

　　　　其他业务收入　　16 000

借：税金及附加　　1 600

　　贷：应交税费——应交消费税　　1 600

借：其他业务成本　　28 000

　　贷：库存商品——包装物　　28 000

七、进口应税消费品的确认计量

（一）进口应税消费品应纳税额的计算

进口的应税消费品，于报关进口时缴纳消费税，并由海关代征。进口的应税消费品，按照组成计税价格计算纳税。

实行从价定率办法计算纳税的组成计税价格计算公式如下：

组成计税价格=（关税完税价格+关税）÷（1-消费税比例税率）

实行复合计税办法计算纳税的组成计税价格计算公式如下

组成计税价格=（关税完税价格+关税+进口数量×消费税定额税率）÷（1-消费税比例税率）

【例3-17】某公司进口成套化妆品一批。该成套化妆品CIF价格折合人民币22万元，消费税税率15%，增值税税率13%，假定关税税率40%。

消费税组成计税价格=220 000×（1+40%）÷（1-15%）=362 353（元）

应交消费税额=362 353×15%=54 353（元）

增值税计税价格=220 000+220 000×40%+54 353=362 353（元）

应交增值税额=362 353×13%=47 106（元）

（二）进口应税消费品的会计处理

进口应税消费品时，进口单位缴纳的增值税、消费税应计入应税消费品成本中。按进口成本连同应纳增值税、消费税，借记“固定资产”“库存商品”等账户。由于进口货物在海关缴税，与提货联系在一起，即缴税后方能提货。为了简化核算，应交关税、增值税、消费税可以不通过“应交税费”账户，直接贷记“银行存款”账户。若是先提货后缴税时，可以通过“应交税费”账户。

【例 3-18】某公司从国外进口一批高档化妆品，到岸价格 200 000 元，关税税率为 20%，消费税税率为 15%，相关款项已支付。

应交关税 = 200 000×20% = 40 000（元）

消费税组成计税价格 = 200 000×（1+20%）÷（1−15%）= 282 353（元）

应交消费税 = 282 353×15% = 42 353（元）

应交增值税 = 282 353×13% = 36 706（元）

（1）进口商品入库时：

借：库存商品　282 353

　贷：银行存款　200 000

　　应交税费——应交关税　40 000

　　应交税费——应交消费税　42 353

（2）缴纳税款时：

借：应交税费——应交增值税（进项税额）　36 706

　应交税费——应交关税　40 000

　应交税费——应交消费税　42 353

　贷：银行存款　119 059

八、出口应税消费品的确认计量

（一）消费税出口退税的相关规定

对于有出口经营权的外贸企业购进应税消费品直接出口，以及外贸企业受其他外贸企业委托代理出口应税消费品，在出口环节免征消费税，并可退还生产环节的消费税。但外贸企业只有受其他外贸企业委托，代理出口应税消费品才可办理退税。外贸企业受其他企业（主要是非生产性的商贸企业）委托，代理出口应税消费品是不予退免税的。

有进出口经营权的生产企业收购或委托加工收回含有消费税的出口货物，采用自行或委托其他企业代理出口的，或没有进出口经营权的生产企业委托其他企业代理出口含有消费税货物的，可退还其在前一环节已缴纳的消费税，但必须符合增值税出口货物视同自产范围（消费税比照执行）。对于有出口经营权的生产性企业自营出口或生产企业委托外贸企业代理出口自产的应税消费品，依据其实际出口数量免征消费税，不予办理退还消费税。

（二）出口货物应退消费税的计算

出口货物的消费税应退税额的计税依据，按购进出口货物的消费税专用缴款书和海关进口消费税专用缴款书确定。属于从价定率计征消费税的，为已征且未在内销应税消费品应纳税额中抵扣的购进出口货物金额；属于从量定额计征消费税的，为已征且未在内销应税消费品应纳税额中抵扣的购进出口货物数量；属于复合计征消费税的，按从价定率和从量定额的计税依据分别确定。消费税退税的计算：

从价定率计征消费税应退税额=购进出口货物金额×比例税率

从量定额计征消费税应退税额=购进出口货物数量×定额税率

复合计征消费税应退税额=从价定率计征消费税的退税计税依据比例税率+（定额计征消费税的退税计税依据×定额税率）

退（免）消费税和退（免）增值税的税率选择方面有所不同，计算出口应税消费品应退消费税的税率或单位税额依据消费税暂行条例所附消费税税目税率（税额）表执行。当出口的货物是应税消费品时，其退还增值税需按规定的退税率计算，其退还消费税则按该应税消费品所适用的税率计算。

【例 3-19】某外贸企业从某化妆品生产企业购进高档化妆品，购进时取得增值税专用发票上注明的单价 120 元，数量为 4 000 盒，消费税税率为 15%，在该批购入的化妆品中本期出口的数量为 3 500 盒，计算应退税额。

应退消费税=120X3 500×15%=63 000（元）

（三）出口货物应退消费税的会计处理

1. 生产企业出口应税消费品的会计处理

生产企业出口应税消费品分为直接出口和委托外贸企业代理出口。不同出口方式的会计处理方法不同。

（1）生产企业直接出口应税消费品的，按规定直接予以免税的，若免税后发生退货或退关的，也可以暂不办理补税，待其转为内销时再申报缴纳消费税。

（2）生产企业委托外贸企业代理出口应税消费品的，在计算消费税时，应交消费税额借记“税金及附加”账户，贷记“应交税费——应交消费税”账户，实际交纳消费税时，借记“应交税费——应交消费税”账户，贷记“银行存款”账户。应税消费品出口后收到外贸企业转来的有关出口凭证，申请并取得退税款时，借记“银行存款”账户，贷记“补贴收入”账户。

2. 外贸企业出口应税消费品的会计处理

外贸企业出口应税消费品，在进行账务处理时分为两种情况。

（1）外贸企业自营出口应税消费品，自营出口是指外贸企业以自己的名义购进货物后直接销售到国外。自营出口应税消费品的外贸企业，应在应税消费品报关出口后申请出口退税时，借记“其他应收款”账户，贷记“主营业务成本”账户。在实际收到出口退税款时，借记“银行存款”账户，贷记“其他应收款”账户。发生退关或退货而补缴已退的消费税时，则作相反的会计分录。

（2）外贸企业代理出口应税消费品，外贸企业代理出口应税消费品，依据出口数量免征出口环节的消费税，不适用出口退税政策，不作账务处理。外贸企业自产出口的应税消费品已在生产环节免税，其价格不包含消费税，不适用出口退税，也不需要作账务处理。

【例 3-20】某进出口公司 20X3 年 2 月报关出口高档化妆品一批，该化妆品国内购进时增值税发票注明价格 50 000 元。月底收到外方付款并申请出口退税。3 月公司收到税务机关退还的消费税。同年 5 月，出口的化妆品中有 10%因质量问题发生退货，消费税率为 15%。会计处理（针对消费税部分）如下：

应退消费税 = 50 000×15% = 7 500（元）

（1）申请出口退税时：

借：其他应收款　　7 500

　　贷：主营业务成本　　7 500

（2）收到出口退税款时：

借：银行存款　　7 500

　　贷：其他应收款　　7 500

（3）发生退货并补缴税款时：

借：主营业务成本　　750

　　贷：其他应收款　　750

借：其他应收款　　750

　　贷：银行存款　　750

第三节　消费税的纳税申报

消费税纳税申报资料包括烟类应税消费品消费税纳税申报表、酒类消费税纳税申报表、成品油消费税纳税申报表、电池消费税纳税申报表、卷烟批发环节消费税纳税申报表、其他应税消费品消费税纳税申报表等。不同种类申报表纳税人根据应税消费品所属税目选择对应的申报表进行申报。其他应税消费品消费税纳税申报表格式见表 3-2。

表 3-2　消费税及附加税费申报表

税款所属期：自　　年　月　日至　　年　月　日

纳税人识别号（统一社会信用代码）：□□□□□□□□□□□□□□□□□□□□□□□□□□

纳税人名称：　　　　　　　　　　　　　　　　　　　　　　　　金额单位：人民币元（列至角分）

项目 应税消费品名称	适用税率		计量单位	本期销售数量	本期销售额	本期应纳税额
	定额税率	比例税率				
	1	2	3	4	5	6=1×4+2×5
合计	—	—	—	—	—	
				栏次	本期税费额	
本期减（免）税额				7		
期初留抵税额				8		
本期准予扣除税额				9		
本期应扣除税额				10=8+9		
本期实际扣除税额				11［10＜（6−7），则为10，否则为6−7］		
期末留抵税额				12=10−11		
本期预缴税额				13		
本期应补（退）税额				14=6−7−11−13		
城市维护建设税本期应补（退）税额				15		
教育费附加本期应补（退）费额				16		
地方教育附加本期应补（退）费额				17		

声明：此表是根据国家税收法律法规及相关规定填写的，本人（单位）对填报内容（及附带资料）的真实性、可靠性、完整性负责。

纳税人（签章）：　　年　月　日

经办人： 经办人身份证号： 代理机构签章： 代理机构统一社会信用代码：	受理人： 受理税务机关（章）： 受理日期：　　年　月　日

本章思维导图

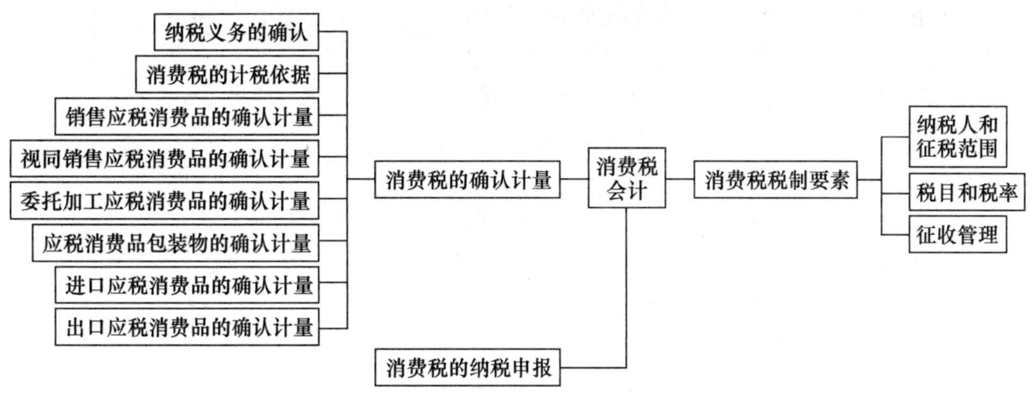

本章延伸阅读

1.《财政部、国家税务总局关于消费税若干具体政策的通知》（2006 年 8 月 30 日财税〔2006〕125 号）

2.《财政部、国家税务总局关于明确啤酒包装物押金消费税政策的通知》（2006 年 2 月 27 日财税〔2006〕20 号）

3.《财政部、国家税务总局关于〈中华人民共和国消费税暂行条例实施细则〉有关条款解释的通知》（2012 年 7 月 13 日财法〔2012〕8 号）

4.《财政部、国家税务总局关于调整消费税政策的通知》（2014 年 11 月 25 日财税〔2014〕93 号）

5.《财政部、国家税务总局关于调整化妆品消费税政策的通知》（2016 年 9 月 30 日财税〔2016〕103 号）

6.《财政部、国家税务总局关于对超豪华小汽车加征消费税有关事项的通知》（2016 年 11 月 30 日财税〔2016〕129 号）

本章习题

一、单项选择题

1. 根据消费税的相关规定，下列行为中应缴纳消费税的是（　　）。

A. 进口雪茄烟　　B. 零售粮食白酒

C. 零售高档化妆品　　D. 进口服装

2. 某企业将自产的烟丝用于连续加工卷烟，下列说法中正确的是（　　）。
   A. 同时缴纳增值税和消费税　　B. 不缴纳增值税和消费税
   C. 缴纳增值税，不缴纳消费税　　D. 缴纳消费税，不缴纳增值税
3. 下列关于消费税的计税依据，说法不正确的是（　　）。
   A. 应税消费品的销售额包括应税消费品从购买方收取的全部价款和价外费用
   B. 销售额中包括向购买方收取的增值税税额
   C. 自产自用应税消费品的，为应税消费品的移送使用数量
   D. 委托加工的应税消费品的，为纳税人收回的应税消费品数量
4. 下列属于委托加工应税消费品的是（　　）。
   A. 委托方提供原材料，受托方代垫辅助材料加工的应税消费品
   B. 受托方以委托方名义购进原材料加工的应税消费品
   C. 受托方提供原材料加工的应税消费品
   D. 委托方向受托方购买原材料，并要求受托方加工的应税消费品
5. 20X3 年某公司进口 10 箱卷烟（5 万支/箱），经海关审定，关税完税价格 22 万元/箱，关税税率 50%，消费税税率 56%，定额税率 150 元/箱。该公司进口环节应纳消费税（　　）万元。
   A. 100. 80　　B. 288. 88　　C. 420. 34　　D. 683. 64
6. 纳税人将自产产品用于（　　）时，不应以其同类应税消费品的最高销售额为依据计算消费税。
   A. 换取生活资料　　B. 投资入股
   C. 抵偿债务　　D. 无偿捐赠
7. 某化妆品厂受托加工一批高档化妆品，委托方提供原材料成本 30 000 元，化妆品厂收取加工费 10 000 元、代垫辅助材料款 5 000 元，该厂没有同类高档化妆品销售价格。该化妆品厂应代收代缴消费税（　　）元。(以上款项均不含增值税，高档化妆品消费税税率 15%)
   A. 7 142. 86　　B. 7 941. 18　　C. 20 142. 86　　D. 20 250. 18
8. 某汽车厂为增值税一般纳税人，本月销售自产小客车 576 辆，每辆不含增值税出厂价为 6. 8 万元。又将本厂生产的 10 辆小客车赠送给非营利性组织。该企业应纳消费税为（　　）万元。(消费税税率为 5%)
   A. 192. 44　　B. 195. 84　　C. 199. 24　　D. 209. 42
9. 某白酒厂 20X3 年 2 月将自产的 5 吨新型粮食白酒作为职工福利发放给本厂职工，已知该批白酒的成本为 100 000 元，无同类产品市场销售价格，成本利润率为 10%；白酒消费税税率：比例税率 20%，定额税率每 500 克 0. 5 元。该酒厂应纳消费税税额为（　　）元。
   A. 30 500　　B. 31 000　　C. 33 750　　D. 35 050
10. 下列业务中，不征收消费税的是（　　）。
   A. 高档化妆品厂将自产的高档香水用于换取生产资料
   B. 高尔夫球具厂将自产的高尔夫球杆的杆头用于连续生产高尔夫球杆
   C. 鞭炮厂将自产的鞭炮用于抵偿债务

D. 4S店销售不含税价格在135万元以上的超豪华小汽车

二、多项选择题

1. 下列属于“酒类”消费税应税项目的有（　　）。

A. 粮食白酒　　B. 啤酒　　C. 果啤　　D. 酒精

2. 下列各项中关于从量计征消费税计税依据确定方法的表述中，正确的有（　　）。

A. 销售应税消费品的，为应税消费品的销售数量

B. 以应税消费品投资入股的，为应税消费品的移送使用数量

C. 进口应税消费品的，为应税消费品的报关数量

D. 委托加工应税消费品，为加工完成的数量

3. 某一般纳税人为生产酒类产品的企业，该企业销售自产粮食白酒收取的包装物押金正确处理的有（　　）。

A. 逾期1年以上的并入销售额缴纳增值税

B. 逾期1年以上的并入销售额缴纳消费税

C. 无论是否返还均于收取时并入销售额缴纳增值税

D. 无论是否返还均于收取时并入销售额缴纳消费税

4. 下列各项中，收回的委托加工应税消费品不应再征收消费税的有（　　）。

A. 商业批发企业销售委托其他企业加工的特制白酒，但受托方向委托方交货时没有代收代缴消费税的

B. 商业批发企业委托个体工商户加工一批特制啤酒

C. 商业批发企业销售其委托加工收回的特制白酒，该批特制白酒的原材料是由受托方提供的

D. 某小型白酒生产企业委托某大型白酒企业加工白酒收回后以不高于受托方的计税价格对外销售的

5. 以下环节既征消费税又征增值税的有（　　）。

A. 卷烟的批发环节　　B. 金银首饰的生产销售环节

C. 金银首饰的进口环节　　D. 高档化妆品的生产销售环节

6. 某木材公司将一批自产新型实木地板用于本企业宾馆，其成本为8万元，消费税税率和成本利润率均为5%，则其计税销售额（组价）为（　　）。

A. 消费税组价为8.84万元　　B. 消费税组价为9.26万元

C. 增值税组价为7.18万元　　D. 增值税组价为8.84万元

7. 下面关于从价计征销售额的确定，叙述正确的有（　　）。

A. 销售额为纳税人销售应税消费品向购买方收取的全部价款和价外费用

B. 实行从价定率办法计算应纳税额的应税消费品连同包装销售的，无论包装是否单独计价，均应并入销售额征收消费税

C. 一般情况下，包装物不作价随同产品销售而是收取押金的，押金应于逾期时并入销售额计征消费税

D. 应税消费品的销售额包括应向购货方收取的增值税税款

8. 根据消费税的有关规定，下列应税消费品中，采用复合计税办法计征消费税的有

（　　）。

A. 啤酒　　B. 白酒　　C. 烟丝　　D. 卷烟

9. 根据消费税的有关规定，下列说法正确的有（　　）。

A. 纳税人兼营不同税率的应缴纳消费税的消费品，应当分别核算不同税率应税消费品的销售额、销售数量，未分别核算销售额、销售数量的，从高适用税率

B. 纳税人兼营不同税率的应缴纳消费税的消费品，应当分别核算不同税率应税消费品的销售额、销售数量，未分别核算销售额、销售数量的，由主管税务机关核定不同税率应税消费品的销售额、销售数量，并按照各自的适用税率征税

C. 纳税人将不同税率的应税消费品组成成套消费品销售的，从高适用税率

D. 纳税人将不同税率的应税消费品组成成套消费品销售的，按平均税率计算

10. 根据增值税和消费税的有关规定，下列各项中，应同时征收增值税和消费税的有（　　）。

A. 自产应税消费品用于生产非应税消费品

B. 自产应税消费品用于换取生产资料

C. 自产应税消费品用于赠送

D. 自产应税消费品用于职工福利

三、计算分录题

1. 20X3 年 1 月，某生产厂发生如下经济业务：

（1）将自产的应税消费品销售取得不含税价款 3 500 000 元，价税款已收存入银行，消费税率 20%、增值税税率 13%；

（2）将自产应税消费品用于发放职工作福利（其中生产工人 50%，车间管理人员 20%，行政管理人员 30%），同类产品销售价格 412 500 元（与计税价相同），该产品生产成本 300 000 元，消费税率 20%，增值税税率 13%。

要求：

（1）根据资料（1）编制销售业务的会计分录。

（2）根据资料（1）计算并编制销售业务应交消费税的会计分录。

（3）根据资料（2）编制发放职工福利（视同销售）的相关会计分录。

2. 20X3 年 1 月，某化妆品生产厂发生如下经济业务：

（1）委托某加工企业加工高档化妆品，以银行存款支付代扣代缴消费税 20 000 元。

（2）将自产高档化妆品用于发放职工福利，没有同类产品销售价格，该产品生产成本 100 000 元，成本利润率为 10%，消费税率 15%，增值税税率 13%。

要求：

（1）根据资料（1），假设该委托加工收回后低于受托方计税价格用于直接销售的情况下，编制代扣代缴消费税的会计分录。

（2）根据资料（1），假设该委托加工收回后继续加工为应税消费品的情况下，编制代扣代缴消费税的会计分录。

（3）根据资料（2）计算组成计税价格和应交消费税税额。

（4）根据资料（2）编制发放职工福利（视同销售）的相关会计分录。

第四章

关税会计

学习目标

通过学习，了解关税的概念、特点，关税的纳税人，关税税则、税目和税率；理解关税的征税范围缴纳及退补、进出口货物关税完税价格的确认；掌握进出口货物关税完税价格及关税的计算、应纳关税的会计处理。

思政目标

本章以中国对外贸易政策（中国-东盟优惠关税系统）为背景，详细介绍关税的种类、税率、计税方法和相关政策，阐述关税会计的基本概念和核算方法。通过学习，使学生掌握关税会计的基本知识，培养学生正确核算和缴纳关税的能力，为我国对外贸易的健康发展贡献力量。

重点

进出口货物关税完税价格的确定、关税的计算、关税的会计处理。

难点

进出口货物关税完税价格的确定、关税的会计处理。

第一节 关税税制要素

一、关税的概念和特点

（一）关税的概念

关税是由海关根据国家制定的有关法律，以进出关境的货物和物品为征税对象而征收的一种商品税。

从以下几个方面，可以加深对关税概念的理解。

1. 关税是一种税收形式

关税与其他税收的性质是一样的，征税主体都是国家。不同的是其他税收主要是由税务机关征收，而关税是由海关征收。

2. 关税的征税对象是货物和物品

关税只对有形的货品征收，对无形的货品不征关税。

3. 关税的征税范围是进出关境的货物和物品

一般情况下，一国的关境和国境是一致的，但当一个国家在境内设立自由贸易区或自由港时，国境大于关境。几个国家结成关税同盟，组成统一关境，实施统一的关税法令和统一的对外税则，只对来自或运往其他国家的货物进出共同关境征收关税时，国境小于关境，如欧洲联盟。

（二）关税的特点

关税作为独特的税种，除了具有一般税收的特点以外，还具有以下特点。

1. 征收的对象是进出境的货物和物品

关税是对进出境的货品征税，在境内和境外流通的货物，不进出关境的不征关税。这里所指的“境”，是指“关境”，即海关法规可以全面实施的领域。货物和物品只有在进出关境时，才能被征收关税。

2. 关税是单一环节的价外税

关税的完税价格中不包括关税，即在征收关税时，以实际成交价格为计税依据，关税不包括在内。但海关代为征收增值税、消费税时，其计税依据包括关税在内。

3. 有较强的涉外性

关税只对进出境的货物和物品征收。因此，关税税则的制定、税率的高低直接影响到国际贸易的开展。随着世界经济一体化的发展，世界各国的经济联系越来越密切，贸易关系不仅反映简单经济关系，而且成为一种政治关系。这样，关税政策、关税措施也往往和经济政策、外交政策紧密相关，具有涉外性。

（三）关税的分类

1. 按征收对象分

按征收对象分，有进口关税、出口关税。

（1）进口关税。海关在外国货物进口时所课征的关税。进口税通常在外国货物进入关境或国境时征收；或在外国货物从保税仓库提出运往国内市场时征收。现今世界各国的关税，主要是征收进口税。征收进口税的目的在于保护本国市场和增加财政收入。

（2）出口关税。海关在本国货物出口时所课征的关税。为了降低出口货物的成本，提高本国货物在国际市场上的竞争能力，目前各国一般不对出口产品征收，除了基于限制本国某些产品或资源品输出，对部分出口货物征收出口关税。

2. 按征收标准分

按征收标准分，有从量税、从价税、复合税、选择税和滑准税。

（1）从量税。按货物的计量单位（重量、长度、面积、容积、数量等）作为征税标准，以每一计量单位应纳的关税金额作为税率，称为从量税。

（2）从价税。以货物的价格作为征税标准而征收的税为从价税，从价税的税率表现为货物价格的百分比。货物进口时，以完税价格乘以关税税则中规定的税率，就可得出应纳税额。完税价格是经海关审定的作为计征关税依据的价格。

（3）复合税。复合税又称混合税。在税则的同一税目中，有从价和从量两种税率，征税时既采用从量又采用从价两种税率计征税款的，称为复合税。

（4）选择税。在税则的同一税目中，有从价和从量两种税率，征税时由海关选择其中一种计征的称为选择税。海关一般是选择税额较高的一种征税，当物价上涨时，使用从价税；当物价下跌时，使用从量税。这种方式下不仅能保证国家的财政收入，还可较好地发挥保护本国产业的作用。

（5）滑准税。滑准税是在税则中预先按产品的价格高低分档制定若干不同的税率，然后根据进出口商品价格的变动而增减进出口税率的一种关税。商品价格上涨，采用较低税率；商品价格下跌则采用较高税率。其目的是使该种商品的国内市场价格保持稳定，免受或少受国际市场价格波动的影响。

3. 按征税性质分

按征税性质，关税可分为普通关税、优惠关税和差别关税，主要适用于进口关税。

（1）普通关税。普通关税又称一般关税，是对与本国没有签署贸易或经济互惠等友好协定的国家原产的货物征收的非优惠性关税。普通关税与优惠关税的税率差别一般较大。

（2）优惠关税。优惠关税一般是互惠关税，即签署优惠协定的双方互相给对方优惠关税待遇，但也有单向优惠关税，即只对受惠国给予优惠待遇，而没有反向优惠。优惠关税一般有特定优惠关税、普遍优惠关税和最惠国待遇三种。

（3）差别关税。差别关税实际上是保护主义的产物，是保护一国产业所采取的特别手段。差别关税主要分为加重关税、反补贴关税、反倾销关税、报复关税等。

二、纳税人和征税对象

（一）纳税人

进口货物的收货人、出口货物的发货人、进出境物品的所有人，是关税的纳税义务人。进出境物品的所有人包括该物品的所有人和推定为所有人的人。一般情况下，对于携带进境的物品，推定其携带人为所有人；对分离运输的行李，推定相应的进出境旅客为所有人；对以邮递方式进境的物品，推定收件人为所有人；以邮递或其他运输方式出境的物品，推定寄件人或托运人为所有人。

（二）征税对象

关税的征税对象是进出我国国境的货物和物品。货物是指贸易性商品；物品包括入境旅客随身携带的行李和物品、个人邮递物品，各种运输工具上的服务人员携带进口的自用物品、馈赠物品，以及其他方式进入我国国境的个人物品。

三、税则、税目和税率

（一）税则、税目

关税税则又称海关税则。它是一国对进出口商品计征关税的规章和对进出口的应税与免税商品加以系统分类的一览表。海关凭此征收关税，是国家关税政策的具体体现。

我国关税税则包括正文和附录两大部分。正文包括海关进口税则和出口税则；附录包括进口商品税目税率表、进口商品关税配额税目税率表、进口商品税则暂定税率表、出口商品税则暂定税率表、入境旅客行李物品和个人邮递物品税目税率表、非全税目信息技术产品税率表等附表。

（二）税率

1. 进口货物税率

根据《关税条例》，我国进口关税设有最惠国税率、协定税率、特惠税率、普通税率、关税配额税率等税率，对进口货物在一定期限内可以实行暂定税率。适用最惠国税率、协定税率、特惠税率的国家或者地区名单，由国务院关税税则委员会决定。

（1）最惠国税率。适用于原产于共同适用最惠国待遇条款的世界贸易组织成员的进口货物，原产于与我国签订含有相互给予最惠国待遇条款的双边贸易协定的国家或者地区的进口货物，以及原产于中华人民共和国境内的进口货物。

（2）协定税率。协定税率适用原产于与我国签订含有关税优惠条款的区域性贸易协定的国家或者地区的进口货物。

（3）特惠税率。特惠税率适用原产于与我国签订含有特殊关税优惠条款的贸易协定的国家或者地区的进口货物。

（4）普通税率。普通税率适用于原产于特定国家或地区以外的其他国家或地区的进口货物，以及原产地不明的进口货物。按照普通税率征税的进口货物，经国务院关税税则委员会特别批准，可以适用最惠国税率。

（5）关税配额税率。关税配额税率是指对实行关税配额管理的进口货物，关税配额内的，适用关税配额税率；关税配额外的，按不同情况分别适用于最惠国税率、协定税率、特惠税率或普通税率。

（6）暂定税率。适用最惠国税率、协定税率、特惠税率、普通税率、关税配额税率的进口货物，可以实行暂定税率。适用最惠国税率的进口货物有暂定税率的，应当适用暂定税率；适用协定税率、特惠税率的进口货物有暂定税率的，应当从低适用税率；适用关税配额税率的进口货物有暂定税率的，应当适用暂定税率。适用普通税率的进口货物，不适用暂定税率。

2. 出口货物税率

《关税条例》第9条规定："出口关税设置出口税率。对出口货物在一定期限内可以实行暂定税率。"适用出口税率的出口货物有暂定税率的，应当适用暂定税率。我国确定征出口关税的总原则是：既要服从于鼓励出口的政策，又要做到能够控制一些商品的盲目出口，因而征收出口关税只限于少数产品。

四、税收优惠

（一）法定减免

1. 下列进出口货物予以减征或免征关税

（1）关税税额在人民币50元以下的一票货物；

（2）无商业价值的广告品和货样；

（3）外国政府、国际组织无偿赠送的物资；

（4）在海关放行前损失的货物；

（5）进出境运输工具装载的途中必需的燃料、物料和饮食用品。

经海关核准暂时进境或者暂时出境，并在6个月内复运出境或者复运进境的货物，在进境或出境时，纳税人向海关缴纳相当于税款的保证金或者提供担保后，可予暂时免税。纳税人在规定期限内未复运出境的，纳税人应依法缴税。

2. 下列进出口货物暂不缴纳关税

（1）在展览会、交易会、会议及类似活动中展示或者使用的货物；

（2）文化、体育交流活动中使用的表演、比赛用品；

（3）进行新闻报道或者摄制电影、电视节目使用的仪器、设备及用品；

（4）开展科研、教学、医疗活动使用的仪器、设备及用品；

（5）在第（1）项至第（4）项所列活动中使用的交通工具及特种车辆；

（6）货样；

（7）供安装、调试、检测设备时使用的仪器、工具；

（8）盛装货物的容器；

（9）其他用于非商业目的的货物。

（二）特定减免

在法定减免税之外，根据国际通行规则和我国实际情况，制定发布的有关进出口货物减免关税的政策，亦称特定或政策性减免税。特定减免税货物一般有地区、企业和用途的限制，海关需要进行后续管理，也需要进行减免税统计。

（1）科教用品；

（2）残疾人专用品；

（3）扶贫、慈善性捐赠物资；

（4）对于加工贸易产品、边境贸易进口物资、保税区进出口货物、出口加工区进出口货物、进口设备、特定地区、特定行业（用途）均有相应的减免税政策。

五、征收管理

（一）关税的缴纳

进口货物自运输工具申报进境之日起 14 日内，出口货物在货物运抵海关监管区后装货的 24 小时以前，应由进出口货物的纳税人向货物进（出）境地海关申报。纳税人应当自海关填发税款缴款书之日起 15 日内，向指定银行缴纳税款。

由接受进（出）口货物通关手续申报的海关逐票计算应征关税并填发关税缴款书，由纳税人凭以向海关或指定的银行办理税款交付或转账入库手续后，海关凭“银行回执联”办理结关放行手续。征税手续在前，结关放行手续在后，有利于税款及时入库，防止拖欠税款。纳税义务人因不可抗力或者国家税收政策调整不能按期缴纳税款的，依法提供税款担保后，可以直接向海关办理延期缴纳税款手续。延期纳税最长不超过 6 个月。

（二）关税的纳税地点

海关征收关税时，根据纳税人的申请及进出口货品的具体情况，既可以在关境地缴税，也可以在主管地缴税。

第二节　关税的确认计量

我国现行进出口关税基本上都是按从价征税。从价征税必须首先确定应税货物的完税价格，才能正确依率计征。因此，正确合理地确定应税货物的完税价格，是贯彻国家关税政策的重要环节。

一、关税完税价格的确认

（一）完税价格

完税价格是海关在计征关税时采用的计税价格，是海关根据有关规定对进出口货物审查确定或估定后而确定的应税价格，它是海关征收关税的依据。海关以进出口货物的实际成交价格为基础审定完税价格，实际成交价格是一般贸易项下进口或出口货物的买方为购买该项货物向卖方实际支付或应当支付的价格。在关税计算中，除从量计税外，其余计税均涉及"完税价格"。

（二）进口货物完税价格的确认

进口货物的完税价格由海关以符合相关规定所列条件的成交价格以及该货物运抵中华人民共和国境内输入地点起卸前的运输及其相关费用、保险费为基础审查确定。

进口货物的成交价格，是指卖方向中华人民共和国境内销售该货物时，买方为进口该货物向卖方实付、应付的，并按照规定调整后的价款总额，包括直接支付的价款和间接支付的价款。下列为应计入完税价格的调整项目。

（1）由买方负担的除购货佣金以外的佣金和经纪费。其中，购货佣金是指买方为购买进口货物向自己的采购代理人支付的劳务费。经纪费是指买方为购买进口货物向代表买卖双方利益的经纪人支付的劳务费用。

（2）由买方负担的与该货物视为一体的容器费用。

（3）由买方负担的包装材料费用和包装劳务费用。

（4）与进口货物的生产和向中华人民共和国境内销售有关的，由买方以免费或者以低于成本的方式提供，并可以按适当比例分摊的料件、工具、模具、消耗材料及类似货物的价款，以及在境外开发、设计等相关服务的费用。

（5）作为该货物向中华人民共和国境内销售的条件，买方必须支付的、与该货物有关的特许权使用费，但是符合下列情形之一的除外：①特许权使用费与该货物无关；②特许权使用费的支付不构成该货物向中华人民共和国境内销售的条件。

（6）卖方直接或者间接从买方获得的该货物进口后转售、处置或者使用的收益。

但需要注意的是，进口时在货物的价款中列明的下列税收、费用，不计入该货物的完税价格。

①厂房、机械、设备等货物进口后进行建设、安装、装配、维修和技术服务的费用；

②进口货物运抵中华人民共和国境内输入地点起卸后的运输及其相关费用、保险费；

③进口关税及国内税收。

如果进口货物的成交价格不符合成交条件或成交价格不能确定，可由海关估价确定。海关估价依次使用的方法包括：

（1）相同或类似货物成交价格方法。

（2）倒扣价格方法。

（3）计算价格方法。

（4）其他合理方法。

（三）出口货物完税价格的确认

出口货物的完税价格是由海关以出口货物的成交价格为基础审查确定的价格，包括货物运至我国境内输出地点装载前的运输及其相关费用、保险费。出口货物的成交价格是在货物出口销售时，卖方为出口该货物应向买方直接收取和间接收取的价款总额，但不包括出口关税、在货物价款中单独列明的货物运至我国境内输出地点装载后的运输及其相关费用、保险费（即出口货物的运保费最多算至离境口岸）、在货物价款中单独列明由卖方承担的佣金。

出口货物的成交价格不能确定时，完税价格由海关依次使用下列方法估定。

（1）同时或大约同时向同一国家或地区出口的相同货物的成交价格；

（2）同时或大约同时向同一国家或地区出口的类似货物的成交价格；

（3）根据境内生产相同或类似货物的成本、利润和一般费用、境内发生的运输及其相关费用、保险费计算所得的价格；

（4）按照合理方法估定的价格。

二、关税的基本计算公式

应纳税额的基本计算公式

1. 从价税计算公式

从价税是以进出口货物的价格作为计税标准计缴的关税。具有税负公平、明确，易于实施、计征简便等优点。我国大多数进出口商品采用从价税。货物的价格不是指商品的成交价格，而是指进出口商品的完税价格。其计算公式如下：

应纳关税税额=应税进出口货物数量×单位完税价格×适用税率

2. 从量税计算公式

从量税是以货物的计量单位（数量、重量、面积、容量、长度等）作为计税标准，以每一计量单位应纳的关税金额作为税率来计缴关税。我国对啤酒、胶卷等少数商品采用从量计征关税。其计算公式为：

应纳关税税额=应税进口货物数量×关税单位税额

3. 复合税计算公式

复合税亦称混合税。它是对进口商品既征从量税又征从价税的一种办法。一般以从量税为主，再加征从价税。实务中，货物的从量税额与从价税额难以同时确定，且手续繁杂，难以普遍采用。我国目前仅对录像机、放像机、摄像机和摄录一体机实行复合计税。其计算公式如下：

应纳关税税额=应税进口货物数量×关税单位税额+应税进口货物数量×单位完税价格×适用税率

4. 滑准税计算公式

滑准税亦是对进口税则中的同一种商品按其市场价格标准分别制订不同价格档次的税率而征收的一种进口关税。征收这种关税的目的是使某种进口商品，不论其进口价格是高还是低，其税后价格保持在一个预定的价格标准上，以稳定进口该种商品的国内市场价格。它是预先按照商品市场价格的高低，制定出不同价格档次的税率，然后根据进口商品价格的变化而升降进口关税税率（比例税率）的一种计缴方法。一般是随着进口商品价格的变动而呈反方向变动，即价格越高，税率越低。因此，对实行滑准税率的进口商品应纳关税税额的计算与从价税基本相同。

应交关税=进口货物完税价格×滑准税率

5. 选择性与季节性关税计算方式

选择税就是在从价税与从量税之间选择一种。目前，我国对天然橡胶实行选择税。在20%的从价税和2 600元/吨从量税两者中，从低选择计征关税。这种方法既可在国际市场胶价走低时保护国内橡胶产业，又可在进口胶价过高时，适当降低税负，稳定国内市场胶价和用胶行业的生产成本。

季节性关税就是对同种货物在不同季节执行不同的关税税率。目前，我国对尿素征收季节性关税。即在每年的1—9月农忙时，对尿素征收30%的出口关税；在10—12月农闲时，对尿素征收15%的出口关税，以此调控国内的化肥供应和生产安排。

三、进口货物从价计征关税的计算

（一）CIF价格的计算

以我国口岸CIF价格成交的，可直接以该价格作为完税价格。当成交价格不能确定时，以海关的估定价格为完税价格。其计算公式如下：

完税价格=在我国口岸成交的价格（CIF）

进口关税税额=完税价格×进口关税税率

【例4-1】某进出口公司从美国进口甲醇，进口申报价格为CIF上海USD 100 000。假定计税日外汇牌价（中间价）为USD 100 = RMB 700；税则号列29051110，关税税率5.5%。

先计算出甲醇的完税价格：

100 000×7=700 000（元）

再计算出甲醇应缴的进口关税：

700 000×5.5%=38 500（元）

（二）FOB价格的计算

以国外口岸FOB价格或者从输出国购买以国外口岸CIF价格成交的，必须分别在上述价格基础上加从发货口岸或者国外交货口岸运到我国口岸以前的运杂费和保险费作为完税价格。若以成本加运费价格成交的，则应另加保险费作为完税价格。

完税价格内应当另加的运费、保险费和其他杂费，原则上应按实际支付的金额计算。若无法得到实际支付金额时，也可以外资系统海运进口运费率或按协商规定的固定运杂费率计算运杂费，保险费则按中国人民保险公司的保险费率计算。其计算公式如下：

完税价格=（FOB+运费）×汇率/（1-保险费率）

运费=FOB×每吨运费

保险费按中国人民保险公司的保险费率计算。

进口关税税额=完税价格×关税税率

【例 4-2】 某进出口公司从日本进口硫酸镁 2 500 吨，进口申报价格为 FOB 东京 USD 162 500，运费每吨 USD 40，保险费率 0. 3%，假定计税日的外汇牌价为 USD 100 = RMB 700。硫酸锌的税则号列为 28332600，税率为 5. 5%。

先计算运费：2 500×40×7= 700 000（元）

再将进口申报价格由美元折成人民币：162 500×7= 1 137 500（元）

然后计算完税价格：完税价格=（1 137 500+700 000）÷（1-0. 3%）= 1 843 029（元）

进口关税税额= 1 843 029×5. 5%= 101 366. 5（元）

（三）CFR 价格的计算

以货价加运费价格成交的，应当另加保险费作为完税价格。其计算公式如下：

完税价格=CFR/（1-保险费率）

【例 4-3】 某进出口公司从美国进口乙醛 34 吨，保险费率为 0. 3%，进口申报价格为：CFR 上海 USD 612 000，假定计税日外汇牌价为 USD 100 = CNY 700。乙醛税则号列为 29121200，税率为 5. 5%。

先将进口申报价格由美元折合成人民币：612 000×7=4 284 000（元）

再计算完税价格：完税价格=4 284 000÷（1-0. 3%）= 4 296 890（元）

计算该进口货物的进口关税额：进口关税=4 296 890×5. 5%=236 328（元）

（四）正常批发价格的计算

若海关不能确定进口货物在采购地的正常批发价格，则应以申报进口时国内输入地点的同类货物的正常批发价格，减去进口关税和进口环节代征税以及进口后正常运输、储存、营业费用及利润作为完税价格。如果国内输入地点同类货物的正常批发价格不能确定或者有其他特殊情况时，货物的完税价格由海关估定。

（1）不缴或只缴增值税的货物的计算公式如下：

完税价格=国内市场批发价格/（1+进口关税税率+20%）

（2）应缴纳国内增值税、消费税的货物应当扣除国内税，计算出完税价格，其计算公式如下：

完税价格=国内市场批发价格/［1+进口关税税率+（1+进口关税税率）/（1-消费税税率）×消费税税率+20%］

（注：以上两公式分母中的 20%为需从批发价格中减除的费用利润）

【例 4-4】某公司经批准从国外进口一批高档化妆品，其 CIF 价格已无法确定，进货地国内同类产品的市场正常批发价格为 462 500 元，国内消费税税率为 15%，设进口关税税率为 25%，计算该高档化妆品应纳关税。

完税价格 = 462 500÷［1+25%+（1+25%）÷（1−15%）×15%+20%］

= 462 500÷1. 6706 = 276 846. 64（元）

应纳进口关税额 = 276 846. 64×25% = 69 211. 66（元）

应纳消费税 =（276 846. 64 +69 211. 66）÷（1−15%）×15% = 61 069. 11（元）

应纳增值税额 =（276 846. 64+69 211. 66+61 069. 11）×13% = 52 926. 56 元

四、自营进口业务关税的会计处理

（一）自营进口业务关税的会计账户设置

外贸企业自营进口业务所计缴的关税，在会计核算上是通过设置“应交税费——应交进口关税”和“在途物资”账户加以反映的。应缴纳的进口关税，借记“在途物资”账户，贷记“应交税费——应交进口关税”账户。实际缴纳时，借记“应交税费——应交进口关税”账户，贷记“银行存款”账户。也可不通过“应交税费——应交进口关税”账户，而直接借记“在途物资”账户，贷记“银行存款”“应付账款”等账户（出口业务会计处理亦然）。

（二）自营进口业务关税的会计处理

1. 向境外购入时

折合人民币，通过在途物资或材料采购科目核算。

2. 向海关交纳有关税金时

关税和消费税直接计入货物成本。允许抵扣的增值税交纳时，计入“应交税费——应交增值税（进项税额）”。

3. 验收入库时

结转货物采购成本包括买价、境内外费用、关税、不允许抵扣的消费税和不允许抵扣的增值税。

【例 4-5】某外贸企业从国外自营进口商品一批，CIF 价格折合人民币为 200 000 万元，进口关税税率为 40%，代征增值税税率 13%。根据海关开出的税款缴纳凭证，以银行转账支票付讫税款。

应纳关税 = 200 000×40% = 80 000（元）

在途物资成本 = 200 000+80 000 = 280 000（元）

应纳增值税 = 280 000×13% = 36 400（元）

（1）计提关税和增值税时：

借：在途物资　　　　280 000

贷：应交税费——应交进口关税　　80 000
　　应付账款　　200 000

（2）支付关税和增值税时：

借：应交税费——应交增值税（进项税额）　　36 400
　　——应交进口关税　　80 000
　贷：银行存款　　116 400

（3）商品验收入库时：

借：库存商品　　280 000
　贷：在途物资　　280 000

五、出口货物从价计征关税的计算

（一）FOB价格的计算

出口货物以我国口岸FOB价格成交的，应以该价格扣除出口关税后作为完税价格。如果该价格中包括向国外支付的佣金、垫仓物资和通风设备等，对这部分费用应先予扣除，并按规定扣除出口关税后作为完税价格。其计算公式如下：

完税价格=FOB价格/（1+出口关税税率）

出口关税税额=完税价格×出口关税税率

【例4-6】某进出口公司向日本出口磷10 000吨，每吨FOB USD 560，其佣金为FOB价格的2%，理舱费USD 20 000，磷的出口关税税率为10%。当日外汇牌价为：USD 100=CNY 700。计算应纳出口关税。

首先将含佣金的FOB价格换算成不含佣金的价格：

10 000×560÷（1+2%）=5 490 196（美元）

再从中减去理舱费：

5 490 196-20 000=5 470 196（美元）

计算该批磷的完税价格：

完税价格=5 470 196÷（1+10%）=4 972 905.45（美元）

将美元价折合为人民币完税价格：

4 972 905.45×7=34 810 338.15（元）

最后计算该公司应纳的出口关税：

应交出口关税额=34 810 338.15×10%=3 481 033.82（元）

（二）CIF价格的计算

出口货物用国外口岸CIF价格成交的，应先扣除离开我国口岸后的运费和保险费，再计算完税价格及应缴纳的出口关税。完税价格的计算公式如下：

完税价格=（CIF价格-保险费-运费）÷（1+出口关税税率）

【例 4-7】天津某进出口公司向新加坡出口黑钨砂 5 吨，成交价格为 CIF 新加坡 USD 4 000，其中运费 USD 400，保险费 USD 40，计税日外汇牌价（中间价）：USD 100=CNY 700。

计算应纳关税税额：

完税价格=（4 000−400−40）×7÷（1+20%）

=20 767（元）

应缴关税税额=20 767×20%=4 153（元）

（三）CFR 价格的计算

以境外口岸 CFR 价成交的，其出口货物完税价格的计算公式为：

完税价格=（CFR 价−运费）÷（1+出口关税税率）

六、自营出口业务关税的会计处理

（一）自营出口业务关税的会计账户设置

外贸企业自营出口业务所计缴的关税，在会计核算上是通过设置“应交税费——应交出口关税”和“税金及附加”账户加以反映的。应缴纳的出口关税，借记“税金及附加”账户，贷记“应交税费——应交出口关税”账户。实际缴纳时，借记“应交税费——应交出口关税”账户，贷记“银行存款”账户。

（二）自营出口业务关税的会计处理

出口产品应交关税借方计入“税金及附加”科目核算。贷方记“应交税费——应交出口关税”。出口货物一般是免征增值税和消费税的，一般只涉及关税。

出口商品的销售收入应以 FOB 价格为基础，若以 CIF 价格成交的，先按 CIF 价格计入“主营业务收入”科目，当支付出口货物发生在国外的费用时，应冲减主营业务收入。

【例 4-8】某进出口公司自营出口商品一批，我国口岸 FOB 价格折合人民币为360 000 元，出口关税税率为 20%，根据海关开出的专用缴款书，以银行转账支票付讫税款。计算应交出口关税。

应交出口关税=360 000÷（1+20%）×20%=60 000（元）

作会计分录如下：

借：税金及附加	60 000	
贷：应交税费——应交出口关税		60 000

七、代理进出口业务关税的会计处理

（一）代理进出口业务关税的会计账户设置

代理进出口业务，对受托方来说，一般不垫付货款，大多以收取手续费形式为委托方提供代理服务。因此，由于进出口而计缴的关税均由委托单位负担，受托单位即使向海关缴纳了关税，也只是代垫或代付，日后仍要从委托方收回。代理进出口业务所计缴的关税，在会计核算上也是通过设置“应交税费”账户来反映的，与元对应的是“应付账款”“应收账款”“银行存款”等账户。

（二）代理进出口业务关税的会计处理

1. 收到委托方的货款作应付账款处理

借：银行存款

  贷：应付账款——某委托单位

2. 代理进口商品支付货款时

借：应收账款或应付账款——某外商

  贷：银行存款

3. 代理交纳关税时

借：应付账款——某委托单位

  贷 ：银行存款

4. 将进口商品交付委托单位并收取劳务费

借：应付账款——某委托单位

  贷：其他业务收入——代购代销收入

    应收账款或应付账款——某外商

5. 与委托单位结算余款

【例 4-9】 某进出口公司受某单位委托代理进口商品一批，进口货款 3 600 000 元已汇入该公司存款户。该进口商品在我国口岸 CIF 价折合人民币 288 万元，进口关税税率为 20%，代理劳务费按货价的 2%收取。该批商品已运达指定口岸，公司与委托单位办理有关结算。

计算进口关税：2 880 000×20%＝576 000（元）

计算代理劳务费：2 880 000×2%＝57 600（元）

根据上述计算资料，该进出口公司接受委托单位货款及向委托单位收取关税和劳务费等。作会计分录如下：

（1）收到委托单位划来进口货款时：

借：银行存款　　3 600 000

  贷：应付账款——××单位　　3 600 000

（2）对外付汇进口商品时：

借：应收账款——××外商　　2 880 000

  贷：银行存款　　2 880 000

（3）进口关税结算时：

借：应付账款——××单位　　576 000

  贷：应交税费——应交进口关税　　576 000

借：应交税费——应交进口关税　　576 000
　　贷：银行存款　　576 000

(4) 将进口商品交付委托单位并收取劳务费时：

借：应付账款——××单位　　2 937 600
　　贷：代购代销收入——劳务费　　57 600
　　　　应收账款——××外商　　2 880 000

(5) 将委托单位剩余的进口货款退回时：

借：应付账款——××单位　　86 400
　　贷：银行存款　　86 400

第三节　关税的纳税申报

进口货物的收发货人或其代理人，应当在海关填发税款缴纳凭证之日起 15 日内（法定公休日顺延），向海关或其指定银行缴纳税款。逾期缴纳的，除依法追缴外，由海关自到期次日起至缴清税款日止，按日加收欠缴税款的滞纳金。

纳税人缴纳关税时，须填“海关（进出口关税）专用缴款书”并携带有关单证。“缴款书”一式六联，依次是收据联（此联是国库收到税款签章后退还纳税人作为完税凭证的法律文书，是关税核算的原始凭证）、付款凭证联、收款凭证联、回执联、报查联、存根联。

有下列情况之一的，进出口货物的收发货人或者他们的代理人，可以自缴纳税款之日起 1 年内，书面声明理由，连同纳税收据向海关申请退税，逾期不予受理：

(1) 因海关误征，多纳税款的；

(2) 海关核准免验进口的货物，在完税后发现有短缺情况并经海关审查认可的；

(3) 已征出口关税的货物，因故未装运出口，申报退关，经海关查验属实的。

按规定上述退税事项，海关应当自受理退税申请之日起 30 日内做出书面答复并通知退税申请人。

进出口货物完税后，如发现少征或者漏征税款，海关应当自缴纳税款或者货物放行之日起 1 年内，向收发货人或者他们的代理人补征。因收发货人或者他们的代理人违反规定而造成少征或者漏征的，海关在 3 年内可以追征。因特殊情况，追征期可延至 10 年。骗取退税款的，可无限期追征。

本章思维导图

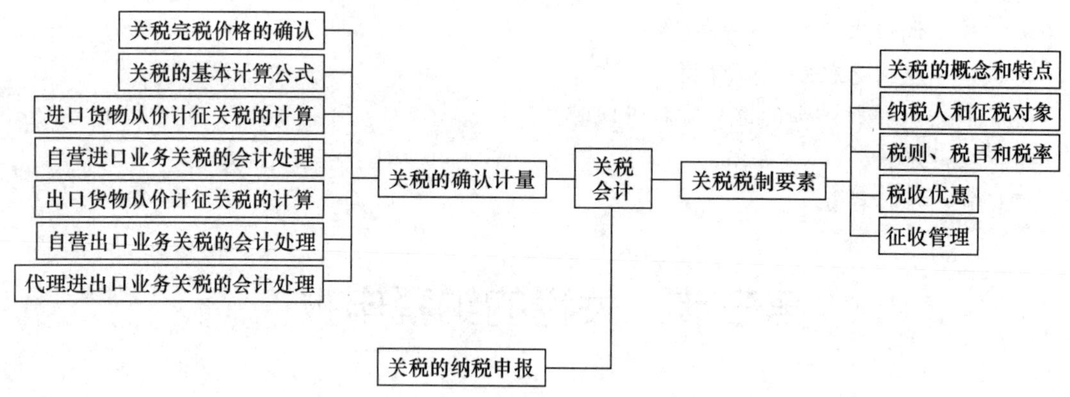

本章延伸阅读

1.《中华人民共和国进出口关税条例》（2003 年 11 月 23 日国务院令 392 号）

2.《中华人民共和国海关审定进出口货物完税价格办法》（2006 年 3 月 8 日海关总署令第 148 号）

3.《国务院关税税则委员会关于 2019 年进出口暂定税率等调整方案的通知》（2018 年 12 月 22 日税委会〔2018〕65 号）

本章习题

一、单项选择题

1. 根据关税的有关规定，下列各项中，表述不正确的是（　　）。

A. 关税的征税主体是国家

B. 税只对有形的货品征收，对无形的货品不征收

C. 关税是一种商品税

D. 一国的关境和国境是一致的

2. 下列各项中，不属于关税纳税义务人的是（　　）。

A. 进口货物的收货人

B. 出口货物的发货人

C. 进出境物品的所有人

D. 邮递方式出境物品的收件人

3. 下列不属于关税的征税对象的是（　　）。

A. 出境的贸易性商品

B. 入境的旅客随身携带的行李物品

C. 境内个人之间转让的位于境外的不动产

D. 在海关放行前损失的货物

4. 某企业 20X3 年 2 月进口一台设备，设备的成交价格折合人民币 60 万元，支付购货佣金 1 万元，支付设备进口后发生的装配费用 2 万元，该货物运抵我国境内输入地点起卸前发生运费 3 万元，保险费无法确定。已知设备的关税税率为 20%。则该企业进口设备应缴纳的关税为（　　）万元。

A. 6. 6　　B. 12. 6　　C. 12. 64　　D. 13. 24

5. 下列项目中，不属于进口货物的关税完税价格组成部分的是（　　）。

A. 购买方向自己的采购代理人支付的购货佣金

B. 购买方为进口货物向中介机构支付的经纪费

C. 购买方负担的与进口货物视为一体的容器费用

D. 购买方进口货物负担的包装材料费用和包装劳务费用

6. 某进出口公司从美国进口硫酸镁 300 吨，进口申报价格为 FOB 旧金山 USD 458 000，运费每吨 USD 50，保险费率 0. 3%，假定计税日外汇牌价为 USD 100 = CNY 700，税率为 5. 5%。应交进口关税额为（　　）元。

A. 182 652. 96　　B. 182 658. 89　　C. 168 309. 98　　D. 202 852. 89

7. 20X3 年 2 月，某贸易公司进口一批货物，合同中约定成交价格为人民币 600 万元，支付境内特许销售权费用人民币 10 万元，卖方佣金人民币 5 万元。该批货物运抵境内输入地点起卸前发生的运费和保险费共计人民币 8 万元，该货物关税完税价格为（　　）万元。

A. 613　　B. 615　　C. 623　　D. 625

8. 某企业 20X3 年 2 月从境外先后进口 2 台 A 设备，设备的成交价格为每台 10 000 美元，每次运抵我国境内输入地点起卸前发生运费及保险费合计均为 600 美元，采用复合计税的方法征收关税。已知 1 美元 = 6. 2 元人民币，每台 A 设备完税价格高于 5 000 美元的，从量税为每台 1 000 元，再征从价税 5%。该企业 2 月进口设备应缴纳关税（　　）元。

A. 2 572　　B. 4 572　　C. 6 572　　D. 8 572

9. 下列选项中，属于进口关税完税价格组成部分的是（　　）。

A. 买方为购买进口货物向自己的采购代理人支付的劳务费

B. 买方为购买进口货物向代表买卖双方利益的经纪人支付的劳务费用

C. 货物运抵境内输入地点起卸之后的运输费用

D. 境外考察费用

10. 纳税人出口货物的成交价格不能确定的，海关经了解有关情况，并与纳税人进行价格磋商后，可以首先采用（　　）方法审查确定该货物的完税价格。

A. 同时或者大约同时向同一国家或者地区出口的相同货物的成交价格
B. 同时或者大约同时向同一国家或者地区出口的类似货物的成交价格
C. 根据境内生产相同货物的成本、利润和一般费用（包括直接费用和间接费用）、境内发生的运输及其相关费用、保险费计算所得的价格
D. 按照合理方法估定的价格

二、多项选择题

1. 根据关税的有关规定，下列税收、费用不计入出口货物的完税价格中的有（　　）。
A. 出口关税
B. 在货物价款中单独列明的货物运至我国境内输出地点装载后的运费及相关费用
C. 在货物价款中单独列明的货物运至我国境内输出地点装载后的保险费
D. 在货物价款中单独列明的货物运至我国境内输出地点装载前的运费及相关费用、保险费

2. 根据关税的有关规定，下列说法中，正确的有（　　）。
A. 进口货物的成交价格，因有不同的成交条件而有不同的价格形式，常用的价格条款，有 FOB、CFR、CIF 三种
B. 进口货物成交价格“FOB”是含义为“船上交货”的价格术语简称，又称“离岸价格
C. 进口货物成交价格“CFR”是含义为“货物成本”的价格术语简称
D. 进口货物成交价格“CIF”是含义为“成本加运费”的价格术语简称

3. 某企业为增值税一般纳税人，20X3 年 2 月进口一批原材料，价款 50 万元（折合人民币，下同），买方支付中介佣金 3 万元，运抵我国境内输入地点起卸前的运费及保险费 2 万元；另进口一台机器设备，价款 8 万元，运抵我国境内输入地点起卸前的运费及保险费 4 万元，支付从海关运往企业所在地运费 1 万元，取得增值税专用发票，支付与设备有关的且构成该货物进口后向中华人民共和国境内销售条件的特许权使用费 3 万元；企业缴纳进口环节税金后取得完税凭证，由海关放行。已知原材料的关税税率为 10%，机器设备的关税税率为 20%。则下列关于企业进口环节的税务处理，说法正确的有（　　）。
A. 该企业进口机器设备的关税完税价格为 16 万元
B. 该企业应缴纳进口机器设备关税 3 万元
C. 该企业应缴纳进口原材料关税 5.2 万元
D. 该企业应缴纳进口关税 8.5 万元

4. 纳税人进出口下列货物，免征关税的有（　　）。
A. 关税税额在人民币 50 元以下的一票货物
B. 进出境运输工具装载的途中必需的燃料、物料和饮食用品
C. 外国企业无偿赠送的物资
D. 在海关放行后损失的货物

5. 下列关于关税的分类，说法正确的有（　　）。

A. 按征税标准分类，可将关税分为从量税、从价税

B. 按征税税率分类，可将进口关税分为从价税、从量税

C. 按征税对象分类，仅将关税分为进口税、出口税

D. 按征税差别待遇分类，可将进口关税分为普通关税、优惠关税和差别关税

三、计算分录题

1. 某生产企业从A国进口需要安装设备2台，成交价（到岸价）为USD 120 000。支付境内运费30 000元，运输费增值税2 700元，该设备已运抵企业，尚未安装。该设备关税税率为10%、增值税税率为13%，当日外汇牌价USD 1＝RMB 7。上述款项均已支出。

要求：

（1）计算进口关税税额。

（2）计算进口设备应向海关交纳增值税税额。

（3）编制相关会计分录。

2. 拥有进出口经营权的某外贸公司，20X3年1月经有关部门批准从境外进口小轿车30辆，CIF价格结算，每辆成交价为20万元。发生境内运输费用10万元，取得增值税专用发票（运输费可抵扣增值税税率9%），款项已以银行存款支付。按规定向海关缴纳了相关税款，并取得完税凭证，货物验收入库。小轿车关税税率15%、增值税税率13%、消费税税率25%。

要求：

（1）计算关税完税价格。

（2）计算进口环节应纳的关税、消费税和增值税。

（3）编制进口环节的相关会计分录。

第五章

企业所得税会计

学习目标

了解企业所得税的概念、历史沿革；了解企业所得税的纳税人、纳税对象、税率、所得税税收优惠等规定；基本掌握企业所得税的应税收入的确认、税前扣除的计算方法、资产的税务处理、企业所得税的纳税调整；掌握应纳税额的计税依据及计算方法、会计税前利润与应纳税所得额差异、所得税的会计处理方法。

思政目标

本章深入剖析企业所得税的税收政策、税制改革及企业所得税会计的处理方法。通过学习，使学生熟悉企业所得税的税收法规，培养学生合理筹划企业税收成本，探讨企业社会责任与企业所得税规避的关系，提高企业税后盈利的能力。

重点

企业应纳税所得税额的确认、资产的税务处理、亏损弥补、纳税调整、应纳税额的计算、企业所得税资产负债表债务法。

难点

企业应纳税所得税额的确认、纳税调整、企业所得税资产负债表债务法。

第一节 企业所得税税制要素

企业所得税是对我国境内的企业和其他取得收入的组织的生产经营所得和其他所得征收的一种直接税。其中，企业分为居民企业和非居民企业。

2007 年 3 月 16 日，第十届全国人民代表大会第五次会议通过了《中华人民共和国企业所得税法》，并于 2008 年 1 月 1 日开始实行。内、外资企业从此实行统一的企业所得税法。现行企业所得税的基本规范，依据的是 2018 年 12 月 29 日第十三届全国人民代表大会常务委员会第七次会议第二次修改通过的《中华人民共和国企业所得税法》（以下简称《企业所得税法》）和 2019 年 4 月 23 日国务院令第 714 号修改通过的《中华人民共和国企业所得税法实施条例》（以下简称《企业所得税法实施条例》），以及国务院财政、税务主管部门发布的相关规定。

一、纳税义务人和扣缴义务人

（一）纳税义务人

企业所得税的纳税人是在中华人民共和国境内的企业和其他取得收入的组织（以下统称“企业”），但依照中国法律、行政法规规定成立的个人独资企业以及合伙人是自然人的企业除外。“企业”分为居民企业和非居民企业。

居民企业是指依法在中国境内成立，或者依照外国（地区）法律成立，但实际管理机构在中国境内的企业。依法在中国境内成立的企业，包括依照中国法律、行政法规在中国境内成立的企业、事业单位、社会团体以及其他取得收入的组织。

非居民企业是指依照外国（地区）法律成立且实际管理机构不在中国境内，但在中国境内设立机构、场所的，或者在中国境内未设立机构、场所，但有来源于中国境内所得的企业。依照外国（地区）法律成立的企业，包括依照外国（地区）法律成立的企业和其他取得收入的组织。

实际管理机构是指对企业的生产经营、人员、财产等实施实质性全面管理和控制的机构。机构、场所是指在中国境内从事生产经营活动的机构、场所，包括：①管理机构、营业机构、办事机构；②农场、工厂、开采自然资源的场所；③提供劳务的场所；④从事建筑、安装、装配、修理、勘探等工程作业的场所；⑤其他从事生产经营活动的机构、场所。

非居民企业委托营业代理人在中国境内从事生产经营活动的，包括委托单位或者个人经常代其签订合同，或者储存、交付货物等，该营业代理人视为非居民企业在中国境内设立的机构、场所。

（二）扣缴义务人

1. 支付人为扣缴义务人

非居民企业在中国境内未设立机构、场所的，或者虽设立机构、场所但取得的所得与其所设机构、场所没有实际联系的，其来源于中国境内的所得应缴纳的所得税，实行源泉扣缴，以支付人为扣缴义务人。税款由扣缴义务人在每次支付或者到期应支付时，从支付或者到期应支付的款项中扣缴。

支付人是指依照有关法律规定或合同约定直接负有支付相关所得款项义务的组织和个人。支付是指现金支付、汇拨支付、转账支付，以及用非货币资产或者权益兑价支付等货币和非货币支付。到期应支付的款项是指企业按权责发生制原则已计入与支付人生产经营活动相关的成本、费用的应付款项。

2. 指定扣缴义务人

对非居民企业在中国境内取得工程作业和劳务所得应缴纳的所得税，税务机关可以指定工程价款或者劳务费的支付人为扣缴义务人。

在中国境内从事工程作业和提供劳务的非居民企业发生下列情形之一的，县级以上税务机关可以指定工程价款或者劳务费的支付人为扣缴义务人：①预计工程作业或提供劳务期限不足一个纳税年度的，且有证据表明不履行纳税义务的；②没有办理税务登记或者临时税务登记的，且未委托中国境内的代理人办理纳税义务的；③未按照规定期限办理企业所得税纳税申报或者预缴申报的；④其他规定情形。

县级以上税务机关在指定扣缴义务人时，应同时告知扣缴义务人所扣税款的计算依据、计算方法和扣缴期限。

3. 扣缴时间

扣缴义务人每次代扣的税款，应当自代扣之日起 7 日内缴入国库，并向所在地的税务机关报送扣缴企业所得税报告表。

4. 纳税人也可自行申报缴税

若纳税人提出自行履行纳税义务的，且扣缴义务人因特殊原因无法履行扣缴义务的，经县级以上税务机关核准，可按税法规定期限自行申报缴纳税款。扣缴义务人未依法扣缴或者无法履行扣缴义务的，由纳税人在所得发生地缴纳。在中国境内存在多个所得发生地的，由纳税人选择一地申报缴纳税款。

纳税人未依法缴纳的，税务机关可以从该纳税人在中国境内其他收入项目（指该纳税人在中国境内从事其他投资经营活动和贸易等活动所应取得的收入）的支付人应付的款项中，追缴该纳税人的应纳税款。

税务机关在追缴该纳税人应纳税款时，应将追缴税款理由、追缴数额、扣缴期限、扣缴方式等告知纳税人。

二、征税对象

企业所得税的征税对象是指企业取得的生产经营所得、其他所得和清算所得。

（一）居民企业的征税对象

居民企业应就来源于中国境内、境外的所得作为征税对象。所得包括销售货物所得、提供劳务所得、转让财产所得、股息红利等权益性投资所得、利息所得、租金所得、特许权使用费所得、接受捐赠所得和其他所得。

（二）非居民企业的征税对象

非居民企业在中国境内设立机构、场所的，应当就其所设机构、场所取得的来源于中国境内的所得，以及发生在中国境外但与其所设机构、场所有实际联系的所得，缴纳企业所得税。非居民企业在中国境内未设立机构、场所，或者虽设立机构、场所，但取得的所得与其所设机构、场所没有实际联系的，应当就其来源于中国境内的所得缴纳企业所得税。

上述所称实际联系，是指非居民企业在中国境内设立的机构、场所拥有的据以取得所得的股权、债权，以及拥有、管理、控制据以取得所得的财产。

（三）所得来源地的确定

依据《企业所得税法》及其实施条例的规定，所得来源地的确定有如下方法。

（1）销售货物所得，按照交易活动发生地确定。

（2）提供劳务所得，按照劳务发生地确定。

（3）转让财产所得。

①不动产转让所得按照不动产所在地确定；

②动产转让所得按照转让动产的企业或者机构、场所所在地确定；

③权益性投资资产转让所得按照被投资企业所在地确定。

（4）股息、红利等权益性投资所得，按照分配所得的企业所在地确定。

（5）利息所得、租金所得、特许权使用费所得，按照负担、支付所得的企业或者机构、场所所在地确定，或者按照负担、支付所得的个人的住所地确定。

（6）其他所得，由国务院财政、税务主管部门确定。

三、税率

企业所得税税率采用比例税率，现行税率如表 5-1 所示。

表 5-1　企业所得税税率表

税率种类	税率	适用范围
基本税率	25%	居民企业
		在中国境内设有机构、场所且所得与机构、场所有关联的非居民企业
低税率	20%（实际 10%）	中国境内未设立机构、场所的，有来自中国境内的所得
		虽设立机构、场所但所得与其所设机构、场所没有实际联系的非居民企业
优惠税率	减按 20%	小型微利企业
	减按 15%	高新技术企业、技术先进型服务企业、其他特定企业

（一）小型微利企业的优惠税率

自2021年1月1日至2022年12月31日，符合条件的小型微利企业，无论采取查账征收方式还是核定征收方式缴纳企业所得税，其年应纳税所得额不超过100万元（含，下同）、100万元到300万元的部分，分别减按12.5%、50%计入应纳税所得额，按20%的税率计算缴纳企业所得税。

小型微利企业是指从事国家非限制和禁止行业，且同时符合年度应纳税所得额不超过300万元、从业人数不超过300人、资产总额不超过5 000万元等三个条件的企业。

“从业人数”包括与企业建立劳动关系的职工人数和企业接受的劳务派遣用工人数，从业人数和资产总额指标，应按企业全年的季度平均值确定，计算公式如下：

季度平均值=（季初值+季末值）÷2

全年季度平均值=全年各季度平均值之和÷4

年度中间开业或者终止经营活动的，以其实际经营期作为一个纳税年度确定上述相关指标。

（二）高新技术企业、技术先进型服务企业的优惠税率

给予扶持和鼓励政策。对符合科技部、财政部和国家税务总局颁布的《高新技术企业认定管理办法》中规定的认定条件和认定程序的高新技术企业。

经认定的技术先进型服务企业，减按15%的税率征收企业所得税。技术先进型服务企业必须同时符合以下条件。

（1）在中国境内（不包括港、澳、台地区）注册的法人企业；

（2）从事《技术先进型服务业务认定范围（试行）》中的一种或多种技术先进型服务业务，采用先进技术或具备较强的研发能力；

（3）具有大专以上学历的员工占企业职工总数的50%以上；

（4）从事《技术先进型服务业务认定范围（试行）》中的技术先进型服务业务取得的收入占企业当年总收入的50%以上；

（5）从事离岸服务外包业务取得的收入不低于企业当年总收入的35%。

（三）其他特定企业的优惠税率

自2011年1月1日至2030年12月31日，对设在西部地区的鼓励类产业企业减按15%的税率征收企业所得税。鼓励类产业企业是指以《西部地区鼓励类产业目录》中规定的产业项目为主营业务，且其主营业务收入占企业收入总额60%以上的企业。国家规划布局内的重点软件企业和集成电路设计企业，如当年未享受免税优惠的，可减按10%的税率缴纳企业所得税。

四、税收优惠

（一）免征与减征优惠

1. 从事农、林、牧、渔业项目的所得

（1）企业从事下列项目的所得，免征企业所得税：

①蔬菜、谷物、薯类、油料、豆类、棉花、麻类、糖料、水果、坚果的种植；

②农作物新品种的选育；

③中药材的种植；

④林木的培育和种植；

⑤牲畜、家禽的饲养；

⑥林产品的采集；

⑦灌溉、农产品初加工、兽医、农技推广、农机作业和维修等农、林、牧、渔服务业项目；

⑧远洋捕捞。

（2）企业从事下列项目的所得，减半征收企业所得税：

①花卉、茶以及其他饮料作物和香料作物的种植；

②海水养殖、内陆养殖。

2. 定期减免

（1）企业从事国家重点扶持的公共基础设施项目投资经营的所得。

从项目取得第一笔生产经营收入所属年度起，第 1 年至第 3 年免缴企业所得税，第 4 年至第 6 年减半缴纳企业所得税。国家重点扶持的公共基础设施项目是指《公共基础设施项目企业所得税优惠目录》规定的港口码头、机场、铁路、公路、电力、水利等项目。企业承包经营、承包建设和内部自建自用以上项目，不得享受该项企业所得税优惠。

（2）从事符合条件的环境保护、节能节水项目的所得。

①环境保护、节能节水项目的所得，自项目取得第一笔生产经营收入所属纳税年度起，第 1 年至第 3 年免征企业所得税，第 4 年至第 6 年减半征收企业所得税。符合条件的环境保护、节能节水项目包括公共污水和垃圾处理、沼气综合开发利用、节能减排技术改造、海水淡化等。减免期内转让，受让方自受让之日起可以在剩余期限内享受规定的优惠；期满后转让的，受让方不得重复享受优惠政策。

②对饮水工程运营管理单位从事《公共基础设施项目企业所得税优惠目录》规定的饮水工程新建项目投资经营的所得，自项目取得第一笔生产经营收入所属纳税年度起，第 1 年至第 3 年免征企业所得税，第 4 年至第 6 年减半征收企业所得税。

（3）集成电路产业和软件产业。

①国家鼓励的集成电路线宽小于 28 纳米（含），且经营期在 15 年以上的集成电路生产企业或项目，第 1 年至第 10 年免征企业所得税，优惠期自获利年度（应纳税所得额大

于零的当年，下同）起计算。

②国家鼓励的集成电路线宽小于65纳米（含），且经营期在15年以上的集成电路生产企业或项目，第1年至第5年免征企业所得税，第6年至第10年按照25%的法定税率减半征收企业所得税；国家鼓励的集成电路线宽小于130纳米（含），且经营期在10年以上的集成电路生产企业或项目，第1年至第2年免征企业所得税，第3年至第5年按照25%的法定税率减半征收企业所得税。优惠期自项目取得第一笔生产经营收入所属纳税年度起计算，集成电路生产项目需单独进行会计核算、计算所得，并合理分摊期间费用。

③国家鼓励的线宽小于130纳米（含）的集成电路生产企业，属于国家鼓励的集成电路生产企业清单年度之前5个纳税年度发生的尚未弥补完的亏损，准予向以后年度结转，总结转年限最长不得超过10年。

④国家鼓励的集成电路设计、装备、材料、封装、测试企业和软件企业，自获利年度起，第1年至第2年免征企业所得税，第3年至第5年按照25%的法定税率减半征收企业所得税。

⑤国家鼓励的重点集成电路设计企业和软件企业，自获利年度起，第1年至第5年免征企业所得税，接续年度减按10%的税率征收企业所得税。

3. 符合条件的技术转让所得

技术转让是居民企业转让其拥有符合技术转让范围规定技术的所有权或5年以上（含5年）全球独占许可使用权的行为。技术转让包括居民企业转让专利技术、计算机软件著作权、集成电路布图设计权、植物新品种、生物医药新品种，以及财政部和国家税务总局确定的其他技术。

一个纳税年度内，居民企业技术转让所得不超过500万元的部分，免征企业所得税；超过500万元的部分，减半征收企业所得税。

居民企业取得禁止出口和限制出口技术转让所得，不享受技术转让减免企业所得税优惠政策。居民企业从直接或间接持有股权之和达到100%的关联方取得的技术转让所得，不享受技术转让减免企业所得税优惠政策。关联方之间发生技术转让所取得的技术转让所得，不享受本优惠政策。

技术转让所得=技术转让收入-技术转让成本-相关税费

技术转让收入是指当事人（转让方）履行技术转让合同后获得的价款，不包括销售或转让设备、仪器、零部件、原材料等非技术性收入。不属于与技术转让项目密不可分的技术咨询、技术服务、技术培训等收入，不得计入技术转让收入。技术转让成本是指无形资产的计税基础减去摊销扣除额（无形资产的净值）。相关税费包括除企业所得税和允许抵扣的增值税以外的各项税金及其附加、合同签订费用、律师费等相关费用及其他支出。

【例5-1】20X3年，某居民企业收入总额为3 000万元（其中不征税收入400万元，符合条件的技术转让收入900万元），各项成本、费用和税金等扣除金额合计1 800万元（其中含技术转让准予扣除的金额200万元）。20X3年该企业应缴纳企业所得税计算如下：

技术转让所得=900-200=700

500 万元以内的免企业所得税，超过 500 万元的减半征收，因此可扣除的为 500+200×50%＝600

应纳税额＝（3 000-400-1 800-600）×25%＝50（万元）

4. 铁路债券利息收入

对企业投资者持有 2019—2023 年发行的铁路债券取得的利息收入，减半征收企业所得税。

5. 文化事业单位转制为企业有关税收政策

经营性文化事业单位转制为企业，自转制注册之日起 5 年内免征企业所得税。2018 年 12 月 31 日之前已完成转制的企业，自 2019 年 1 月 1 日起可继续免征 5 年企业所得税。

6. 重点群体创业就业有关税收政策

企业招用建档立卡贫困人口，以及在人力资源社会保障部门公共就业服务机构登记失业半年以上且持就业创业证或就业失业登记证（注明“企业吸纳税收政策”）的人员，与其签订 1 年以上期限劳动合同并依法缴纳社会保险费的，自签订劳动合同并缴纳社会保险当月起，在 3 年内按实际招用人数予以定额依次扣减增值税、城市维护建设税、教育费附加、地方教育附加和企业所得税优惠。定额标准为每人每年 6 000 元，最高可上浮 30%（各省、自治区、直辖市人民政府确定），当年扣减不完的，不得结转下年使用。

7. 北京冬奥会有关的税收政策

自 2019 年 11 月 11 日起，对国际奥委会相关实体中的非居民企业取得的与北京冬奥会有关的收入，免征企业所得税。

（二）加速折旧

1. 一般性加速折旧

企业的固定资产由于技术进步等原因，确需加速折旧的，可以缩短折旧年限或者采取加速折旧的方法。可以采取缩短折旧年限或者采取加速折旧的方法的固定资产，包括：

（1）由于技术进步，产品更新换代较快的固定资产；

（2）常年处于强振动、高腐蚀状态的固定资产。

采取缩短折旧年限方法的，最低折旧年限不得低于规定折旧年限的 60%。采取加速折旧方法的，可以采用双倍余额递减法或者年数总和法。加速折旧方法一经确定，一般不得变更。

2. 特殊性加速折旧

（1）一次性税前扣除政策：

企业在 2018 年 1 月 1 日至 2023 年 12 月 31 日新购进的设备、器具，单位价值不超过 500 万元的，允许一次性计入当期成本费用在计算应纳税所得额时扣除，不再分年度计算折旧。

①设备、器具，是指除房屋、建筑物以外的固定资产（以下简称固定资产）。所谓购进，包括以货币形式购进或自行建造，其中以货币形式购进的固定资产包括购进的使用过

的固定资产。以货币形式购进的固定资产，以购买价款和支付的相关税费以及直接归属于使该资产达到预定用途发生的其他支出确定单位价值；自行建造的固定资产，以竣工结算前发生的支出确定单位价值。

②固定资产购进时点按以下原则确认：以货币形式购进的固定资产，除采取分期付款或赊销方式购进外，按发票开具时间确认；以分期付款或赊销方式购进的固定资产，按固定资产到货时间确认；自行建造的固定资产，按竣工结算时间确认。

③固定资产在投入使用月份的次月所属年度一次性税前扣除。

④企业选择享受一次性税前扣除政策的，其资产的税务处理可与会计处理不一致。

⑤企业根据自身生产经营核算需要，可自行选择享受一次性税前扣除政策。未选择享受一次性税前扣除政策的，以后年度不得再变更。

（2）所有行业企业持有的单位价值不超过 5 000 元的固定资产，允许一次性计入当期成本费用在计算应纳税所得额时扣除，不再分年度计算折旧。

3. 疫情防控设备扣除

自 2020 年 1 月 1 日起至 2021 年 3 月 31 日，对疫情防控重点保障物资生产企业为扩大产能新购置的相关设备，允许一次性计入当期成本费用在企业所得税税前扣除。

（三）加计扣除

1. 研发费用的加计扣除

第一，加计扣除比例及费用项目。

自 2018 年 1 月 1 日至 2023 年 12 月 31 日，未形成无形资产计入当期损益的，在按照规定据实扣除的基础上，再按照研究开发费用的 75%加计扣除；形成无形资产的，按照无形资产成本的 175%摊销。制造业企业自 2021 年 1 月 1 日起，比例为 100%。研发费用项目包括：

（1）人员人工费用。直接从事研发活动人员的工资薪金、基本养老保险费、基本医疗保险费、失业保险费、工伤保险费、生育保险费、住房公积金和外聘研发人员的劳务费。

（2）直接投入费用。研发活动直接消耗的材料、燃料和动力费用；用于中间试验和产品试制的模具、工艺装备开发及制造费，不构成固定资产的样品、样机及一般测试手段购置费，试制产品的检验费；用于研发活动的仪器、设备的运行维护、调整、检验、维修等费用，以及通过经营租赁方式租入的用于研发活动的仪器、设备租赁费。

（3）折旧费用。用于研发活动的仪器、设备的折旧费。

（4）无形资产摊销额。用于研发活动的软件、专利权、非专利技术（包括许可证、专有技术、设计和计算方法等）的摊销费用。

（5）新产品设计费、新工艺规程制定费、新药研制的临床试验费、勘探开发技术的现场试验费。

（6）其他相关费用。这里是指与研发活动直接相关的其他费用，如技术图书资料费、资料翻译费、专家咨询费、高新科技研发保险费，研发成果的检索、分析、评议、论证、鉴定、评审、评估、验收费用，知识产权的申请费、注册费、代理费，差旅费、会议费等。此项费用总额不得超过可加计扣除研发费用总额的10%。

(7) 财政部和国家税务总局规定的其他费用。

第二，加计扣除的适用范围。

下列活动不得在税前加计扣除：①企业产品（服务）的常规性升级；②对某项科研成果的直接应用，如直接采用公开的新工艺、材料、装置、产品、服务或知识等；③企业在商品化后为顾客提供的技术支持活动；④对现存产品、服务、技术、材料或工艺流程进行的重复或简单改变；⑤市场调查研究、效率调查或管理研究；⑥作为工业（服务）流程环节或常规的质量控制、测试分析、维修维护；⑦社会科学、艺术或人文学方面的研究。

下列行业不得在税前加计扣除：①烟草制造业；②住宿和餐饮业；③批发和零售业；④房地产业；⑤租赁和商务服务业；⑥娱乐业；⑦财政部和国家税务总局规定的其他行业。

第三，特别事项处理。

委托外部机构或个人进行研发活动所发生的费用，按照费用实际发生额（符合独立交易原则）的80%计入委托方研发费用并计算加计扣除，受托方不得再进行加计扣除。

委托境外进行研发活动所发生的费用，按费用实际发生额（符合独立交易原则）的80%计入委托方的委托境外研发费用。委托境外研发费用不得超过境内符合条件研发费用的2/3，可以按规定在企业所得税前加计扣除。委托境外个人进行研发活动发生的费用，不得加计扣除。

委托方与受托方存在关联关系的，受托方应向委托方提供研发项目费用支出明细情况。委托境外进行研发活动，由委托方到科技部门进行登记；委托境内进行研发活动，由受托方到科技部门进行登记。

第四，核算管理要求。

研发费用加计扣除适用于会计核算健全、实行查账征收并能够准确归集研发费用的居民企业，对可加计扣除的研发费用实行归并核算。企业应按照国家财务会计制度要求，对研发支出进行会计处理。

企业研发项目立项时应设置研发支出辅助账（按自主、委托、合作、集中几种研发方式分设），由企业留存备查，年末汇总分析填报研发支出辅助账汇总表，并在报送年度财务会计报告的同时，随附注一并报送主管税务机关。研发支出辅助账、研发支出辅助账汇总表格式参照税总公告所附样式编制。企业年度纳税申报时，根据研发支出辅助账汇总表填报研发项目可加计扣除研发费用情况归集表，在年度纳税申报时随申报表一并报送。企业应不迟于年度汇算清缴纳税申报时，向税务机关报送《企业所得税优惠事项备案表》和研发项目文件完成备案，并将有关资料留存备查。

2. 安置残疾人员就业的工资加计扣除

企业安置残疾人员及国家鼓励安置的其他人员就业并符合具体规定条件的，除所支付的工资可据实扣除外，不论企业盈亏，均可按支付给残疾职工工资的100%加计扣除。企业对支付给残疾职工的工资，在进行企业所得税预缴申报时，可据实计算扣除；在年度终了进行企业所得税年度申报和汇算清缴时，再按规定计算加计扣除。

企业实际支付给职工工资的加计扣除部分，如果大于本年度应纳税所得额的，可准予扣除其不超过应纳税所得额的部分，超过部分在本年度和以后年度均不得扣除。

（四）减计收入

1. 综合利用资源减按 90%计入收入总额。综合利用资源是指企业以《资源综合利用企业所得税优惠目录》规定的资源作为主要原材料，生产国家非限制和禁止并符合国家和行业相关标准的产品取得的收入。

2. 自 2019 年 6 月 1 日至 2025 年 12 月 31 日，提供社区养老、托育、家政服务取得的收入，在计算应纳税所得额时，减按 90%计入收入总额。

3. 自 2017 年 1 月 1 日至 2023 年 12 月 31 日，对金融机构农户小额贷款的利息收入，在计算应纳税所得额时，按 90%计入收入总额。

4. 自 2017 年 1 月 1 日至 2023 年 12 月 31 日，对保险公司为种植业、养殖业提供保险业务取得的保费收入，在计算应纳税所得额时，按 90%计入收入总额。

5. 自 2017 年 1 月 1 日至 2023 年 12 月 31 日，对经省级金融管理部门（金融办、局等）批准成立的小额贷款公司取得的农户小额贷款利息收入，在计算应纳税所得额时，按 90%计入收入总额。

（五）抵扣税额

创业投资企业采取股权投资方式投资于未上市的中小高新技术企业 2 年以上的，可按其投资额的 70%在股权持有满 2 年的当年抵扣该创业投资企业的应纳税所得额；当年不足抵扣的，可在以后纳税年度结转抵扣。

创投企业是指依法在中国境内设立的专门从事创业投资活动的企业或其他经济组织。中小企业接受创业投资之后，经认定符合高新技术企业标准的，应自其被认定年度起计算投资期限。该期限内中小企业接受创业投资后，企业规模超过中小企业标准，但仍符合高新技术企业标准的，不影响创业投资企业享受优惠。

（六）税收抵免

税额抵免，是指企业购置并实际使用《环境保护专用设备企业所得税优惠目录》《节能节水专用设备企业所得税优惠目录》和《安全生产专用设备企业所得税优惠目录》规定的环境保护、节能节水、安全生产等专用设备的，该专用设备的投资额的 10%可以从企业当年的应纳税额中抵免；当年不足抵免的，可以在以后 5 个纳税年度结转抵免。

享受上述企业所得税优惠的企业，应当实际购置并自身实际投入使用规定的专用设备；企业购置上述专用设备在 5 年内转让、出租的，应当停止享受企业所得税优惠，并补缴已经抵免的企业所得税税款。转让的受让方可以按照该专用设备投资额的 10%抵免当年企业所得税应纳税额；当年应纳税额不足抵免的，可以在以后 5 个纳税年度结转抵免。

企业所得税优惠目录，由国务院财政、税务主管部门商国务院有关部门制订，报国务院批准后公布施行。

企业同时从事适用不同企业所得税待遇的项目的，其优惠项目应当单独计算所得，并合理分摊企业的期间费用；没有单独计算的，不得享受企业所得税优惠。

（七）企业所得税减免管理

企业按规定可以享受的各项减免政策（优惠事项）和资产损失税前扣除，实行“自行判别、申报享受、相关资料留存备查”的办理方式，即“以表代备”。企业应根据相关税收法规和经营情况，自行判断是否符合规定条件。符合条件的可按规定时间自行计算减免税额，并通过填报企业所得税纳税申报主、附表享受税收优惠。从而大大简化了企业涉税事项的办理流程，但也将更多的隐性风险转移给企业，涉税风险从事前延伸到事后。如何应对后续稽查风险，对企业税务管理提出了更高要求。

企业同时享受多项优惠事项或享受的优惠事项按照规定分项目进行核算的，应按优惠事项或项目分别归集留存备查资料。在完成年度汇算清缴后，应同步将留存备查资料归集齐全并整理完成，以备税务机关核查。留存备查资料是指与企业享受优惠事项有关的合同、协议、凭证、证书、文件、账册、说明等资料，从享受优惠事项当年汇算清缴期结束次日起，保留期限 10 年。企业应按规定归集和留存相关资料备查，并对其真实性、合法性和完整性负责。

五、征收管理

1. 纳税地点

除税收法律、行政法规另有规定外，居民企业以企业登记注册地（企业按照国家有关规定进行登记注册的住所地）为纳税地点；但登记注册地在境外的，以实际管理机构所在地为纳税地点。

非居民企业取得税法规定的所得，以机构、场所所在地为纳税地点。

非居民企业在中国境内未设立机构、场所，或者虽设立机构、场所但取得的所得与其所设机构、场所没有实际联系的，其所得应缴纳的所得税，以扣缴义务人所在地为纳税地点。

2. 纳税期限

企业所得税按年计征，分月或者分季预缴，年终汇算清缴，多退少补。

企业所得税的纳税年度，自公历 1 月 1 日起至 12 月 31 日止。企业在一个纳税年度的中间开业，或者由于合并、关闭等原因终止经营活动，使该纳税年度的实际经营期不足 12 个月的，应当以其实际经营期为一个纳税年度。企业清算时，应当以清算期间作为一个纳税年度。企业应当自清算结束之日起 15 日内，向主管税务机关报送企业所得税纳税申报表，并结清税款。自 2019 年起，小型微利企业所得税统一实行按季度预缴。

正常情况下，企业自年度终了之日起 5 个月内，向税务机关报送年度企业所得税纳税申报表，并汇算清缴，结清应缴应退税款。企业在年度中间终止经营活动的，应当自实际经营终了之日起60日内，向税务机关办理当期企业所得税汇算清缴。

第二节　企业所得税的确认计量

按照《中华人民共和国企业所得税法》的规定，应纳税所得额为企业每一个纳税年度的收入总额，减除不征税收入、免税收入、各项扣除以及允许弥补的以前年度亏损后的余额。基本公式为：

应纳税所得额=收入总额-不征税收入-免税收入-各项扣除-允许弥补的以前年度亏损

企业应纳税所得额的计算，除特殊规定外，以权责发生制为原则，即属于当期的收入和费用，不论款项是否收付，均作为当期的收入和费用；不属于当期的收入和费用，即使款项已经在当期收付，也不作为当期的收入和费用。应纳税所得额的正确计算直接关系到国家财政收入和企业的负担，并且同成本、费用核算关系密切。因此，《企业所得税法》对应纳税所得额计算做了明确规定，主要内容包括收入总额、扣除范围和标准、资产的税务处理、亏损弥补等。

一、收入总额

企业的收入总额包括以货币形式和非货币形式从各种来源取得的收入，具体有：销售货物收入，提供劳务收入，转让财产收入，股息、红利等权益性投资收益，利息收入，租金收入，特许权使用费收入，接受捐赠收入，其他收入。

企业取得收入的货币形式，包括现金、存款、应收账款、应收票据、准备持有至到期的债券以及债务的豁免等；纳税人以非货币形式取得的收入，包括固定资产、生物资产、无形资产、股权投资、存货、不准备持有至到期的债券、劳务以及有关权益等，这些非货币资产应当按照公允价值确定收入额，公允价值是指按照市场价格确定的价值。

（一）一般收入的确认

（1）销售货物收入。是指企业销售商品、产品、原材料、包装物、低值易耗品以及其他存货取得的收入。

（2）提供劳务收入。是指企业从事建筑安装、修理修配、交通运输、仓储租赁、金融保险、邮电通信、咨询经纪、文化体育、科学研究、技术服务、教育培训、餐饮住宿、中介代理、卫生保健、社区服务、旅游、娱乐、加工以及其他劳务服务活动取得的收入。

（3）转让财产收入。是指企业转让固定资产、生物资产、无形资产、股权、债权等财产取得的收入。

企业转让股权收入。应于转让协议生效且完成股权变更手续时，确认收入的实现。转让股权收入扣除为取得该股权所发生的成本后，为股权转让所得。企业在计算股权转让所得时，不得扣除被投资企业未分配利润等股东留存收益中按该项股权所可能分配的金额。

（4）股息、红利等权益性投资收益。股息、红利等权益性投资收益是指企业因权益性投资从被投资方取得的收入。除国务院财政、税务主管部门另有规定外，企业应当以被投资方做出利润分配决定的日期确认收入的实现。

（5）利息收入。是指企业将资金提供他人使用但不构成权益性投资，或者因他人占用本企业资金取得的收入，包括存款利息、贷款利息、债券利息、欠款利息等收入。利息收入按照合同约定的债务人应付利息的日期确认收入的实现。

（6）租金收入。租金收入是指企业提供固定资产、包装物或者其他有形资产的使用权取得的收入。租金收入应当按照合同约定的承租人应付租金的日期确认收入的实现。如果交易合同或协议中规定租赁期限跨年度，且租金提前一次性支付，出租人可对上述已确认的收入，在租赁期内，分期均匀计入相关年度收入。

（7）特许权使用费收入。特许权使用费收入是指企业提供专利权、非专利技术、商标权、著作权以及其他特许权的使用权而取得的收入。特许权使用费收入，应当按照合同约定的特许权使用人应付特许权使用费的日期确认收入的实现。

（8）接受捐赠收入，是指企业接受的来自其他企业、组织或者个人无偿给予的货币性资产、非货币性资产。接受捐赠收入，按照实际收到捐赠资产的日期确认收入的实现。

（9）其他收入。是指企业取得的除上述收入外的其他收入，包括企业资产溢余收入、逾期未退包装物押金收入、确实无法偿付的应付款项、已作坏账损失处理后又收回的应收款项、债务重组收入、补贴收入、违约金收入、汇兑收益等。

（二）特殊收入的确认

（1）以分期收款方式销售货物的，按照合同约定的收款日期确认收入的实现。

（2）企业受托加工制造大型机械设备、船舶、飞机，以及从事建筑、安装、装配工程业务或者提供其他劳务等，持续时间超过 12 个月的，按照纳税年度内完工进度或者完成的工作量确认收入的实现。

（3）采取产品分成方式取得收入的，按照企业分得产品的日期确认收入的实现，其收入额按照产品的公允价值确定。

（4）企业发生非货币性资产交换，以及将货物、财产、劳务用于捐赠、偿债、赞助、集资、广告、样品、职工福利或者利润分配等用途的，应当视同销售货物、转让财产或者提供劳务，但国务院财政、税务主管部门另有规定的除外。

（三）处置资产收入的确认

自 2008 年 1 月 1 日起，企业处置资产的所得税处理根据《企业所得税法实施条例》第二十五条的规定执行，对 2008 年 1 月 1 日以前发生的处置资产，2008 年 1 月 1 日以后尚未进行税务处理的，也按此规定执行。

（1）企业发生下列情形的处置资产，除将资产转移至境外以外，由于资产所有权属在形式和实质上均不发生改变，可作为内部处置资产，不视同销售确认收入，相关资产的计税基础延续计算：

①将资产用于生产、制造、加工另一产品；

②改变资产形状、结构或性能；

③改变资产用途（如自建商品房转为自用或经营）；

④将资产在总机构及其分支机构之间转移；

⑤上述两种或两种以上情形的混合；

⑥其他不改变资产所有权属的用途。

（2）企业将资产移送他人的下列情形，因资产所有权属已发生改变而不属于内部处置资产，应按规定视同销售确定收入：

①用于市场推广或销售；

②用于交际应酬；

③用于职工奖励或福利；

④用于股息分配；

⑤用于对外捐赠；

⑥其他改变资产所有权属的用途。

企业发生上述①至⑥项情形时，除另有规定外，应按照被移送资产的公允价值确定销售收入。

（四）相关收入实现的确认

除《企业所得税法》及其实施条例前述关于收入的规定外，企业销售收入的确认，必须遵循权责发生制原则和实质重于形式原则。

（1）企业销售商品同时满足下列条件的，应确认收入的实现：

①商品销售合同已经签订，企业已将商品所有权相关的主要风险和报酬转移给购货方；

②企业对已售出的商品既没有保留通常与所有权相联系的继续管理权，也没有实施有效控制；

③收入的金额能够可靠地计量；

④已发生或将发生的销售方的成本能够可靠地核算。

（2）符合上述收入确认条件，采取下列商品销售方式的，应按以下规定确认收入实现时间：

①销售商品采用托收承付方式的，在办妥托收手续时确认收入；

②销售商品采取预收款方式的，在发出商品时确认收入；

③销售商品需要安装和检验的，在购买方接受商品以及安装和检验完毕时确认收入；如果安装程序比较简单，可在发出商品时确认收入；

④销售商品采用支付手续费方式委托代销的，在收到代销清单时确认收入。

3. 采用售后回购方式销售商品的，销售的商品按售价确认收入，回购的商品作为购进商品处理。有证据表明不符合销售收入确认条件的，如以销售商品方式进行融资，收到的款项应确认为负债，回购价格大于原售价的，差额应在回购期间确认为利息费用。

4. 销售商品以旧换新的，销售商品应当按照销售商品收入确认条件确认收入，回收的商品作为购进商品处理。

5. 企业为促进商品销售而在商品价格上给予的价格扣除属于商业折扣，商品销售涉及商业折扣的，应当按照扣除商业折扣后的金额确定销售商品收入金额。

债权人为鼓励债务人在规定的期限内付款而向债务人提供的债务扣除属于现金折扣，销售商品涉及现金折扣的，应当按扣除现金折扣前的金额确定销售商品收入金额，现金折扣在实际发生时作为财务费用扣除。

企业因售出商品的质量不合格等而在售价上给予的减让属于销售折让。企业因售出商品质量、品种不符合要求等而发生的退货属于销售退回。企业已经确认销售收入的售出商品发生销售折让和销售退回，应当在发生当期冲减当期销售商品收入。

6. 企业在各个纳税期末，提供劳务交易的结果能够可靠估计的，应采用完工进度法（完工百分比）确认提供劳务收入。

（1）提供劳务交易的结果能够可靠估计，是指同时满足下列条件：

①收入的金额能够可靠地计量；

②交易的完工进度能够可靠地确定；

③交易中已发生和将发生的成本能够可靠地核算。

（2）企业提供劳务完工进度的确定，可选用下列方法：

①已完工作的测量；

②已提供劳务占劳务总量的比例；

③发生成本占总成本的比例。

（3）企业应按照从接受劳务方已收或应收的合同或协议价款确定劳务收入总额，根据纳税期末提供劳务收入总额乘以完工进度扣除以前纳税年度累计已确认提供劳务收入后的金额，确认为当期劳务收入。同时，按照提供劳务估计总成本乘以完工进度扣除以前纳税期间累计已确认劳务成本后的金额，结转为当期劳务成本。

（4）下列提供劳务满足收入确认条件的，应按规定确认收入：

①安装费，应根据安装完工进度确认收入。安装工作是商品销售附带条件的，安装费在确认商品销售实现时确认收入。

②宣传媒介的收费，应在相关的广告或商业行为出现于公众面前时确认收入。广告的制作费，应根据制作广告的完工进度确认收入。

③软件费，为特定客户开发软件的收费，应根据开发的完工进度确认收入。

④服务费，包含在商品售价内可区分的服务费，在提供服务的期间分期确认收入。

⑤艺术表演、招待宴会和其他特殊活动的收费，在相关活动发生时确认收入。收费涉及几项活动的，预收的款项应合理分配给每项活动，分别确认收入。

⑥会员费，申请入会或加入会员，只允许取得会籍，所有其他服务或商品都要另行收费的，在取得该会员费时确认收入。申请入会或加入会员后，会员在会员期内不再付费就可得到各种服务或商品，或者以低于非会员的价格销售商品或提供服务的，该会员费应在整个受益期内分期确认收入。

⑦特许权费，属于提供设备和其他有形资产的特许权费，在交付资产或转移资产所有权时确认收入；属于提供初始及后续服务的特许权费，在提供服务时确认收入。

⑧劳务费，长期为客户提供重复的劳务收取的劳务费，在相关劳务活动发生时确认收入。

7. 企业以“买一赠一”等方式组合销售本企业商品的，不属于捐赠，应将总的销售金额按各项商品的公允价值的比例来分摊确认销售收入

企业取得财产（包括各类资产、股权、债权等）转让收入、债务重组收入、接受捐赠收入、无法偿付的应付款收入等，不论是以货币形式还是非货币形式体现，除另有规定外，均应一次性计入确认收入的年度计算缴纳企业所得税。

二、不征税收入和免税收入

（一）不征税收入

（1）财政拨款，是指各级人民政府对纳入预算管理的事业单位、社会团体等组织拨付的财政资金，但国务院和国务院财政、税务主管部门另有规定的除外。

（2）依法收取并纳入财政管理的行政事业性收费、政府性基金。行政事业性收费，是指依照法律、法规等有关规定，按照规定程序批准，在实施社会公共管理，以及在向公民、法人或者其他组织提供特定公共服务过程中，向特定对象收取并纳入财政管理的费用。政府性基金，是指企业依照法律、行政法规等有关规定，代政府收取的具有专项用途的财政资金。具体规定如下：

①企业按照规定缴纳的、由国务院或财政部批准设立的政府性基金以及由国务院和省、自治区、直辖市人民政府及其财政、价格主管部门批准设立的行政事业性收费，准予在计算应纳税所得额时扣除。

企业缴纳的不符合上述审批管理权限设立的基金、收费，不得在计算应纳税所得额时扣除。

②企业收取的各种基金、收费，应计入企业当年收入总额。

③对企业依照法律、法规及国务院有关规定收取并上缴财政的政府性基金和行政事业性收费，准予作为不征税收入，于上缴财政的当年在计算应纳税所得额时从收入总额中减除；未上缴财政的部分，不得从收入总额中减除。

（3）国务院规定的其他不征税收入，是指企业取得的，由国务院财政、税务主管部门规定专项用途并经国务院批准的财政性资金。

财政性资金是指企业取得的来源于政府及其有关部门的财政补助、补贴、贷款贴息，

以及其他各类财政专项资金，包括增值税即征即退、先征后退、先征后返的各种税收，但不包括企业按规定取得的出口退税款。

①企业取得的各类财政性资金，除属于国家投资和资金使用后要求归还本金的以外，均应计入企业当年收入总额。国家投资是指国家以投资者身份投入企业并按有关规定相应增加企业实收资本（股本）的直接投资。

②对企业取得的由国务院财政、税务主管部门规定专项用途并经国务院批准的财政性资金，准予作为不征税收入，在计算应纳税所得额时从收入总额中减除。

企业取得的专项用途的财政性资金，在进行企业所得税处理时一般应按以下规定执行。

企业从县级以上各级人民政府财政部门及其他部门取得的应计入收入总额的财政性资金，凡同时符合以下条件的，可以作为不征税收入，在计算应纳税所得额时从收入总额中减除。

A. 企业能够提供规定资金专项用途的资金拨付文件。

B. 财政部门或其他拨付资金的政府部门对该资金有专门的资金管理办法或具体管理要求。

C. 企业对该资金以及以该资金发生的支出单独进行核算。

企业将符合规定条件的财政性资金作不征税收入处理后，在 5 年（60 个月）内未发生支出且未缴回财政部门或其他拨付资金的政府部门的部分，应计入取得资金第 6 年的应税收入总额。计入应税收入总额的财政性资金发生的支出，允许在计算应纳税所得额时扣除。

③纳入预算管理的事业单位、社会团体等组织按照核定的预算和经费报领关系收到的由财政部门或上级单位拨入的财政补助收入，准予作为不征税收入，在计算应纳税所得额时从收入总额中减除。但国务院和国务院财政、税务主管部门另有规定的除外。

值得注意的是，企业的不征税收入用于支出所形成的费用，不得在计算应纳税所得额时扣除。企业的不征税收入用于支出所形成的资产，其计算的折旧、摊销不得在计算应纳税所得额时扣除。

（4）企业取得的不征税收入，应按照《财政部　国家税务总局关于专项用途财政性资金企业所得税处理问题的通知》（财税〔2011〕70 号）的规定进行处理。凡未按照文件规定进行管理的，应作为企业应税收入计入应纳税所得额，依法缴纳企业所得税。

（5）对社保基金取得的直接股权投资收益、股权投资基金收益，作为企业所得税不征税收入。

（二）免税收入

1. 国债利息收入。为鼓励企业积极购买国债，支援国家建设，税法规定，企业因购买国债所得的利息收入，免征企业所得税。

【例 5-2】某生产化工产品的公司，20X3 年将自发行者购进的一笔三年期国债售出，取得收入 117 万元。售出时持有该国债恰满两年，该笔国债的买入价为 100 万元，年利率 5%，利息到期一次支付。该公司已将 17 万元计入投资收益。该业务应调整的应纳税所得额计算如下：

国债利息收入免税，应予调减

$$调减应纳税所得额=100\times5\%\times2=10\ （万元）$$

（2）符合条件的居民企业之间的股息、红利等权益性收益。是指居民企业直接投资于其他居民企业取得的投资收益。

（3）在中国境内设立机构、场所的非居民企业从居民企业取得与该机构、场所有实际联系的股息、红利等权益性投资收益。

居民企业和非居民企业取得的上述免税的投资收益不包括连续持有居民企业公开发行并上市流通的股票不足 12 个月取得的投资收益。

（4）符合条件的非营利组织的收入。

①符合条件的非营利组织是指：

A. 依法履行非营利组织登记手续。

B. 从事公益性或者非营利性活动。

C. 取得的收入除用于与该组织有关的、合理的支出外，全部用于登记核定或者章程规定的公益性或者非营利性事业。

D. 财产及其孳息不用于分配。

E. 按照登记核定或者章程规定，该组织注销后的剩余财产用于公益性或者非营利性目的，或者由登记管理机关转赠给与该组织性质、宗旨相同的组织，并向社会公告。

F. 投入人对投入该组织的财产不保留或者享有任何财产权利。

G. 工作人员工资福利开支控制在规定的比例内，不变相分配该组织的财产。

H. 国务院财政、税务主管部门规定的其他条件。

②《企业所得税法》第二十六条第（四）项所称符合条件的非营利组织的收入，不包括非营利组织从事营利性活动取得的收入，但国务院财政、税务主管部门另有规定的除外。

③非营利组织的下列收入为免税收入。

A. 接受其他单位或者个人捐赠的收入。

B. 除《企业所得税法》第七条规定的财政拨款以外的其他政府补助收入，但不包括因政府购买服务而取得的收入。

C. 按照省级以上民政、财政部门规定收取的会费。

D. 不征税收入和免税收入孳生的银行存款利息收入。

E. 财政部、国家税务总局规定的其他收入。

（5）对企业取得的 2009 年及以后年度发行的地方政府债券利息所得，免征企业所得税。地方政府债券是指经国务院批准，以省、自治区、直辖市和计划单列市政府为发行和偿还主体的债券。

（6）自2020年1月1日起，跨境电子商务综合试验区内实行核定征收的跨境电商企业取得的收入属于《企业所得税法》第二十六条规定的免税收入，可享受免税收入优惠政策。

（7）对企业投资者转让创新企业境内发行存托凭证（创新企业CDR）取得的差价所得和持有创新企业CDR取得的股息红利所得，按转让股票差价所得和持有股票的股息红利所得政策规定免征企业所得税。

（8）对公募证券投资基金（封闭式证券投资基金、开放式证券投资基金）转让创新企业CDR取得的差价所得和持有创新企业CDR取得的股息红利所得，按公募证券投资基金税收政策规定暂不征收企业所得税。

（9）对合格境外机构投资者（QFII）、人民币合格境外机构投资者（RQFII）转让创新企业CDR取得的差价所得和持有创新企业CDR取得的股息红利所得，视同转让或持有据以发行创新企业CDR的基础股票取得的权益性资产转让所得和股息红利所得免征企业所得税。

三、扣除原则和范围

（一）税前扣除项目的原则

税前扣除权是纳税人的一项权利。企业在具体进行税前扣除时，对扣除项目的确认时间和条件，主要应遵循以下确认原则：

1. 权责发生制原则

该原则的基本含义与财务会计相同，所得税税法规定该原则，旨在尽可能减少两者的差异，降低成本和风险。但“另有规定的除外”，即一般以权责发生制为基础，但也共存其他原则，如真实发生、确定性等原则。

2. 配比原则

纳税人发生的费用应在费用应配比或应分配的当期申报扣除，纳税年度应申报的可扣除费用不得提前或滞后申报扣除。

3. 确定性原则

纳税人可扣除的费用不论何时支付，其金额必须是确定的。如果可扣除的费用支出额或相应的债务额无法准确确定，一般情况下，不允许按估计的支出额在税前扣除。

根据以上原则，在具体确认时，应按照：一是按其与应税收入的发生是否为因果关系，如为因果关系，可按比例扣除；二是在受益期内，按税法允许或根据税法规定选择的会计方法进行折旧、摊销；三是对财务会计中已经确认、计量和记录的某些费用项目，虽然与税务会计确认的口径相同，但对超过税法规定扣除标准的项目，税务会计要按税法规定的扣除限额作为扣除费用。

（二）扣除项目的范围

企业实际发生的与取得应税收入有关的、合理的支出，包括成本、费用、税金、损失和其他支出，准予在计算应纳税所得额时扣除。除税收法律、行政法规另有规定外，不得重复扣除。

1. 销售成本

企业申报纳税期间已经确认的销售商品、提供劳务服务、转让和处置固定资产、无形资产等的销售成本、销货成本、业务支出以及其他耗费。它与财务会计中的主营业务成本、其他业务成本有密切联系，但不是直接对应的。

2. 期间费用

企业为生产、经营商品和提供劳务等所发生的销售费用、管理费用和财务费用（已经计入成本的有关费用除外）。

3. 税金及附加

企业实际发生的除所得税和增值税以外的各项税金及附加，即通过“税金及附加”所反映的税费。

4. 资产损失

资产是指企业拥有或者控制的、用于经营管理活动相关的资产，包括现金、银行存款、应收及预付款项（包括应收票据、各类垫款、企业之间往来款项）等货币性资产，存货、固定资产、无形资产、在建工程、生产性生物资产等非货币性资产，以及债权性投资和股权（权益）性投资。准予在企业所得税税前扣除的资产损失是指企业在实际处置、转让上述资产过程中发生的合理损失（以下简称实际资产损失），以及企业虽未实际处置、转让上述资产，但符合规定条件计算确认的损失（以下简称法定资产损失）。

企业实际资产损失，应当在其实际发生且财务会计上已作损失处理的年度申报扣除。法定资产损失，应当在企业向主管税务机关提供证据资料，证明该项资产已符合法定资产损失确认条件，且会计上已作损失处理的年度申报扣除。企业发生的资产损失，应按规定程序和要求向主管税务机关以清单申报或专项申报后方能在税前扣除。未经专项申报的损失，不得在税前扣除。

5. 其他支出

其他支出是指除成本、费用、税金、损失外，企业经营活动中发生的有关的、合理的支出。

（三）扣除项目及其标准

在计算应纳税所得额时，下列项目可按照实际发生额或规定的标准扣除。

1. 工资、薪金支出

企业发生合理的工资、薪金支出，准予在税前扣除。职工工资薪金是指企业每一纳税年度支付给在本企业任职或与其有雇佣关系的员工的所有现金或非现金形式的劳动报酬，包括基本工资、奖金、津贴、补贴、年终加薪、加班工资，以及与员工任职或者受雇有关的其他支出。企业雇佣季节工、临时工、实习生、返聘离退休人员以及接受外部劳务派遣用工，也属于企业任职或者受雇员工范畴。企业为其支付的相关费用，可以区分工资薪金支出和职工福利费支出后，准予在税前扣除，并以准予税前扣除的工资薪金支出总额为基数，作为计算其他各项相关费用的扣除依据。

“合理的工资、薪金”，是指企业按照股东大会、董事会、薪酬委员会或相关管理机构制定的工资、薪金制度规定实际发放给员工的工资、薪金。税务机关在对工资、薪金进行合理性确认时，可按以下原则掌握。

①企业制定了较为规范的员工工资、薪金制度；

②企业所制定的工资、薪金制度符合行业及地区水平；

③企业在一定时期发放的工资、薪金是相对固定的，工资、薪金的调整是有序进行的；

④企业对实际发放的工资、薪金，已依法履行了代扣代缴个人所得税义务；

⑤有关工资、薪金的安排，不以减少或逃避税款为目的。

符合合理工薪原则，列入企业员工工薪制度、固定与工资薪金一起发放的福利性补贴，可作为企业发生的工薪支出，按规定在税前扣除。企业在年度所得税汇算清缴结束前向员工实际支付的已预提工资薪金，准予在汇缴年度按规定扣除。按协议（合同）约定直接支付给劳务派遣公司的费用，作为劳务费支出；直接支付给员工个人的费用，作为工薪支出和职工福利费支出，准予计入工薪总额基数，作为计算其他各项相关费用扣除的依据。

2. 职工福利费、工会经费、职工教育经费

企业实际发生的满足职工共同需要的集体生活、文化、体育等方面的职工福利费支出，不超过工资薪金总额14%的部分，准予扣除。企业发生的职工福利费，应该单独设置账册，进行准确核算。没有单独设置账册准确核算的，税务机关应责令企业在规定的期限内进行改正。逾期仍未改正的，税务机关可对企业发生的职工福利费进行合理的核定。

企业职工福利费包括以下内容。

①为职工卫生保健、生活、住房、交通等所发放的各项补贴和非货币性福利，包括企业向职工发放的因公外地就医费用、未实行医疗统筹企业职工医疗费用、职工供养直系亲属医疗补贴、供暖费补贴、职工防暑降温费、职工困难补贴、救济费、职工食堂经费补贴、职工交通补贴等。

②企业尚未分离的内设集体福利部门所发生的设备、设施和人员费用，包括职工食堂、职工浴室、理发室、医务所、托儿所、疗养院、集体宿舍等集体福利部门设备、设施的折旧、维修保养费用以及集体福利部门工作人员的工资、薪金、社会保险费、住房公积金、劳务费等人工费用。

③职工困难补助，或者企业统筹建立和管理的专门用于帮助、救济困难职工的基金支出。

④按规定发生的其他职工福利费，包括丧葬补助费、抚恤费、职工异地安家费、独生子女费、探亲假路费，以及符合企业职工福利费定义但没有包括在上述各条款项目中的其他支出。

企业拨缴的工会经费，不超过工资薪金总额2%的部分，凭工会组织开具的《工会经费收入专用收据》，准予扣除。

企业发生的职工教育经费支出，不超过工资薪金总额8%的部分，准予扣除；超过部分，可以在以后纳税年度结转扣除。

软件企业、集成电路设计企业、动漫企业、核电企业、航空企业的职工培训费用，可按其实际发生额在税前全额扣除。

【例5-3】某企业20X3年支付正式职工的合理工资总额380万元、临时工工资20万元，实际发生的职工工会经费6万元、职工福利费60万元、职工教育经费15万元。

（1）工会经费：实际发生6万元，扣除限额=（380+20）×2%=8（万元），税前扣除=6（万元），不须调整；

（2）职工福利费：实际发生60万元，扣除限额=（380+20）×14%=56（万元），税前扣除=56（万元），调增4万元；

（3）职工教育经费：实际发生15万元，扣除限额=（380+20）×8%=32（万元），税前扣除=15（万元），不须调整。

3. 社会保险费

（1）企业依照国务院有关主管部门或者省级人民政府规定的范围和标准为职工缴纳的“五险一金”，即基本养老保险费、基本医疗保险费、失业保险费、工伤保险费、生育保险费等基本社会保险费和住房公积金，准予扣除。

（2）企业为在本企业任职或受雇的全体员工支付的补充养老保险费、补充医疗保险费，分别在不超过职工工资总额5%标准内的部分，准予扣除。超过部分，不得扣除。企业依照国家有关规定为特殊工种职工支付的人身安全保险费和符合国务院财政、税务主管部门规定可以扣除的商业保险费准予扣除。

（3）企业参加财产保险，按照规定缴纳的保险费，准予扣除。企业为投资者或者职工支付的商业保险费，不得扣除。

自2016年度开始，企业职工因公出差乘坐交通工具发生的人身意外保险费支出，准予企业在计算应纳税所得额时扣除。

自2018年度开始，企业参加雇主责任险、公众责任险等责任保险，按照规定缴纳的保险费，准予在企业所得税税前扣除。

4. 利息费用

企业在经营活动中发生的、与收入相关的下列利息支出，准予在税前扣除。

（1）非金融企业向金融企业借款的利息支出、金融企业的各项存款利息支出和同业拆借利息支出、企业经批准发行债券的利息支出。

（2）非金融企业向非金融企业、向股东或其他与企业有关联关系的自然人、向内部职工或其他人员借款的利息支出，在不超过债权性投资与权益性投资2∶1比例的基础上，不超过按照金融企业同期同类贷款利率计算的数额的部分。假设某企业权益性投资额5 000万元，向自然人（或关联方）借款15 000万元，在计算利息扣除时，只允许按10 000万元乘以金融企业同期同类贷款利率计算的利息在税前扣除。金融企业与关联方借款，不超过债资比 5：1 部分的利息支出准予扣除。

（3）对于采用实际利率法确认的与金融负债相关的利息费用，未超过同期银行贷款利率的部分，可在计算当期应纳税所得额时扣除，超过的部分不得扣除。

（4）投资人投资未到位而发生的利息支出。投资人在规定期限内未缴足其应投资本额的，其应投资本额与实投资本额的差额应计付的利息，不属于企业合理的支出，应由投资人负担，企业不得在税前扣除。假如某企业注册资本 2 000 万元，投资人先投入 1 800 万元，尚欠 200 万元。该年度企业向银行借款 1 500 万元，支付借款利息 90 万元。不得扣除的借款利息 $=90\times200\div1\ 500=12$（万元），允许扣除的利息支出 $=90-12=78$（万元）。

5. 借款费用

企业在生产经营活动中发生的合理的不需要资本化的借款费用，准予扣除。

企业为购置、建造固定资产、无形资产和经过 12 个月以上的建造才能达到预定可销售状态的存货发生借款的，在有关资产购置、建造期间发生的合理的借款费用，应予以资本化，作为资本性支出计入有关资产的成本。有关资产交付使用后发生的借款利息，可在发生当期扣除。

企业通过发行债券、取得贷款、吸收保户储金等方式融资而发生的合理的费用支出，符合资本化条件的，应计入相关资产成本；不符合资本化条件的，应作为财务费用，准予在企业所得税前据实扣除。

6. 汇兑损失

企业在货币交易中，以及纳税年度终了时将人民币以外的货币性资产、负债按照期末即期人民币汇率中间价折算为人民币时产生的汇兑损失，除已经计入有关资产成本以及与向所有者进行利润分配相关的部分外，准予扣除。

7. 业务招待费

企业发生的与生产经营活动有关的业务招待费支出，按照发生额的 60%扣除，但最高不得超过当年销售（营业）收入的 5‰。当年销售（营业）收入包括《企业所得税法实施条例》第二十五条规定的视同销售（营业）收入额。

对从事股权投资业务的企业（包括集团公司总部、创业投资企业等），其从被投资企业所分配的股息、红利以及股权转让收入，可以按规定的比例计算业务招待费扣除限额。

企业在筹建期间，发生的与筹办活动有关的业务招待费支出，可按实际发生额的 60%计入企业筹办费，并按有关规定在税前扣除。

8. 广告费和业务宣传费

企业发生的符合条件的广告费和业务宣传费支出，除国务院财政、税务主管部门另有规定外，不超过当年销售收入额（含视同销售收入额和创投企业的投资收益，但不包括营业外收入和非创投企业的投资收益）15%的部分，准予扣除；超过部分，准予在以后纳税年度结转扣除。化妆品制造、销售、医药制造和饮料制造（不含酒类制造）企业发生的广告费和业务宣传费支出，不超过当年销售收入 30%的部分，准予扣除；超过部分，准予在以后纳税年度结转扣除。烟草企业的烟草广告费和业务宣传费支出，一律不得在计算应纳税所得额时扣除。

企业申报的广告费支出，必须符合以下条件：广告是通过工商部门批准的专门机构制作的；已实际支付，并已取得相应发票；通过一定的媒体传播。

【例 5-4】20X3 年，甲企业实现销售收入 3 000 万元，当年发生广告费 400 万元，上年度结转未扣除广告费 50 万元。已知广告费不超过当年销售收入 15%的部分，准予扣除。甲企业在计算 20X3 年度企业所得税应纳税所得额时，准予扣除的广告费金额计算如下：

扣除限额 = 3 000×15% = 450（万元）；本年实际发生 400 万元可以全额扣除。另外，还可以扣除上年度结转未扣除的广告费 50 万元，合计 450 万元。

9. 公益性捐赠支出

公益性捐赠，是指企业通过公益性社会组织或者县级以上人民政府及其部门，用于符合法律规定的慈善活动、公益事业的捐赠。

公益性社会组织是指同时符合下列条件的慈善组织和其他社会组织：依法登记，具有法人资格；以发展公益事业为宗旨，且不以营利为目的；全部资产及其增值为该法人所有；收益和营运结余主要用于符合该法人设立目的的事业；终止后的剩余财产不归属任何个人或者营利组织；不经营与其设立目的无关的业务；有健全的财务会计制度；捐赠者不以任何形式参与该法人财产的分配；国务院财政、税务主管部门会同国务院民政部门等登记管理部门规定的其他条件。

企业当年发生以及以前年度结转的公益性捐赠支出，不超过年度利润总额 12%的部分，准予扣除；超过年度利润总额 12%的部分，准予以后三年内在计算应纳税所得额时结转扣除。年度利润总额，是指企业依照国家会计制度的规定计算的年度会计利润。

【例 5-5】某企业 20X3 年度实现利润总额 1 000 万元，在营业外支出账户列支了通过公益性社会组织向贫困地区的捐款 100 万元、直接向某小学捐款 50 万元。在计算该企业 20X3 年度应纳税所得额时，允许扣除的捐款数额计算如下：

直接捐款 50 万元不允许扣除，实际公益性捐赠 100 万元，扣除标准 = 1 000×12% = 120（万元），100 万元<120 万元，允许扣除 100 万元。

10. 有关资产的费用

企业转让各类固定资产发生的费用，允许扣除。企业按规定计算的固定资产折旧费、无形资产和递延资产的摊销费，准予扣除。

11. 专项资金

企业依照法律、行政法规有关规定提取的用于环境保护、生态恢复等方面的专项资金，准予扣除。上述专项资金提取后改变用途的，不得扣除。

12. 租赁费

企业根据生产经营的需要租入固定资产所支付的租赁费，按下列办法扣除：①以经营租赁方式租入固定资产发生的租赁费支出，按照租赁期限均匀扣除；②以融资租赁方式租入固定资产发生的租赁费支出，按照规定构成融资租入固定资产价值的部分应当提取折旧费用，分期扣除。

13. 劳动保护费

企业实际发生的合理的劳动保护支出，准予扣除。劳动保护支出是指确因工作需要为雇员配备或提供工作服、手套、安全保护用品、防暑降温用品等所发生的支出。

14. 总机构分摊的费用

非居民企业在中国境内设立的机构、场所，就其中国境外总机构发生的与该机构、场所生产经营有关的费用，能够提供总机构出具的费用汇集范围、定额、分配依据和方法等证明文件，并合理分摊的，准予扣除。

15. 资产损失

企业当期发生的固定资产和流动资产盘亏、毁损净损失，提供清查盘存资料，向主管税务机关备案后，准予扣除；企业因存货盘亏、毁损、报废等不得从销项税额中抵扣的进项税金，视同财产损失，准予与存货损失一起扣除。

16. 手续费及佣金支出

佣金是在合法的商业活动中，支付给中间商、经纪人、代理商、掮客等中间人的合法劳务报酬。

（1）保险企业发生与其经营活动有关的手续费及佣金支出，不超过当年全部保费收入扣除退保金等后余额的18%（含本数）的部分，在计算应纳税所得额时准予扣除；超过部分，允许结转以后年度扣除。其他企业，按与具有合法经营资格中介服务机构或个人（不含交易双方及其雇员、代理人和代表人等）所签订服务协议或合同确认的收入金额的5%计算限额。

（2）企业应与具有合法经营资格的中介服务企业或个人签订代办协议或合同，并按国家有关规定支付手续费及佣金。除委托个人代理外，企业以现金等非转账方式支付的手续费及佣金不得在税前扣除。企业为发行权益性证券支付给有关证券承销机构的手续费及佣金不得在税前扣除。

（3）企业不得将回扣、业务提成、返利、进场费等计入手续费及佣金支出中。

（4）企业已计入固定资产、无形资产等相关资产的手续费及佣金支出，应当通过折旧、摊销等方式分期扣除，不得在发生当期直接扣除。

（5）企业支付的手续费及佣金不得直接冲减服务协议或合同金额，并如实入账。

（6）企业应当如实向当地主管税务机关提供当年手续费及佣金计算分配表和其他相关资料，并依法取得合法真实凭证。

17. 以前年度发生应扣未扣支出

企业发现以前年度实际发生的、按照税收规定应在企业所得税前扣除而未扣除或者少扣除的支出，企业做出专项申报及说明后，准予追补至该项目发生年度计算扣除，但追补确认期限不得超过 5 年。

企业由于上述原因多缴的企业所得税税款，可以在追补确认年度企业所得税应纳税款中抵扣，不足抵扣的，可以向以后年度递延抵扣或申请退税。

亏损企业追补确认以前年度未在企业所得税前扣除的支出，或盈利企业经过追补确认后出现亏损的，应首先调整该项支出所属年度的亏损额，然后再按照弥补亏损的原则计算以后年度多缴的企业所得税款，并按上述规定处理。

18. 棚户区改造

企业参与政府统一组织的工矿棚户区改造、林区棚户区改造、垦区危房改造并同时符合条件的棚户区改造支出，准予在企业所得税前扣除。

19. 其他

依照有关法律、行政法规和国家有关税法规定准予扣除的其他项目。如会员费、合理的会议费、差旅费、违约金、诉讼费用等。

（四）不得扣除的项目

在计算应纳税所得额时，下列支出不得扣除。

（1）向投资者支付的股息、红利等权益性投资收益款项。

（2）企业所得税税款。

（3）税收滞纳金。指纳税人、扣缴义务人违反税收法律、法规，被税务征收机关加收的滞纳金。

（4）罚金、罚款和被没收财物的损失，指纳税人违反国家有关法律、法规规定，被有关部门处以的罚款、罚金和被没收的财物。

（5）超过《企业所得税法》第九条规定以外的捐赠支出。

（6）赞助支出。指企业发生的与生产经营活动无关的各种非广告性质支出。

（7）未经核定的准备金支出。指不符合国务院财政、税务主管部门规定的各项资产减值准备、风险准备等准备金支出。

根据《企业所得税法实施条例》第五十五条，除财政部和国家税务总局核准计提的准备金可以税前扣除外，其他行业、企业计提的各项资产减值准备、风险准备等均不得税前扣除。

（8）企业之间支付的管理费、企业内营业机构之间支付的租金和特许权使用费，以及非银行企业内营业机构之间支付的利息，不得扣除。

（9）与取得收入无关的其他支出。

四、亏损弥补

企业自开始生产经营的年度为开始，计算企业损益年度。企业开（筹）办期间发生的筹办费用支出，不得计算为当期的亏损，即不作纳税调整。对于开（筹）办费用，企业可以在开始经营之日的当年一次性扣除，也可以作为“长期待摊费用”分期摊销。一经选定，不得改变。

（一）亏损的确认计量

亏损是企业年度收入总额减去不征税收入、免税收入和各项税前扣除额后的余额为负数的金额。不征税收入和免税收入是指毛收入，其金额必然大于零；在计算亏损时，不减去免税所得大于零，以及税前扣除受盈利限制的加计扣除额，此类扣除额最多是将应纳税所得额扣除到零为止。

【例 5-6】某企业 20X3 年实现利润 5 万元。其中，收入 100 万元，成本费用 95 万元，包括技术转让所得 10 万元（收入 50 万元，成本费用 40 万元）。

假设没有其他纳税调整项目，该企业当年应纳税所得额为-5 万元［（100-50）-（95-40）］。

（二）亏损弥补的期限

企业某一纳税年度发生的亏损可以用下一年度的所得弥补。下一年度的所得不足以弥补的，可以逐年延续弥补，但最长不得超过 5 年。自 2018 年 1 月 1 日起，当年具备高新技术企业或科技型中小企业资格（以下简称资格）的企业，其具备资格年度之前 5 个年度发生的尚未弥补完的亏损，准予结转以后年度弥补，最长结转年限由 5 年延长至 10 年。自 2020 年 1 月 1 日起，国家鼓励的线宽小于 130 纳米（含）的集成电路生产企业，属于国家鼓励的集成电路生产企业，清单年度之前 5 个纳税年度发生的尚未弥补完的亏损，准予向以后年度结转，总结转年限最长不得超过 10 年。

受疫情影响较大的困难行业企业 2020 年度发生的亏损，最长结转年限由 5 年延长至 8 年。困难行业企业，包括交通运输、餐饮、住宿、旅游（指旅行社及相关服务、游览景区管理两类）四大类。困难行业企业 2020 年度主营业务收入须占收入总额（剔除不征税收入和投资收益）的 50%以上。

对电影行业企业 2020 年度发生的亏损，最长结转年限由 5 年延长至 8 年。电影行业企业限于电影制作、发行和放映等企业，不包括通过互联网、电信网、广播电视网等信息网络传播电影的企业。

（三）亏损弥补的特殊问题

1. 企业合并

被合并企业的亏损不得在合并企业结转弥补，但企业股东在该企业合并发生时取得的股权支付金额不低于其交易支付总额的 85%，以及同一控制下且不需要支付对价的企业合并，可以按下式计算：

可由合并企业弥补的被合并企业亏损的限额＝被合并企业净资产公允价值×截至合并业务发生当年年末国家发行的最长期限的国债利率。

2. 企业分立

相关企业的亏损不得相互结转弥补，但被分立企业所有股东按原持股比例取得分立企业的股权，分立企业和被分立企业均不改变原来的实质经营活动，且被分立企业股东在该企业分立发生时取得的股权支付金额不低于其交易支付总额的 85%，可以选择被分立企业未超过法定弥补期限的亏损额可按分立资产占全部资产的比例进行分配，由分立企业继续弥补。

3. 免税项目

如果一个企业既有应税项目，又有免税项目，其应税项目发生亏损时，按照规定可以结转以后年度弥补的亏损，应该是冲抵免税项目所得后的余额。如果应税项目有所得，但不足弥补以前年度亏损的，免税项目的所得也应用于弥补以前年度亏损。

（四）亏损弥补的特定问题

（1）纳税人弥补以前年度亏损时，先到期亏损先弥补，同时到期亏损先发生的先弥补。

（2）如果企业当期有境外所得，可以用其弥补境内以前年度亏损。如果企业境外所得来自多个国家，弥补境内亏损时，可以自行选择弥补境内亏损的境外所得来源国家（地区）顺序。

五、资产的所得税处理

（一）资产的计税基础

税法中界定的资产是以资本投资而形成的财产。对资本性支出以及无形资产受让、开办、开发费用，不允许作为成本、费用一次性在税前扣除，应按折旧费用、摊销费用方式分次扣除。作为所得税处理的资产，包括固定资产、生物资产、无形资产、长期待摊费用、投资资产、存货等。

不论在适用范围，还是在内涵界定上，企业所得税法中用的“计税基础”与会计准则中的“计税基础”均有明显差异。在税务会计中，资产的计税基础是指企业取得某项资产时实际发生的支出。除盘盈固定资产外，企业的各项资产均应以历史成本为计税基础。企业持有各项资产期间资产增值或减值，除国务院财政、税务主管部门规定可以确认损益外，不得调整资产的计税基础。企业不能提供资产取得或持有时的支出以及税前扣除有效凭证的，税务机关有权采用合理方法估定其净值。资产的净值是指企业按税法规定确定的资产的计税基础扣除按税法规定计提的资产折旧、摊销、折耗、呆账准备后的余额。

（二）固定资产的所得税处理

固定资产，是指企业为生产产品、提供劳务、出租或者经营管理而持有的、使用时间超过 12 个月的非货币性资产，包括房屋、建筑物、机器、机械、运输工具以及其他与生产经营活动有关的设备、器具、工具等。

1. 固定资产计税基础

（1）外购的固定资产，以购买价款和支付的相关税费以及直接归属于使该资产达到预定用途发生的其他支出为计税基础。

（2）自行建造的固定资产，以竣工结算前发生的支出为计税基础。

（3）融资租入的固定资产，以租赁合同约定的付款总额和承租人在签订租赁合同过程中发生的相关费用为计税基础。租赁合同未约定付款总额的，以该资产的公允价值和承租人在签订租赁合同过程中发生的相关费用为计税基础。

（4）融资性售后回租业务中，承租人出售资产的行为，不确认为销售收入。对融资性租赁的资产，仍按承租人出售前原账面价值作为计税基础计提折旧。

（5）盘盈的固定资产，以同类固定资产的重置完全价值为计税基础。

（6）通过捐赠、投资、非货币性资产交换、债务重组等方式取得的固定资产，以该资产的公允价值和支付的相关税费为计税基础。

（7）改建的固定资产，除已足额提取折旧的固定资产和租入的固定资产以外的其他固定资产，以改建过程中发生的改建支出增加为计税基础。

2. 固定资产折旧的范围

在计算应纳税所得额时，企业按照规定计算的固定资产折旧，准予扣除。下列固定资产不得计算折旧扣除。

（1）房屋、建筑物以外未投入使用的固定资产；

（2）以经营租赁方式租入的固定资产；

（3）以融资租赁方式租出的固定资产；

（4）已足额提取折旧仍继续使用的固定资产；

（5）与经营活动无关的固定资产；

（6）单独估价作为固定资产入账的土地；

（7）其他不得计算折旧扣除的固定资产。

3. 固定资产折旧的计提方法

（1）企业应当自固定资产投入使用月份的次月起计算折旧；停止使用的固定资产，应当自停止使用月份的次月起停止计算折旧。

（2）企业应当根据固定资产的性质和使用情况，合理确定固定资产的预计净残值。固定资产的预计净残值一经确定，不得变更。

（3）固定资产按照直线法计算的折旧，准予扣除。

（4）企业对房屋、建筑物固定资产在未足额提取折旧前进行改扩建的，如属于推倒重置，该资产原值减除提取折旧后的净值，应并入重置后的固定资产计税成本，并在该固定资产投入使用后的次月起，按照税法规定的折旧年限，一并计提折旧；如属于提升功能、增加面积的，该固定资产的改扩建支出，并入该固定资产计税基础，并从改扩建完工投入使用后的次月起，重新按税法规定的该固定资产折旧年限计提折旧。如该改扩建后的固定资产尚可使用的年限低于税法规定的最低年限，可以按尚可使用的年限计提折旧。

4. 固定资产折旧的计提年限

除国务院财政、税务主管部门另有规定外，固定资产计算折旧的最低年限如下：

（1）房屋、建筑物，为20年；

（2）飞机、火车、轮船、机器、机械和其他生产设备，为10年；

（3）与生产经营活动有关的器具、工具、家具等，为5年；

（4）飞机、火车、轮船以外的运输工具，为4年；

（5）电子设备，为3年。

从事开采石油、天然气等矿产资源的企业，在开始商业性生产前发生的费用和有关固定资产的折耗、折旧方法，由国务院财政、税务主管部门另行规定。

5. 固定资产折旧的企业所得税处理

（1）企业固定资产会计折旧年限如果短于税法规定的最低折旧年限，其按会计折旧年限计提的折旧高于按税法规定的最低折旧年限计提的折旧部分，应调增当期应纳税所得额；企业固定资产会计折旧年限已期满且会计折旧已提足，但税法规定的最低折旧年限尚未到期且税收折旧尚未足额扣除，其未足额扣除的部分准予在剩余的税收折旧年限继续按规定扣除。

（2）企业固定资产会计折旧年限如果长于税法规定的最低折旧年限，其折旧应按会计折旧年限计算扣除，税法另有规定除外。

（3）企业按会计规定提取的固定资产减值准备，不得税前扣除，其折旧仍按税法确定的固定资产计税基础计算扣除。

（4）企业按税法规定实行加速折旧的，其按加速折旧办法计算的折旧额可全额在税前扣除。

（5）石油天然气开采企业在计提油气资产折耗（折旧）时，由于会计与税法规定计算方法不同导致的折耗（折旧）差异，应按税法规定进行纳税调整。

（三）生物资产的所得税处理

生物资产，是指有生命的动物和植物。生物资产分为消耗性生物资产、生产性生物资产和公益性生物资产。消耗性生物资产，是指为出售而持有的，或在将来收获为农产品的生物资产，包括生长中的大田作物、蔬菜、用材林以及存栏待售的牲畜等。生产性生物资产，是指为产出农产品、提供劳务或出租等目的而持有的生物资产，包括经济林、薪炭林、产畜和役畜等。公益性生物资产，是指以防护、环境保护为主要目的的生物资产，包括防风固沙林、水土保持林和水源涵养林等。

1. 生物资产的计税基础

生产性生物资产按照以下方法确定计税基础。

（1）外购的生产性生物资产，以购买价款和支付的相关税费为计税基础。

（2）通过捐赠、投资、非货币性资产交换、债务重组等方式取得的生产性生物资产，以该资产的公允价值和支付的相关税费为计税基础。

2. 生物资产的折旧方法和折旧年限

生产性生物资产按照直线法计算的折旧，准予扣除。企业应当自生产性生物资产投入使用月份的次月起计算折旧；停止使用的生产性生物资产，应当自停止使用月份的次月起停止计算折旧。

企业应当根据生产性生物资产的性质和使用情况，合理确定生产性生物资产的预计净残值。生产性生物资产的预计净残值一经确定，不得变更。

生产性生物资产计算折旧的最低年限如下。

（1）林木类生产性生物资产，为10年。

（2）畜类生产性生物资产，为3年。

（四）无形资产的所得税处理

无形资产，是指企业长期使用但没有实物形态的资产，包括专利权、商标权、著作权、土地使用权、非专利技术、商誉等。

1. 无形资产的计税基础

无形资产按照以下方法确定计税基础。

（1）外购的无形资产，以购买价款和支付的相关税费以及直接归属于使该资产达到预定用途发生的其他支出为计税基础。

（2）自行开发的无形资产，以开发过程中该资产符合资本化条件后至达到预定用途前发生的支出为计税基础。

（3）通过捐赠、投资、非货币性资产交换、债务重组等方式取得的无形资产，以该资产的公允价值和支付的相关税费为计税基础。

2. 无形资产摊销的范围

在计算应纳税所得额时，企业按照规定计算的无形资产摊销费用，准予扣除。

下列无形资产不得计算摊销费用扣除。

（1）自行开发的支出已在计算应纳税所得额时扣除的无形资产。

（2）自创商誉。

（3）与经营活动无关的无形资产。

（4）其他不得计算摊销费用扣除的无形资产。

3. 无形资产的摊销方法及年限

无形资产的摊销，采取直线法计算。无形资产的摊销年限不得低于10年。作为投资或者受让的无形资产，有关法律规定或者合同约定了使用年限的，可以按照规定或者约定的使用年限分期摊销。外购商誉的支出，在企业整体转让或者清算时，准予扣除。

企事业单位购进软件，凡符合固定资产或无形资产确认条件的，可以按照固定资产或无形资产进行核算，其折旧或摊销年限可以适当缩短，最短可为2年（含）。

（五）长期待摊费用的所得税处理

长期待摊费用，是指企业发生的应在一个年度以上或几个年度进行摊销的费用。在计算应纳税所得额时，企业发生的下列支出作为长期待摊费用，按照规定摊销的，准予扣除。

（1）已足额提取折旧的固定资产的改建支出。

（2）租入固定资产的改建支出。

（3）固定资产的大修理支出。

（4）其他应当作为长期待摊费用的支出。

企业的固定资产修理支出可在发生当期直接扣除。企业的固定资产改良支出，如果有关固定资产尚未提足折旧，可增加固定资产价值；如有关固定资产已提足折旧，可作为长期待摊费用，在规定的期间内平均摊销。

固定资产的改建支出，是指改变房屋或者建筑物结构、延长使用年限等发生的支出。已足额提取折旧的固定资产的改建支出，按照固定资产预计尚可使用年限分期摊销；租入固定资产的改建支出，按照合同约定的剩余租赁期限分期摊销；改建的固定资产延长使用年限的，除已足额提取折旧的固定资产、租入固定资产的改建支出外，其他的固定资产发生改建支出，应当适当延长折旧年限。

大修理支出，按照固定资产尚可使用年限分期摊销。税法所指固定资产的大修理支出，是指同时符合下列条件的支出。

（1）修理支出达到取得固定资产时的计税基础 50%以上。

（2）修理后固定资产的使用年限延长 2 年以上。

其他应当作为长期待摊费用的支出，自支出发生月份的次月起，分期摊销，摊销年限不得低于 3 年。

（六）存货的所得税处理

存货，是指企业持有以备出售的产品或者商品、处在生产过程中的在产品、在生产或者提供劳务过程中耗用的材料和物料等。

1. 存货的计税基础

存货按照以下方法确定成本。

（1）通过支付现金方式取得的存货，以购买价款和支付的相关税费为成本。

（2）通过支付现金以外的方式取得的存货，以该存货的公允价值和支付的相关税费为成本。

（3）生产性生物资产收获的农产品，以产出或者采收过程中发生的材料费、人工费和分摊的间接费用等必要支出为成本。

2. 存货的成本计算方法

企业使用或者销售的存货的成本计算方法，可以在先进先出法、加权平均法、个别计价法中选用一种。计价方法一经选用，不得随意变更。

企业转让以上资产，在计算应纳税所得额时，资产的净值允许扣除。其中，资产的净值是指有关资产、财产的计税基础减去已经按照规定扣除的折旧、折耗、摊销、准备金等后的余额。

除国务院财政、税务主管部门另有规定外，企业在重组过程中，应当在交易发生时确认有关资产的转让所得或者损失，相关资产应当按照交易价格重新确定计税基础。

（七）投资资产的所得税处理

投资资产，是指企业对外进行权益性投资和债权性投资而形成的资产。

1. 投资资产的成本

投资资产按以下方法确定投资成本。

（1）通过支付现金方式取得的投资资产，以购买价款为成本。

（2）通过支付现金以外的方式取得的投资资产，以该资产的公允价值和支付的相关税费为成本。

2. 投资资产成本的扣除方法

企业对外投资期间，投资资产的成本在计算应纳税所得额时不得扣除；企业在转让或者处置投资资产时，投资资产的成本准予扣除。

3. 非货币性资产投资涉及的企业所得税处理规定

实行查账征收的居民企业以非货币性资产对外投资确认的非货币性资产转让所得，可自确认非货币性资产转让收入年度起不超过连续5个纳税年度的期间内，分期均匀计入相应年度的应纳税所得额，按规定计算缴纳企业所得税。非货币性资产投资同时符合多项政策的，企业可选择其中一项最优政策执行。一经选择，不得改变。

关联企业之间发生的非货币性资产投资行为，投资协议生效后12个月内尚未完成股权变更登记手续的，于投资协议生效时，确认非货币性资产转让收入。

企业以非货币性资产对外投资而取得被投资企业的股权，应以非货币性资产的原计税成本为计税基础，加上每年确认的非货币性资产转让所得，逐年进行调整。被投资企业取得非货币性资产的计税基础，应按非货币性资产的公允价值确定。

企业在对外投资5年内转让上述股权或投资收回的，应停止执行递延纳税政策，并就递延期内尚未确认的非货币性资产转让所得，在转让股权或投资收回当年的企业所得税年度汇算清缴时，一次性计算缴纳企业所得税。企业在计算股权转让所得时，可按上述规定将股权的计税基础一次调整到位。对外投资5年内注销的，应停止执行递延纳税政策，并就递延期内尚未确认的非货币性资产转让所得，在注销当年的企业所得税年度汇算清缴时，一次性计算缴纳企业所得税。

（八）企业重组的所得税处理

企业重组业务是指企业法律形式改变、债务重组、股权收购、资产收购、合并、分立等各类重组。股权收购以转让协议生效且完成股权变更手续日为重组日，资产收购以转让协议生效且完成资产实际交割日为重组日，企业合并以合并企业取得被合并企业资产所有权并完成工商登记变更日期为重组日，企业分立以分立企业取得被分立企业资产所有权并完成工商登记变更日期为重组日。

企业重组的税务处理，应区分不同条件分别适用一般性税务处理规定和特殊性税务处理规定。

1. 一般性税务处理规定

（1）企业由法人转变为个人独资企业、合伙企业等非法人组织，或将登记注册地转移至中华人民共和国境外（包括港、澳、台地区），应视同企业进行清算、分配，股东重新投资成立新企业。企业的全部资产以及股东投资的计税基础均应以公允价值为基础确定。

企业发生其他法律形式简单改变的，可直接变更税务登记，除另有规定外，有关企业所得税纳税事项（包括亏损结转、税收优惠等权益和义务）由变更后企业承继，但因住所发生变化而不符合税收优惠条件的除外。

（2）企业债务重组，相关交易应按以下规定处理：①以非货币资产清偿债务，应当分解为转让相关非货币性资产、按非货币性资产公允价值清偿债务两项业务，确认相关资产的所得或损失；②发生债权转股权的，应当分解为债务清偿和股权投资两项业务，确认有关债务清偿所得或损失；③债务人应当按照支付的债务清偿额低于债务计税基础的差额，确认债务重组所得；债权人应当按照收到的债务清偿额低于债权计税基础的差额，确认债务重组损失；④债务人的相关所得税纳税事项原则上保持不变。

（3）企业股权收购、资产收购重组交易，相关交易应按以下规定处理：①被收购方应确认股权、资产转让所得或损失；②收购方取得股权或资产的计税基础应以公允价值为基础确定；③被收购企业的相关所得税事项原则上保持不变。

（4）企业合并，当事各方应按下列规定处理：①合并企业应按公允价值确定接受被合并企业各项资产和负债的计税基础；②被合并企业及其股东都应按清算进行所得税处理；③被合并企业的亏损不得在合并企业结转弥补。

（5）企业分立，当事各方应按下列规定处理：①被分立企业对分立出去资产应按公允价值确认资产转让所得或损失；②分立企业应按公允价值确认接受资产的计税基础；③被分立企业继续存在时，其股东取得的对价应视同被分立企业分配进行处理；④被分立企业不再继续存在时，被分立企业及其股东都应按清算进行所得税处理；⑤企业分立相关企业的亏损不得相互结转弥补。

企业债务重组确认的应纳税所得额占该企业当年应纳税所得额50%以上，可以在5个纳税年度的期间内，均匀计入各年度的应纳税所得额。

2. 特殊性税务处理规定

企业重组同时符合下列条件的，适用特殊性税务处理规定。①具有合理的商业目的，且不以减少、免除或者推迟缴纳税款为主要目的；②被收购、合并或分立部分的资产或股权比例符合规定的比例；③企业重组后的连续12个月内不改变重组资产原来的实质性经营活动；④重组交易对价中涉及股权支付金额符合规定比例；⑤企业重组中取得股权支付的原主要股东，在重组后连续12个月内，不得转让所取得的股权。企业重组符合上述规定条件的，交易各方对其交易中的股权支付部分，可按以下规定进行特殊性税务处理。

（1）企业发生债权转股权业务。对债务清偿和股权投资两项业务暂不确认有关债务清偿所得或损失，股权投资的计税基础以原债权的计税基础确定。企业的其他相关所得税事项保持不变。

（2）股权收购。收购企业购买的股权不低于被收购企业全部股权的50%，且收购企业在该股权收购发生时的股权支付金额不低于其交易支付总额的85%，可以选择按以下规定处理。①收购企业的股东取得收购企业股权的计税基础，以被收购股权的原有计税基础确定；②收购企业取得被收购企业股权的计税基础，以被收购股权的原有计税基础确定；③收购企业、被收购企业的原有各项资产和负债的计税基础和其他相关所得税事项保持不变。

（3）资产收购。资产收购是指一家企业购买另一家企业实质经营性资产的交易。“实质经营性资产”是指企业用于从事生产经营活动、与产生经营收入直接相关的资产，包括经营所用各类资产、企业拥有的商业信息和技术、经营活动产生的应收款项、投资资产等。受让企业收购的资产不低于转让企业全部资产的50%，且受让企业在该资产收购发生时的股权支付金额不低于其交易支付总额的85%，可以选择按以下规定处理。①转让企业取得受让企业股权的计税基础，以被转让资产的原有计税基础确定；②受让企业取得转让企业资产的计税基础，以被转让资产的原有计税基础确定。

（4）股权、资产划转。对100%直接控制的居民企业之间，以及受同一或相同多家居民企业100%直接控制的居民企业之间按账面净值划转股权或资产，凡具有合理商业目的、不以减少、免除或者推迟缴纳税款为主要目的，股权或资产划转后连续12个月内不改变被划转股权或资产原来实质性经营活动，且划出方企业和划入方企业均未在会计上确认损益的，可以选择按以下规定进行特殊性税务处理：①划出方企业和划入方企业均不确认所得；②划入方企业取得被划转股权或资产的计税基础，以被划转股权或资产的原账面净值确定；③划入方企业取得的被划转资产，应按其原账面净值计算折旧扣除。

重组交易各方按上述第1项至第4项规定对交易中股权支付暂不确认有关资产的转让所得或损失的，其非股权支付仍应在交易当期确认相应的资产转让所得或损失，并调整相应资产的计税基础。

非股权支付对应的资产转让所得或损失=（被转让资产的公允价值-被转让资产的计税基础）×（非股权支付金额÷被转让资产的公允价值）

【例5-7】甲公司共有股权1 000万股，被乙公司收购80%的股权，成为乙公司的子公司。假定收购日甲公司每股资产的计税基础为9元，每股资产的公允价值为11元。在收购对价中乙公司以股权形式支付7 200万元，以银行存款支付1 600万元。请依照现行税法规定，计算甲公司取得非股权支付额对应的资产转让所得。

甲公司取得非股权支付额对应的资产转让所得=（8 800-7 200）×（1 600÷8 800）
=290.91（万元）

六、应纳所得税的计算

（一）居民企业应纳税额的计算

居民企业应缴纳所得税额等于应纳税所得额乘以适用税率，基本计算公式为：

应纳税额=应纳税所得额×适用税率-减免税额-抵免税额

在实际过程中，应纳税所得额的计算一般有两种方法。

1. 直接计算法

在直接计算法下，企业每一纳税年度的收入总额减去不征税收入、免税收入、各项扣除以及允许弥补的以前年度亏损后的余额为应纳税所得额。计算公式与前述相同，即：

应纳税所得额=收入总额-不征税收入-免税收入-各项扣除金额-弥补亏损

2. 间接计算法

在间接计算法下，在会计利润总额的基础上加或减按照税法规定调整的项目金额后，即为应纳税所得额。现行企业所得税年度纳税申报表采取该方法。计算公式为：

应纳税所得额=会计利润总额±纳税调整项目金额

纳税调整项目金额包括两方面的内容：一是企业财务会计制度规定的项目范围与税收法规规定的项目范围不一致应予以调整的金额；二是企业财务会计制度规定的扣除标准与税法规定的扣除标准不一致的差异应予以调整的金额。

【例 5-8】甲企业为居民企业，20X3 年发生经营业务如下：

（1）取得产品销售收入 5 000 万元，国债利息收入 8 万元；

（2）发生产品销售成本 3 500 万元；

（3）发生销售费用 900 万元（其中广告费 780 万元），管理费用 380 万元（其中业务招待费 30 万元，新技术开发费用 40 万元），财务费用 100 万元；

（4）税金及附加 60 万元；

（5）营业外收入 80 万元，营业外支出 40 万元（含通过公益性社会组织向山区捐款 35 万元，支付税收滞纳金 5 万元）；

（6）计入成本、费用中的实发工资总额 200 万元、拨缴职工工会经费 5 万元、发生职工福利费 32 万元、发生职工教育经费 18 万元。

要求：计算该企业 20X3 年度实际应纳的企业所得税。

解析：（1）会计利润总额=5 000+8-3 500-900-380-100-60+80-40=108（万元）

（2）国债利息收入免税，调减 8 万元

（3）广告费应调增所得额=780-5 000×15%=780-750=30（万元）

（4）业务招待费应调增所得额=30-30×60%=30-18=12（万元）

5 000×5‰=25（万元）>30×60%=18（万元）

（5）新技术开发费用应调减所得额=40×75%=30（万元）

（6）捐赠支出应调增所得额=35-100×12%=23（万元）

（7）工会经费应调增所得额=5-200×2%=1（万元）

（8）职工福利费应调增所得额=32-200×14%=4（万元）

（9）职工教育经费当年应调增所得额=18-200×8%=2（万元）

（10）应纳税所得额=108-8+30+12-30+23+5+1+4+2=147（万元）

（11）20X3 年应缴企业所得税=147×25%=36.75（万元）

（二）境外所得抵扣税额的计算

1. 抵免法及其优点

抵免法是一国政府在优先承认其他国家的地域税收管辖权的前提下，在对本国纳税人来源于国外的所得征税时，以本国纳税人在国外缴纳的税款冲抵本国税收的方法。

抵免法能够较为彻底地消除国际重复征税，使投资者向国外投资与国内投资的税收负担大致相同，有利于促进国际投资和各国对外经济关系的发展。既避免了同一笔所得的双重征税，又在一定程度上防止了国际逃税、避税，保证对一笔所得必征一次税，体现了公平税负的原则，有利于维护各国的税收管辖权和税收利益。因此，它是目前世界各国普遍采用的方法。

2. 抵免法的分类

（1）按计算方式划分：全额抵免与限额抵免。抵免法按计算方式不同，可分为全额抵免和限额抵免。全额抵免是指居住国政府对跨国纳税人在国外直接缴纳的所得税税款予以全部抵免。限额抵免也称普通抵免，是指居住国政府对跨国纳税人在国外直接缴纳的所得税税款给予抵免，但可抵免的数额不得超过国外所得额按本国税率计算的应纳税额。我国在参考国际惯例的基础上，出于维护本国税收利益的考虑，采用了限额抵免法。

（2）按适用对象不同划分：直接抵免与间接抵免。抵免法按其适用对象不同，可以分为直接抵免和间接抵免。直接抵免是直接对本国纳税人在国外已经缴纳的所得税的抵免，它一般适用于同一法人实体的总公司与海外分公司、总机构与海外分支机构之间的抵免。间接抵免是指母公司所在的居住国政府，允许母公司将其子公司已缴居住国的所得税中应由母公司分得股息承担的那部分税额，来冲抵母公司的应纳税额。我国税法在保留直接抵免法的同时，又引入了间接抵免方式。

3. 境外所得税直接抵免的计算

第一，境外应纳税所得额的确认。

（1）居民企业在境外投资设立不具有独立纳税地位的分支机构，其来源于境外的所得，以境外收入总额扣除与取得境外收入有关的各项合理支出后的余额为应纳税所得额。各项收入、支出按我国企业所得税法及实施条例的有关规定确定。

（2）居民企业在境外设立不具有独立纳税地位的分支机构取得的各项境外所得，无论是否汇回中国境内，均应计入该企业所属纳税年度的境外应纳税所得额。

（3）居民企业应就其来源于境外的股息、红利等权益性投资收益，以及利息、租金、特许权使用费、转让财产等收入，扣除按照企业所得税法及实施条例等规定计算的与取得该项收入有关的各项合理支出后的余额为应纳税所得额。来源于境外的股息、红利等权益性投资收益，应按被投资方做出利润分配决定的日期确认收入实现；来源于境外的利息、租金、特许权使用费、转让财产等收入，应按有关合同约定应付交易对价款的日期确认收入实现。

（4）非居民企业在境内设立机构、场所的，应就其发生在境外但与境内所设机构、场所有实际联系的各项应税所得，比照（2）的规定计算相应的应纳税所得额。

（5）在计算境外应纳税所得额时，企业为取得境内、境外所得而在境内、境外发生的共同支出，与取得境外应税所得有关的、合理的部分，应在境内、境外应税所得之间，按照合理比例进行分摊后扣除。

第二，可抵免境外所得税税额的计算。

可抵免境外所得税税额是指企业来源于中国境外的所得依照中国境外税收法律以及相关规定应当缴纳并已实际缴纳的企业所得税性质的税款。但不包括：①按照境外所得税法律及相关规定属于错缴或错征的境外所得税税款；②按照税收协定规定不应征收的境外所得税税款；③因少缴或迟缴境外所得税而追加的利息、滞纳金或罚款；④境外所得税纳税人或者其利害关系人从境外征税主体得到实际返还或补偿的境外所得税税款；⑤按照我国企业所得税法及其实施条例规定，已经免征我国企业所得税的境外所得负担的境外所得税税款；⑥按照国务院财政、税务主管部门有关规定已经从企业境外应纳税所得额中扣除的境外所得税税款。

企业可以选择按国（地区）别分别计算［即“分国（地区）不分项”］或不按国（地区）别汇总计算［即“不分国（地区）不分项”］其来源于境外的应纳税所得额，并按规定税率分别计算其可抵免境外所得税税额和抵免限额。一经选择，5 年内不得改变。

境外所得税抵免限额=境内、境外所得按所得税法规定计算的应纳税总额×来源于境外的应纳税所得额÷境内、境外应纳税所得总额

计算公式中“境内、境外所得按所得税法规定计算的应纳税总额”的税率，除国务院财政、税务主管部门另有规定外，应为企业所得税的基本税率（25%）。

在计算实际应抵免的境外已缴纳和间接负担的所得税税额时，企业在境外当年缴纳和间接负担的符合规定的所得税税额低于所计算的境外抵免限额的，应以该项税额作为境外所得税抵免额从企业应纳税总额中据实抵免；超过抵免限额的，当年应以抵免限额作为境外所得税抵免额进行抵免，超过抵免限额的余额允许从次年起在连续 5 个纳税年度内，在每年度抵免限额抵免当年应抵税额后的余额内进行抵补。

企业按有关规定计算的当期境内外应纳税所得总额小于零时，应以零计算当期境内外应纳税所得总额，其当期境外所得税的抵免限额也为零。

【例 5-9】某国某银行在中国境内设立一家分行，该分行某年以在中国筹集的资金借给 H 国某一企业，取得利息收入 200 万元。假设 H 国针对利息收入的预提所得税税率为 20%，则中国对该分行来自 H 国的利息收入有无征税权？若当年该分行除来自 H 国利息收入外，实现应纳税所得额 2 000 万元，适用税率为 25%，则该分行当年应在中国缴纳多少企业所得税？

非居民企业在中国境内设立机构、场所的，应当就其取得的来自中国境外但与该机构、场所有实际联系的所得缴纳企业所得税。该笔利息收入虽然是由于境外借款人在中国

境外使用该分行提供借款而支付的，但因据以取得该笔利息收入的债权属于该中国境内的分行所拥有，因此，该笔利息收入应被认定为该分行取得的来自中国境外但与其有实际联系的所得，故中国政府对该笔利息收入有征税权。

该分行来自 H 国的应纳税所得额 = 200÷（1-20%）= 250（万元）

该笔利息收入在 H 国缴纳的预提所得税 = 250×20% = 50（万元）

抵免限额 = 250×25% = 62.5（万元）>50（万元）

因此，允许抵免的税额为 50 万元。

该分行当年应在中国缴纳的企业所得税 =（2 000+250）×25%-50 = 512.5（万元）

第三，境外所得已纳税额抵免的简易计算。

企业从境外取得营业利润所得以及符合境外税额间接抵免条件的股息所得，虽有所得来源国（地区）政府机关核发的具有纳税性质的凭证或证明，但若因客观原因无法真实、准确地确认应当缴纳并已经实际缴纳的境外所得税税额的，除就该所得直接缴纳及间接负担的税额在所得来源国（地区）的实际有效税率低于我国企业所得税法规定 25%税率的 50%以上的外，可按境外应纳税所得额的 12.5%作为抵免限额，企业按该国（地区）税务机关或政府机关核发具有纳税性质凭证或证明的金额，其不超过抵免限额的部分，准予抵免；超过的部分不得抵免。

4. 境外所得税间接抵免的计算

居民企业从其直接或者间接控股的外国企业分得的来源于中国境外的股息、红利等权益性投资收益，外国企业在境外实际缴纳的所得税税额中属于该项所得负担的部分，可以作为该居民企业的可抵免境外所得税税额，在法定的抵免限额内抵免。

居民企业在按照企业所得税法规定用境外所得间接负担的税额进行税收抵免时，其取得的境外投资收益实际间接负担的税额，是指根据直接或者间接持股方式合计持股 20%（含 20%，下同）以上的规定层级的外国企业股份，由此应分得的股息、红利等权益性投资收益中，从最低一层外国企业起逐层计算的属于由上一层企业负担的税额，其计算公式如下：

本层企业应纳税额属于由一家上一层企业负担的税额 =（本层企业就利润和投资收益所实际缴纳的税额+符合本通知规定的由本层企业间接负担的税额）×本层企业向上一家上一层企业分配的股息（红利）÷本层企业所得税后利润额

【例 5-10】 中国居民企业 A 拥有设立在甲国的 B 企业 60%的有表决权股份，某年度 A 企业本部确认计量的应纳税所得额为 2 000 万元，收到 B 企业分回股息 180 万元。A 企业适用所得税税率 25%。B 企业实现应纳税所得额 1 000 万元，适用 20%的比例所得税税率。甲国规定的股息预提所得税税率为 10%。假定 B 企业按适用税率在甲国已经实际缴纳了企业所得税，且 A 企业当年也无减免税和投资抵免，则 A 企业当年应在中国缴纳多少企业所得税？

B 企业应支付给 A 企业的股息 = 180÷（1-10%）= 200（万元）

B 企业针对 A 企业股息代缴预提税=200×10%=20（万元）

B 企业当年实现的税后利润=1 000×（1-20%）=800（万元）

B 企业支付给 A 企业的股息所承担的所得税额=1 000×20%×200÷500=80（万元）

B 企业支付给 A 企业的股息还原后的应税所得额=200+80=280（万元）

A 企业收到 B 企业分回股息已在甲国纳税=80+20=100（万元）

抵免限额=250×25%=62.5（万元）<100（万元）

因此，允许抵免税额为 62.5 万元。

A 企业当年应在中国缴纳企业所得税=（2 000+250）×25%-62.5=500（万元）

企业从境外取得营业利润所得以及符合境外税额间接抵免条件的股息所得，凡就该所得缴纳及间接负担的税额在所得来源国（地区）的法定税率且其实际有效税率明显高于我国的，可直接以该文件规定计算的境外应纳税所得额和我国企业所得税法规定的税率计算的抵免限额作为可抵免的已在境外实际缴纳的企业所得税税额。

5. 企业抵免境外所得税额后实际应纳所得税额的计算

实际应交所得税=应纳税额+境外所得应纳所得税额-境外所得抵免所得税额

6. 境内外纳税年度不一致的问题

企业在境外投资设立不具有独立纳税地位的分支机构，其计算生产、经营所得的纳税年度与我国规定的纳税年度不一致的，与我国纳税年度当年度相对应的境外纳税年度，应为在我国有关纳税年度中任何一日结束的境外纳税年度。

企业取得上述以外的境外所得实际缴纳或间接负担的境外所得税，应在该项境外所得实现日所在的我国对应纳税年度的应纳税额中计算抵免。

【例 5-11】假定某企业 20X3 年度境内应纳税所得额为 200 万元，适用 25%的企业所得税税率。另外，该企业分别在甲、乙两国设有分支机构（我国与甲、乙两国已经缔结避免双重征税协定），在甲国的分支机构的应纳税所得额为 50 万元，甲国税率为 20%；在乙国的分支机构的应纳税所得额为 30 万元，乙国税率为 30%。假设该企业在甲、乙两国所得按我国税法计算的应纳税所得额和按甲、乙两国税法计算的应纳税所得额一致，两个分支机构在甲、乙两国分别缴纳了 10 万元和 9 万元的企业所得税。

要求：计算该企业 20X3 年度汇总时在我国应缴纳的企业所得税。

（1）该企业按我国税法计算的境内、境外所得的应纳税额

应纳税额=（200+50+30）×25%=70（万元）

（2）甲、乙两国的扣除限额

甲国扣除限额=70×［50÷（200+50+30）］=12.5（万元）

乙国扣除限额=70×［30÷（200+50+30）］=7.5（万元）

在甲国缴纳的所得税为 10 万元，低于扣除限额 12.5 万元，可全额扣除。

在乙国缴纳的所得税为 9 万元，高于扣除限额 7.5 万元，其超过扣除限额的部分 1.5 万元当年不能扣除。

（3）20X3 年汇总时在我国应缴纳的所得税=70-10-7.5=52.5（万元）

（三）居民企业核定征收应纳税额的计算

1. 企业所得税核定征收的范围

核定征收的具体范围如下。①依照税法规定可以不设账或应设而未设账的；②只能准确核算收入总额或收入总额能够查实，但其成本费用支出不能准确核算；③只能准确核算成本费用支出或成本费用支出能够查实，但其收入总额不能准确核算；④收入总额、成本费用支出均不能正确核算，难以查实；⑤虽然能够按规定设置账簿并进行核算，但未按规定保存有关凭证、账簿及纳税资料；⑥未按规定期限办理纳税申报，经税务机关责令限期申报，逾期仍不申报的。

2. 企业所得税征收方式的确定

企业在每年第一季度填列《企业所得税征收方式鉴定表》（以下简称“鉴定表”）一式三份，报主管税务机关审核。所填“鉴定表”的五个项目依次是：①账簿设置情况；②收入总额核算情况；③成本费用核算情况；④凭证、账簿保存情况；⑤纳税义务履行情况。五项均合格的，实行纳税人自行申报、税务机关查账征收方式。有一项不合格的，实行核定征收方式，具体分为：若①、④、⑤项中有一项不合格或②、③项均不合格，实行定额征收办法；若②、③项中有一项合格、一项不合格的，实行核定应税所得率办法征收。

主管税务机关对“鉴定表”审核后，报县（市、区）级税务机关确定企业的所得税征收方式。

征收方式确定后，在一个纳税年度内一般不得变更。对实行核定征收方式的纳税人，主管税务机关应该根据企业和当地的具体情况，按公平、公正、公开原则分类逐户核定其应纳税额或应税所得率。

3. 企业所得税的定额征收

定额征收是指主管税务机关按照一定的标准、程序和方法，直接核定纳税人的年度应纳所得税额，由纳税人按规定进行申报缴纳。实行定额征收办法的企业，参照以前年度经营情况，可先采用发票加定额的方法测算本年度应税收入总额，然后再核定其应纳所得税额。

4. 按核定应税所得率计算征收

按核定征收方式缴纳企业所得税的企业，在其收入总额或成本费用支出额能够正确核算的情况下，可按国家规定的应税所得率计算应纳税所得额，再计算出应纳税额，据以申报纳税。也就是说，按应税所得率方法核定征收企业所得税的企业，其应交所得税的计算步骤如下：

（1）应税收入额=收入总额-不征税收入-免税收入

（2）应纳税所得额=应税收入额×应税所得率

或　　　　　　　成本费用支出额÷（1-应税所得率）×应税所得率

（3）应纳税额=应纳税所得额×适用税率

应税所得率不是税率，它是对核定征收企业所得税的企业计算其应纳税所得额（不是应纳所得税额）时预先规定的比例，是企业应纳税所得额占其经营收入的比例。该比例根据各个行业的实际销售利润率或者经营利润率等情况分别测算得出。现行应税所得率，如表 5-2 所示。

表 5-2　企业所得税应税所得率

行业	应税所得率	行业	应税所得率
农、林、牧、渔业	3%～10%	建筑业	8%～20%
制造业	5%～15%	饮食业	8%～25%
批发和零售贸易业	4%～15%	娱乐业	15%～30%
交通运输业	7%～15%	其他行业	10%～30%

纳税人具体执行的应税所得率由主管税务机关根据纳税人的行业特点、纳税情况、财务管理、会计核算、利润水平等因素，结合本地实际情况，按公平、公正、公开原则分类逐户核定。企业经营多业的，无论其经营项目是否单独核算，均由主管税务机关根据其主营项目，核定其适用某一行业的应税所得率。应税所得率一经核定，除发生特殊情况（企业实行改组改制的，生产经营范围、主营业务发生重大变化的，遭受风、火、水、震等人力不可抗拒灾害的）外，一个纳税年度内一般不得调整。

（四）非居民企业应纳税额的计算

对于在中国境内未设立机构、场所，或者虽设立机构、场所但取得的所得与其所设机构、场所没有实际联系的非居民企业的所得，按照下列方法计算应纳税所得额。

（1）股息、红利等权益性投资收益和利息、租金、特许权使用费所得，以收入全额为应纳税所得额；

（2）转让财产所得，以收入全额减去财产净值后的余额为应纳税所得额；

（3）其他所得，参照前两项规定的方法计算应纳税所得额。

财产净值是指财产的计税基础减去已经按照规定扣除的折旧、折耗、摊销、准备金等后的余额。

扣缴义务人在每次向非居民企业支付或者到期应支付所得时，应从支付或者到期应支付的款项中扣缴企业所得税。到期应支付的款项，是指支付人按照权责发生制原则应当计入相关成本、费用的应付款项。

扣缴企业所得税应纳税额计算公式如下：

扣缴企业所得税应纳税额=应纳税所得额×实际征收率

应纳税所得额的计算，按上述 1 至 3 条的规定为标准；实际征收率是指《企业所得税法》及其实施条例等相关法律、法规规定的税率，或者税收协定规定的更低的税率。

(4) 非居民企业取得上述规定的相关所得，在计算缴纳企业所得税时，应以不含增值税的收入全额作为应纳税所得额。

(5) 扣缴义务人与非居民企业签订与《企业所得税法》第三条第三款规定的所得有关的业务合同时，凡合同中约定由扣缴义务人实际承担应纳税款的，应将非居民企业取得的不含税所得换算为含税所得计算并解缴应扣税款。

第三节 企业所得税的纳税申报

企业所得税按月或按季预缴的，应当自月份或者季度终了之日起 15 日内，向税务机关报送预缴企业所得税纳税申报表，预缴税款。

企业在报送企业所得税纳税申报表时，应当按照规定附送财务会计报告和其他有关资料。企业应当在办理注销登记前，就其清算所得向税务机关申报并依法缴纳企业所得税。

依照《企业所得税法》缴纳的企业所得税，以人民币计算。所得以人民币以外的货币计算的，应当折合成人民币计算并缴纳税款。

企业在纳税年度内无论盈利还是亏损，都应当依照《企业所得税法》第五十四条规定的期限，向税务机关报送预缴企业所得税纳税申报表、年度企业所得税纳税申报表、财务会计报告和税务机关规定应当报送的其他有关资料。

一、企业所得税预缴纳税申报

企业所得税预缴纳税申报表分 A 类申报表和 B 类申报表（2018 年版）两种。企业所得税月（季）度预缴纳税申报表（A 类），适用于实行查账（核实）征收企业所得税的居民企业纳税人在月（季）度预缴纳税申报时填报，跨地区经营汇总纳税企业的分支机构，在进行月（季）度预缴申报和年度汇算清缴时填报。企业所得税月（季）度预缴和年度纳税申报表（B 类）适用于核定征收企业所得税的居民企业在月（季）度预缴申报和年度汇算清缴申报时填报。扣缴义务人还应填报“扣缴报告表”，汇总纳税企业应填报“汇总纳税分支机构分配表”。A 类预缴纳税申报表格式如表 5-3 所示。

表 5-3 A200000 中华人民共和国企业所得税月（季）度预缴纳税申报表（A 类）

税款所属期间：　　年　月　日至　　年　月　日

纳税人识别号（统一社会信用代码）：□□□□□□□□□□□□□□□□□□□

纳税人名称：　　　　　　　　　　　　　　　　金额单位：人民币元（列至角分）

预缴方式	□ 按照实际利润额预缴 □ 按照上一纳税年度应纳税所得额平均额预缴 □ 按照税务机关确定的其他方法预缴
企业类型	□ 一般企业 □ 跨地区经营汇总纳税企业总机构 □ 跨地区经营汇总纳税企业分支机构

续表

<table>
<tr><td colspan="4">预缴税款计算</td></tr>
<tr><td>行次</td><td colspan="2">项　目</td><td>本年累计金额</td></tr>
<tr><td>1</td><td colspan="2">营业收入</td><td></td></tr>
<tr><td>2</td><td colspan="2">营业成本</td><td></td></tr>
<tr><td>3</td><td colspan="2">利润总额</td><td></td></tr>
<tr><td>4</td><td colspan="2">加：特定业务计算的应纳税所得额</td><td></td></tr>
<tr><td>5</td><td colspan="2">减：不征税收入</td><td></td></tr>
<tr><td>6</td><td colspan="2">减：免税收入、减计收入、所得减免等优惠金额（填写 A201010）</td><td></td></tr>
<tr><td>7</td><td colspan="2">减：固定资产加速折旧（扣除）调减额（填写 A201020）</td><td></td></tr>
<tr><td>8</td><td colspan="2">减：弥补以前年度亏损</td><td></td></tr>
<tr><td>9</td><td colspan="2">实际利润额（3+4−5−6−7−8）/按照上一纳税年度应纳税所得额平均额确定的应纳税所得额</td><td></td></tr>
<tr><td>10</td><td colspan="2">税率（25%）</td><td></td></tr>
<tr><td>11</td><td colspan="2">应纳所得税额（9×10）</td><td></td></tr>
<tr><td>12</td><td colspan="2">减：减免所得税额（填写 A201030）</td><td></td></tr>
<tr><td>13</td><td colspan="2">减：实际已缴纳所得税额</td><td></td></tr>
<tr><td>14</td><td colspan="2">减：特定业务预缴（征）所得税额</td><td></td></tr>
<tr><td>15</td><td colspan="2">本期应补（退）所得税额（11−12−13−14）/税务机关确定的本期应纳所得税额</td><td></td></tr>
<tr><td colspan="4">汇总纳税企业总分机构税款计算</td></tr>
<tr><td>16</td><td rowspan="4">总机构填报</td><td>总机构本期分摊应补（退）所得税额（17+18+19）</td><td></td></tr>
<tr><td>17</td><td>其中：总机构分摊应补（退）所得税额（15×总机构分摊比例__%）</td><td></td></tr>
<tr><td>18</td><td>财政集中分配应补（退）所得税额（15×财政集中分配比例__%）</td><td></td></tr>
<tr><td>19</td><td>总机构具有主体生产经营职能的部门分摊所得税额（15×全部分支机构分摊比例__%×总机构具有主体生产经营职能部门分摊比例__%）</td><td></td></tr>
<tr><td>20</td><td rowspan="2">分支机构填报</td><td>分支机构本期分摊比例</td><td></td></tr>
<tr><td>21</td><td>分支机构本期分摊应补（退）所得税额</td><td></td></tr>
</table>

<table>
<tr><td colspan="4">附报信息</td></tr>
<tr><td>小型微利企业</td><td>□ 是　□ 否</td><td>科技型中小企业</td><td>□ 是　□ 否</td></tr>
<tr><td>高新技术企业</td><td>□ 是　□ 否</td><td>技术入股递延纳税事项</td><td>□ 是　□ 否</td></tr>
<tr><td>期末从业人数</td><td colspan="3"></td></tr>
</table>

续表

谨声明：此纳税申报表是根据《中华人民共和国企业所得税法》《中华人民共和国企业所得税法实施条例》以及有关税收政策和国家统一会计制度的规定填报的，是真实的、可靠的、完整的。 法定代表人（签章）：　年　月　日		
纳税人公章： 会计主管： 填表日期：　年　月　日	代理申报中介机构公章： 经办人： 经办人执业证件号码： 代理申报日期：　年　月　日	主管税务机关受理专用章： 受理人： 受理日期：　年　月　日
		国家税务总局监制

二、企业所得税年度纳税申报

年终进行企业所得税汇算清缴时，应填报企业所得税年度纳税申报表（A类）。它适用于查账征收企业、纳税申报表包括主表和附表、纳税申报表格主表及填报表单式如表5-4、表5-5所示。

表5-4　中华人民共和国企业所得税年度纳税申报表（A类）　A100000

行次	类别	项　目	金　额
1	利润总额计算	一、营业收入（填写A101010/101020/103000）	
2		减：营业成本（填写A102010/102020/103000）	
3		税金及附加	
4		销售费用（填写A104000）	
5		管理费用（填写A104000）	
6		财务费用（填写A104000）	
7		资产减值损失	
8		加：公允价值变动收益	
9		投资收益	
10		二、营业利润（1-2-3-4-5-6-7+8+9）	
11		加：营业外收入（填写A101010/101020/103000）	
12		减：营业外支出（填写A102010/102020/103000）	
13		三、利润总额（10+11-12）	
14	应纳税所得额计算	减：境外所得（填写A108010）	
15		加：纳税调整增加额（填写A105000）	
16		减：纳税调整减少额（填写A105000）	
17		减：免税、减计收入及加计扣除（填写A107010）	

续表

18	应纳税所得额计算	加：境外应税所得抵减境内亏损（填写 A108000）	
19		四、纳税调整后所得（13-14+15-16-17+18）	
20		减：所得减免（填写 A107020）	
21		减：弥补以前年度亏损（填写 A106000）	
22		减：抵扣应纳税所得额（填写 A107030）	
23		五、应纳税所得额（19-20-21-22）	
24	应纳税额计算	税率（25%）	
25		六、应纳所得税额（23×24）	
26		减：减免所得税额（填写 A107040）	
27		减：抵免所得税额（填写 A107050）	
28		七、应纳税额（25-26-27）	
29		加：境外所得应纳所得税额（填写 A108000）	
30		减：境外所得抵免所得税额（填写 A108000）	
31		八、实际应纳所得税额（28+29-30）	
32		减：本年累计实际已预缴的所得税额	
33		九、本年应补（退）所得税额（31-32）	
34		其中：总机构分摊本年应补（退）所得税额（填写 A109000）	
35		财政集中分配本年应补（退）所得税额（填写 A109000）	
36		总机构主体生产经营部门分摊本年应补（退）所得税额（填写 A109000）	
37	实际应纳税额计算	减：民族自治区企业所得税地方分享部分：（□免征□减征：减征幅度__%）	
38		十、本年实际应补（退）所得税额（33-37）	

表 5-5　企业所得税年度纳税申报表填报表单

表单编号	表单名称	选择填报情况	
		填报	不填报
A000000	企业基础信息表	√	×
A100000	中华人民共和国企业所得税年度纳税申报表（A 类）	√	×
A101010	一般企业收入明细表	□	□
A101020	金融企业收入明细表	□	□
A102010	一般企业成本支出明细表	□	□
A102020	金融企业支出明细表	□	□
A103000	事业单位、民间非营利组织收入、支出明细表	□	□

续表

表单编号	表单名称	选择填报情况	
		填报	不填报
A104000	期间费用明细表	□	□
A105000	纳税调整项目明细表	□	□
A105010	视同销售和房地产开发企业特定业务纳税调整明细表	□	□
A105020	未按权责发生制确认收入纳税调整明细表	□	□
A105030	投资收益纳税调整明细表	□	□
A105040	专项用途财政性资金纳税调整明细表	□	□
A105050	职工薪酬支出及纳税调整明细表	□	□
A105060	广告费和业务宣传费跨年度纳税调整明细表	□	□
A105070	捐赠支出纳税调整明细表	□	□
A105080	资产折旧、摊销情况及纳税调整明细表	□	□
A105081	固定资产加速折旧、扣除明细表	□	□
A105090	资产损失税前扣除及纳税调整明细表	□	□
A105091	资产损失（专项申报）税前扣除及纳税调整明细表	□	□
A105100	企业重组及递延纳税事项纳税调整明细表	□	□
A105110	政策性搬迁纳税调整明细表	□	□
A105120	特殊行业准备金纳税调整明细表	□	□
A106000	企业所得税弥补亏损明细表	□	□
A107010	免税、减计收入及加计扣除优惠明细表	□	□
A107011	符合条件的居民企业之间的股息、红利等权益性投资收益优惠明细表	□	□
A107012	综合利用资源生产产品取得的收入优惠明细表	□	□
A107013	金融、保险等机构取得的涉农利息、保费收入优惠明细表	□	□
A107012	研发费用加计扣除优惠明细表	□	□
A107020	所得减免优惠明细表	□	□
A107030	抵扣应纳税所得额明细表	□	□
A107040	减免所得税优惠明细表	□	□
A107041	高新技术企业优惠情况及明细表	□	□
A107042	软件、集成电路企业优惠情况及明细表	□	□
A107050	税额抵免优惠明细表	□	□
A108000	境外所得税收抵免明细表	□	□

续表

表单编号	表单名称	选择填报情况	
		填报	不填报
A108010	境外所得纳税调整后所得明细表	□	□
A108020	境外分支机构弥补亏损明细表	□	□
A108030	跨年度结转抵免境外所得税明细表	□	□
A109000	跨地区经营汇总纳税企业年度分摊企业所得税明细表	□	□
A109010	企业所得税汇总纳税分支机构所得税分配表	□	□

说明：企业应当根据实际情况选择需要填表的表单。

第四节　企业所得税的会计处理

一、税前会计利润与应税所得差异

由于会计制度、会计准则与税收法规的不同，两者对收益、费用、资产、负债确认的时间、范围也不同，从而产生税前会计利润和应税所得之间的差异，这一差异分为永久性差异和暂时性差异。

（一）永久性差异

永久性差异是指在某一会计期间，由于会计准则、会计制度和税法在计算收益、费用或损失时的口径或标准不同，所产生的税前会计利润和应纳税所得额之间的差异。这种差异不会影响其他会计期间，也不会在其他会计期间得到转回。永久性差异有四种基本类型。

1. 不征税会计收入、可免税的会计收入

财务会计按会计准则规定确认为收入、收益，但按税法规定则不作为应纳税所得额的项目。如企业购买国债的利息收入，财务会计在收到时计入“投资收益”，年终并入利润总额，而税法规定，国债利息收入为免税收入。

2. 税法作为应税收益的非会计收益

在财务会计中不确认为收入，但按税法规定要作为应税收入计税。比如价外收费、视同销售业务，会计上可能不确认为收入，但税法将其作为应税收入。再如企业销售商品（产品）时，因误开发票作废，但由于冲转发票存根未予保留，在税法上仍按销售收入确认。

3. 税法不允许扣除的会计费用或损失

某些支出，财务会计已列为费用或损失，但税法不予认定，因而使应税所得高于会计利润。计算应税所得时，应将这些项目金额加到利润总额中一并计税。其产生的原因主要有以下两种情况。

第一，口径（范围）不同。即财务会计上作为费用或损失的项目，在税法上不作为扣除项目处理。如：①贿赂等违法支出；②违法经营的罚款和被没收财物的损失；③各项税收的滞纳金、罚金和罚款；④各种非公益性捐赠和赞助支出。这些项目及其金额，在财务会计中可列为营业外支出等，但税法规定不得扣减应税所得，要照章计税。

第二，标准不同。即财务会计上作为费用或损失的项目，如利息支出、业务招待费、公益性捐赠、税务机关不予认定的工薪支出及相应的职工福利费支出、工会经费、职工教育经费支出等，按税法规定属于税前扣除项目，但规定了税前扣除标准，超过部分不允许在税前扣除。

4. 税法作为可扣除费用的非会计费用

财务会计未确认为费用或损失，但在计算应税所得额时，允许扣减。如为鼓励企业进行新产品、新技术、新工艺的技术开发，除技术开发费可以全额在税前扣除外，还可以加扣，加扣额就是财务会计未确认的费用，但允许（符合条件时）在税前扣除。

在《企业会计准则18号——所得税》中，虽未提及永久性差异，但并不表示在所得税会计处理中就没有永久性差异了，只不过是为了符合会计准则中“计税基础”概念的引入以及利用计税基础计算差异的要求。因为永久性差异无论发生在任何会计期间，税法都是不允许抵扣的，即不存在跨期分摊问题。也就是说，永久性差异只影响发生当期的损益，不会影响未来期间的损益，是一种绝对性差异。永久性差异不会在将来产生应税金额或可扣除金额，只影响当期的应税收益。所以，永久性差异不需要进行账务调整。

（二）暂时性差异

暂时性差异，是指资产或负债的账面价值与其计税基础之间的差额。未作为资产和负债确认的项目，按照税法规定可以确定其计税基础的，该计税基础与其账面价值之间的差额也属于暂时性差异。暂时性差异不仅影响当期的应税收益，而且影响以后各期的纳税额。因此，暂时性差异需要进行账务调整。

按照暂时性差异对未来期间应税金额的影响，分为应纳税暂时性差异和可抵扣暂时性差异。除因资产、负债的账面价值与其计税基础不同产生的暂时性差异以外，按照税法规定可以结转以后年度的未弥补亏损和税款抵减，也视同可抵扣暂时性差异处理。详见本节第四部分介绍。

二、所得税会计处理方法

会计制度与税法在收入、费用、利得、损失、资产、负债的确认和计量原则方面的不同，导致按照会计制度计算的税前会计利润与按照税法规定计算的应税所得之间产生差异。在会计核算中可以采用两种不同的方法进行处理，即应付税款法和纳税影响会计法。

（一）应付税款法

应付税款法是企业将本期税前会计利润与应税所得额之间的差额所造成的影响纳税的金额直接计入当期损益，而不递延到以后各期的一种所得税会计处理方法。应付税款法是税法导向的会计处理方法，执行《小企业会计准则》的企业采用该方法。

在应付税款法下，本期发生的暂时性差异不单独处理，与本期发生的永久性差异同样处理。即：应税所得额=利润总额±永久性差异金额±暂时性差异金额。将全部差异调整税前会计利润为应税所得，再按应税所得计算应交所得税，并作为本期所得税费用，即本期所得税费用等于本期应交所得税。暂时性差异产生的影响所得税的金额，在财务会计报表中不反映为一项负债或一项资产，仅在财务会计报表附注中说明其影响。

【例 5-12】甲企业某年税前账面利润 40 万元，在“财务费用”账户贷方列入国库券利息收入 2 万元，在借方列入高于金融机构同类同期贷款利率计算的非金融机构流动资金借款利息费 1 万元；在“管理费用”账户借方列入超过税前扣除标准的职工福利费、工会经费、职工教育费 4.7 万元；在“营业外支出”账户借方列入非公益性、捐赠及赞助费 5 万元，列入各种罚款及滞纳金支出 1 万元，列入超过当年会计利润 12%的公益性、捐赠支出 1.2 万元。该企业所得税税率 25%。应作会计分录如下：

计算应交税费时：

永久性差异=不允许扣除的费用-免税的收入=（1+4.7+5+1+1.2）-2=10.9（万元）

应纳税所得额=税前账面利润+永久性差异=40+10.9=50.9（万元）

应纳所得税额=应纳税所得额×所得税税率=50.9×25%=12.725（万元）

借：所得税费用　　127 250

　　贷：应交税费——应交所得税　　127 250

期末结转所得税费用时：

借：本年利润　　127 250

　　贷：所得税费用　　127 250

（二）纳税影响会计法

纳税影响会计法是将本期税前会计利润与应税所得额之间产生的暂时性差异造成的影响纳税的金额，递延和分配到以后各期的一种所得税会计处理方法。采用纳税影响会计法，所得税被视为企业在获得收益时发生的一种费用，并应随同有关的收入和费用计入同一纳税期内，以达到收入和费用的配比。暂时性差异影响的所得税额，包括在利润表中的所得税费用项目以及资产负债表中的递延税款余额内。

应付税款法和纳税影响会计法的共同点是：按会计制度计算的税前会计利润与按税法规定计算的应税所得之间产生的永久性差异，均在产生的当期确认为所得税费用或抵减所得税费用。其主要区别是：

（1）应付税款法不单独确认暂时性差异对所得税的影响金额，暂时性差异的所得税影响金额确认为本期所得税费用或抵减本期所得税费用；纳税影响会计法须单独确认暂时性差异对所得税的影响，并将确认的暂时性差异的所得税影响金额计入递延税款的借方或贷方（或递延所得税资产及递延所得税负债），同时确认所得税费用或抵减所得税费用。

（2）在税率不变的情况下，两种方法在暂时性差异的处理上核算基础不同。应付税款法是在收付实现制基础上进行的会计处理，而纳税影响会计法是在权责发生制基础上进行的会计处理。

（3）采用纳税影响会计法核算时，一般情况下本期所得税费用是按照会计制度计算的本期税前会计利润所应承担的所得税费用，符合配比原则，即实现多少税前会计利润，就应当承担与之配比的所得税费用。

具体运用纳税影响会计法核算时，有两种可供选择的方法，递延法和债务法。在所得税税率不变的情况下，无论采用递延法还是债务法核算，其结果相同。但在所得税税率变动的情况下，两种处理方法的结果不完全相同。

1. 递延法

递延法是将本期由于暂时性差异产生的影响所得税的金额，递延和分配到以后各期，并同时转回原已确认的暂时性差异对本期所得税的影响金额。这种核算方法的特点在于：

（1）递延税款的账面余额是按照产生暂时性差异的时期所适用的所得税税率计算确认，而不是用现行所得税税率计算的结果。在税率变动或开征新税时，对递延税款的账面余额不作调整。也就是说，递延税款账面余额不符合负债和资产的定义，不能完全反映为企业的一项负债或一项资产，即资产负债表中反映的递延税款余额，并不代表收款的权利或付款的义务。

（2）本期发生的暂时性差异影响所得税的金额，用现行税率计算，以前发生而在本期转回的各项暂时性差异影响所得税的金额，一般用当初的原有税率计算。

2. 债务法

债务法是将本期由于暂时性差异产生的影响所得税的金额，递延和分配到以后各期，并同时转回原已确认的暂时性差异的所得税影响金额，在税率变动或开征新税时，需要调整递延所得税资产或递延所得税负债的账面余额。这种核算方法的特点在于：递延所得税资产或递延所得税负债的账面余额按照现行所得税税率计算确认，而不是按照产生暂时性差异的时期所适用的所得税税率计算。因此，在税率变动或开征新税时，对递延所得税资产或递延所得税负债的账面余额须作相应的调整。也就是说，暂时性差异产生的影响所得税的金额，在资产负债表中反映为企业的一项负债或一项资产。

递延法和债务法都是将本期暂时性差异的所得税影响金额递延和分配到以后各期的会计处理方法。其本质区别在于：

（1）目的不同。递延法的目的是使所得税费用与在计算税前会计利润时而确认的所得相配比。本期暂时性差异的所得税影响是递延的，并且被看作今后转回暂时性差异时期的所得税费用（或利益）；债务法的目的是将暂时性差异的所得税影响看作资产负债表中的一项资产或一项负债，从而符合会计概念框架中的资产或负债的定义。因此，暂时性差异预计的所得税影响被定义和报告为未来应交或应收的所得税。

（2）着重点不同。运用债务法时，由于税率变更或开征新税需要对原已确认的递延所得税负债或递延所得税资产的账面余额进行相应的调整，而递延法则不需要对此进行调整。由此可见，递延法更注重利润表，即利润表上的所得税费用与相关期间税前会计利润的配比；债务法更注重资产负债表，其计算确认的递延所得税负债和递延所得税资产更符合负债或资产的定义。

债务法在具体应用中有利润表债务法和资产负债表债务法之分。

利润表债务法，是将暂时性差异对未来所得税的影响看作对本期所得税费用的调整，其特点是当预期税率或税基发生变动时，必须对已发生的递延所得税负债（资产）按现行税率进行调整。这种方法下的所得税费用计算过程为：首先根据会计利润计算出当期所得税费用，然后再根据应税收益计算出当期应缴税额，最后倒挤出本期发生的递延所得税资产（负债）。

资产负债表债务法是从暂时性差异产生的本质出发，分析暂时性差异产生的原因及其对期末资产、负债的影响。其特点是，当税率或税基变动时，必须按预期税率对“递延所得税负债”和“递延所得税资产”科目余额进行调整。这种方法下的所得税费用计算过程为：首先确定资产负债表上期末递延所得税资产（负债），然后倒挤出利润表项目当期所得税费用。按照我国会计准则的规定，对企业所得税核算应采用资产负债表债务法。

三、会计账户的设置

（一）“所得税费用”账户

在资产负债表债务法下，本账户按“当期所得税费用”“递延所得税费用”账户进行明细核算。资产负债表日，企业按照税法计算确定的当期应交所得税金额，借记本账户（当期所得税费用），贷记“应交税费——应交所得税”账户。

在确认相关资产、负债时，根据所得税准则应予确认的递延所得税资产，借记“递延所得税资产”账户，贷记本账户（递延所得税费用）、“资本公积——其他资本公积”等账户；应予确认的递延所得税负债，借记本账户（递延所得税费用）、“资本公积——其他资本公积”等账户，贷记“递延所得税负债”账户。

资产负债表日，根据所得税准则应予确认的递延所得税资产大于“递延所得税资产”账户余额的差额，借记“递延所得税资产”账户，贷记本账户（递延所得税费用）、“资本公积——其他资本公积”等账户；应予确认的递延所得税资产小于“递延所得税资产”账户余额的差额，应作相反的会计分录。

企业应予确认的递延所得税负债的变动，应当比照上述原则调整“递延所得税负债”账户及有关账户。

期末，应将本账户的余额转入“本年利润”账户，结转后本账户应无余额。

（二）递延所得税资产

本账户核算企业确认的可抵扣暂时性差异产生的影响纳税的资产金额和税法规定可用以后年度税前利润弥补的亏损及税款抵减产生的所得税资产金额，以及以后各期应转销的金额。企业应按其可抵扣暂时性差异项目进行明细核算。

其借方反映资产负债表日企业确认的递延所得税资产金额。如果其应反映余额大于其账面余额的，应按其差额确认，借记本账户，贷记“所得税费用——递延所得税费用”等账户；若其应反映余额小于其账面余额的差额，应作相反的会计分录。

企业合并中取得资产、负债的入账价值与其计税基础不同形成可抵扣暂时性差异的，应于购买日确认递延所得税资产，借记本账户，贷记“商誉”等账户。与直接计入所有者权益的交易或事项相关的递延所得税资产，借记本账户，贷记“资本公积——其他资本公积”账户。

资产负债表日，预计未来期间很可能无法获得足够的应纳税所得额用于抵扣可抵扣暂时性差异的，按原已确认的递延所得税资产中应减记的金额，借记“所得税费用——递延所得税费用”“资本公积——其他资本公积”等账户，贷记本账户。

本账户期末余额在借方，反映企业已确认的递延所得税资产的余额。

（三）递延所得税负债

本账户核算企业确认的应纳税暂时性差异产生的影响纳税的负债金额以及以后各期应转销的金额。企业按其应纳税暂时性差异项目进行明细核算。

其贷方反映资产负债表日企业确认的递延所得税负债金额。如果其应反映余额大于其账面余额的，应按其差额确认，借记“所得税费用——递延所得税费用”账户，贷记本账户；若递延所得税负债应反映余额小于其账面余额的差额，应作相反的会计分录。

与直接计入所有者权益的交易或事项相关的递延所得税负债，借记“资本公积——其他资本公积”账户，贷记本账户。企业合并中取得资产、负债的入账价值与其计税基础不同形成应纳税暂时性差异的，应于购买日确认递延所得税负债，同时调整商誉，借记“商誉”等账户，贷记本账户。

本账户期末余额在贷方，反映企业已确认的递延所得税负债的余额。

（四）应交企业所得税

在企业所得税会计处理中，需要设置的最主要账户是“应交企业所得税”。它既可以作为总账账户，又可以作为“应交税费”总账账户下的一个二级账户，反映企业所得税的应交、实际上交和退补等情况。本科目的贷方反映应交和应补交的所得税，借方反映实际上交和补交的企业所得税；贷方余额反映应交未交的所得税，借方余额反映多交的所得税。企业各期应交所得税的金额是根据当期应纳税所得额与法定所得税率计算的企业应交所得税税款，应借记“所得税费用——当期所得税费用”账户，贷记本账户。实际缴纳时，借记本账户，贷记“银行存款”账户。

执行《小企业会计准则》的企业，所得税会计处理保持与税法的一致性，其会计记录体现两者合一；执行《企业会计准则》的企业，所得税会计处理呈现与税法的差异，其会计记录体现两者分离。在一套账簿体系下，以借记“所得税费用”账户总账金额是否保持与贷记“应交税费——应交企业所得税”账户金额的一致性为识别标准。如果在贷记“应交企业所得税”账户依税法确认计量后，借方账户金额不再重新确认计量，即服从贷方，说明两者合一。如果在贷记“应交企业所得税”账户依税法确认计量后，借方账户金额按会计准则规定重新确认计量，说明两者分离，其差额可以通过“递延所得税资产”“递延所得税负债”账户予以反映。

四、资产负债表债务法

资产负债表债务法是从资产负债表出发，通过比较资产负债表上列示的资产、负债按照会计准则确定的账面价值与按照企业所得税税法确定的计税基础，对于两者之间的差异区分为应纳税暂时性差异与可抵扣暂时性差异，确认相关的递延所得税负债与递延所得税资产，并在此基础上确定每一期间利润表中的所得税费用。

（一）资产负债表债务法核算步骤

（1）按照税法规定计算本期应缴纳的所得税，计入“应交税费——应交所得税”账户贷方。

（2）逐项确定资产负债表上的资产、负债的计税基础，并与其账面价值比较，按其差额确定应纳税暂时性差异与可抵扣暂时性差异。

（3）将应纳税暂时性差异与企业所得税税率的乘积确认为递延所得税负债期末余额，将可抵扣暂时性差异与企业所得税税率的乘积确认为递延所得税资产期末余额。

（4）按下列公式确定本期所得税费用：

本期所得税费用=本期应交所得税+（期末递延所得税负债-期初递延所得税负债）-（期末递延所得税资产-期初递延所得税资产）

（二）计税基础

在采用资产负债表债务法时，要求企业的资产和负债应根据会计准则与税法的不同要求分别进行计价，因而形成会计计价基础与税法计价基础两种计价基础。会计计价基础即资产（负债）的账面价值；税法计价基础即方式，是企业在资产负债表日，根据税法规定，为计算应交所得税所确认的资产（负债）的价值。

1. 资产的计税基础

资产的计税基础是指企业在收回资产账面价值的过程中，计算应纳税所得额时按照税法规定可以自应税经济利益中抵扣的金额，即某项资产在未来使用或最终处置时，允许作为成本或费用于税前列支的金额。

在会计处理上，资产在初始确认时，其计税基础一般为取得成本，即企业为取得某项资产支付的成本在未来期间准予税前扣除的金额。在资产持续持有的过程中，其计税基础是指资产的取得成本减去以前期间按照税法规定已在税前扣除的金额后的余额，该余额代表的是按照税法规定，所涉及的资产在未来期间计税时仍然可以在税前扣除的金额。如固定资产、无形资产等长期资产在某一资产负债表日的计税基础，是指其成本扣除按照税法规定已在以前期间税前扣除的累计折旧额、摊销额。用公式表示如下：

资产的计税基础=未来可在税前扣除的金额

资产负债表日某项资产的计税基础=资产的账面价值-以前期间已在税前扣除的金额

一般情况下，资产在取得时，其入账价值与计税基础是相同的。在后续计量过程中，因企业会计准则与税法规定不同，可能产生资产的账面价值与其计税基础的差异。

在税务处理上，企业的各项资产应以历史成本为计税基础。企业持有各项资产期间资产增值或者减值，除国务院财政、税务主管部门规定可以确认损益外，不得调整该资产的计税基础。现以简例说明。

（1）一台设备成本为200 000元，已提折旧90 000元（已在当年和以前年度抵扣），剩余成本将在未来期间（折旧或处置）予以抵扣，则该项设备的税基为110 000元。若其重估价为120 000元，则有10 000元的暂时性差异产生。

（2）企业一笔应收账款1 000元，其相应收入已包括在应税利润（可抵扣亏损）中，即该应收账款的相应收入已经通过销售（营业）收入计入应税收入并缴纳流转税、计入应税所得并缴纳所得税。因此，在该应收账款收回时，不必再缴税了，其计税基础就是其账面价值（金额）。

（3）企业一笔应收利息5 500元，相应利息收入按现金制缴税，就计税而言，该笔金额流入企业时无抵扣金额，则该应收利息的计税基础为零。

【例5-13】 甲公司某项设备原价为600万元，财务会计的折旧年限为3年，税务会计的折旧年限为5年，两者均采用直线法计提折旧。第2年年末，公司对该项固定资产计提了8万元的固定资产减值准备。假设财务会计与税务会计预计净残值率均为零。

财务会计的账面价值=600-200-200-8=192（万元）

税务会计确认的计税基础=600-120-120=360（万元）

该例说明，固定资产账面价值与计税基础的差异原因包括：一是折旧年限不同。财务会计折旧年限为3年，税务会计的折旧年限为5年，每年因折旧年限不同产生的暂时性差异80万元，第2年会计期末因折旧年限不同产生的暂时性差异合计160万元。二是计提固定资产减值准备造成的差异。2年后会计期末由于财务会计计提了减值准备8万元，税法规定固定资产减值准备在计提时不允许在税前扣除，实际发生损失时才允许在税前扣除，由此产生差异8万元。两者合计为168万元。

2. 负债的计税基础

负债的计税基础是指负债的账面价值减去该负债在未来期间计算应纳税所得额时，按照税法规定可予抵扣的金额。对于预收款项产生的负债，其计税基础为账面价值减去未来期间不征税的金额。可见，负债的计税基础是在未来期间计税时不可扣除的金额。即：负债的计税基础=账面价值-未来可税前列支的金额。一般负债的确认和清偿不影响所得税的计算，差异主要是因从费用中提取的负债。现以简例说明。

（1）流动负债中包括账面金额为70 000元的应交罚款。税法规定该项罚款不可于税前扣除，则该项罚款的税基为70 000元（70 000-0）。该项差异仅影响罚款支出的当期，对企业未来期间计税不产生影响，因而不产生暂时性差异。

（2）企业一笔短期应计费用，其账面金额10 000元。计税时，相应的费用将在未来以现金予以抵扣，则该项流动负债应计费用的计税基础为零。计税时，如果相关的费用已抵扣，则该应计费用的计税基础就是10 000元。

（3）一项应付货款的账面价值为20万元。该货款的归还不会产生纳税后果，该货款的计税基础为20万元。

【例5-14】 甲公司某年4月因销售产品承诺提供3年的保修服务，在当年度利润表中确认 800 万元的销售费用，同时确认等额的预计负债。当年实际发生保修支出 160 万元，预计负债的期末余额为 640 万元。假定税法规定，与产品售后服务相关的费用在实际发生时准予在税前扣除。

该项预计负债在当年资产负债表日的账面价值为 640 万元。

该项预计负债的计税基础=账面价值-未来期间计算应纳税额时按税法规定准予抵扣的金额

=6 400 000-6 400 000

=0（元）

（三）暂时性差异

暂时性差异是指资产、负债的账面金额（在资产负债表中应列示的金额）与其计税基础不同而产生的差额。在以后年度，当财务报表上列示的资产收回或列示的负债偿还时，暂时性差异会使应税所得额增加或减少，即导致未来期间应交所得税增加或减少。基于资产负债观，在产生暂时性差异的当期，一般应当确认相应的递延所得税负债或递延所得税资产。未作为资产和负债确认的项目，如果按照税法规定可以确定其计税基础的，该计税基础与其账面价值之间的差额也属于暂时性差异。

按照暂时性差异对未来期间应税所得额的影响方向（性质），可将暂时性差异分为应纳税暂时性差异和可抵扣暂时性差异。

1. 应纳税暂时性差异

应纳税暂时性差异是指在未来收回资产或清偿负债时，会增加转回期间的应纳税所得额，即在未来期间不考虑该事项影响应纳税所得额的基础上，由于该项暂时性差异的转回，会进一步增加转回期间的应纳税所得额和应交所得税。

当资产的账面价值大于其计税基础或者负债的账面价值小于其计税基础时，产生应纳税暂时性差异。即对于资产而言，当会计口径的价值高于税收口径的价值时，在纳税时，可以在本期抵扣不缴税，等到以后再缴税；对于负债而言，当会计口径的价值小于税收口径的价值时，在纳税时，可以在本期抵扣不缴税，等到以后再缴税。

企业在应纳税暂时性差异产生的当期，应当确认相关的递延所得税负债，除非递延所得税负债是由以下情况所产生的。①计税时，其摊销金额是不能抵扣的商誉。②具有以下特征的交易中的资产或负债的初始确认：不是企业合并；交易时既不影响合计利润也不影响应税利润（可抵扣亏损）。但是，对于公司、分支机构和联营企业的投资以及在合营企业中的权益相关的应税暂时性差异，应根据准则有关规定确认递延所得税负债。

资产的确认意味着该资产的账面金额在未来期间将以流入企业的经济利益的形式收回。当该资产的账面金额超过其计税基础时，应税经济利益的金额也将超过计税时允许抵扣的金额。该差额就是应税暂时性差异，它构成一项递延所得税负债。当企业收回该资产账面金额时，应税暂时性差异将转回，企业将获得应税利润，这使得经济利益很可能以税款支付的方式流出企业。因此，企业应确认所有递延所得税负债。

应纳税暂时性差异示例。

（1）某项固定资产成本为 600 万元，账面价值为 400 万元。计税累计折旧为 360 万元，该项固定资产的计税基础为 240 万元。为收回账面金额，企业必须赚得应税收益 400 万元，但只能抵扣计税折旧 240 万元。如果税率为 25%，当企业收回该资产账面金额时，应支付所得税 40 万元（160×25%）。因此，账面金额 400 万元与其计税基础 240 万元之间的差额 160 万元为应纳税暂时性差异。

（2）某企业拥有一项交易性金融资产，成本为 1 000 万元，期末公允价值为 1 300 万元。按照企业会计准则，交易性金融资产期末按公允价值计价，但依照税法，交易性金融资产持有期间，其公允价值的变动不计入应纳税所得额，即其计税基础不变。该项交易性金融资产账面价值大于计税基础的金额 300 万元为应纳税暂时性差异。

2. 可抵扣暂时性差异

可抵扣暂时性差异是指在未来期间收回资产或清偿负债时，会减少转回期间的应纳税所得额，进而减少未来期间的应交所得税。企业在可抵扣暂时性差异产生的当期，在符合条件的情况下，应当确认相关的递延所得税资产。“可抵扣”一般意味着款已经缴了，但按照税法规定不该在本期缴的，只有等到以后抵扣处理。

当资产的账面价值小于其计税基础，在经济含义上，表示资产在未来期间产生的经济利益少，而按税法规定允许税前扣除的金额多，则企业在未来期间可以减少应纳税所得额并相应减少应交所得税。

负债产生的暂时性差异实质上是税法规定该项负债可以在未来期间税前扣除的金额。当一项负债的账面价值大于其计税基础时，意味着在未来期间按税法规定构成负债的全部或部分金额可以从未来应税经济利益中扣除，即减少未来期间的应纳税所得额并相应减少应交所得税。

对于税法允许抵减以后年度利润的应抵扣亏损，虽然并非因资产、负债的账面价值与其计税基础不同而产生，但本质上与可抵扣暂时性差异具有同样的作用，即均能减少未来期间的应纳税所得额并相应减少应交所得税。因此，在会计处理上，可以视同可抵扣暂时性差异，在符合条件的情况下，应当确认相关的递延所得税资产。

可抵扣暂时性差异示例。

企业将产品保修费用 200 000 元确认为负债，计入当期损益。产品保修费用于实际支付时才能抵扣应纳税所得额。该项预计负债的计税基础是 0。在以账面金额清偿该负债时，企业的未来应纳税所得额减少 200 000 元，如果税率为 25%，相应减少未来所得税支出 50 000元。账面金额与计税基础之间的差额 200 000 元是一项可抵扣暂时性差异。

应纳税暂时性差异与可抵扣暂时性差异的识别如表 5-6 所示。

表 5-6　应纳税暂时性差异与可抵扣暂时性差异的识别表

账面价值与计税基础	资产	负债
账面价值大于计税基础	应纳税暂时性差异 （递延所得税负债）	可抵扣暂时性差异 （递延所得税资产）
账面价值小于计税基础	可抵扣暂时性差异 （递延所得税资产）	应纳税暂时性差异 （递延所得税负债）

3. 不属于资产、负债的特殊项目产生的暂时性差异

（1）某些交易或事项发生以后，因为不符合资产、负债的确认条件，账面价值为0，但按照税法规定能够确定其计税基础的，其账面价值0与计税基础之间的差异也构成暂时性差异。例如会计准则规定修理费作为当期费用，税法规定特定条件下修理费作为长期待摊费用。企业发生的广告费和业务宣传费，限额内的部分，可以在税前扣除，超过部分准予在以后年度结转扣除。这类支出在发生时，按照会计准则、制度规定，计入当期损益，不会形成资产，但因税法规定可以确定其计税基础，两者之间的差异即为暂时性差异。

（2）按照税法规定可以结转以后年度的未弥补亏损及税款递减，虽不是因资产、负债的账面价值与计税基础不同产生的，但与可抵扣暂时性差异具有同样的作用，均能减少未来期间的应纳税所得额，进而减少未来期间的应交所得税。在会计处理上，与可抵扣暂时性差异的处理相同，如按照税法规定允许用以后5年税前所得弥补的亏损。企业购置用于环境保护、节能节水、安全生产等专用设备的投资额，可以按一定比例实行税额抵免。广告费和业务宣传费支出作为当期损益，税法规定年度广告费和业务宣传费支出不得超过销售收入的15%（另有规定除外），超过部分准许在以后纳税年度结转扣除。

【例5-15】甲股份有限公司的所得税采用资产负债表债务法核算，所得税税率为25%。该公司某年资产负债表的有关项目如表5-7所示。

表5-7 资产负债表的有关项目

单位：万元

项目	年初数	年末数
存货	140	50
长期股权投资	0	40
固定资产	240	290
预计负债	0	48
递延所得税资产	7. 5	—
递延所得税负债	5	—

（1）“存货跌价准备”科目年初贷方余额30万元，年末贷方余额12万元。

（2）长期股权投资系当年3月1日对甲公司的投资，初始投资成本50万元，采用权益法核算。由于甲公司本年发生亏损，该公司年末按应负担的亏损份额确认投资损失10万元，同时调整长期股权投资的账面价值。年末，未对长期股权投资计提减值准备。

（3）固定资产中包含一台B设备，系上年12月25日购入，原价100万元，预计净残值为0。计税按年数总和法计提折旧，折旧年限为4年；财务会计采用直线法计提折旧，折旧年限为5年。

（4）预计负债为当年年末计提的产品保修费用48万元。假设除上述事项外，没有发生其他纳税调整事项。该公司当年利润表中“利润总额”项目金额为200万元。

计算该公司年末暂时性差异及因此而形成的应纳税暂时性差异、可抵扣暂时性差异。

存货产生的暂时性差异=账面价值-计税基础=50-（50+12）=-12（万元）

长期股权投资产生的暂时性差异=账面价值-计税基础=40-50=-10（万元）

固定资产产生的暂时性差异=账面价值-计税基础=80-60=20（万元）

预计负债产生的暂时性差异=（-1）×（账面价值-计税基础）=（-1）×（48-0）=-48（万元）

存货、长期股权投资和预计负债三个项目产生的暂时性差异，计算结果均为负数，属于可抵扣暂时性差异；固定资产产生的暂时性差异，计算结果为正数，属于应纳税暂时性差异。

应纳税暂时性差异=（正的）资产类差异+（正的）负债类差异=20（万元）

可抵扣暂时性差异=（负的）资产类差异+（负的）负债类差异=（-12）+（-10）+（-48）=-70（万元）

（四）递延所得税负债的确认计量和会计处理

1. 递延所得税负债的确认

在资产负债表债务法下，企业一般应在资产负债表日，分析比较资产、负债的账面价值与其计税基础，将应纳税暂时性差异与适用税率的乘积确认为递延所得税负债。对在企业合并等特殊交易事项中取得的资产、负债，应于购买日确认相应的递延所得税负债。企业在确认计量递延所得税负债时，应遵循以下规则。

第一，一般情况下，企业对所有应纳税暂时性差异均应确认相应的递延所得税负债。

第二，特殊情况下，可以不确认递延所得税负债。

（1）商誉的初始确认。在非同一控制下的企业合并中，根据会计准则，合并成本大于合并中取得购买方可辨认净资产公允价值份额的部分，应确认为商誉；按税法规定，计税时如果属于免税合并，商誉的计税基础为零，其账面价值与计税基础的不同而产生应纳税暂时性差异，但不确认相应的递延所得税负债。

（2）企业合并之外的交易事项发生时，既不影响财务会计利润，也不影响应纳税所得额，对资产负债的初始确认金额与其计税基础不同而产生的应纳税暂时性差异，不确认相应的递延所得税负债。

（3）对与长期股权投资相关的应纳税暂时性差异，一般应确认相应的递延所得税负债，但在同时满足规定条件（投资企业能够控制暂时性差异的转回时间，该差异在可预见的未来很可能不会转回）时无须确认。

第三，对递延所得税负债，应采用预期清偿该负债期间的适用税率，即应纳税暂时性差异转回期间的适用所得税税率计量。若预计在应纳税暂时性差异转回期间，企业所得税税率不会发生变化，可直接采用现行所得税税率；若预计转回期间会发生变动，则采用预计变动税率。

第四，对递延所得税负债，不要求折现。

2. 递延所得税负债的会计处理

对应予确认的递延所得税负债，应借记“所得税费用——递延所得税费用”“其他综合收益”“商誉”等账户，贷记“递延所得税负债”账户。

资产负债表日，对应予确认的递延所得税负债小于“递延所得税负债”账户余额的差额，借记“递延所得税负债”账户，贷记“所得税费用——递延所得税费用”“其他综合收益”等账户；对应予确认的递延所得税负债大于“递延所得税负债”账户余额的差额，作相反方向的会计分录。

【例 5-16】第 1 年 12 月 26 日，甲公司购入一台价值 160 000 元不需要安装的设备。该设备预计使用期限为 4 年，财务会计采用直线法计提折旧（不考虑残值），税务会计采用年数总和法计提折旧（不考虑残值）。假定甲公司每年的利润总额均为 200 000 元，无其他纳税调整项目，且每年所得税税率为 25%。

第 1 年会计处理从略。

第 2 年，财务会计计提折旧 40 000 元（160 000÷4），设备的账面价值为 120 000 元（160 000-40 000）；税务会计计提折旧为 64 000 元［160 000×4÷（1+2+3+4）］，设备的计税基础为 96 000 元（160 000-64 000）。设备的账面价值与计税基础之间的差额为 24 000 元（120 000-96 000）。确认的账面价值比资产的计税基础高，应确认递延所得税负债 6 000 元（24 000×25%）。第 2 年，应交企业所得税 44 000 元｛［200 000-（64 000-40 000）］×25%｝。

借：所得税费用　　50 000
　　贷：应交税费——应交所得税　　44 000
　　　　递延所得税负债　　6 000

第 3 年，财务会计计提折旧 40 000 元，设备的账面价值为 80 000 元；税务会计计提折旧 48 000 元［160 000×3÷（1+2+3+4）］，设备的计税基础为 48 000 元（96 000-48 000）。设备的账面价值与计税基础之间的差额为 32 000 元（80 000-48 000），为累计应确认的应纳税暂时性差异。确认的账面价值比资产的计税基础高，应确认为递延所得税负债。第 3 年年底，应保留的递延所得税负债余额为 8 000 元（32 000×25%），年初余额为 6 000 元，应再确认递延所得税负债 2 000 元（8 000-6 000）。第 3 年，应交企业所得税为 48 000 元｛［200 000-（48 000-40 000）］×25%｝。

借：所得税费用　　50 000
　　贷：应交税费——应交所得税　　48 000
　　　　递延所得税负债　　2 000

第 4 年，财务会计计提折旧 40 000 元，设备的账面价值为 40 000 元；税务会计计提折旧 32 000 元［160 000×2÷（1+2+3+4）］，设备的计税基础为 16 000 元（48 000-32 000）。设备的账面价值与计税基础之间的差额 24 000 元（40 000-16 000）为累计应确认的应纳税暂时性差异，第 4 年年底，应保留的递延所得税负债余额为 6 000 元（24 000×25%），年初余额为 8 000 元，应转回递延所得税负债 2 000 元（8 000-6 000）。第 4 年，应交企业所得税为 52 000 元｛［200 000+（40 000-32 000）］×25%｝。

借：所得税费用　　50 000
　　递延所得税负债　　2 000
　　贷：应交税费——应交所得税　　52 000

第5年，财务会计计提折旧40 000元，设备的账面价值为0；税务会计计提折旧16 000元［160 000×1÷（1+2+3+4）］，设备的计税基础为0（16 000−16 000）。设备的账面价值与计税基础之间的差额为0，第5年年底，应保留的递延所得税负债余额也为0，年初余额为6 000元，应转回递延所得税负债6 000元。第5年，应交企业所得税56 000元｛［200 000+（40 000−16 000）］×25%｝。

借：所得税费用	50 000	
递延所得税负债	6 000	
贷：应交税费——应交所得税		56 000

（五）递延所得税资产的确认计量和会计处理

1. 递延所得税资产的确认

资产负债表日，分析比较资产、负债（包括筹建费用、税款抵减、未弥补亏损等）的账面价值与其计税基础，将可抵扣暂时性差异与适用税率的乘积确认为递延所得税资产，且其确认应以未来期间可能取得的应纳税所得额为限。就是说，在可抵扣暂时性差异的转回期间，如果企业有明确的证据表明能够产生足够的应纳税所得额，可以利用可抵扣暂时性差异的影响，使与可抵扣暂时性差异相关的经济利益能够实现，则应确认为递延所得税资产。如果未来期间很可能无法取得足够的应纳税所得额，则不予确认（借记“所得税费用”，贷记“递延所得税资产”）。

在判断企业可抵扣暂时性差异转回期间是否会有足够的应纳税所得额时，一是要考虑在未来期间的正常经营活动能够实现的应纳税所得额；二是要考虑此前产生的应纳税暂时性差异在未来期间转回时将增加的应纳税所得额。企业在确认计量递延所得税资产时，应遵循以下规则。

第一，对与长期股权投资相关的可抵扣暂时性差异，同时满足下列条件时，企业应确认相应的递延所得税资产：一是暂时性差异在可预见的未来很可能转回；二是未来很可能获得用来抵扣可抵扣暂时性差异的应纳税所得额。

第二，对于按税法规定可以结转以后年度的未弥补亏损和税款抵减，视同可抵扣暂时性差异处理。

第三，不确认递延所得税资产的情况：在某些情况下，若企业发生的某交易事项不属于企业合并，并且在交易事项发生时，既不影响财务会计利润，也不影响应纳税所得额，该交易事项中产生的资产、负债的初始确认金额与其计税基础不同而产生的可抵扣暂时性差异，不确认相应的递延所得税资产。

第四，与递延所得税负债的计量原则相同，在确认递延所得税资产时，也应以预期转回该资产期间的适用税率为基础计量，且不论可抵扣暂时性差异转回期间长短。递延所得税资产，不要求折现。期末，应复核递延所得税资产的账面价值。

2. 递延所得税资产的会计处理

资产负债表日，根据所得税准则应予确认的递延所得税资产大于“递延所得税资产”账户余额的差额，借记“递延所得税资产”账户，贷记“所得税费用——递延所得税费用”“其他综合收益”等账户；对应予确认的递延所得税资产小于“递延所得税资产”账户余额的差额，作相反的会计分录。

【例 5-17】甲公司在第 1 年至第 4 年每年应税所得额分别为：-200 万元、40 万元、80 万元、120 万元。适用税率为 25%，假设无其他暂时性差异。

经过判断，未来 5 年内企业有足够的利润弥补该亏损。则第 1 年可以全部确认 100 万元的亏损而产生的递延所得税资产 25 万元，其会计处理如下：

（1）第 1 年。

借：递延所得税资产　　500 000

　　贷：所得税费用　　500 000

（2）第 2 年。

借：所得税费用　　100 000

　　贷：递延所得税资产　　100 000

（3）第 3 年。

借：所得税费用　　200 000

　　贷：递延所得税资产　　200 000

（4）第 4 年。

借：所得税费用　　300 000

　　贷：递延所得税资产　　200 000

　　　　应交税费——应交企业所得税　　100 000

假设企业在第 1 年亏损 200 万元，经预测在未来 5 年内应税利润只能弥补 160 万元，则第 1 年确认递延所得税资产的会计处理如下：

借：递延所得税资产　　400 000

　　贷：所得税费用　　400 000

资产负债表日，企业应当对递延所得税资产的账面价值进行复核。如果未来期间很可能无法获得足够的应纳税所得额用于抵扣递延所得税资产的利益，应当减记“递延所得税资产”账户的账面价值，借记“所得税费用”账户，贷记“递延所得税资产”账户。在很可能获得足够的应纳税所得额时，减记的金额应当转回。

（六）所得税费用的会计处理

利润表中的所得税费用包括当期所得税费用和递延所得税费用（或收益）。当期所得税费用是税务会计按税法规定计算的当期应交所得税，根据企业会计准则确认计量的递延所得税资产和递延所得税负债的所得税影响金额，即因确认计量递延所得税资产和递延所得税负债所产生的费用（收益）为递延所得税费用（或收益），但以下两种情况除外。一是直接计入所有者权益的交易或事项所产生的递延所得税资产、负债；二是企业合并中取得的资产、负债，若其账面价值与计税基础不同，应确认相关递延所得税的，其确认影响合并中产生的商誉或是计入当期损益的金额，不影响所得税费用。

资产负债表日，企业按照税法计算确定的当期应交所得税金额，借记本账户（当期所得税费用)，贷记“应交税费——应交所得税”账户。

【例 5-18】 甲公司税务会计年终经过纳税调整后，确定应纳税所得额 1 600 万元。财务会计预计公司未来期间能够产生足够的应纳税所得额用于抵扣暂时性差异。年末，根据公司资产、负债项目及其计税基础，暂时性差异计算如表 5-8 所示。

表 5-8 暂时性差异计算表

单位：万元

资产、负债项目	账面价值	计税基础	应纳税暂时性差异	可抵扣暂时性差异
固定资产	2 400	2 200	200	—
无形资产	520	0	520	—
预计负债	280	0	—	280
合计	—	—	720	280

假定除上述资产、负债项目外，其他资产、负债项目账面价值与计税基础不存在差异，而且递延所得税资产、递延所得税负债均不存在期初余额，适用所得税税率为 25%。所得税的有关计算如下：

应交企业所得税 = 1 600×25% = 400（万元）

递延所得税负债 = 720×25% = 180（万元）

递延所得税资产 = 280×25% = 70（万元）

递延所得税费用 = 180−70 = 110（万元）

所得税费用 = 400+110 = 510（万元）

根据计算结果，作会计分录如下：

借：所得税费用——当期所得税费用　　4 000 000

　　贷：应交税费——应交企业所得税　　4 000 000

借：所得税费用——递延所得税费用　　1 800 000

　　贷：递延所得税负债　　1 800 000

借：递延所得税资产　　700 000

　　贷：所得税费用——递延所得税费用　　700 000

【例 5-19】 甲 20X2 年度、20X3 年度实现的利润总额均为 8 000 万元，所得税采用资产负债表债务法核算，适用的所得税税率为 25%。甲 20X2 年度、20X3 年度与所得税有关的经济业务如下：

(1) 甲 20X2 年发生广告费支出 1 000 万元，发生时已作为销售费用计入当期损益。甲 20X2 年实现销售收入 5 000 万元。

20X3 年发生广告费支出 400 万元，发生时已作为销售费用计入当期损益。甲 20X3 年实现销售收入 5 000 万元。

税法规定，该类支出不超过当年销售收入 15%的部分，准予扣除；超过部分，准予在以后纳税年度结转扣除。

(2) 甲对其所销售产品均承诺提供 3 年的保修服务。甲因产品保修承诺在 20X2 年度利润表中确认了200万元的销售费用，同时确认为预计负债。20X2年没有实际发生产品保修费用支出。

20X3年，甲实际发生产品保修费用支出100万元，因产品保修承诺在20X3年度利润表中确认了250万元的销售费用，同时确认为预计负债。

税法规定，产品保修费用在实际发生时才允许税前扣除。

（3）甲20X1年12月12日购入一项管理用设备，取得成本为400万元，会计上采用年限平均法计提折旧，使用年限为10年，预计净残值为零，企业在计税时采用5年计提折旧，折旧方法及预计净残值与会计相同。

20X3年末，因该项设备出现减值迹象，对该项设备进行减值测试，发现该项设备的可收回金额为300万元，使用年限与预计净残值没有变更。

（4）20X2年购入一项交易性金融资产，取得成本500万元，20X2年末该项交易性金融资产公允价值为650万元，20X3年末该项交易性金融资产公允价值为570万元。

要求：

（1）计算20X2年应交所得税、递延所得税以及利润表中确认的所得税费用，并编制与所得税相关的会计分录；

（2）计算20X3年应交所得税、递延所得税以及利润表中确认的所得税费用，并编制与所得税相关的会计分录。

【解析】

（1）20X2年末

计算20X2年的应交所得税：

应纳税所得额＝8 000+（1 000－5 000×15%）+200－（400÷5－400÷10）－150＝8 260（万元）

应交所得税＝8 260×25%＝2 065（万元）

计算20X2年递延所得税：

事项一，产生的可抵扣暂时性差异＝1 000－5 000×15%＝250（万元）

应确认的递延所得税资产＝250×25%＝62. 5（万元）

事项二，预计负债的账面价值＝200万元，计税基础＝200－200＝0

产生的可抵扣暂时性差异＝200万元

应确认的递延所得税资产＝200×25%＝50（万元）

事项三，固定资产的账面价值＝400－400÷10＝360（万元），计税基础＝400－400÷5＝320（万元）

产生的应纳税暂时性差异＝360－320＝40（万元）

应确认的递延所得税负债＝40×25%＝10（万元）

事项四，交易性金融资产的账面价值＝650万元，计税基础＝500万元

产生的应纳税暂时性差异＝650－500＝150（万元）

应确认的递延所得税负债＝150×25%＝37. 5（万元）

计算20X2年所得税费用：

所得税费用=应交所得税+递延所得税=2 065+（-62.5-50+10+37.5）=2 000（万元）

相关的会计分录：

借：所得税费用　20 000 000
　　递延所得税资产　1 125 000
　　贷：应交税费——应交所得税　20 650 000
　　　　递延所得税负债　475 000

（2）20X3 年末

计算 20X3 年的应交所得税：

应纳税所得额=8 000-（1 000-5 000×15%）+（250-100）+［20｛注：这是调增的计提的减值损失 20 万元｝-（400÷5-400÷10）］+80=7 960（万元）

应交所得税=7 960×25%=1 990（万元）

计算 20X3 年递延所得税：

事项一，因 20X3 年实际发生的广告费支出为 400 万元，而税前允许扣除限额为 5 000×15%=750（万元），差额为 350 万元，所以 20X2 年发生的但当年尚未税前扣除的广告费支出 250 万元（1 000-5 000×15%）可以在 20X3 年全部税前扣除。

所以可抵扣暂时性差异余额=250-250=0

应转回的递延所得税资产=62.5-0=62.5（万元）

事项二，预计负债的账面价值=200-100+250=350（万元），计税基础=0

可抵扣暂时性差异余额=350 万元

应确认的递延所得税资产=（350-200）×25%=37.5（万元）

事项三，计提减值准备前固定资产的账面价值=400-（400÷10）×2=320（万元），所以应计提减值准备 20 万元。

计提减值准备后固定资产的账面价值=300 万元，计税基础=400-（400÷5）×2=240（万元）

应纳税暂时性差异余额=300-240=60（万元）

应确认的递延所得税负债=（60-40）×25%=5（万元）

事项四，交易性金融资产的账面价值=570 万元，计税基础=500 万元

应纳税暂时性差异余额=570-500=70（万元）

应转回的递延所得税负债=（150-70）×25%=20（万元）

计算 20X3 年所得税费用：

所得税费用=应交所得税+递延所得税=1 990+（62.5-37.5+5-20）=2 000（万元）

相关的会计分录：

借：所得税费用　20 000 000
　　递延所得税负债　150 000
　　贷：应交税费——应交所得税　19 900 000
　　　　递延所得税资产　250 000

五、特殊情况下的会计处理

（一）预缴企业所得税的会计处理

企业分月或季预缴企业所得税时，应当按照月度或季度的实际利润额预缴。按实际利润额预缴有困难的，可以根据上一纳税年度应纳税所得额的月度或者季度平均额预缴，或者按照经税务机关认可的其他方法预缴。预缴方法一经确定，该纳税年度内不得随意变更。

“实际利润额”为按会计准则核算的利润总额减去以前年度待弥补亏损以及不征税收入、免税收入后的余额。对不征税收入，在所得税预缴或汇算清缴时，按照“调表不调账”的原则，应作纳税调减处理。免税收入，有的形成永久性差异（如国债利息收入），有的属于暂时性差异（投资收益），企业应视具体情况进行分析。

【例 5-20】甲公司某年第一季度会计利润总额为 400 万元（含国债利息收入 20 万元），以前年度未弥补亏损 400 万元，企业所得税税率为 25%。

企业“长期借款”账户记载：年初向工商银行借款 1 000 万元，年利率为 6%；向 B 公司借款 2 000 万元，年利率为 8%。上述款项全部用于生产经营。另外，计提固定资产减值损失 80 万元。假设无其他纳税调整事项。

（1）第一季度预缴所得税的计算和会计处理。企业预缴的基数为会计利润 2 000 万元，扣除上年度亏损 400 万元以及不征税收入和免税收入 100 万元后，实际利润额为1 500 万元。对于其他永久性差异，如长期借款利息超支的 40 万元［2 000×（8%-6%）］和暂时性差异（资产减值损失 80 万元），季度预缴时不作纳税调整。作会计分录如下。反映应交所得税：

借：所得税费用　　3 750 000

　　贷：应交税费——应交企业所得税　　3 750 000

下月初，实际缴纳企业所得税：

借：应交税费——应交企业所得税　　3 750 000

　　贷：银行存款　　3 750 000

（2）后三个季度预缴所得税的计算和会计处理。假设第二季度企业累计实现利润 2 700 万元，第三季度累计实现利润-400 万元，第四季度累计实现利润 2 400 万元，则每季度末会计处理如下：

第二季度末，作会计分录如下：

借：所得税费用　　3 000 000

　　贷：应交税费——应交所得税　　3 000 000

下月初缴纳企业所得税：

借：应交税费——应交企业所得税　　3 000 000

　　贷：银行存款　　3 000 000

第三季度累计利润为亏损，不缴税也不作会计处理。第四季度累计实现利润 2 400 万元，税法规定应先预缴税款，再汇算清缴。由于第四季度累计利润小于以前季度（第二季度）累计实现利润总额，暂不缴税也不作会计处理。年末，税前利润弥补亏损后，冲销递延所得税资产，作会计分录如下：

借：所得税费用　　1 000 000

　　贷：递延所得税资产　　1 000 000

（3）年终所得税汇算清缴。经税务机关审核，假如该企业汇算清缴后全年应纳税所得额为 2 580 万元，应交企业所得税额为 645 万元，而企业已经预缴所得税额合计 675 万元。按照相关规定，主管税务机关应及时办理退税，或者抵缴下一年度应缴纳的税款。

税务机关为了减少税款退库的麻烦，在实务中，一般是将企业多预缴的上年度企业所得税抵缴下一年度应缴纳的税款。在这种情况下，企业作会计分录如下：

借：其他应收款——所得税退款　　300 000

　　贷：以前年度损益调整——所得税费用　　300 000

（4）假如下一年第一季度应预缴企业所得税为 360 万元，作会计处理如下：

借：所得税费用　　3 600 000

　　贷：应交税费——应交所得税　　3 600 000

预缴第一季度企业所得税时：

借：应交税费——应交所得税　　3 600 000

　　贷：银行存款　　3 300 000

　　　　其他应收款——所得税退款　　300 000

根据企业会计准则规定，对于暂时性差异产生的对递延所得税的影响，应该在产生时立即确认，而非在季末或年末确认，上述资产减值损失形成的暂时性差异，应该在当月计提时，作会计分录如下：

借：递延所得税资产　　200 000

　　贷：所得税费用——递延所得税费用　　200 000

（二）抵免企业所得税的会计处理

【例 5-21】甲企业 12 月总机构损益类科目余额如下（单位：万元）：

主营业务收入	3 520
税金及附加	130
主营业务成本	1 560
销售费用	110
管理费用	98
财务费用	48
其他业务收入	260
其他业务成本	170
营业外收入	72
营业外支出	114

年末，将总机构损益类账户余额结转到“本年利润”账户，结转后，丁字账的借贷余额如表5-9所示（单位：万元）。

表5-9　本年利润

借方	贷方	
130	3 520	
1 560	260	
110	72	
98		
48		
170		
114		
	贷方余额	1 622

该企业在美国的分支机构当年获利50万美元，已在美国缴纳所得税12万美元。当年12月31日我国外汇牌价USD 1=CNY 6.5。另外，企业在当年度中，超过业务招待费标准的招待费支出7.2万元，赞助费支出9万元。企业所得税税率25%。

企业全部利润=1 622+50×6.5=1 947（万元）

应纳税所得额=1 947+（7.2+9）=1 963.2（万元）

境内外所得按税法计算的应纳税额=1 963.2×25%=490.8（万元）

境外所得税款扣除限额=（50×6.5）×25%=81.25（万元）

实际在境外缴纳的所得税税额=12×6.5=78（万元）

在境外实际缴纳的税款低于扣除限额，因此，可以从应纳税额中扣除其在境外实际缴纳的所得税税款，企业实际应缴税计算如下：

企业实际应交所得税额=490.8-78=412.8（万元）

假设企业上年实际缴纳所得税为440万元，税务机关同意当年每季按上年实缴额的1/4预缴。下年应退税额=440-412.8=27.2（万元）作会计分录如下：

（1）每季预缴所得税时：

借：应交税费——应交企业所得税　　1 100 000

　　贷：银行存款——人民币户　　1 100 000

（2）计算当年应交所得税时：

借：所得税费用——当期所得税费用　　4 128 000

　　贷：应交税费——应交企业所得税　　4 128 000

（3）下年初收到退税款时：

借：银行存款　　272 000

　　贷：应交税费——应交企业所得税　　272 000

（三）企业亏损弥补的所得税会计处理

根据企业所得税税法规定，企业纳税年度发生的亏损可以结转以后年度在税前扣除，但结转抵扣期限最长不得超过 5 年。按照企业会计准则的规定，企业预计在未来期间能够产生足够的应纳税所得额来抵扣亏损时，应确认相应的递延所得税资产，即将亏损视为可抵扣暂时性差异。对因亏损弥补而产生的暂时性差异要在以后亏损抵扣期内持续反映，进行相关计算并作相应的会计处理。

【例 5-22】 甲公司执行企业会计准则，企业所得税税率为 25%，能够持续经营。如果发生亏损，预计未来期间能够产生足够的应纳税所得额来利用该可抵扣的亏损。假定在相关业务中不存在永久性差异，此前没有产生过暂时性差异。

第 1 年应税亏损 160 万元，没有产生其他暂时性差异。

第 2 年预计实现利润总额 80 万元，本年没有产生除上年度结转亏损之外的其他暂时性差异。

第 3 年预计实现的利润总额为 12 万元，计提 60 万元的坏账准备。

第 4 年预计实现的利润总额为 140 万元，转回第 3 年已计提的坏账准备 20 万元。

根据上述资料，按会计与税法的要求，分别对各年进行所得税会计处理。

第 1 年：按照所得税会计准则的规定，年末对因发生亏损所确认的递延所得税资产按照预期弥补该亏损期间适用的企业所得税税率进行计量。预计未来期间公司能够产生足够的应纳税所得额可以抵扣亏损，年末确认因该亏损所产生的递延所得税资产 40 万元（160×25%）。作会计分录如下：

借：递延所得税资产——第 1 年亏损　　400 000
　　贷：所得税费用——递延所得税费用　　400 000

第 2 年：本年度的应纳税所得额为本年度的会计利润总额 80 万元，全部用于弥补上年度结转的亏损。弥补亏损后的应纳税所得额为负数，本年不需要缴纳企业所得税，但应转销上年度因该亏损所确认的递延所得税资产，转销金额 20 万元（80×25%）。

所得税费用按会计准则的要求计算，在没有发生永久性差异，并且不采用应付税款法核算所得税费用的情况下，企业当期的所得税费用等于当期的税前会计利润总额与适用的企业所得税税率之乘积，与当期是否需要弥补以前年度结转的税前亏损无关。因此，本年度的所得税费用 20 万元（80×25%）。作会计分录如下：

借：所得税费用——递延所得税费用　　200 000
　　贷：递延所得税资产——第 1 年亏损　　200 000

第 3 年：按税法规定，企业计提的资产减值损失不得在税前扣除。当年度应纳税所得额 = 会计利润总额 + 计提的资产减值损失 = 12 + 60 = 72（万元），72 万元的应纳税所得额需要用于弥补第 1 年度结转的税前亏损，弥补亏损后的应纳税所得额为负数，不需缴纳企业所得税，但应将第 1 年因发生该亏损所确认的递延所得税资产予以转销，转销金额 = 72×25% = 18（万元），应确认的所得税费用为 18 万元。相关会计分录如下：

借：所得税费用——递延所得税费用　　180 000
　　贷：递延所得税资产——第 1 年亏损　　180 000

同时，需要反映因计提坏账准备应确认的递延所得税资产和相应的递延所得税费用，该会计分录如下：

借：递延所得税资产——第 3 年坏账准备　　150 000

　贷：所得税费用——递延所得税费用　　150 000

第 4 年：本年度弥补第 1 年度结转亏损后的应纳税所得额＝第 1 年亏损＋第 2 年产生的应纳税所得额＋第 3 年的应纳税所得额＋第 4 年应纳税所得额＝－160＋80＋12＋60＋（140－20）＝112（万元），应缴纳企业所得税＝112×25%＝28（万元）。

转回第 1 年因发生亏损所确认递延所得税资产的金额＝40－20－18＝2（万元），或者是等于至第 3 年年末止尚未弥补的亏损额×25%，即（－160＋80＋72）×25%＝－2（万元），转回第 3 年因计提坏账准备所确认的递延所得税资产＝20X25%＝5（万元）。

应确认的所得税费用＝140×25%＝35（万元），其中递延所得税费用为 2＋5＝7（万元），当期所得税费用＝（140－20－8）×25%＝28（万元）。已将转回的坏账准备 20 万元对本期损益的影响剔除，因为按照税法的规定，转回的资产减值准备虽然增加了本期的会计利润，但该部分不属于应税所得额，在计算转回当期的应税所得额时应作纳税调减，其对损益的影响应通过递延所得税明细来反映。作会计分录如下：

借：所得税费用——递延所得税费用　　70 000

　　　　　　——当期所得税费用　　280 000

　贷：递延所得税资产——第 1 年亏损　　20 000

　　　　　　　　　　——第 3 年坏账准备　　50 000

　　　应交税费——应交企业所得税　　280 000

如果企业执行《小企业会计准则》，所得税采用应付税款法时，不确认暂时性差异，也就不必作上述会计处理。

企业以税前、税后利润弥补企业亏损时，不必作专门的会计分录。若以税前利润弥补亏损，其弥补额可以抵减当期的应纳税所得额；若以税后利润弥补亏损，其弥补额不能抵减当期应纳税所得额。期末结转亏损时：

借：利润分配——未分配利润

　贷：本年利润

若以后年度用税前利润弥补亏损时：

借：本年利润

　贷：利润分配——未分配利润

若以后年度用税后利润（盈余公积）弥补亏损时：

借：盈余公积

　贷：利润分配——盈余公积补亏

（四）减免企业所得税的会计处理

对于企业享受的各种税收优惠，除减免及返还的所得税及国务院、财政部、国家税务总局规定有指定用途的减免及返还的税款外，一律都应并入企业当年度（或处理年度）的应税所得额，照章计缴企业所得税。

1. 直接减免

企业仍然需要计算应交所得税，待税务机关审批之后再确认减免税。企业在计算应纳所得税时，借记“所得税费用——当期所得税费用”账户，贷记“应交税费——应交所得税”账户；税务机关确认减免时，借记“应交税费——应交所得税”账户，贷记“所得税费用——当期所得税费用”账户。

2. 即征即退与先征后退

企业在计算应纳所得税时，借记“所得税费用——当期所得税费用”账户，贷记“应交税费——应交所得税”账户；缴纳时，借记“应交税费——应交所得税”账户，贷记“银行存款”账户；确认减免税并收到退税款时，借记“银行存款”账户，贷记“所得税费用——当期所得税费用”账户。

3. 有指定用途的退税

所得税退税款作为国家投资，形成国家资本。收到退税时，借记“银行存款”账户，贷记“实收资本——国家资本金”账户。对有指定用途的政策性减免，可将减免的所得税额，贷记“资本公积”账户。企业实际收到具有专门用途的先征后返所得税税款时，按会计准则规定计入取得当期的利润总额，暂不计入取得当期的应纳税所得额。

（五）检查调增应纳税所得额的会计处理

（1）检查调增应纳税所得额弥补亏损。税务机关对企业以前年度纳税情况进行检查时调增的应纳税所得额，凡企业以前年度发生亏损、且该亏损属于企业所得税法规定允许弥补的，应允许调增的应纳税所得额弥补该亏损。弥补该亏损后仍有余额的，按税法规定计算缴纳企业所得税，但不得弥补检查所属年度以后年度的亏损。

（2）按照税法的公平原则，查补收入可以作为计提业务招待费、广告费和业务宣传费的基数。

（3）对检查调增的应纳税所得额视其具体情节，依照《税收征管法》的规定进行处理或处罚。弥补亏损的处罚规定，实际上经历了一个从查补额全额纳税，到作为处罚依据再到后来分情况进行处罚的变化过程，规定更趋合理。

（4）调增所得额可以抵扣以前年度暂时性差异。企业亏损属于可抵扣暂时性差异，在符合条件的情况下，应确认与其相关的递延所得税资产。因调增所得额可以弥补以前年度亏损，财务会计可以借记“以前年度损益调整”账户，贷记“递延所得税资产”账户。

（5）调增所得额后应逐年调整递延所得税资产余额。调增企业所得额后，会对以后年度企业所得税造成影响，因而必须对以后相关年度的可弥补亏损额予以调整，并重新计算以后相关年度的企业所得税额，但最长时限不超过5年。调增所得额会影响以后各期可抵扣暂时性差异，应进行相应的所得税会计处理，调整递延所得税资产的账面价值。

（六）企业所得税纳税调整的会计处理

【例5-23】甲公司系软件开发企业，上年因开发某车载电子软件，政府专项补助440万元，以补偿其研究项目支出。6月实际收到款项，但研究项目正式启动是在当年1月。当年政府专项拨款全部用于研发支出，但未形成无形资产。相关会计处理如下：

上年收到拨款时：

借：银行存款　　　　4 400 000

　　贷：递延收益——××车载电子软件　　　　4 400 000

当年用于研发支出时：

借：管理费用——××车载电子软件研发支出　　　　4 400 000

　　贷：银行存款　　　　4 400 000

同时：

借：递延收益——××车载电子软件　　　　4 400 000

　　贷：营业外收入　　　　4 400 000

如果企业取得的上述专项财政性资金不符合不征税收入条件，上年应纳税所得额调增440万元，当年应纳税所得额调减440万元。

如果企业取得的上述专项财政性资金符合不征税收入条件，当年在收入类调整项目中应纳税所得额调减440万元，在扣除类调整项目中应纳税所得额调增440万元（用于研发的支出不得加计扣除）。若已将其填入研发费用加计扣除优惠明细表，在进行纳税申报时应予减除。

如果上述符合不征税收入条件的项目在当年结项时，累计共发生支出320万元。当年公司应在收入类调整项目中纳税调减320万元，在扣除类调整项目中纳税调增320万元；若5年后仍未缴回拨款部门，应在收入类调整项目中纳税调增120万元。

（七）企业所得税的汇算清缴

企业所得税的汇算清缴一般属于财务会计中的资产负债表日后事项。对资产负债表日后事项中的调整事项，凡涉及上年度损益调整的事项，均应通过“以前年度损益调整”账户调整纳税年度的利润，并计算由此影响的企业所得税额，进行所得税的退补，并作相关会计处理；之后，才能进行有关利润分配。

“以前年度损益调整”账户的运用：对调整增加的以前年度利润或调整减少的以前年度亏损，借记有关账户，贷记本账户；调整减少的以前年度利润或调整增加的以前年度亏损，借记本账户，贷记有关账户。由于调整增加以前年度利润或调整减少以前年度亏损而相应增加的所得税，借记本账户，贷记“应交税费——应交企业所得税”账户；由于调整减少以前年度利润或调整增加以前年度亏损而相应减少的所得税，作相反方向的会计分录。经调整后，应将该账户的余额转入“利润分配——未分配利润”账户，如为贷方余额，借记本账户，贷记“利润分配——未分配利润”账户；如为借方余额，作相反会计分录。结转后，本账户无余额。

【例5-24】甲企业20X3年年末“利润分配——未分配利润”账户借方余额200万元，企业申报亏损也是200万元。税务机关进行纳税检查时发现，企业当年不得在税前列支的金额为220万元，扣除账面亏损后，企业还盈利20万元。应作会计处理如下：

应补缴所得税＝200 000×25%＝50 000（元）

税前不得支出220万元属永久性差异，企业仍在税前扣除，造成虚报亏损，按逃税定性，110万元视同应税所得，假定罚款按逃税额的100%计算，则应罚款为550 000元

(2 200 000×25%×100%)。

(1)补缴所得税时:

借:所得税费用　　50 000
　　贷:应交税费——应交企业所得税　　50 000
借:应交税费——应交企业所得税　　50 000
　　贷:银行存款　　50 000

(2)缴纳罚款时:

借:营业外支出——税收罚款　　550 000
　　贷:银行存款　　550 000

假定不是上述情况,而是查出企业将 20 万元收入未入账,存入了小金库。这就应该调减亏损 20 万元,调整后,仍然亏损 180 万元。这种情况,只罚不补。假定罚款按逃税额的 100%计算,应作会计处理如下:

将未入账现金入账时:

借:银行存款　　200 000
　　贷:以前年度损益调整　　200 000

缴罚款时:

借:营业外支出——税收罚款　　50 000
　　贷:银行存款　　50 000

复习思考题

1. 企业所得税的纳税人是否仅限“企业”?
2. 如何确认企业所得税的收入总额、应税收入与不征税收入?
3. 企业如何正确运用固定资产加速折旧与加计扣除优惠政策?
4. 简述企业所得税的税前扣除原则、扣除项目及其扣除标准。
5. 企业已经计提而未实际发放的工薪是否允许在税前扣除?
6. 如何进行企业所得税的纳税调整及相关会计处理?
7. 如何进行企业所得税汇算清缴的会计处理?
8. 应付税款法有何优点、有何局限性?
9. 简述暂时性差异的产生及其分类。
10. 简述资产负债表债务法的会计处理程序。

本章思维导图

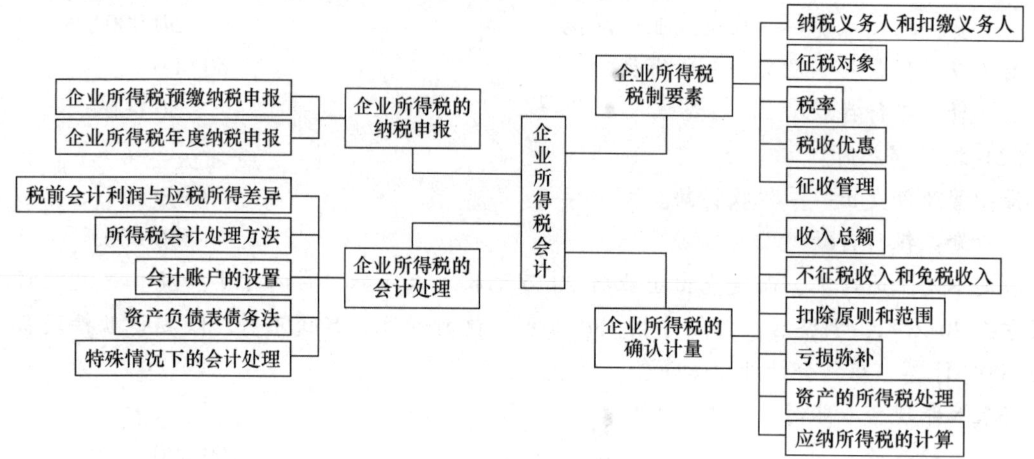

本章延伸阅读

1. 《中华人民共和国企业所得税法》
2. 《中华人民共和国企业所得税法实施条例》
3. 《财政部　国家税务总局关于执行企业所得税优惠政策若干问题的通知》
4. 《关于印发〈特别纳税调整实施办法（试行）〉的通知》
5. 《关于印发〈企业资产损失税前扣除管理办法（试行）〉的通知》
6. 《关于印发〈企业研究开发费用税前扣除管理办法（试行）〉的通知》
7. 《关于印发〈企业所得税核定征收办法（试行）〉的通知》
8. 《关于印发〈非居民企业所得税源泉扣缴管理暂行办法〉的通知》
9. 《财政部　国家税务总局关于延长高新技术企业和科技型中小企业亏损结转年限的通知》
10. 《关于完善研究开发费用税前加计扣除政策的通知》
11. 《财政部　国家税务总局关于完善企业境外所得税收抵免政策问题的通知》
12. 《财政部　国家税务总局关于完善固定资产加速折旧企业所得税政策的通知》
13. 《财政部　国家税务总局关于企业职工教育经费税前扣除政策的通知》
14. 《财政部　国家税务总局关于进一步完善固定资产加速折旧企业所得税政策的通知》
15. 《关于公益性捐赠支出企业所得税税前结转扣除有关政策的通知》

本章习题

一、单项选择题

1. 根据企业所得税的相关规定，下列属于居民企业的有（　　）。

A. 依法在上海注册成立的个体工商户

B. 依照美国法律成立，实际管理机构在我国境内的企业
C. 境外企业在北京设立的办事机构
D. 依照日本法律成立，且实际管理机构在日本的企业

2. 根据企业所得税的相关规定，下列关于征税对象的说法正确的是（　　）。
A. 居民企业应当就其来源于中国境内所得和仅针对海外投资的境外所得缴纳企业所得税
B. 在中国境内设立机构、场所的非居民企业，应只就其来源于中国境内所得纳税
C. 境内未设立机构、场所的非居民企业，应就其来源于中国境内的所得纳税
D. 境内未设立机构、场所的非居民企业，应就其来源于中国境内和境外的所得纳税

3. 根据企业所得税的规定，以下收入中属于免税收入的是（　　）。
A. 行政事业性收费
B. 企业债券利息收入
C. 非营利组织从事非营利性活动取得的收入
D. 居民企业从其直接投资的非上市居民企业取得的股息等权益性投资收益

4. 下列关于收入确认时间的说法中，不正确的是（　　）。
A. 接受捐赠，在实际收到捐赠资产的日期确认收入实现
B. 租赁收入，租赁期限跨年度且租金提前支付，以承租人应付租金的日期确认收入的实现
C. 股息等权益性投资收益以被投资方做出利润分配决定的日期确认收入的实现
D. 特许权使用费收入以合同约定的特许权使用人应付特许权使用费的日期确认收入的实现

5. 依据企业所得税法的规定，下列关于三项经费扣除限额计算基数工资、薪金总额的说法中，正确的是（　　）。
A. 工资、薪金总额是指实际发放的工资、薪金总和
B. 工资、薪金总额是指应发放的工资、薪金总和
C. 工资、薪金总额包括职工教育经费
D. 工资、薪金总额包括职工福利费

6. 某商业企业20X3年度权益性投资额为200万元，当年1月1日为生产经营向关联方借入1年期经营性资金600万元，关联借款利息支出60万元，同期银行同类贷款利率为7%，则该企业在计算20X3年企业所得税应纳税所得额时，准予扣除的利息支出为（　　）万元。
A. 28　　B. 40　　C. 42　　D. 60

7. 某居民企业实现商品不含税销售收入2 000万元，发生现金折扣100万元，接受捐赠收入100万元，转让无形资产所有权收入20万元。该企业当年实际发生业务招待费30万元，广告费240万元，业务宣传费80万元。该年度该企业可税前扣除的业务招待费、广告费、业务宣传费合计（　　）万元。
A. 294. 5　　B. 310　　C. 325. 5　　D. 330

8. 某企业 20X3 年因管理不善损失一批原材料，账面成本为 100 万元，适用的增值税税率为 13%，该批原材料获得保险公司 80 万元的赔偿，责任人赔偿 2 万元。那么该企业 20X3 年计算企业所得税，允许税前扣除的原材料损失金额为（　　）万元。

A. 18　　B. 20　　C. 31　　D. 33

9. 某居民企业主营业务收入 5 000 万元、营业外收入 80 万元，与收入配比的成本 4 100 万元，全年发生管理费用、销售费用和财务费用共计 700 万元，营业外支出 60 万元（其中符合规定的公益性捐赠支出 50 万元），20X3 年度经核定结转的亏损额 30 万元。20X3年度该企业应缴纳企业所得税（　　）万元。

A. 47. 5　　B. 53. 4　　C. 53. 6　　D. 54. 3

10. 某居民企业，20X3 年全年销售额 1 900 万元，成本 600 万元，税金及附加 460 万元，各种费用 400 万元，已知上述成本费用中包括新产品开发 60 万元、广告费支出 200 万元。该企业 20X3 年应纳企业所得税（　　）万元。

A. 88. 75　　B. 98. 75　　C. 110　　D. 160

11. 企业缴纳的下列税金中，不得在计算企业应纳税所得额时扣除的是（　　）。

A. 增值税　　B. 消费税　　C. 印花税　　D. 房产税

12. 我国企业会计准则要求采用（　　）核算企业所得税。

A. 应付税款法　　B. 递延法

C. 利润表债务法　　D. 资产负债表债务法

13. 造成固定资产账面价值和计税基础产生差异的原因，通常不包括（　　）。

A. 初始成本　　B. 折旧方法

C. 折旧年限　　D. 计提减值准备

14. 存货当期计提跌价准备，会产生（　　）差异。

A. 应纳税暂时性差异　　B. 可抵扣暂时性差异

C. 不产生暂时性差异　　D. 以上说法都不正确

15. 某企业 2020 年底购入生产设备价值 600 万元，企业采用双倍余额递减法计提折旧，折旧年限 10 年；税法规定应采用直线法计提折旧，折旧年限和企业一致。则 20X3 年应确认（　　）。

A. 递延所得税资产 15 万元　　B. 递延所得税负债 15 万元

C. 递延所得税资产 60 万元　　D. 递延所得税负债 60 万元

二、多项选择题

1. 根据企业所得税法律制度的规定，下列各项中不属于企业所得税纳税义务人的有（　　）。

A. 国有企业　　B. 合伙企业

C. 个人独资企业　　D. 外商投资企业

2. 企业的下列支出，可以在计算应纳税所得额时加计扣除的是（　　）。

A. 开发新技术、新产品、新工艺发生研究开发费用

B. 创业投资企业从事国家需要重点扶持和鼓励的创业投资支出

C. 安置残疾人员及国家鼓励安置的其他人员所支付的工资

D. 购置用于环境保护、节能节水、安全生产等专用设备的投资支出

3. 企业取得的下列收入，属于企业所得税不征税收入的有（　　）。

A. 国债利息收入　　B. 财政拨款

C. 政府性基金　　D. 非营利组织从事营利性活动取得的收入

4. 根据企业所得税的相关规定，下列各项中，在计算应纳税所得额时可以税前扣除的项目是（　　）。

A. 非广告性质的赞助支出　　B. 被司法机关所处的罚金

C. 银行罚息　　D. 银行企业内营业机构之间支付的利息

5. 某机器制造企业为居民纳税人，20X3 年计入成本、费用的实发工资总额为 420 万元，支出职工福利费 75 万元、职工教育经费 10 万元，拨缴职工工会经费 8.4 万元，该企业 20X3 年计算应纳税所得额时准予在税前扣除的工资和三项经费分别为（　　）万元。

A. 420　　B. 513.40　　C. 77.20　　D. 93.40

6. 下列固定资产中，不得计提的折旧在税前扣除的有（　　）。

A. 以经营租赁方式租入的固定资产

B. 以融资租赁方式租出的固定资产

C. 已足额提取折旧仍继续使用的固定资产

D. 房屋、建筑物以外未投入使用的固定资产

7. 在中国境内未设立机构、场所的非居民企业从中国境内取得的下列所得，应按收入全额计算征收企业所得税的有（　　）。

A. 股息　　B. 红利

C. 租金　　D. 特许权使用费

8. 企业缴纳的下列保险金可以在税前直接扣除的有（　　）。

A. 为特殊工种的职工支付的人身安全保险费

B. 为关系客户缴纳的商业保险

C. 为投资者或者职工支付的商业保险费

D. 按照国家规定标准和范围为董事长缴纳的补充养老保险金

9. 根据企业所得税相关规定，关于亏损的说法，正确的有（　　）。

A. 企业以前年度发生的资产损失，当年没有扣除的，一律不再扣除

B. 企业筹办期间发生亏损，应该计算为亏损年度

C. 筹办期间发生的筹办费，可以在开始生产经营之日的当年，一次性扣除

D. 税务机关对企业进行检查时调增的应纳税所得额，应允许弥补符合税法规定条件的以前年度亏损

10. 下列关于所得来源地的确定，不正确的有（　　）。

A. 股息、红利等权益性投资所得，按照分配所得的企业所在地确定

B. 租金所得，按动产或不动产所在地确定

C. 提供劳务所得，按机构所在地确定

D. 特许权使用费所得，按负担支付所得的企业或机构、场所所在地确定

11. 依据企业所得税的相关规定，下列行为应视同销售确认收入的有（　　）。

A. 将外购货物用于交际应酬

B. 将自产货物用于职工奖励

C. 将自建商品房转为固定资产

D. 将自产货物移送到境外分支机构

12. 以下应纳入工资薪金总额的是（　　）。

A. 返聘离退休人员工资　　B. 临时工工资

C. 实习生工资　　D. 劳务派遣用工工资

13. 根据企业所得税法的规定，在中国境内未设立机构、场所的非居民企业从中国境内取得的下列收入中，应按收入全额计征企业所得税的有（　　）。

A. 股息　　B. 租金

C. 特许权使用费　　D. 转让财产所得

14. 企业所得税会计核算中产生的暂时性差异，通过（　　）会计科目进行核算。

A. 递延所得税资产　　B. 递延所得税负债

C. 所得税费用　　D. 应交税费——应交所得税

15. 根据企业所得税法的规定，下列关于收入确认的表述中，正确的有（　　）。

A. 托收承付销售货物，应在收到承付货款时，确认收入的实现

B. 分期收款销售货物，应在发出商品时确认收入的实现

C. 支付手续费方式委托代销货物的，应在收到代销清单时确认收入

D. 将自产产品用于职工福利的，应在货物移送时确认收入

三、业务核算题

1. 甲贸易企业为居民企业，20X3 年经营业务汇总资料如下：商品销售收入 1 000 万元，销售成本 450 万元，销售费用 319 万元（其中广告费 180 万元），管理费用 150 万元（其中业务招待费 34 万元），财务费用 25 万元，税金及附加 16 万元，营业外收入 60 万元，营业外支出 20 万元（其中税法认定的通过公益性社会团体组织向贫困山区捐献 12 万元、支付税收滞纳金 4 万元），计入成本费用中的实发工资总额 80 万元；本年度共拨缴职工工会经费 2 万元，累计支付职工福利费 8 万元和职工教育经费 6 万元；当年已计入所得税费用的金额为 16. 45 万元。已知年初递延所得税资产和递延所得税负债余额为 0。

要求：(以万元为单位，结果保留两位有效数字)

（1）计算会计利润总额；

（2）分析广告宣传费、业务招待费、营业外支出、工会经费、职工福利费、职工教育经费的纳税调整情况；

（3）计算应纳税所得额；

（4）计算应补交的所得税；

（5）计算所得税费用；

（6）按资产负债表债务法编制有关会计分录。

2. 甲居民企业（非制造业）20X3 年度会计报表上的利润总额为 100 万元。该企业的

当年销售收入为 3 000 万元，递延所得税资产和递延所得税负债年初余额均为 0。经税务会计审核，发现该企业 20X3 年度涉税资料如下：

（1）国债利息收入 8 万元；

（2）1 月 1 日以集资方式筹集生产经营性资金 300 万元，期限 1 年，支付利息费用 30 万元（同期银行贷款年利率 6%）；

（3）销售费用中广告和业务宣传费支出 480 万元；

（4）当年计入损益的开发新技术的研究开发费用 100 万元；

（5）向关联企业非公益性捐赠 50 万元；

（6）当年计提坏账准备 20 万元，当年未发生实际坏账损失。

要求：

（1）分项计算分析该企业所得税纳税调整额；

（2）计算该企业 20X3 年度应纳税所得额；

（3）计算该企业 20X3 年度应纳所得税税额；

（4）按资产负债表债务法编制应交所得税会计分录。

3. 甲公司 20X3 年度利润表中利润总额为 3 000 万元，该公司适用的所得税税率为 25%。递延所得税资产及递延所得税负债不存在期初余额。20X3 年发生的有关交易和事项中，会计处理与税收处理存在差别的有：

（1）20X3 年 1 月开始计提折旧的一项固定资产，成本为 1 500 万元，使用年限为 10 年，净残值为 0，会计处理按双倍余额递减法计提折旧，税收处理按直线法计提折旧。假定税法规定的使用年限及净残值与会计规定相同。

（2）向关联企业捐赠现金 500 万元。假定按照税法规定，企业向关联方的捐赠不允许税前扣除。

（3）当期取得作为交易性金融资产核算的股票投资成本为 800 万元，20X3 年 12 月 31 日的公允价值为 1 200 万元。税法规定，以公允价值计量的金融资产持有期间市价变动不计入应纳税所得额。

（4）违反环保法规定应支付罚款 250 万元。

（5）期末对持有的存货计提了 75 万元的存货跌价准备。

要求：

（1）计算该公司 20X3 年应纳税所得额和应交所得税。

（2）计算该公司 20X3 年应确认的递延所得税和所得税费用。

（3）编制该公司 20X3 年确认所得税费用的相关会计分录。

第六章

个人所得税会计

学习目标

掌握纳税人和应纳税所得额的确定；掌握个人所得税计算的基本方法及会计处理；掌握征税对象的内容；熟悉个人所得税税率及减免税优惠；了解个人所得税的概念、特点、征收管理。

思政目标

本章重点介绍个人所得税的税收政策、税率、计税方法和会计处理。通过学习，使学生了解个人所得税的性质和作用，培养学生正确核算和缴纳个人所得税的能力，建立社会主义经济理论的核心价值观，提高纳税人的税收合规意识。

重点

个人所得税纳税范围、计税依据、应纳税额的计算。

难点

居民个人综合所得的计税方法。

第一节　个人所得税税制要素

个人所得税是以个人（含个体工商户、个人独资企业、合伙企业中的个人投资者、承租承包者个人）取得的各项应税所得为征税对象所征收的一种税。

改革开放后，为了维护国家的税收权益，第五届全国人民代表大会根据国际惯例，于1980年9月通过了《中华人民共和国个人所得税法》，开征个人所得税。之后，又在1993年、1999年、2005年、2007年、2011年对个人所得税法进行了多次修正。2018年8月31日，全国人民代表大会常务委员会表决通过关于修改《中华人民共和国个人所得税法》的决定，标志着我国在建立综合与分类相结合的个人所得税制上迈出关键的一步。自然人纳税人将由被动扣缴向主动申报转变，有利于增强纳税人的税收意识和税收认同感。

个人所得税作为一个重要的税收范畴，其基本功能同样是组织财政收入、收入分配和经济调节。征收个人所得税，有利于国家积累资金和平衡税收负担，也有利于在平等互利基础上的国际经济合作和技术交流。不仅有利于维护国家权益，还有利于按照平等互利原则正确处理国家间双重征税和税收抵免等问题。

一、纳税人和扣缴义务人

个人所得税的纳税人是指在中国境内有住所，或者虽无住所但在境内居住累计满183天，以及无住所又不居住或居住累计不满183天但从中国境内取得所得的个人，包括中国公民、个体工商户、个人独资企业、合伙企业投资者、外籍个人，以及香港、澳门、台湾同胞等。

1. 居民个人

居民个人是指在中国境内有住所，或者无住所而一个纳税年度内在中国境内居住累计满183天的个人。居民个人从中国境内和境外取得的所得缴纳个人所得税。

中国境内有住所是指因户籍、家庭、经济利益关系而在中国境内习惯性居住。纳税年度自公历1月1日起至12月31日止。

2. 非居民个人

非居民个人是指在中国境内无住所又不居住，或者无住所而一个纳税年度内在中国境内居住累计不满183天的个人。非居民个人从中国境内取得的所得缴纳个人所得税。

无住所个人一个纳税年度内在中国境内累计居住天数，按照个人在中国境内累计停留的天数计算。在中国境内停留的当天满24小时的，计入中国境内居住天数，在中国境内停留的当天不足24小时的，不计入中国境内居住天数。

3. 扣缴义务人

个人所得税以所得人为纳税人，以支付所得的单位或个人为扣缴义务人。扣缴义务人应依法履行预扣预缴、代扣代缴义务，纳税人不得拒绝；若拒绝的，扣缴义务人应及时报告税务机关。扣缴义务人应依法对纳税人报送的专项附加扣除等相关涉税信息和资料保密。

二、征税对象

个人所得税的征税对象是个人取得的应税所得。以下各项个人所得，应当缴纳个人所得税。

1. 工资、薪金所得

工资、薪金所得，是指个人因任职或者受雇而取得的工资、薪金、奖金、年终加薪、劳动分红、津贴、补贴以及与任职或者受雇有关的其他所得。

根据我国目前个人收入的构成情况，税法规定对于一些不属于工资、薪金性质的补贴、津贴或者不属于纳税人本人工资、薪金所得项目的收入，不予征税。这些项目包括：①独生子女补贴。②执行公务员工资制度未纳入基本工资总额的补贴、津贴差额和家属成员的副食品补贴。③托儿补助费。④差旅费津贴、误餐补助。其中，误餐补助，是指按照财政部门规定，个人因公在城区、郊区工作，不能在工作单位或返回就餐，根据实际误餐顿数，按规定的标准领取的误餐费。单位以误餐补助名义发给职工的补助、津贴不包括在内。

2. 劳务报酬所得

劳务报酬所得，是指个人独立从事劳务所取得的所得，具体包括个人从事设计、装潢、安装、制图、化验、测试、医疗、法律、会计、咨询、讲学、新闻、广播、翻译、审稿、书画、雕刻、影视、录音、录像、演出、表演、广告、展览、技术服务、介绍服务、经纪服务、代办服务以及其他劳务取得的所得。

在实际操作过程中，可能出现难以判定一项所得是属于工资、薪金所得，还是属于劳务报酬所得的情况。二者的区别在于：工资、薪金所得是个人从事非独立劳动，从所在单位领取的报酬，个人与单位之间存在雇佣与被雇佣的关系；而劳务报酬所得是个人独立从事某种技艺，独立提供某种劳务而取得的所得，个人与单位之间不存在雇佣和被雇佣关系。如果从事某项劳务活动取得的报酬是来自聘用、雇佣单位的，如演员从剧团领取工资，教师从学校领取工资，就属于工资、薪金所得项目。如果从事某项劳务活动取得的报酬不是来自聘用、雇佣单位的，如演员自己“走穴”或与他人组合“走穴”演出取得的报酬，教师受聘为校外的各类学习班、培训班授课取得的课酬收入，就属于劳务报酬所得项目。

在校学生因参与勤工俭学活动（包括参与学校组织的勤工俭学活动）而取得属于《个人所得税法》规定的应税所得项目的所得，按照“劳务报酬所得”征收个人所得税。

个人担任董事职务所取得的董事费收入分两种情形：个人担任公司董事、监事，且不在公司任职、受雇的情形，属于劳务报酬性质，按“劳务报酬所得”项目征收个人所得税；个人在公司（包括关联公司）任职、受雇，同时兼任董事、监事的，应将董事费、监事费与个人工资收入合并，统一按“工资、薪金所得”项目征收个人所得税。

个人兼职取得的收入，按照“劳务报酬所得”项目征收个人所得税。

3. 稿酬所得

稿酬所得，是指个人因其作品以图书、报刊等形式出版、发表而取得的所得。这里所说的作品，包括文学作品、书画作品、摄影作品以及其他作品。作者去世后，财产继承人取得的遗作稿酬，亦按“稿酬所得”项目征收个人所得税。

对报纸、杂志、出版等单位的职员，在本单位的刊物上发表作品、出版图书取得所得征税的问题说明如下。

（1）任职、受雇于报纸、杂志等单位的记者、编辑等专业人员，因在本单位的报纸、杂志上发表作品取得的所得，属于因任职、受雇而取得的所得，应与其当月工资收入合并，按“工资、薪金所得”项目征收个人所得税。

除上述专业人员以外，其他人员在本单位的报纸、杂志上发表作品取得的所得，应按“稿酬所得”项目征收个人所得税。

（2）出版社的专业作者撰写、编写或翻译的作品，由本社以图书形式出版而取得的稿费收入，应按“稿酬所得”项目征收个人所得税。

4. 特许权使用费所得

特许权使用费所得，是指个人提供专利权、商标权、著作权、非专利技术以及其他特许权的使用权取得的所得。

提供著作权的使用权取得的所得，不包括稿酬所得；作者将自己的文字作品手稿原件或复印件公开拍卖（竞价）取得的所得，属于提供著作权的使用所得，应按“特许权使用费所得”项目征收个人所得税。

个人取得特许权的经济赔偿收入，应按“特许权使用费所得”项目计征个人所得税。

从 2002 年 5 月 1 日起，编剧从电视剧的制作单位取得的剧本使用费，不再区分剧本的使用方是否为其任职单位，统一按“特许权使用费所得”项目计征个人所得税。

5. 经营所得

经营所得具体包括以下内容。

（1）个体工商户从事工业、手工业、建筑业、交通运输业、商业、饮食业、服务业、修理业以及其他行业生产、经营取得的所得。

（2）个人经政府有关部门批准，取得执照，从事办学、医疗、咨询以及其他有偿服务活动取得的所得。

（3）个体工商户和个人取得的与生产、经营有关的各项应税所得。

（4）其他个人从事个体工商业生产、经营取得的所得。

此外，个人取得的下列收入或所得，比照“个体工商户的生产经营所得”项目计征个人所得税。①从事个体出租车运营的出租车驾驶员取得的收入。②出租车属个人所有，但挂靠出租汽车经营单位或企事业单位，驾驶员向挂靠单位缴纳管理费的，或出租汽车经营单位将出租车所有权转移给驾驶员的，出租车驾驶员从事客货运营取得的收入。③个人从事彩票代销业务而取得的所得。④个人独资企业、合伙企业的个人投资者以企业资金为本人、家庭成员及其相关人员支付与企业生产经营无关的消费性支出及购买汽车、住房等财产性支出，视为企业对个人投资者利润分配，并入投资者个人的生产经营所得，依照“个体工商户的生产经营所得”项目计征个人所得税。

6. 利息、股息、红利所得

利息、股息、红利所得，是指个人拥有债权、股权而取得的利息、股息、红利所得。有关具体规定如下。

（1）个人取得国债利息、地方债务利息、国家发行的金融债券利息、教育储蓄存款利息，储蓄存款利息均免征个人所得税。

（2）除个人独资企业、合伙企业以外的企业的个人投资者，以企业资金为本人、家庭成员支付的与生产经营无关的消费性支出及购买汽车、住房等财产性支出，视为企业对个人投资者的红利分配，依照“利息、股息、红利所得”缴纳个人所得税。企业的上述支出不允许税前扣除。

（3）纳税年度内个人投资者从其投资企业（个人独资企业、合伙企业除外）借款，在该纳税年度终了后既不归还又未用于企业生产经营的，其未归还的借款可视为企业对个人投资者的红利分配，依照“利息、股息、红利所得”项目计征个人所得税。

7. 财产租赁所得

财产租赁所得，是指个人出租建筑物、土地使用权、机器设备、车船以及其他财产取得的所得。

8. 财产转让所得

财产转让所得，是指个人转让有价证券、股权、建筑物、土地使用权、机器设备、车船以及其他财产取得的所得。对个人转让境内上市公司的股票转让所得暂不征收个人所得税。个人转让自用 5 年以上并且是家庭唯一生活用房取得的所得免税。

9. 偶然所得

偶然所得，是指个人得奖、中奖、中彩以及其他偶然性质的所得。

（1）个人为单位或他人提供担保获得收入。

（2）房屋产权所有人将房屋产权无偿赠与他人，受赠人因无偿受赠房屋取得的受赠收入。

（3）企业在业务宣传、广告等活动中，随机向本单位以外的个人赠送礼品（包括网络红包，下同）；企业在年会、座谈会、庆典以及其他活动中向本单位以外的个人赠送礼品，个人取得的礼品收入（具有价格折扣或折让性质的消费券、代金券、抵用券、优惠券等礼品除外）。

（4）个人得奖、中奖、中彩以及其他偶然性质的所得。

三、税率

个人所得税区分不同个人所得项目，规定了超额累进税率和比例税率两种形式。

（1）居民个人综合所得适用税率。居民个人每一纳税年度的综合所得，包括工资、薪金所得，劳务报酬所得，稿酬所得，特许权使用费所得，适用 3%～45%的七级超额累进税率，见表 6-1。

（2）经营所得适用税率。经营所得，包括个体工商户的生产、经营所得、对企事业单位的承包经营、承租经营所得、个人独资企业和合伙企业的生产经营所得，适用5%~35%的五级超额累进税率，见表6-2。

表6-1 个人所得税税率表（一）

（综合所得适用）

级数	全年应纳税所得额	税率（%）	速算扣除数
1	不超过36 000元的部分	3	0
2	超过36 000元至144 000元的部分	10	2 520
3	超过144 000元至300 000元的部分	20	16 920
4	超过300 000元至420 000元的部分	25	31 920
5	超过420 000元至660 000元的部分	30	52 920
6	超过660 000元至960 000元的部分	35	85 920
7	超过960 000元的部分	45	181 920

注：①本表所称全年应纳税所得额是指依照《个人所得税法》第六条的规定，居民个人取得综合所得以每一纳税年度收入额减去费用60 000元以及专项扣除、专项附加扣除和依法确定的其他扣除后的余额。

②非居民个人取得工资、薪金所得，劳务报酬所得，稿酬所得和特许权使用费所得，依照本表按月换算后的税率表（见表6-5）计算应纳税额。

表6-2 个人所得税税率表（二）

（经营所得适用）

级数	全年应纳税所得额	税率（%）	速算扣除数
1	不超过30 000元的部分	5	0
2	超过30 000元至90 000元的部分	10	1 500
3	超过90 000元至300 000元的部分	20	10 500
4	超过300 000元至500 000元的部分	30	40 500
5	超过500 000元的部分	35	65 500

注：本表所称全年应纳税所得额是指依照《个人所得税法》第六条的规定，以每一纳税年度的收入总额减去成本、费用以及损失后的余额。

（3）财产租赁所得，财产转让所得，利息、股息、红利所得，偶然所得，适用20%的比例税率。

（4）居民个人分月或分次取得工资、薪金所得，劳务报酬所得，稿酬所得，特许权使用费所得时，支付单位预扣预缴个人所得税的预扣率。其中，工资、薪金所得适用3%~45%的七级超额累进预扣率，见表6-3；劳务报酬所得适用20%~40%的三级超额累进预扣率，见表6-4；稿酬所得、特许权使用费所得适用20%的比例预扣率。

表 6-3　个人所得税税率表（三）

（居民个人工资、薪金所得预扣预缴适用）

级数	累计预扣预缴应纳税所得额	预扣率（%）	速算扣除数
1	不超过 36 000 元的部分	3	0
2	超过 36 000 元至 144 000 元的部分	10	2 520
3	超过 144 000 元至 300 000 元的部分	20	16 920
4	超过 300 000 元至 420 000 元的部分	25	31 920
5	超过 420 000 元至 660 000 元的部分	30	52 920
6	超过 660 000 元至 960 000 元的部分	35	85 920
7	超过 960 000 元的部分	45	181 920

表 6-4　个人所得税税率表（四）

（居民个人劳务报酬所得预扣预缴适用）

级数	预扣预缴应纳税所得额	预扣率（%）	速算扣除数
1	不超过 20 000 元的部分	20	0
2	超过 20 000 元至 50 000 元的部分	30	2 000
3	超过 50 000 元的部分	40	7 000

（5）非居民个人取得工资、薪金所得，劳务报酬所得，稿酬所得，特许权使用费所得，分所得项目按月或按次计算个人所得税，统一适用 3%～45% 的七级超额累进税率，见表 6-5。

表 6-5　个人所得税税率表（五）

（非居民个人工资、薪金所得，劳务报酬所得，稿酬所得，特许权使用费所得适用）

级数	应纳税所得额	税率（%）	速算扣除数
1	不超过 3 000 元的部分	3	0
2	超过 3 000 元至 12 000 元的部分	10	210
3	超过 12 000 元至 25 000 元的部分	20	1 410
4	超过 25 000 元至 35 000 元的部分	25	2 660
5	超过 35 000 元至 55 000 元的部分	30	4 410
6	超过 55 000 元至 80 000 元的部分	35	7 160
7	超过 80 000 元的部分	45	15 160

注：相对于综合所得税率表（见表 6-1），本表也称为月度税率表。

四、税收优惠

《个人所得税法》及其实施条例以及财政部、国家税务总局等部门的若干规定，对有关个人所得项目，给予了免税、减税的优惠。

（一）法定免税项目

根据《个人所得税法》及其实施条例相关规定，对个人下列所得项目，免征个人所得税：

（1）省级人民政府、国务院部委和中国人民解放军军以上单位，以及外国组织、国际组织颁发的科学、教育、技术、文化、卫生、体育、环境保护等方面的奖金。

（2）国债和国家发行的金融债券利息。其中，国债利息，是指个人持有中华人民共和国财政部发行的债券而取得的利息；国家发行的金融债券利息，是指个人持有经国务院批准发行的金融债券而取得的利息所得。

（3）按照国家统一规定发给的补贴、津贴。这是指按照国务院规定发给的政府特殊津贴、院士津贴，以及国务院规定免予缴纳个人所得税的其他补贴、津贴。

（4）福利费、抚恤金、救济金。其中，福利费是指根据国家有关规定，从企业、事业单位、国家机关、社会团体提留的福利费或者从工会经费中支付给个人的生活补助费；救济金是指各级人民政府民政部门支付给个人的生活困难补助费。

（5）保险赔款。

（6）军人的转业费、复员费、退役金。

（7）按照国家统一规定发给干部、职工的安家费、退职费、基本养老金或者退休费、离休费、离休生活补助费。其中，退职费是指符合《国务院关于工人退休、退职的暂行办法》规定的退职条件，并按该办法规定的退职费标准所领取的退职费。

（8）依照我国有关法律规定应予免税的各国驻华使馆、领事馆的外交代表、领事官员和其他人员的所得。依照有关法律规定应予免税的各国驻华使馆、领事馆的外交代表、领事官员和其他人员的所得，是指依照《中华人民共和国外交特权与豁免条例》和《中华人民共和国领事特权与豁免条例》规定免税的所得。

（9）中国政府参加的国际公约、签订的协议中规定免税的所得。

（10）经国务院财政部门批准免税的所得。该类免税规定，由国务院报全国人民代表大会常务委员会备案。

（二）减征个人所得税

有下列情形之一的，可减征个人所得税，具体幅度和期限，由省、自治区、直辖市人民政府规定，并报同级人民代表大会常务委员会备案。

（1）残疾、孤老人员和烈属的所得。

（2）因自然灾害遭受重大损失的。

（3）国务院规定的其他减税情形。

五、征收管理

（一）纳税期限

个人所得税的纳税期限，根据收入所得性质、税款缴纳方式的不同而存在区别。

（1）居民个人取得综合所得以及非居民个人取得工资、薪金所得，劳务报酬所得，有扣缴义务人的，由扣缴义务人按月或者按次代扣代缴税款，扣缴义务人每月或者每次预扣、代扣的税款，应当在次月 15 日内缴入国库，并向税务机关报送扣缴个人所得税申报表。

（2）纳税人取得经营所得，按年计算个人所得税，由纳税人在月度或者季度终了后 15 日内向税务机关报送纳税申报表，并预缴税款，在取得所得的次年 3 月 31 日前办理汇算清缴。

（3）纳税人取得利息、股息、红利所得，财产租赁所得，财产转让所得和偶然所得，按月或者按次计算个人所得税，有扣缴义务人的，由扣缴义务人按月或者按次代扣代缴税款，并于次月 15 日内缴入国库，并报送扣缴个人所得税申报表。

（4）纳税人取得应税所得没有扣缴义务人的，应当在取得所得的次月 15 日内向税务机关报送纳税申报表并缴纳税款 。

（5）纳税人取得应税所得扣缴义务人未扣缴税款的，纳税人应当在取得所得的次年 6 月 30 日前缴纳税款，税务机关通知限期缴纳的，纳税人应当按照期限缴纳税款。

（6）居民个人从中国境外取得所得的，应当在取得所得的次年 3 月 1 日至 6 月 30 日内申报纳税。

（7）非居民个人在中国境内从两处以上取得工资、薪金所得的，应当在取得所得的次月 15 日内申报纳税。

（二）纳税地点

（1）在中国境内有任职、受雇单位的向任职、受雇单位所在地主管税务机关申报。

（2）从两处或者两处以上取得工资、薪金所得的，选择并固定向其中一处单位所在地主管税务机关申报。

（3）从中国境外取得所得的，向中国境内户籍所在地主管税务机关申报。在中国境内有户籍但户籍所在地与中国境内经常居住地不一致的，选择并固定向其中一地主管税务机关申报。在中国境内没有户籍的，向中国境内经常居住地主管税务机关申报。

（4）个体工商户、个人独资企业、合伙企业、承包经营及承租经营等向实际经营所在地主管税务机关申报。

第二节　个人所得税的确认计量

一、个人所得税的计税依据

个人所得税的计税依据——应纳税所得额，是指个人取得的各项所得减去按规定项目、标准扣除费用之后的余额。

个人所得的形式，包括现金、实物、有价证券和其他形式的经济利益。所得为实物的，应按取得的凭证上所注明的价格计算应纳税所得额；无凭证的实物或凭证上所注明的价格明显偏低的，参照市场价格核定应纳税所得额。所得为有价证券的，根据票面价格和市场价格核定应纳税所得额。所得为其他形式的经济利益，参照市场价格核定应纳税所得额。

所得为人民币以外货币的，按照办理纳税申报或扣缴申报的上一月最后一日人民币汇率中间价，折合成人民币计算应纳税所得额。年度终了后办理汇算清缴的，对已按月、季或按次预缴税款的人民币以外货币所得，不再重新折算；对应当补缴税款的所得部分，按上一纳税年度最后一日人民币汇率中间价，折合成人民币计算应纳税所得额。

（一）居民个人的综合所得

居民个人的综合所得，以每一纳税年度收入额减去费用 60 000 元（免征额）以及专项扣除、专项附加扣除和依法确定的其他扣除后的余额，为年度应纳税所得额。

1. 专项扣除

专项扣除包括居民个人按照国家规定的范围和标准缴纳的基本养老保险、基本医疗保险、失业保险等社会保险费和住房公积金（以下简称“三险一金”）。

2. 专项附加扣除

专项附加扣除具体包括以下七项。

第一，子女教育。纳税人的子女接受学前教育、各层次的学历教育的相关支出，按照每个子女每月 2 000 元的标准定额扣除。父母可以选择由其中一方按扣除标准的 100% 扣除，也可以选择由双方分别按扣除标准的 50% 扣除，具体扣除方式在一个纳税年度内不能变更。

第二，继续教育。纳税人在中国境内接受学历（学位）继续教育的支出，在学历（学位）教育期间按照每月 400 元定额扣除。同一学历（学位）继续教育的扣除期限不能超过 48 个月。纳税人接受技能人员职业资格继续教育、专业技术人员职业资格继续教育的支出，在取得相关证书的当年，按照 3 600 元定额扣除。

个人接受本科及以下学历（学位）继续教育，符合规定扣除条件的，可以选择由其父母扣除，也可以选择由本人扣除。

第三，大病医疗。在一个纳税年度内，纳税人发生的与基本医保相关的医药费用支出，扣除医保报销后个人负担（医保目录范围内的自付部分）累计超过 15 000 元的部分，由纳税人在办理年度汇算清缴时，在 80 000 元限额内据实扣除。

纳税人发生的医药费用支出可以选择由本人或其配偶扣除；未成年子女发生的医药费用支出可以选择由其父母一方扣除。纳税人及其配偶、未成年子女发生的医药费用支出，按规定分别计算扣除额。

【例 6-1】 李先生及其妻子在 20X3 年均发生了与基本医保相关的医药费支出。李先生的医药费用支出扣除医保报销后个人负担 13 000 元，其妻子的医药费用支出扣除医保报销后个人负担 92 000 元。李先生夫妇选择由李先生一方扣除大病医疗支出。则李先生在汇算清缴时，可扣除的大病医疗支出计算如下：

$$92\ 000-15\ 000=77\ 000\text{（元）}$$

第四，住房贷款利息。纳税人本人或者配偶单独或者共同使用商业银行或者住房公积金个人住房贷款为本人或者其配偶购买中国境内住房，发生的首套住房贷款利息支出，在实际发生贷款利息的年度，按照每月 1 000 元的标准定额扣除，扣除期限最长不超过 240 个月。纳税人只能享受一次首套住房贷款的利息扣除。

夫妻双方婚前分别购买住房发生的首套住房贷款，其贷款利息支出，婚后可以选择其中一套购买的住房，由购买方按扣除标准的 100% 扣除，也可以由夫妻双方对各自购买的住房分别按扣除标准的 50% 扣除，具体扣除方式在一个纳税年度内不能变更。

第五，住房租金。纳税人在主要工作城市没有自有住房而发生的住房租金支出，可按以下标准定额扣除：直辖市、省会城市、计划单列市以及国务院确定的其他城市，扣除标准为每月 1 500 元；其他城市，市辖区户籍人口超过 100 万的城市，扣除标准为每月 1 100 元；市辖区户籍人口不超过 100 万的城市，扣除标准为每月 800 元。纳税人配偶在纳税人主要工作城市有自有住房的，视同在主要工作城市有自有住房。

住房租金支出由签订租赁住房合同的承租人扣除。

第六，赡养老人。纳税人赡养一位及以上被赡养人的赡养支出，按以下标准定额扣除：纳税人为独生子女的，按照每月 3 000 元的标准定额扣除；纳税人为非独生子女的，由其与兄弟姐妹分摊每月 3 000 元的扣除额度，每人分摊的额度不能超过每月 1 500 元。可由赡养人均摊或者约定分摊，也可由被赡养人指定分摊。约定或者指定分摊的须签订书面分摊协议，指定分摊优先于约定分摊；分摊方式和额度在一个纳税年度内不得变更。

纳税人向收款单位索取发票、财政票据、支出凭证，收款单位不能拒绝提供。

纳税人首次享受专项附加扣除，应当将专项附加扣除相关信息提交扣缴义务人或税务机关，扣缴义务人应当及时将相关信息报送税务机关，纳税人对所提交信息的真实性、准确性、完整性负责。专项附加扣除信息发生变化的，纳税人应当及时向扣缴义务人或税务机关提供相关信息。

第七，婴幼儿照护。纳税人照护 3 岁以下婴幼儿子女的相关支出，按照每个婴幼儿每月 2 000 元的标准定额扣除。父母可以选择由其一方按扣除标准的 100% 扣除，也可以选择由双方分别按扣除标准的 50% 扣除。

3. 其他扣除

其他扣除包括个人缴付符合国家规定的企业年金、职业年金，个人购买符合国家规定的商业健康保险、税收递延型商业养老保险的支出，以及国务院规定可以扣除的其他项目。

专项扣除、专项附加扣除和依法确定的其他扣除，以居民个人一个纳税年度的应纳税所得额为限额；一个纳税年度扣除不完的，不得结转以后年度扣除。

（二）经营所得

经营所得，以个体工商户、个人独资企业、合伙企业以及个人从事其他生产、经营活动每一纳税年度的收入总额减去成本、费用和损失后的余额，为应纳税所得额。

成本、费用是生产、经营活动中发生的各项直接支出和分配计入成本的间接费用以及销售费用、管理费用、财务费用；损失是生产、经营活动中发生的固定资产和存货的盘亏、毁损、报废损失，转让财产损失，坏账损失，自然灾害等不可抗力因素造成的损失以及其他损失。

取得经营所得的个人，若没有综合所得的，计算其每一纳税年度应纳税所得额时，可扣除免征额 6 万元及专项扣除、专项附加扣除和依法确定的其他扣除，专项附加扣除在办理汇算清缴时减除。

从事生产经营活动，未提供完整、准确的纳税资料，不能正确计算应纳税所得额的，由主管税务机关核定应纳税所得额或应纳税额。

（三）财产租赁所得

财产租赁所得一般以个人每次取得的收入，定额或定率减去规定费用后的余额为应纳税所得额。每次收入不超过 4 000 元，定额减去费用 800 元；每次收入在 4 000 元以上，定率减除 20%的费用。财产租赁所得以一个月内取得的收入为一次。

在确定财产租赁的应纳税所得额时，纳税人在出租财产过程中缴纳的税费，可持完税（缴款）凭证，从其财产租赁收入中扣除。准予扣除的项目除了规定费用和有关税费外，还准予扣除能够提供有效、准确凭证，证明由纳税人负担的该出租财产实际开支的修缮费用。允许扣除的修缮费用，以每次 800 元为限。一次扣除不完的，准予在下一次继续扣除，直到扣完为止。

（四）财产转让所得

财产转让所得，按一次转让财产的收入额减去财产原值和合理费用（卖出财产时按规定支付的相关税费）后的余额计算纳税。两人以上共同取得同一项目收入的，应当对每人取得的收入分别按照税法的规定计算纳税。

财产原值按下列方法确定。

（1）有价证券，为买入价以及买入时按照规定交纳的有关费用。

（2）建筑物，为建造费或者购进价格以及其他有关费用。

（3）土地使用权，为取得土地使用权所支付的金额、开发土地的费用以及其他有关费用。

（4）机器设备、车船，为购进价格、运输费、安装费以及其他有关费用。

纳税人未提供完整、准确的财产原值凭证，不能按规定方法确定财产原值的，由主管税务机关核定财产原值。

（五）利息、股息、红利所得和偶然所得

利息、股息、红利所得和偶然所得，以每次（实际支付或取得）收入额为应纳税所得额。扣缴义务人若已将纳税人应得收入通过“利润分配”账户明确到个人名下，即属于挂账未分配的股息、红利等，应认定为所得的支付，进行个人所得税的代扣代缴。

（六）公益慈善捐赠的扣除

个人将其所得通过中国境内的社会团体、国家机关向教育、扶贫、济困等公益慈善事业的捐赠，捐赠额未超过纳税人申报的应纳税所得额30%的部分，可以从其应纳税所得额中扣除（对公益慈善事业捐赠实行全额税前扣除的，从其规定）。

二、居民个人综合所得税应纳税额的计算

（一）居民个人综合所得预扣预缴税款的计算

应纳税所得额=工资薪金收入额-专项扣除额-免征额-专项附加扣除额-依法确定的其他扣除额

应交个人所得税=应纳税所得额×适用税率-速算扣除数

1. 工资薪金所得的预扣预缴

扣缴义务人向居民个人支付工资薪金所得时，应按累计预扣法预扣预缴税款，并按月办理全员全额扣缴申报（另有规定的除外）。

累计预扣法是扣缴义务人在一个纳税年度内预扣预缴税款时，以纳税人截至当前月份累计工资薪金所得收入额减去纳税人申报的累计减除费用（免征额）、专项扣除、专项附加扣除和依法确定的其他扣除后的余额为累计预缴应纳税所得额，根据工薪所得预扣率表计算累计应预扣预缴税额，再减去已预扣预缴税额，以确定本期应预扣预缴税额的一种计算方法。当余额为负值时，暂不退税，纳税年度终了后余额仍为负值时，可通过年度汇算清缴、多退少补。计算公式如下：

本期应预扣预缴税额=（累计预扣预缴应纳税所得额×预扣率-速算扣除数）-累计减免税额-累计已预扣预缴税额

累计预扣预缴应纳税所得额=累计收入-累计免税收入-累计减除费用-累计专项扣除-累计专项附加扣除-累计依法确定的其他扣除

上述公式中：

累计减除费用，按照5 000元/月乘以纳税人当年截至本月在本单位的任职受雇月份数计算。

七项专项附加扣除中，除大病医疗之外，其他专项附加扣除可由纳税人选择在预扣预缴税款时进行扣除。纳税人在预扣预缴税款阶段享受专项附加扣除，以居民个人在取得工资、薪金所得时，向扣缴义务人提供的专项附加扣除信息为前提。居民个人向扣缴义务人提供有关信息并依法要求办理专项附加扣除的，扣缴义务人应当按照规定在工资、薪金所得按月预扣预缴税款时予以扣除，不得拒绝。纳税人同时从两处以上取得工资、薪金所得，并由扣缴义务人减去专项附加扣除的，对同一专项附加扣除项目，在一个纳税年度内只能选择从一处取得的所得中减除。

【例6-2】中国居民赵某为某公司职员，20X3年1—3月公司每月应发工资20 000元，每月公司按规定标准为其代扣代缴“三险一金”3 000元，从1月起享受子女教育支出专

项附加扣除 1 000 元，没有减免收入及减免税额等情况。请依照现行税法规定，分别计算赵某 1—3 月应预扣预缴税额。

1 月：（20 000−5 000−3 000−1 000）×3%＝330（元）

2 月：（20 000×2−5 000×2−3 000×2−1 000×2）×3%−330＝330（元）

3 月：（20 000×3−5 000×3−3 000×3−1 000×3）×3%−330−330＝330（元）

其中，由于赵某 1—3 月累计预扣预缴应纳税所得额都低于 36 000 元，全部适用 3%的税率，因此各月应预扣预缴的税款相同。

【例 6-3】中国居民王某为某公司职员，20X3 年 1—3 月公司每月应发工资为 40 000 元，每月公司按规定标准为其代扣代缴"三险一金"6 000 元，从 1 月起享受子女教育、赡养老人两项专项附加扣除共计 2 000 元，没有减免收入及减免税额等情况。请依照现行税法规定，分别计算王某 1—3 月应预扣预缴税额。

1 月：（40 000−5 000−6 000−2 000）×3%＝810（元）

2 月：（40 000×2−5 000×2−6 000×2−2 000×2）×10%−2 520−810＝2 070（元）

3 月：（40 000×3−5 000×3−6 000×3−2 000×3）×10%−2 520−810−2 070＝2 700（元）

其中，由于王某 2 月累计预扣预缴的应纳税所得额为 54 000 元，适用 10%的税率，因此相比 1 月应预扣预缴税金有所增加。

2. 居民个人劳务报酬所得、稿酬所得、特许权使用费所得预扣预缴税款计算方法

扣缴义务人向居民个人支付劳务报酬所得、稿酬所得、特许权使用费所得，以每次或每月收入额为预扣预缴应纳税所得额，分别适用三级超额累进预扣率和 20%的比例预扣率，按次或按月计算每项所得应预扣预缴的个人所得税。

劳务报酬所得应预扣预缴税额＝预扣预缴应纳税所得额（收入额）×预扣率−速算扣除数

稿酬所得、特许权使用费所得应预扣预缴税额＝预扣预缴应纳税所得额（收入额）×20%

（1）收入额：劳务报酬所得、稿酬所得、特许权使用费所得以收入减除费用后的余额为收入额。其中，稿酬所得的收入额减按 70%计算。

（2）减除费用：劳务报酬所得、稿酬所得、特许权使用费所得每次收入不超过 4 000 元的，减除费用按 800 元计算；每次收入 4 000 元以上的，减除费用按 20%计算。

（3）预扣率：劳务报酬所得适用 20%～40%的三级超额累进预扣率，稿酬所得、特许权使用费所得适用 20%的比例预扣率。

【例 6-4】假设中国某居民个人一次性取得劳务报酬收入 3 000 元（不含增值税），请依照现行税法规定，计算该所得应预扣预缴税额。

（1）应纳税所得额（收入额）＝3 000−800＝2 200（元）

（2）应预扣预缴税额＝2 200×20%＝440（元）

【例 6-5】假设中国某居民个人一次性取得稿酬收入 60 000 元（不含增值税），请依照现行税法规定，计算该所得应预扣预缴税额。

（1）应纳税所得额（收入额）＝60 000×（1−20%）×70%＝33 600（元）

（2）应预扣预缴税额=33 600×20%=6 720（元）

（二）居民个人综合所得汇算清缴的计算

居民个人办理年度综合所得汇算清缴时，应当依法计算劳务报酬所得、稿酬所得、特许权使用费所得的收入额，并入年度综合所得计算应纳税款，税款多退少补。具体而言，个人所得税综合所得汇算清缴的计税方法如下。

综合所得汇算清缴计算公式：

汇算应退或应补税额=［（综合所得收入额-60 000元-“三险一金”等专项扣除-子女教育等专项附加扣除-依法确定的其他扣除-捐赠）×适用税率-速算扣除数］-已预缴税额

1. 综合所得收入额的确定

综合所得收入额的确定：①工资、薪金所得，以年度工资、薪金收入减去不征税收入、免税收入的余额为收入额。②劳务报酬所得、稿酬所得、特许权使用费所得，以各自的收入减去20%的费用后的余额为收入额。其中，稿酬所得的收入额按70%计算。个人兼有不同的劳务报酬所得，应分别扣除费用，计算缴纳个人所得税。

2. 专项扣除、专项附加扣除，依法确定的其他扣除按前述规定处理

需要注意的是：①专项扣除、专项附加扣除和依法规定的其他扣除，以居民个人一个纳税年度的应纳税所得额为限额。一个纳税年度抵扣不完的，不得结转抵扣。②居民个人取得劳务报酬所得、稿酬所得、特许权使用费所得，应当在汇算清缴时向税务机关提供有关信息，减除专项附加扣除。③居民个人填报专项附加扣除信息存在明显错误，经税务机关通知，居民个人拒不更正或者不说明情况的，税务机关可暂停纳税人享受专项附加扣除。居民个人按规定更正相关信息或者说明情况后，经税务机关确认，居民个人可继续享受专项附加扣除，以前月份未享受扣除的，可按规定追补扣除。④汇算清缴时，可依法扣除的捐赠，是当年符合条件的公益慈善事业捐赠。

3. 适用税率和速算扣除数，根据年度应纳税所得额查找综合所得七级超额累进税率表确定

此外，纳税人计算并结清综合所得的应退或应补税款，不涉及以前或以后年度，也不涉及财产租赁等分类所得，以及纳税人按规定选择不并入综合所得计算纳税的全年一次性奖金等所得。

残疾、孤老人员和烈属取得综合所得办理汇算清缴时，汇算清缴地与预扣预缴地规定不一致的，用预扣预缴地规定计算的减免税额与用汇算清缴地规定计算的减免税额相比较，按照高值确定减免税额。

【例6-6】假设中国居民王某某年每月应取得工资收入为30 000元，缴纳“三险一金”4 500元、享受子女教育和赡养老人两项专项附加扣除2 000元。20X3年度王某只在本单位一处拿工资，没有其他收入，没有大病医疗和减免收入及减免税额等情况。请依照现行税法规定，计算王某每月应预扣预缴税额和年终综合所得应纳税额。

每月应预扣预缴税额：

1 月：（30 000−5 000−4 500−2 000）×3%＝555（元）

2 月：（30 000×2−5 000×2−4 500×2−2 000×2）×10%−2 520−555＝625（元）

3 月：（30 000×3−5 000×3−4 500×3−2 000×3）×10%−2 520−1 180＝1 850（元）

4 月：（30 000×4−5 000×4−4 500×4−2 000×4）×10%−2 520−3 030＝1 850（元）

5 月：（30 000×5−5 000×5−4 500×5−2 000×5）×10%−2 520−4 880＝1 850（元）

6 月：（30 000×6−5 000×6−4 500×6−2 000×6）×10%−2 520−6 730＝1 850（元）

7 月：（30 000×7−5 000×7−4 500×7−2 000×7）×10%−2 520−8 580＝1 850（元）

8 月：（30 000×8−5 000×8−4 500×8−2 000×8）×20%−16 920−10 430＝2 250（元）

9 月：（30 000×9−5 000×9−4 500×9−2 000×9）×20%−16 920−12 680＝3 700（元）

10 月：（30 000×10−5 000×10−4 500×10−2 000×10）×20%−16 920−16 380＝3 700（元）

11 月：（30 000×11−5 000×11−4 500×11−2 000×11）×20%−16 920−20 080＝3 700（元）

12 月：（30 000×12−5 000×12−4 500×12−2 000×12）×20%−16 920−23 780＝3 700（元）

1—12 月所在单位共计预扣预缴税额为 27 480 元。

年终综合所得应纳税额：

20X3 年度综合所得应缴纳个人所得税＝（30 000×12−60 000−4 500×12−2 000×12）×20%−16 920＝27 480（元）

由于王某只在一处取得工资、薪金，且足额享受专项附加扣除，单位已全额预扣预缴税款，故年终不需进行综合所得汇算清缴。

【例 6-7】假设中国居民刘某在境内某企业任职，20X3 年 1—12 月每月应从任职企业取得工资、薪金收入 15 000 元，无免税收入；任职企业每月按有关规定标准为其代缴“三险一金”2 000 元，从 1 月开始享受子女教育和赡养老人专项附加扣除合计 3 000 元。另外，刘某 20X3 年 3 月从甲公司取得劳务报酬收入 3 000 元，从乙公司取得稿酬收入 2 000 元；6 月从丙公司取得劳务报酬收入 30 000 元，从丁公司特许权使用费收入 2 000 元。已知当年取得四项所得时已被支付方足额预扣预缴税款合计 10 128 元，没有大病医疗和减免收入及减免税额等情况，请依照现行税法规定，为刘某进行综合所得个人所得税的汇算清缴。（假设上述劳务报酬、稿酬、特许权使用费收入均为不含税收入）

（1）刘某年综合所得年收入额

＝工资、薪金收入额＋劳务报酬收入额＋稿酬收入额＋特许权使用费收入额

＝15 000×12＋（3 000＋30 000）×（1−20%）＋2 000×（1−20%）×70%＋2 000×（1−20%）＝209 120（元）

（2）刘某综合所得年应纳税所得额

年应纳税所得额＝年收入额−60 000−专项扣除−专项附加扣除−依法确定的其他扣除

＝209 120−60 000−（2 000×12）−（3 000×12）

＝89 120（元）

（3）刘某年综合所得应纳税额

应纳税额＝年应纳税所得额×适用税率−速算扣除数

＝89 120×10%−2 520＝6 392（元）

（4）刘某年终汇算清缴应补（退）税额

=应纳税额-预扣预缴税额

=6 392-10 128=-3 736（元）

所以，年终汇算清缴刘某应获退税款3 736元。

（三）特殊情形下个人所得税的计税方法

1. 居民个人全年一次性奖金的计税方法

全年一次性奖金，是指行政机关、企事业单位等扣缴义务人根据其全年经济效益和对雇员全年工作业绩的综合考核情况，向雇员发放的一次性奖金。一次性奖金也包括年终加薪、实行年薪制和绩效工资办法的单位根据考核情况兑现的年薪和绩效工资。

居民个人取得全年一次性奖金，在2023年12月31日前，可不并入当年综合所得，以全年一次性奖金收入除以12个月得到的数额，按照月换算后的综合所得税率表（月度税率表），确定适用税率和速算扣除数，单独计算纳税。计算公式为：

应纳税额=全年一次性奖金收入×适用税率-速算扣除数

在一个纳税年度内，对每一个纳税人，该计税方法只允许采用一次。

雇员取得除全年一次性奖金以外的其他各种名目奖金，如半年奖、季度奖、加班奖、先进奖、考勤奖等，一律与当月工资、薪金收入合并，按税法规定缴纳个人所得税。

居民个人取得全年一次性奖金，也可以选择并入当年综合所得计算纳税。

【例6-8】中国居民张某20X3年1月应发工资20 000元，每月公司按规定标准为其代扣代缴“三险一金”4 000元，当月享受专项附加扣除2 000元，没有减免收入及减免税额等情况，当月还取得20X3年全年一次性奖金288 000元。请依照现行税法规定，分析计算张某20X3年1月的纳税情况。

选择1：工资、全年一次性奖金单独计税。

（1）全年一次性奖金应纳税额

①确定适用税率和速算扣除数

因为每月奖金=288 000÷12=24 000（元），所以适用税率为10%、速算扣除数为210。

②全年一次性奖金应纳税额=288 000×10%-210=28 590（元）

（2）工资应预扣预缴税额=（20 000-4 000-5 000-2 000）×3%=270（元）

选择2：工资、全年一次性奖金合并计税。

工资、奖金合计应预扣预缴税额=（288 000+20 000-4 000-5 000-2 000）×20%-16 920=42 480（元）

2. 解除劳动关系、提前退休、内部退养的一次性补偿收入的个人所得税政策

（1）个人与用人单位解除劳动关系取得一次性补偿收入（包括用人单位发放的经济补偿金、生活补助费和其他补助费），在当地上年职工平均工资3倍数额以内的部分，免征个人所得税；超过3倍数额的部分，不并入当年综合所得，单独适用综合所得税率表，计算纳税。

（2）个人提前退休而取得的一次性补贴收入，应按照办理提前退休手续至法定离退休年龄之间实际年度数平均分摊，确定适用税率和速算扣除数，单独适用综合所得税率表，计算纳税。计算公式为：

应纳税额=｛［（一次性补贴收入÷办理提前退休手续至法定退休年龄的实际年度数）-费用扣除标准］×适用税率-速算扣除数｝×办理提前退休手续至法定退休年龄的实际年度数

（3）个人办理内部退养手续而取得的一次性补贴收入，按照《国家税务总局关于个人所得税有关政策问题的通知》（国税发〔1999〕58号）规定计算纳税。

①实行内部退养的个人在其办理内部退养手续后至法定离退休年龄之间从原任职单位取得的工资、薪金，不属于离退休工资，应按"工资、薪金所得"项目计征个人所得税。

②个人在办理内部退养手续后从原任职单位取得的一次性收入，应按办理内部退养手续后至法定离退休年龄之间的所属月份进行平均，并与领取当月的工资、薪金所得合并后减除当月费用扣除标准，以余额为基数确定适用税率，再将当月工资、薪金加上取得的一次性收入，减去费用扣除标准，按适用税率计征个人所得税。

③个人在办理内部退养手续后至法定离退休年龄之间重新就业取得的工资、薪金所得，应与其从原任职单位取得的同一月份的工资、薪金所得合并，并依法自行向主管税务机关申报缴纳个人所得税。

（四）财产租赁所得应纳税额的计算

按照每次租赁收入的大小，区别情况计算。

（1）每次收入不超过4 000元的：

应交个人所得税=（每次收入额-费用800）×20%

（2）每次收入4 000元以上的：

应交个人所得税=每次收入额×（1-20%）×20%

（五）财产转让所得应纳税额的计算

应交个人所得税=（财产转让收入额-财产原值-合理费用）×20%

（六）利息、股息、红利所得应纳税额的计算

应交个人所得税=每次收入额×20%

（七）偶然所得应纳税额的计算

应交个人所得税=每次收入额×20%

三、非居民个人所得税应纳税额的计算

（1）非居民个人的工资、薪金所得。以每月收入额扣除免征额5 000元后的余额为应纳税所得额，适用按月换算后的综合所得税率表，即月度税率表（见表6-5）计算应纳税额。

非居民个人综合所得应纳税额=应纳税所得额×税率-速算扣除数

（2）非居民个人取得来源于境内的劳务报酬所得、稿酬所得、特许权使用费所得，以税法规定的每次收入额为应纳税所得额，适用表6-5计算应纳税额。

（3）扣缴义务人向非居民个人支付上述所得时，应当按月或按次预扣预缴个人所

得税。

【例 6-9】某演员 8 月在 A 地演出 2 天，共获演出收入 60 000 元。该演员系非居民个人，应扣缴个人所得税计算如下：

应纳税所得额=60 000×（1-20%）= 48 000（元）

应交个人所得税=48 000×30%-4 410=9 990（元）

四、经营所得个人所得税的计算

（一）应交个人所得税的计算

个体工商户、个人独资企业、合伙企业及个人从事生产、经营所得，以每一纳税年度的收入总额，减去成本、费用、税金、损失、其他支出以及允许弥补的以前年度亏损后的余额，为应纳税所得额。从事生产经营以及与生产经营有关的活动取得的货币形式和非货币形式的各项收入为收入总额，具体包括销售货物收入、提供劳务收入、转让财产收入、利息收入、租金收入、接受捐赠收入、其他收入。个人所得税的计算公式如下：

应纳税所得额=收入总额-（成本+费用+税金+损失+其他支出+允许弥补的以前年度亏损）

应交个人所得税=应纳税所得额×税率-速算扣除数

未提供完整、准确的纳税资料，不能正确计算应纳税所得额的，由主管税务机关核定其应纳税所得额。

企业应当分别核算生产经营活动中的生产经营费用和个人、家庭费用。个体工商户对于生产经营与个人、家庭生活混用难以分清的费用，其 40%视为与生产经营有关费用，准予扣除。合伙企业投资者及其家庭发生的生活费用与企业生产经营费用混合在一起，并且难以划分的，全部视为投资者个人及其家庭发生的生活费用，不允许在税前扣除。

纳税年度发生的亏损，准予向以后年度结转，结转年限最长不得超过五年。

（二）税前扣除项目和标准

（1）企业向其从业人员实际支付的合理的工资薪金支出，允许在税前据实扣除。业主的工资薪金支出不得税前扣除。业主的费用扣除标准，依照相关法律、法规和政策规定执行。

（2）按国务院有关主管部门或省级人民政府规定的范围和标准为其业主和从业人员缴纳的基本养老保险费、基本医疗保险费、失业保险费、生育保险费、工伤保险费和住房公积金，准予扣除。为从业人员缴纳的补充养老保险费、补充医疗保险费，分别在不超过从业人员工资总额 5%标准内的部分据实扣除，超过部分不得扣除。业主本人缴纳的补充养老保险费、补充医疗保险费，以当地（地级市）上年度社会平均工资的 3 倍为计算基数，分别在不超过该计算基数 5%标准内的部分据实扣除，超过部分不得扣除。

（3）在生产经营活动中发生的下列利息支出准予扣除：向金融企业借款的利息支出；向非金融企业和个人借款的利息支出，不超过按照金融企业同期同类贷款利率计算的数额的部分。

（4）向当地工会组织拨缴的工会经费、实际发生的职工福利费支出、职工教育经费支出分别在工资薪金总额的 2%、14%、8%的标准内据实扣除。

（5）发生的与生产经营活动有关的业务招待费，按照实际发生额的60%扣除，但最高不得超过当年销售收入的5‰。

（6）每一纳税年度发生的与其生产经营活动直接相关的广告费和业务宣传费不超过当年销售收入15%的部分，可以据实扣除；超过部分，准予在以后纳税年度结转扣除。

（7）研究开发新产品、新技术、新工艺所发生的开发费用，以及研究开发新产品、新技术而购置单台价值在10万元以下的测试仪器和试验性装置的购置费准予直接扣除；单台价值在10万元以上（含10万元）的测试仪器和试验性装置，按固定资产管理，不得在当期直接扣除。

第三节　个人所得税的纳税申报

一、需办理纳税申报的情形

纳税人有下列情形之一的，应当依法办理纳税申报。

（1）取得综合所得需要办理汇算清缴；

（2）取得应税所得没有扣缴义务人；

（3）取得应税所得，扣缴义务人未扣缴税款；

（4）取得境外所得；

（5）因移居境外注销中国户籍；

（6）非居民个人在中国境内从两处以上取得工资、薪金所得；

（7）国务院规定的其他情形。

二、居民个人综合所得需办理汇算清缴的情形

（1）从两处以上取得综合所得且综合所得年收入额减除专项扣除的余额超过6万元；

（2）取得劳务报酬所得、稿酬所得、特许权使用费所得中一项或者多项所得，且综合所得年收入额减除专项扣除的余额超过6万元；

（3）纳税年度内预缴税额低于应纳税额；

（4）纳税人申请退税。

纳税人可以委托扣缴义务人或者其他单位和个人，在取得所得的次年3月1日至6月30日内办理汇算清缴。

三、个人所得税纳税申报表

1. 预扣预缴方式

扣缴义务人办理全员全额扣缴申报时，首次向纳税人支付所得或者纳税人相关基础信息发生变化的需填报《个人所得税基础信息表（A表）》，在预扣税款后按照纳税申报期限的要求，在规定时间内填报《个人所得税扣缴申报表》（见表6-6），完成个人所得税的扣缴申报。

表 6-6　个人所得税扣缴申报表

税款所属期：　　年　月　日至　　年　月　日

纳税人姓名：

纳税人识别号：□□□□□□□□□□□□□□□□□□

金额单位：人民币元（列至角分）

自行申报情形	□居民个人取得应税所得，扣缴义务人未扣缴税款 □非居民个人取得应税所得，扣缴义务人未扣缴税款 □非居民个人在中国境内从两处以上取得工资、薪金所得　□其他＿＿＿＿	是否为非居民个人	□是 □否	非居民个人本年度境内居住天数	□不超过 90 天 □超过 90 天不超过 183 天

序号	所得项目	收入额计算			减除费用	专项扣除				其他扣除			减按计税比例	准予扣除的捐赠额	税款计算							备注
		收入	费用	免税收入		基本养老保险费	基本医疗保险费	失业保险费	住房公积金	财产原值	允许扣除的税费	其他			应纳税所得额	税率	速算扣除数	应纳税额	减免税额	已缴税额	应补/退税额	
1	2	3	4	5	6	7	8	9	10	11	12	13	14	15	16	17	18	19	20	21	22	23

谨声明：本表是根据国家税收法律法规及相关规定填报的，是真实的、可靠的、完整的。

纳税人签字：　　　年　月　日

经办人签字： 经办人身份证件号码： 代理机构签章： 代理机构统一社会信用代码：	受理人： 受理税务机关（章）： 受理日期：　　年　月　日

《个人所得税扣缴申报表》适用于扣缴义务人向居民个人支付工资、薪金所得，劳务报酬所得，稿酬所得和特许权使用费所得的个人所得税全员全额预扣预缴申报，向非居民个人支付工资、薪金所得，劳务报酬所得，稿酬所得和特许权使用费所得的个人所得税全员全额扣缴申报，以及向纳税人（居民个人和非居民个人）支付利息、股息、红利所得，财产租赁所得，财产转让所得和偶然所得的个人所得税全员全额扣缴申报。

2. 自行申报方式

自行申报方式包括三个情形：一是居民个人取得应税所得，扣缴义务人未扣缴税款，非居民个人取得应税所得扣缴义务人未扣缴税款，非居民个人在中国境内从两处以上取得工资、薪金所得等情形，需办理自行纳税申报填报《个人所得税自行纳税申报表（A表）》；二是居民个人取得境内综合所得，按税法规定进行个人所得税汇算清缴，应填报《个人所得税年度自行纳税申报表》；三是个体工商户业主、个人独资企业投资人、合伙企业个人合伙人、承包承租经营者个人以及其他从事生产、经营活动的个人在中国境内取得经营所得，办理个人所得税预缴纳税申报时，需填报《个人所得税经营所得纳税申报表（A表）》（见表6-7）。

表6-7 个人所得税经营所得纳税申报表（A表）

税款所属期： 年 月 日至 年 月 日

纳税人姓名：

纳税人识别号：□□□□□□□□□□□□□□□□□□□□ 金额单位：人民币元（列至角分）

被投资单位信息		
名称		
纳税人识别号（统一社会信用代码）	□□□□□□□□□□□□□□□□□□□□	
征收方式（单选）		
□查账征收（据实预缴） □查账征收（按上年应纳税所得额预缴） □核定应税所得率征收 □核定应纳税所得额征收 □税务机关认可的其他方式 ________________		
个人所得税计算		
项目	行次	金额/比例
一、收入总额	1	
二、成本费用	2	
三、利润总额（第3行=第1行-第2行）	3	
四、弥补以前年度亏损	4	
五、应税所得率（%）	5	
六、合伙企业个人合伙人分配比例（%）	6	
七、允许扣除的个人费用及其他扣除（第7行=第8行+第9行+第14行）	7	

续表

项目	行次	金额/比例
（一）投资者减除费用	8	
（二）专项扣除（第 9 行=第 10 行+第 11 行+第 12 行+第 13 行）	9	
1. 基本养老保险费	10	
2. 基本医疗保险费	11	
3. 失业保险费	12	
4. 住房公积金	13	
（三）依法确定的其他扣除（第 14 行=第 15 行+第 16 行+第 17 行）	14	
1.	15	
2.	16	
3.	17	
八、准予扣除的捐赠额（附报《个人所得税公益慈善事业捐赠扣除明细表》）	18	
九、应纳税所得额	19	
十、税率（%）	20	
十一、速算扣除数	21	
十二、应纳税额（第 22 行=第 19 行×第 20 行−第 21 行）	22	
十三、减免税额（附报《个人所得税减免税事项报告表》）	23	
十四、已缴税额	24	
十五、应补/退税额（第 25 行=第 22 行−第 23 行−第 24 行）	25	
备注		

谨声明：本表是根据国家税收法律法规及相关规定填报的，本人对填报内容（附带资料）的真实性、可靠性、完整性负责。

纳税人签字：　　年　月　日

经办人签字： 经办人身份证件类型： 经办人身份证件号码： 代理机构签章： 代理机构统一社会信用代码：	受理人： 受理税务机关（章）： 受理日期：　　年　月　日

第四节　个人所得税的会计处理

一、综合所得个人所得税的会计处理

（1）扣缴义务人计提工资时，借记“生产成本”“制造费用”“管理费用”等科目，贷记“应付职工薪酬——工资”。

（2）预扣个人所得税及“三险一金”时，借记“应付职工薪酬——工资”，贷记“应交税费——应交职工个人所得税”及“其他应付款——应付职工养老保险”“其他应付款——应付职工医疗保险”“其他应付款——应付职工失业保险”“其他应付款——应付职工住房公积金”科目。

（3）预缴个人所得税时，借记“应交税费——应交个人所得税”，贷记“银行存款”科目。

（4）预扣预缴劳务报酬、稿酬、特许权使用费所得个人所得税时，借记“管理费用”“销售费用”“其他业务成本”等科目，贷记“应交税费——应交职工个人所得税”“银行存款”等科目。

【例 6-10】 甲企业员工张某，某年 2 月取得工资收入 9 000 元，其中个人缴纳基本养老保险 700 元，基本医疗保险 200 元，失业保险 100 元，住房公积金 800 元。

解析：张某当月应预缴个人所得税 =（9 000-700-200-100-800-5 000）×3%
=66（元）

（1）计提工资时：

借：生产成本　　9 000
　　贷：应付职工薪酬——工资　　9 000

（2）代扣个人所得税及三险一金：

借：应付职工薪酬——工资　　9 000
　　贷：其他应付款——应付职工养老保险　　700
　　　　　　——应付职工医疗保险　　200
　　　　　　——应付职工失业保险　　100
　　　　　　——应付职工住房公积金　　800
　　　　应交税费——应交个人所得税　　66
　　　　银行存款　　7 134

（3）预缴个人所得税时：

借：应交税费——应交个人所得税　　66
　　贷：银行存款　　66

二、经营所得个人所得税的会计处理

1. 个体工商户

实行查账征收个人所得税的个体工商户，需设置“留存利润”和“应交税费——应交个人所得税”会计科目。

(1) 计算个人应纳个人所得税时：

借：留存利润

　　贷：应交税费——应交个人所得税

(2) 实际上缴税款时：

借：应交税费——应交个人所得税

　　贷：银行存款（或现金）

【例6-11】 假设某个体工商户20X3年生产经营所得为200 000元，支付人员工资50 000元，工资外的经营成本55 000元。除此之外，没有其他支出项目。该个体工商户当年应缴纳的个人所得税计算及账务处理如下：

应纳税所得额=200 000-60 000-50 000-55 000= 35 000（元）

应纳个人所得税=35 000×5%= 1 750（元）

(1) 计算个人应纳个人所得税时：

借：留存利润　　1 500

　　贷：应交税费——应交个人所得税　　1 500

(2) 实际上缴税款时：

借：应交税费——应交个人所得税　　1 500

　　贷：银行存款　　1 500

2. 个人独资与合伙企业

对于规模较小的个人独资企业与合伙企业，原则上允许选择适用《个体工商户会计制度（试行）》。如果企业选择适用《个体工商户会计制度（试行）》，应比照上述个体工商户进行个人所得税会计核算。如果选择适用《小企业会计制度》，应设置“所得税费用”或者“个人所得税”以及“应交税费——应交个人所得税”等会计科目。

(1) 按规定计算应纳的个人所得税时：

借：所得税费用

　　贷：应交税费——应交个人所得税

(2) 实际上缴税款时：

借：应交税费——应交个人所得税

　　贷：银行存款

本章思维导图

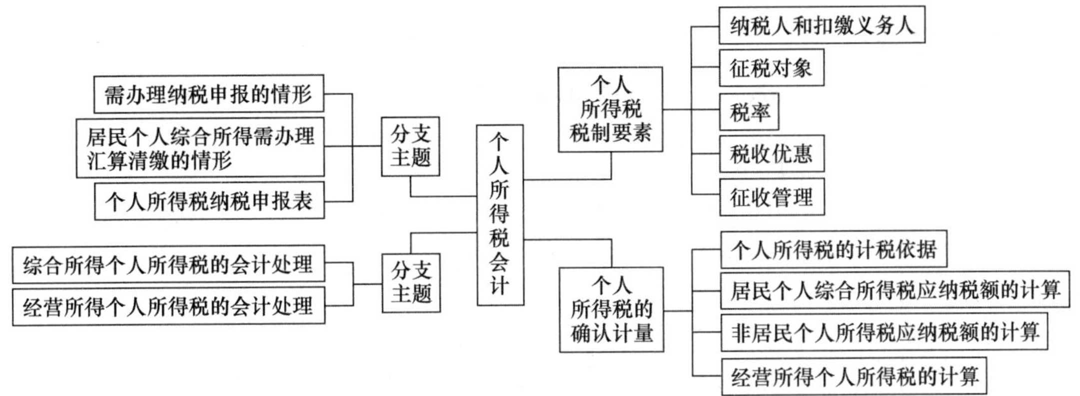

本章延伸阅读

1.《中华人民共和国个人所得税法》
2.《中华人民共和国个人所得税法实施条例》
3.《国务院关于印发个人所得税专项附加扣除暂行办法的通知》
4.《国家税务总局关于全面实施新个人所得税法若干征管衔接问题的公告》
5.《国家税务总局关于个人所得税自行纳税申报有关问题的公告》
6.《关于个人银行结算账户利息所得征收个人所得税问题的通知》
7.《个体工商户个人所得税计税办法》
8.《财政部、国家税务总局关于印发〈关于个人独资企业和合伙企业投资者征收个人所得税的规定〉的通知》
9.《财政部、国家税务总局关于规范个人投资者个人所得税征收管理的通知》
10.《财政部　国家税务总局关于个人所得税法修改后有关优惠政策衔接问题的通知》
11.《财政部　国家税务总局关于个人非货币性资产投资有关个人所得税政策的通知》

复习思考题

1. 试述个人所得税的纳税人与扣缴义务人。
2. 居民个人与非居民个人“工资薪金所得”应纳税所得额计算有何不同？
3. 企业如何进行预扣预缴“工资薪金所得”个人所得税的会计处理？
4. 如何计算居民企业个人所得税的应纳税所得额，它与法人企业所得税应纳税所得额的计算有何不同？
5. 居民企业如何进行个人所得税的会计处理？

本章习题

一、单项选择题

1. 下列各项所得，应缴纳个人所得税的是（　　）。

A. 托儿补助费　　B. 保险赔款

C. 退休人员再任职收入　　D. 差旅费津贴

2. 个人取得的下列所得，应按照“工资、薪金所得”缴纳个人所得税的是（　　）。

A. 股东取得股份制公司为其购买并登记在该股东名下的小轿车

B. 因劳动分红取得的所得

C. 杂志社财务人员在本单位的报刊上发表作品取得的所得

D. 员工因拥有股权而参与企业税后利润分配取得的所得

3. 个人取得的下列报酬，应按“稿酬所得”缴纳个人所得税的是（　　）。

A. 出版社的专业作者翻译的小说由该出版社出版取得的报酬

B. 演员在企业的广告制作过程中提供形象取得的报酬

C. 杂志社记者在本社刊物发表文章取得的报酬

D. 高校教授为某杂志社审稿取得的报酬

4. 下列各项中，应当按照“特许权使用费所得”项目征收个人所得税的是（　　）。

A. 作者去世后，财产继承人取得的遗作稿酬

B. 个人取得特许权的经济赔偿收入

C. 个人出租土地使用权取得的收入

D. 个人发表摄影作品取得的所得

5. 某商场对累计消费达到一定额度的消费者给予额外抽奖的机会，消费者个人因此而获得的中奖所得，其正确的税务处理是（　　）。

A. 属于劳务报酬所得，但免征个人所得税

B. 属于红利所得，全额征收个人所得税

C. 属于工资薪金所得，缴纳个人所得税

D. 属于偶然所得，按 20%的税率征收个人所得税

6. 张先生及其妻子在 20X3 年均发生了与基本医保相关的医药费用支出。张先生的医药费用支出扣除医保报销后个人负担（医保目录范围内的自付部分，下同）12 000 元，其妻子的医药费用支出扣除医保报销后个人负担 90 000 元。张先生夫妇选择在张先生一方扣除大病医疗支出。则张先生在汇算清缴其个人所得税时，一共可以扣除的大病医疗支出为（　　）元。

A. 75 000　　B. 80 000　　C. 87 000　　D. 92 000

7. 居民纳税人方某一次性取得稿酬收入 20 000 元，按现行个人所得税的相关规定，其预扣预缴个人所得税的应纳税所得额是（　　）。

A. 10 000　　B. 11 200　　C. 16 000　　D. 20 000

8. 中国公民王先生 20X3 年 1 月取得当月工资 9 600 元，另取得全年一次性奖金 28 000 元。针对全年一次性奖金王先生选择单独计税，则王先生就全年一次性奖金应缴纳个人所得税（　　）元。

A. 834　　B. 840　　C. 984　　D. 4 340

9. 20X3 年度某个人独资企业发生生产经营费用 30 万元，经主管税务机关审核，与其家庭生活费用无法划分。依据个人所得税的相关规定，该个人独资企业允许税前扣除的生产经营费用为（　　）万元。

A. 18　　B. 12　　C. 30　　D. 0

10. 20X3 年 5 月公民方义将持有的境内上市公司限售股转让，取得转让收入 20 万元。假设该限售股原值无法确定。方某转让限售股应缴纳个人所得税（　　）万元。

A. 0　　B. 2. 0　　C. 4. 0　　D. 3. 4

二、多项选择题

1. 根据个人所得税法的规定，下列各项中，属于居民个人综合所得的是（　　）。

A. 工资薪金　　B. 劳务报酬所得

C. 稿酬所得　　D. 财产租赁所得

2. 个人取得的下列所得，免征个人所得税的是（　　）。

A. 转让国债的所得

B. 保险赔款

C. 按国家统一规定发放的补贴、津贴

D. 军人的转业费、复员费、退役金

3. 根据个人所得税法的相关规定，在中国境内无住所但取得境内所得的下列外籍个人中，不属于居民个人的是（　　）。

A. M 国甲，从未来过中国但因持有中国某企业股权而取得分配的股息

B. N 国乙，20X3 年 1 月 10 日入境，20X3 年 5 月 10 日离境

C. X 国丙，20X3 年 1 月 10 日入境，20X3 年 10 月 10 日离境，其间未离境

D. Y 国丁，20X3 年 1 月 10 日入境，20X3 年 10 月 10 日离境，其间离境 100 天

4. 下列所得，属于个人所得税“工资、薪金所得”应税项目的是（　　）。

A. 个人兼职取得的所得

B. 退休人员再任职取得的所得

C. 任职于杂志社的记者在本单位杂志上发表作品取得的所得

D. 个人在公司任职并兼任董事取得的董事费所得

5. 依据个人所得税的相关规定，下列关于个体工商户税前扣除的说法，不正确的是（　　）。

A. 个体工商户按照规定缴纳的行政性收费，按实际发生额在税前扣除

B. 个体工商户发生的经营费用与生活费用划分不清的，可全额在税前扣除

C. 个体工商户被税务机关加收的税收滞纳金，可以在税前扣除

D. 个体工商户为业主本人支付的商业保险金，可以在税前扣除

6. 根据个人所得税法的相关规定，下列所得中，适用超额累进税率的有（　　）。

A. 经营所得　　B. 非居民个人的劳务报酬所得
C. 居民个人的综合所得　　D. 偶然所得

7. 下列关于专项附加扣除的说法，符合个人所得税相关规定的有（　　）。
A. 住房贷款利息扣除的期限最长不得超过 240 个月
B. 职业资格继续教育在取得相关证书的当年，按照 3 600 元定额标准扣除
C. 同一学历的继续教育扣除期限不得超过 36 个月
D. 赡养老人专项附加扣除的起始时间为被赡养人年满 60 周岁的当月

8. 国内某演员一次取得商业演出收入 20 000 元，其应纳个人所得税计算正确的有（　　）。
A. 扣减 800 元作为收入额　　B. 扣减 20%作为收入额
C. 适用税率 20%　　D. 应纳税额 3 200 元

9. 下列各项所得，在计算个人所得税时，不得减除费用的有（　　）。
A. 股息红利所得　　B. 偶然所得
C. 特许权使用费收入　　D. 财产租赁所得

10. 以下有关个人所得税说法正确的是（　　）。
A. 我国个人所得税为分类税制模式
B. 个人所得税的纳税人，依据住所和居住时间划分为居民纳税人和非居民纳税人
C. 个人所得税区别不同所得项目分别适用超额累进税率和比例税率计算税款
D. 20X3 年度个人所得税汇算清缴时间为 20X3 年 3 月 1 日至 6 月 30 日

三、计算分录题

1. 中国公民张某 20X3 年 1 月取得以下收入：
（1）当月工资 4 000 元；
（2）为某公司设计产品营销方案，取得一次性设计收入 18 000 元；
（3）购买福利彩票支出 500 元，取得一次性中奖收入 15 000 元；
（4）股票转让所得 20 000 元。
要求：
（1）判断张某以上各项收入是否应缴纳个人所得税；
（2）计算张某当月应缴纳的个人所得税。

2. 李明为某高校教授，20X3 年 5 月取得收入情况如下：
（1）取得工资、薪金 5 000 元；
（2）出版专业书一本，取得稿酬 20 000 元；
（3）为某单位授课一次，取得收入 5 000 元；
（4）当月闲置房屋租赁取得收入 2 000 元，缴纳相关税费合计 120 元；
（5）取得银行存款利息收入 200 元。
要求：
（1）计算李明当月应纳的个人所得税；
（2）对代扣代缴稿酬和授课收入个人所得税进行会计处理。

第七章

资源类税收会计核算

学习目标

了解资源税、土地增值税、城镇土地使用税、耕地占用税的概念、作用、税率；理解资源类税收的纳税人、纳税范围、计税依据；掌握资源类税收应纳税额的计算和会计处理。

思政目标

本章围绕“绿水青山就是金山银山”的理念，系统讲解资源类税收的种类、税收政策和会计处理方法，如资源税、土地增值税等。通过学习，使学生掌握资源类税收的基本知识，培养学生正确核算和缴纳资源类税收的能力，为我国资源的保护和合理开发利用提供支持。

重点

资源类税收的纳税范围、计税依据、应纳税额的计算和会计处理。

难点

资源类税收的计税依据和会计处理。

第一节 资源税会计

一、税制要素

（一）资源税的概念

资源税是以应税资源为课税对象，对在中华人民共和国领域和中华人民共和国管辖的其他海域开发应税资源的单位和个人，就其应税资源销售额或销售数量为计税依据而征收的一种税。

资源的含义比较广泛。一般提到资源，是指自然界存在的所有天然物质财富，包括地下资源、地上资源、空间资源。从物质内容角度看，包括矿产资源、土地资源、水资源、动物资源、植物资源、海洋资源、太阳能资源、空气资源等。对应税资源征收资源税，是贯彻习近平生态文明思想、落实税收法定原则、完善地方税体系的重要举措，是绿色税制建设的重要组成部分。

2019 年 8 月 26 日，第十三届全国人民代表大会常务委员会第十二次会议表决通过了《中华人民共和国资源税法》（以下简称《资源税法》），并于 2020 年 9 月 1 日起实施。

《资源税法》是贯彻习近平生态文明思想、落实税收法定原则、完善地方税体系的重要举措，是绿色税制建设的重要组成部分。相比《资源税暂行条例》，《资源税法》吸收了近年来税收征管与服务上的有效做法，践行了以纳税人为中心的服务理念，体现了深化“放管服”改革的要求。《资源税法》的实施给税收征管服务带来了新的变化。

依照《资源税法》的原则，对取用地表水或者地下水的单位和个人试点征收水资源税。水资源税试点实施办法由国务院规定，报全国人民代表大会常务委员会备案。国务院自《资源税法》施行之日起 5 年内，就征收水资源税试点情况向全国人民代表大会常务委员会报告，并及时提出修改法律的建议。

（二）纳税人与扣缴义务人

1. 纳税人

资源税的纳税人是在我国境内开采矿产资源和特定自然资源的单位和个人。单位是指企业、行政单位、事业单位、军事单位、社会团体及其他单位，个人是指个体工商户和其他个人。

2. 扣缴义务人

资源税的扣缴义务人是收购未税矿产品的单位（独立矿山、联合企业以及其他单位）。“未税矿产品”是指资源税纳税人在销售其产品时不能向扣缴义务人提供“资源税管理证明”的矿产品。

（三）征税对象

我国现行资源税的征税对象主要是各种矿产资源。要积极创造条件，逐步对水、森林、草场、滩涂等自然资源开征资源税。从我国资源税的征收对象来看，应属于产出型资源税。

（1）原油，指开采的天然原油，不包括人造石油。

（2）天然气，指专门开采或者与原油同时开采的天然气。

（3）煤炭，包括原煤和以未税原煤加工的洗选煤（以下简称洗选煤）。

（4）其他非金属矿原矿，指上列产品和井矿盐以外的非金属矿原矿，包括玉石、宝石、磷矿石、膨润土、石墨、石英砂、萤石、重晶石、石棉等。

（5）金属矿产品原矿，包括黑色金属矿原矿和有色金属矿原矿。黑色金属矿原矿包括铁矿石、锰矿石、铬矿石。有色金属矿原矿包括铜矿石、铅锌矿石、铝土矿石、钨矿石、锡矿石、黄金矿石等。

（6）盐，包括固体盐和液体盐。固体盐是指海盐原盐、湖盐原盐和井矿盐。海盐原盐包括北方海盐和南方海盐。液体盐俗称卤水，是指氯化钠含量达到一定浓度的溶液，用于生产碱或其他产品的原料。

（四）税目和税率

资源税法规定，对大部分应税资源实行从价计征或者从量计征，因此，税率形式有比例税率和定额税率两种。

资源税的税率（额）标准，依照《税目税率表》执行。具体情况见表 7-1。

表 7-1　资源税税目税率表

<table>
<tr><th colspan="3">税目</th><th>征税对象</th><th>税率</th></tr>
<tr><td rowspan="7">能源矿产</td><td colspan="2">原油</td><td>原矿</td><td>6%</td></tr>
<tr><td colspan="2">天然气、页岩气、天然气水合物</td><td>原矿</td><td>6%</td></tr>
<tr><td colspan="2">煤</td><td>原矿或者选矿</td><td>2%～10%</td></tr>
<tr><td colspan="2">煤成（层）气</td><td>原矿</td><td>1%～2%</td></tr>
<tr><td colspan="2">铀、杜</td><td>原矿</td><td>4%</td></tr>
<tr><td colspan="2">油页岩、油砂、天然沥青、石煤</td><td>原矿或者选矿</td><td>1%～4%</td></tr>
<tr><td colspan="2">地热</td><td>原矿</td><td>1%～20%或者每立方米 1～30 元</td></tr>
<tr><td rowspan="4">金属矿产</td><td>黑色金属</td><td>铁、锰、铬、钒、钛</td><td>原矿或者选矿</td><td>1%～9%</td></tr>
<tr><td rowspan="3">有色金属</td><td>铜、铅、锌、锡、镍、锑、镁、钴、铋、汞</td><td>原矿或者选矿</td><td>2%～10%</td></tr>
<tr><td>铝土矿</td><td>原矿或者选矿</td><td>2%～9%</td></tr>
<tr><td>钨</td><td>选矿</td><td>6.5%</td></tr>
</table>

续表

税目			征税对象	税率
金属矿产	有色金属	钼	选矿	8%
		金、银	原矿或者选矿	2%~6%
		铂、钯、钌、锇、铱、铑	原矿或者选矿	5%~10%
		轻稀土	选矿	7%~12%
		中重稀土	选矿	20%
		铍、锂、锆、锶、铷、铯、铌、钽、锗、镓、铟、铊、铪、铼、镉、硒、碲	原矿或者选矿	2%~10%
非金属矿产	矿物类	高岭土	原矿或者选矿	1%
		石灰岩	原矿或者选矿	1%~6%或者每吨（或者每立方米）1~10元
		磷	原矿或者选矿	3%~8%
		石墨	原矿或者选矿	3%~12%
		萤石、硫铁矿、自然硫	原矿或者选矿	1%~8%
		天然石英砂、脉石英、粉石英、水晶、工业用金刚石、冰洲石、蓝晶石、硅线石（矽线石）、长石、滑石、刚玉、菱镁矿、颜料矿物、天然碱、芒硝、钠硝石、明矾石、砷、硼、碘、溴、膨润土、硅藻土、陶瓷土、耐火黏土、铁矾土、凹凸棒石黏土、海泡石黏土、伊利石黏土、累托石黏土	原矿或者选矿	1%~12%
		叶蜡石、硅灰石、透辉石、珍珠岩、云母、沸石、重晶石、毒重石、方解石、蛭石、透闪石、工业用电气石、白垩、石棉、蓝石棉、红柱石、石榴子石、石膏	原矿或者选矿	2%~12%
		其他黏土（铸型用黏土、砖瓦用黏土、陶粒用黏土、水泥配料用黏土、水泥配料用红土、水泥配料用黄土、水泥配料用泥岩、保温材料用黏土）	原矿或者选矿	1%~5%或者每吨（或者每立方米）0.15元
	岩石类	大理岩、花岗岩、白云岩、石英岩、砂岩、辉绿岩、安山岩、闪长岩、板岩、玄武岩、片麻岩、角闪岩、页岩、浮石、凝灰岩、黑曜岩、霞石正长岩、蛇纹岩、麦饭石、泥灰岩、含钾岩石、含钾砂页岩、天然油石、橄榄岩、松脂岩、粗面岩、辉长岩、辉石岩、正长岩、火山灰、火山渣、泥炭	原矿或者选矿	1%~10%

续表

税目			征税对象	税率
非金属矿产	岩石类	砂石	原矿或者选矿	1%~5%或者每吨（或者每立方米）0.1~5元
	宝玉石类	宝石、玉石、宝石级金刚石、玛瑙、黄玉、碧玺	原矿或者选矿	4%~20%
水气矿产	二氧化碳气、硫化氢气、氦气、氡气		原矿	2%~5%
	矿泉水		原矿	1%~20%或者每立方米1~30元
盐	钠盐、钾盐、镁盐、锂盐		选矿	3%~15%
	天然卤水		原矿	3%~15%或者每吨（或者每立方米）1~10元
	海盐			2%~5%

（五）税收优惠

1. 减征、免征规定

有下列情形之一的，免征资源税。

（1）开采原油以及在油田范围内运输原油过程中用于加热的原油、天然气；

（2）煤炭开采企业因安全生产需要抽采的煤成（层）气。

有下列情形之一的，减征资源税。

（1）从低丰度油气田开采的原油、天然气，减征20%资源税；

（2）高含硫天然气、三次采油和从深水油气田开采的原油、天然气，减征30%资源税；

（3）稠油、高凝油减征40%资源税；

（4）从衰竭期矿山开采的矿产品，减征30%资源税。

根据国民经济和社会发展需要，国务院对有利于促进资源节约集约利用、保护环境等情形可以规定免征或者减征资源税，报全国人民代表大会常务委员会备案。

2. 其他优惠政策

有下列情形之一的，省、自治区、直辖市可以决定免征或者减征资源税。

（1）纳税人开采或者生产应税产品过程中，因意外事故或者自然灾害等遭受重大损失；

（2）纳税人开采共伴生矿、低品位矿、尾矿。

上述规定的免征或者减征资源税的具体办法，由省、自治区、直辖市人民政府提出，报同级人民代表大会常务委员会决定，并报全国人民代表大会常务委员会和国务院备案。纳税人的免税、减税项目，应当单独核算销售额或者销售数量。未单独核算或者不能准确提供销售额或者销售数量的，不予免税或者减税。

（六）征收管理

1. 纳税义务发生时间

纳税义务的发生时间，是指纳税人发生应税行为，应当承担纳税义务的起始时间。纳税人销售应税产品，纳税义务发生时间为收讫销售款或者取得索取销售款凭据的当日。自用应税产品的，纳税义务发生时间为移送应税产品的当日。

2. 纳税地点

纳税人应当向应税产品开采地或者生产地的税务机关申报缴纳资源税。

3. 纳税期限

资源税按月或者按季申报缴纳；不能按固定期限计算缴纳的，可以按次申报缴纳。纳税人按月或者按季申报缴纳的，应当自月度或者季度终了之日起 15 日内，向税务机关办理纳税申报并缴纳税款；按次申报缴纳的，应当自纳税义务发生之日起 15 日内，向税务机关办理纳税申报并缴纳税款。

《资源税暂行条例》规定的纳税期限是 1 日、3 日、5 日、10 日、15 日或者 1 个月，具体期限还要由主管税务机关根据实际情况核定，与大多数税种的申报期限不统一、不衔接。《资源税法》规定由纳税人选择按月或按季申报缴纳，并将申报期限由 10 日内改为 15 日内，与其他税种保持一致，降低纳税人的申报频次，切实减轻办税负担。

二、计税依据和应纳税额的计算

（一）计税依据

1. 从价定率征收的计税依据

从价计征资源税的计税依据为应税资源产品（以下简称应税产品）的销售额。应税产品为矿产品的，包括原矿和选矿产品。

2. 从量定额征收的计税依据

从量定额征收的资源税的计税依据是应税产品的销售数量。

（二）应纳税额的计算

1. 从价定率征收资源税应纳税额的计算

实行从价计征的，应纳税额按照应税产品的销售额乘以具体适用税率计算。计算公式如下：

应纳税额=销售额×适用税率

【例 7-1】假设某铜矿开采企业 20X3 年 2 月开采并销售铜矿原矿，不含增值税销售额 200 万元；销售铜矿选矿取得不含增值税销售额 3 000 万元。当地省人民政府规定，铜矿原矿资源税税率为 4%，铜选矿资源税税率为 8%。请计算该企业当月应纳的资源税。

该铜矿企业应缴纳资源税=销售额×适用税率=200×4%+3 000×8%=248（万元）

2. 从量定额征收资源税应纳税额的计算

实行从量计征的，应纳税额按照应税产品的销售数量乘以具体适用税率计算。计算公式如下：

应纳税额＝销售数量×单位税额

【例 7-2】 假设某矿泉水生产企业 20X3 年 2 月开发生产矿泉水 3 900 立方米，本月销售 3 000 立方米。该企业所在省政府规定，矿泉水实行定额征收资源税，资源税税率为 5 元/立方米。请计算该企业当月应缴纳的资源税。

应缴纳资源税＝3 000×5＝15 000（元）

三、资源税的会计处理

（一）会计账户的设置

资源税纳税义务人开采或者生产并销售应税产品，应依据税法的规定，计算和缴纳资源税。为了反映和监督资源税税额的计算和缴纳过程，纳税人应设置“应交税费——应交资源税”账户，贷方记本期应缴纳的资源税税额，借方记企业实际缴纳或抵扣的资源税税额，贷方余额表示企业应交而未交的资源税税额。

（二）资源税的会计处理

企业按规定计算出对外销售应税产品应纳资源税税额时，借记“税金及附加”账户，贷记“应交税费——应交资源税”账户；企业计算出自产自用应税产品应缴纳的资源税时，借记“生产成本”或“制造费用”账户，贷记“应交税费——应交资源税”账户。独立矿山、联合企业收购未税矿产品，按实际支付的收购款，借记“材料采购”等账户，贷记“银行存款”等账户，按代扣代缴的资源税，借记“材料采购”等账户，贷记“应交税费——应交资源税”账户。纳税义务人按规定上交资源税时，借记“应交税费——应交资源税”账户，贷记“银行存款”账户。

纳税人与税务机关结算上月税款，补缴时，借记“应交税费——应交资源税”账户，贷记“银行存款”账户；退回税款时，借记“银行存款”账户，贷记“应交税费——应交资源税”账户。企业未按规定期限缴纳资源税，向税务部门缴纳滞纳金时，借记“营业外支出”账户，贷记“银行存款”账户。

【例 7-3】 某油田 20X3 年 2 月缴纳资源税 150 000 元，7 月对外销售原油销售额 500 万元，假定适用税率为 6%。税务机关核定该企业纳税期限为 10 天，按上月税款的1/3预缴，月终结算。

企业每旬预缴资源税额＝150 000÷3＝50 000（元）

（1）预缴时：

借：应交税费——应交资源税　　50 000

　　贷：银行存款　　50 000

（2）当月对外销售原油应交资源税：

应纳税额＝5 000 000×6%＝300 000（元）

借：税金及附加　　300 000

贷：应交税费——应交资源税　　　　300 000

（3）下月清缴税款时：

应补缴税款＝300 000−150 000＝150 000（元）

借：应交税费——应交资源税　　　　150 000

　　贷：银行存款　　　　150 000

第二节　土地增值税会计

一、税制要素

土地增值税是以纳税人转让国有土地使用权、地上的建筑物及其附着物（以下简称转让房地产）所取得的增值额为征税对象，依照规定税率征收的一种税。

自 1987 年 9 月深圳率先出让第一块国有土地使用权后，沿海一些发达省份也逐步开始国有土地使用制度的改革。1990 年 5 月，国务院发布了《中华人民共和国城镇国有土地使用权出让和转让暂行条例》，对国有土地使用权的出让和转让做了界定，为土地使用权作为生产要素进入市场提供了法律保障。

1993 年 11 月 26 日，《中华人民共和国土地增值税暂行条例》在国务院第十二次常务会议通过，自 1994 年 1 月 1 日正式实施。2019 年 7 月，财政部会同国家税务总局发布了《中华人民共和国土地增值税法（征求意见稿）》。

（一）纳税人

凡是有偿转让我国国有土地使用权、地上建筑物及其附着物（以下简称转让房地产）产权，并且取得收入的单位和个人，为土地增值税的纳税义务人。

具体包括：国有企业、集体企业、私营企业、外商投资企业和外国企业；机关、团体、部队、事业单位、个体工商户，以及其他单位和个人；外国机构、华侨、港澳台同胞及外国公民。

（二）纳税范围

土地增值税的纳税范围是：转让国有土地使用权；地上的建筑物及其附着物连同国有土地使用权一并转让。

所谓“转让”，是指以出售或其他方式的有偿转让，不包括以继承、赠与方式的无偿转让。出租房地产行为，受托代建工程，由于产权没有转移，不属纳税范围。

（三）税率

土地增值税实行的是四级超率累进税率，即以纳税对象数额的相对率为累进依据，按超累方式计算应纳税额的税率。采用超率累进税率，需要确定几项因素。一是纳税对象数额的相对率，土地增值税的增值额与扣除项目金额的比即为相对率。二是把纳税对象的相对率从低到高划分为若干个级次。土地增值税按增值额与扣除项目金额的比率从低到高划分为四个级次，即：增值额未超过扣除项目金额50%的部分；增值额超过扣除项目金额50%、未超过100%的部分；增值额超过扣除项目金额100%、未超过200%的部分；增值额超过扣除项目金额200%的部分。三是按各级次分别规定不同的税率。土地增值税的税率是30%、40%、50%、60%。土地增值税税率表，如表7-2所示。

表7-2 土地增值税税率表

级次	增值额占扣除项目金额比例	税率	速算扣除率
1	50%（含）以下	30%	0
2	50%以上至100%（含）	40%	5%
3	100%以上至200%（含）	50%	15%
4	200%以上	60%	35%

（四）税收优惠

1. 转让普通标准住宅、安置住房、旧房和公共租赁住房的税收优惠

以下转让房屋项目，增值率未超过20%的，免征土地增值税；超过20%的，应就其全部增值额按规定计税。

（1）纳税人建造普通标准住宅出售；

（2）企事业单位、社会团体以及其他组织转让旧房作为改造安置住房房源。

2. 国家征收、收回的房地产的税收优惠

（1）因国家建设需要依法征收、收回的房地产，免税。

（2）因城市实施规划、国家建设需要而搬迁，由纳税人自行转让原房地产，免税。

3. 对个人销售住房暂免征收土地增值税

4. 企业在改制重组中，暂不征土地增值税

（1）对改制前的企业将国有土地使用权、地上的建筑物及其附着物（以下简称房地产）转移、变更到改制后的企业。

（2）按照法律规定或者合同约定，两个或两个以上企业合并为一个企业，且原企业投资主体存续的，原企业将房地产转移、变更到合并后的企业。

（3）按照法律规定或者合同约定，企业分设为两个或两个以上与原企业投资主体相同的企业，原企业将房地产转移、变更到分立后的企业。

（4）单位、个人在改制重组时以房地产作价入股进行投资，将房地产转移、变更到被投资的企业。

以上不适用于房地产转移任意一方为房地产开发企业的情形。

5. 运动会土地增值税税收优惠政策

20X3年亚运会和亚残运会、三项国际综合运动会，对组委会赛后出让资产取得的收入，免征增值税和土地增值税。

（五）征收管理

土地增值税的纳税人应于转让房地产合同签订之日起 7 日内到房地产所在地的税务机关办理纳税申报，并向税务机关提交房屋及建筑物产权、土地使用权证书、土地使用权转让和房产买卖合同、房地产评估报告以及其他与转让房地产有关的资料。

纳税人因经常发生房地产转让而难以在每次转让后申报的，经税务机关审核同意后，可以定期进行纳税申报，具体期限由税务机关根据情况确定。

房地产所在地是指房地产的坐落地。纳税人转让房地产坐落在两个或两个以上地区的，应按房地产所在地分别纳税。

纳税人应按照税务机关核定的税额及规定的期限缴纳土地增值税。

纳税人没有依法缴纳土地增值税，土地管理部门、房产管理部门可以拒办权属变更手续。

二、土地增值税的计算

土地增值税是以纳税人转让房地产所取得的增值额为计税依据。增值额是纳税人转让房地产所取得的收入减去规定的扣除项目金额后的余额。土地增值税实行超率累进税率。其计算公式如下：

土地增值额=转让房地产的总收入-扣除项目金额

应纳税额=土地增值额×适用税率

若土地增值额超过扣除项目金额 50%以上，同时适用两档或两档以上税率，就需分档计算。

（一）房地产转让收入的确认

纳税人转让房地产取得的应税收入是扣除增值税后的收入，即不含增值税收入，包括全部价款和有关经济利益。其收入形式包括以下三种。

1. 货币收入

纳税人转让国有土地使用权、地上建筑物及附着物产权而取得的现金、银行存款、支票、银行本票、汇票等各种信用票据和国库券、金融债券、企业债券、股票等有价证券。

2. 实物收入

纳税人转让国有土地使用权、地上的建筑物及附着物产权而取得的各种实物形态的收入，如钢材、水泥等建材，房屋、土地等不动产。

3. 其他收入

纳税人转让国有土地使用权、地上的建筑物及附着物而取得的无形资产收入或具有财产价值的权利，如专利权、商标权等。

（二）扣除项目金额的确认

1. 新建房地产扣除项目金额

销售额=（全部价款和价外费用-当期允许扣除的土地价款）/（1+税率或征收率）

土地增值应税收入=含税销售额-增值税销项税额

（1）取得土地使用权所支付的金额。纳税人为取得土地使用权所支付的地价款或出让金，以及按国家统一规定缴纳的有关费用和税金（如契税）。

（2）开发土地和新建房及配套设施的成本。纳税人房地产开发项目实际发生的成本(房地产开发成本)，包括：土地征用及拆迁补偿费、前期工程费、建筑安装工程费、基础设施费、公共配套设施费、开发间接费。其中：土地征用及拆迁补偿费包括：土地征用费、耕地占用税、劳动力安置费及有关地上、地下附着物拆迁补偿的净支出、安置动迁用房支出等；开发间接费用是指直接组织、管理开发项目发生的费用，包括工资、福利费、折旧费、修理费、办公费、水电费、劳动保护费、周转房摊销等。

（3）开发土地和新建房及配套设施的费用。此项费用亦称房地产开发费用。它是指与房地产开发项目有关的销售费用、管理费用、财务费用。其中：财务费用中的利息支出，在最高不超过按商业银行同类同期贷款利率计算的金额前提下，允许据实扣除；管理费用、销售费用，则按上述（1）、（2）项计算的金额之和的5%以内计算扣除（具体比例由省级政府规定）。凡不能按转让房地产项目计算分摊利息支出以及不能提供金融机构证明的房地产开发费用，按上述（1）、（2）项计算的金额之和的10%以内计算扣除（具体比例由省级政府规定）。

（4）与转让房地产有关的税金在转让房地产时缴纳的税金及附加，即城市维护建设费、印花税和教育费附加等。在转让房地产时涉及的增值税进项税额，若允许在销项税额中计算抵扣的，不计入扣除项目；若不允许在销项税额中计算抵扣的，可以计入扣除项目。免征增值税的，确定计税依据时，成交价格、租金收入、转让房地产取得的收入不得扣减增值税额。

（5）其他扣除项目。根据现行规定，对从事房地产开发的企业，可按上述（1）、（2）项金额之和，加计20%的扣除。主要是考虑投资的合理回报和通货膨胀等因素。房地产是高风险、高收益的产业，凡开征土地增值税的国家和地区，一般在计征时，按官方公布的通货膨胀率给予扣除（或折扣），以对投资增值给予照顾，鼓励投资房地产开发的积极性，保护开发者的正当权益。我国由于没有官方公布的通货膨胀率，为了便于计算和操作，在计算扣除项目金额时，规定加计20%的扣除额。

2. 旧房及建筑物扣除项目金额

旧房及建筑物扣除项目金额一般用评估价格。即在转让已使用的房屋及建筑物时，由政府批准设立的房地产评估机构评定的重置成本乘以成新度折扣率后的价格。评估价格应经税务机关确认。

（三）应交土地增值税的计算

土地增值税是采用超率累进税率计算的。只有先计算出增值率，即增值额占扣除项目的比例后，才能确定适用税率，并计算应交土地增值税。其计算公式如下：

增值率=（转让收入-扣除项目金额）/扣除项目金额×100%

=增值额/扣除项目金额×100%

应交土地增值税＝∑（每级距的土地增值额×适用税率）

这种计算方法要分段计算，汇总合计，比较烦琐。在实务中，一般采用速算扣除法计算。根据表 7-2 的速算扣除率，其计算公式如下：

应交土地增值税＝土地增值额×适用税率-扣除项目金额×速算扣除率

【例 7-4】 某房地产开发企业取得某块土地建造写字楼出售，20X3 年发生的相关业务如下：

（1）按照国家有关规定缴纳土地出让金 4 000 万元，缴纳相关税费 160 万元；

（2）写字楼开发成本 3 000 万元；

（3）写字楼开发费用中的利息支出为 300 万元（不能提供金融机构证明）；

（4）写字楼竣工验收，通过销售取得收入 13 000 万元；

（5）应扣除的相关税金为 360. 75 万元；

（其他相关资料：该企业所在省规定，按土地增值税暂行条例规定的高限计算扣除房地产开发费用。）

应缴纳土地增值税计算如下：

（1）应扣除的土地使用权扣除额＝（4 000+160）＝4 160（万元）

（2）应扣除的开发成本扣除额＝3 000（万元）

（3）应扣除的开发费用扣除额＝（4 160+3 000）×10%＝716（万元）

（4）应扣除的相关税金＝360. 75（万元）

（5）加计扣除额＝（4 160+3 000）×20%＝1 432（万元）

（6）应扣除的费用总额 ＝ 4160 +3 000+716+360. 75+ 1 432 ＝9 668. 75（万元）

增值比例＝（13 000-9 668. 75）/9 668. 75＝34. 45%

适用 30%的税率。

应纳土地增值税额＝3 331. 25×30%＝999. 375（万元）

【例 7-5】 某单位转让一幢已使用过的房屋，该房屋账面原值 400 万元，计提折旧 300 万元，售价 500 万元。经房地产评估机构评估，该房屋重置成本价 600 万元，成新率 30%。转让时缴纳的各种税费为 30 万元。该单位应缴纳的土地增值税计算如下：

增值额：500-600×30%-30＝290（万元）

增值率：290÷（600×30%+30）×100%≈138. 10%

应缴纳土地增值税 290×50%-（600×30%+30）×15%＝113. 50（万元）

三、土地增值税的会计处理

进行房地产转让的企业可分为两类：一类为房地产开发企业；另一类为非房地产开发企业，如工业企业、商业企业等。这两类企业缴纳土地增值税的会计核算有所不同。

（一）房地产开发企业的土地增值税的会计处理

房地产开发企业是指主要经营房地产买卖业务的企业。对这类企业来说，房地产开发业务是企业的主要经营业务，土地增值税是为取得当期营业收入而支付的费用。在计提土地增值税时，借记“税金及附加”账户，贷记“应交税费——应交土地增值税”账户；实际上缴时，借记“应交税费——应交土地增值税”账户，贷记“银行存款”等账户。

【例 7-6】 某房地产开发公司转让写字楼一栋，获得货币收入 12 000 万元。公司为取得土地使用权支付的金额为 900 万元，开发土地、建房及配套设施支付 2 800 万元，开发费用计 400 万元，转让房地产有关税金 858 万元。计算该房地产开发公司应缴纳的土地增值税，并进行会计处理。

计算应缴纳的土地增值税：

扣除项目金额＝900+2 800+（900+2 800）×10%+858+（900+2 800）×20%

＝5 668（万元）

土地增值额＝12 000−5 668＝6 332（万元）

土地增值额占扣除项目金额比例＝6 332÷5 668×100%≈111.7%

应纳土地增值税＝6 332×50%−5 668×15%＝3 166−850.2＝2 315.8（万元）

会计处理如下：

（1）计提土地增值税时，

借：税金及附加　　23 158 000

　　贷：应交税费——应交土地增值税　　23 158 000

（2）实际缴纳时，

借：应交税费——应交土地增值税　　23 158 000

　　贷：银行存款　　23 158 000

（二）非房地产业企业转让或销售房地产缴纳土地增值税的会计处理

这类企业又可分为两种情况：一种是以房地产转让为兼营业务，即虽然这种企业不以开发转让房地产业务为主营业务，但开发的目的在于转让；另一种是转让自用房地产，即企业开发房地产的目的在于自用，作为固定资产管理，只是因某些情况将其出售。

1. 兼营房地产业务企业的土地增值税会计核算

兼营房地产业务的企业，取得房地产转让收入时，列入“其他业务收入”账户；同理，应缴纳的土地增值税也应作为取得当期收入而发生的费用。企业计提应缴纳的土地增值税时，借记“其他业务成本”账户，贷记“应交税费——应交土地增值税”账户；实际缴纳时，借记“应交税费——应交土地增值税”账户，贷记“银行存款”账户。

【例 7-7】 某企业（非房地产开发单位）兼营建造并出售一幢厂房，取得销售收入 500 万元，开发土地、建房及配套设施支付 260 万元，开发费用计 40 万元，转让房地产有关税金 30 万元。计算该企业应缴纳的土地增值税，并进行会计处理。

计算应缴纳的土地增值税：

扣除项目金额＝260+30+260×10%＝316（万元）

土地增值额＝500−316＝184（万元）

土地增值额占扣除项目金额比例＝184÷316×100%≈58.2%

应纳土地增值税＝184×40%−316×5%＝57.8（万元）

会计处理如下：

（1）取得转让房地产收入时，

借：银行存款　　5 000 000

　　贷：其他业务收入　　5 000 000

（2）计提应纳土地增值税时，

借：其他业务成本　　578 000

　　贷：应交税费——应交土地增值税　　578 000

（3）实际缴纳时，

借：应交税费——应交土地增值税　　578 000

　　贷：银行存款　　578 000

2. 转让自用房地产土地增值税的会计核算

在取得自用房地产时，会计应列为固定资产管理，记入“固定资产”账户，转让时应通过“固定资产清理”账户进行核算。计算转让房地产缴纳的土地增值税时，借记“固定资产清理”账户，贷记“应交税费——应交土地增值税”账户；实际缴纳时，借记“应交税费——应交土地增值税”账户，贷记“银行存款”账户。

第三节　城镇土地使用税会计

一、税制要素

城镇土地使用税是以开征范围内的土地为征税对象，以实际占用的土地面积为计税依据，按规定税额对拥有土地使用权的单位和个人征收的一种税。

在中华人民共和国成立初期，我国就开征了地产税。1988 年 9 月 27 日国务院发布了《中华人民共和国城镇土地使用税暂行条例》（以下简称《城镇土地使用税暂行条例》），并于当年 11 月 1 日起施行，2006 年 12 月 31 日，国务院颁布了第 483 号令，修订了《城镇土地使用税暂行条例》，主要是提高了城镇土地使用税税额标准，将征税范围扩大到外商投资企业和外国企业，自 2007 年 1 月 1 日起施行。此后，2011 年、2013 年、2019 年又先后对《城镇土地使用税暂行条例》进行了第二次、第三次、第四次修订。

（一）纳税人

凡在城市、县城、建制镇、工矿区范围内使用土地的单位和个人，为城镇土地使用税的纳税义务人。

拥有土地使用权的纳税人不在土地所在地的，该土地的代管人或实际使用人承担纳税义务；土地使用权未确定或权属纠纷未解决的，由实际使用人纳税；土地使用权为多方共有的，由共有各方分别纳税。

（二）征税范围

城镇土地使用税的征税范围为城市、县城、建制镇和工矿区。其中，城市是指经国务院批准设立的市，其征税范围包括市区和郊区；县城是指县人民政府所在地，其征税范围为县人民政府所在地的城镇；建制镇是指经省、自治区、直辖市人民政府批准设立的，符合国务院规定的镇建制标准的镇，其征税范围一般为镇人民政府所在地；工矿区是指商业比较发达，人口比较集中的大中型工矿企业所在地，工矿区的设立必须经省、自治区、直辖市人民政府批准。

（三）税率

土地使用税采用定额税率。土地使用税定额是根据我国经济发展状况，参考城市主要经济指标，结合不同地区收取土地占用费的金额标准测算确定。

大、中、小城市以公安部门登记在册的非农业正式户口人数为依据，按照国务院颁布的《城市规划条例》中规定的标准划分。人数在50万以上者为大城市，人数介于20万~50万之间者为中等城市，人数在20万以下者为小城市。

城镇土地使用税每平方米年税额：大城市1.5~30元；中等城市1.2~24元；小城市0.9~18元；县城、建制镇、工矿区0.6~12元。

（四）税收优惠

根据《城镇土地使用税暂行条例》及相关规定，下列土地免征城镇土地使用税。

（1）国家机关、人民团体、军队自用的土地（同房产税）。

（2）由国家财政部门拨付事业经费的单位自用的土地（同房产税）。

①包括实行全额预算和差额预算管理的事业单位，不包括实行自收自支、自负盈亏的事业单位。

②企业办的学校、医院、托儿所、幼儿园，其自用的土地免征土地使用税。

（3）宗教寺庙、公园、名胜古迹自用的土地（同房产税）。

①宗教寺庙自用的土地，是指举行宗教仪式等的用地和寺庙内的宗教人员生活用地。

②公园、名胜古迹自用的土地，是指供公共参观游览的用地及其管理单位的办公用地。

（4）市政街道、广场、绿化地带等公共用地，非社会性的公共用地不能免税，如企业内部绿化、广场、道路用地不免。

（5）直接用于农、林、牧、渔业的生产用地。指直接从事种植、养殖、饲养的专业用地。农副产品加工厂占地和从事农、林、牧、渔业生产单位的生活、办公用地不包括在内。

（6）开山填海整治的土地。

①自行开山填海整治的土地和改造的废弃土地，从使用的月份起免缴土地使用税5年至10年。

②开山填海整治的土地是指纳税人经有关部门批准后自行填海整治的土地，不包括纳

税人通过出让、转让、划拨等方式取得的已填海整治的土地。

（7）由财政部另行规定免税的能源、交通、水利用地和其他用地。

（五）征收管理

1. 纳税义务发生时间

（1）购置新建商品房，自房屋交付使用之次月起计征城镇土地使用税。

（2）购置存量房，自办理房屋权属转移、变更登记手续，房地产权属登记机关签发房屋权属证书之次月起计征城镇土地使用税。

（3）出租、出借房产，自交付出租、出借房产之次月起计征城镇土地使用税。

（4）以出让或转让方式有偿取得土地使用权的，应由受让方从合同约定交付土地时间的次月起缴纳城镇土地使用税；合同未约定交付土地时间的，由受让方从合同签订的次月起缴纳城镇土地使用税。

（5）纳税人新征用的耕地，自批准征用之日起满1年时开始缴纳城镇土地使用税。

（6）纳税人新征用的非耕地，自批准征用次月起缴纳城镇土地使用税。

（7）通过招标、拍卖、挂牌方式取得的建设用地，不属于新征用的耕地，纳税人应按照《财政部 国家税务总局关于房产税、城镇土地使用税有关政策的通知》（财税〔2006〕186号）第二条规定，从合同约定交付土地时间的次月起缴纳城镇土地使用税；合同未约定交付土地时间的，从合同签订的次月起缴纳城镇土地使用税。

2. 纳税期限

城镇土地使用税按年计算，分期缴纳。缴纳期限由省、自治区、直辖市人民政府确定。各省、自治区、直辖市税务机关结合当地情况，一般分别确定按月、季、半年或1年等不同的期限缴纳。

3. 纳税申报

纳税人应依照当地税务机关规定的期限，填写《城镇土地使用税房产税纳税申报表》，将其占用土地的权属、位置、用途、面积和税务机关规定的其他内容，据实向当地税务机关办理纳税申报登记，并提供有关的证明文件资料。纳税人新征用的土地，必须于批准新征用之日起30日内申报登记。纳税人如有住址变更、土地使用权属转换等情况，从转移之日起，按规定期限办理申报变更登记。

4. 纳税地点

城镇土地使用税的纳税地点为土地所在地，由土地所在地的税务机关负责征收。纳税人使用的土地不属于同一省（自治区、直辖市）管辖范围内的，由纳税人分别向土地所在地的税务机关申报缴纳。在同一省（自治区、直辖市）管辖范围内，纳税人跨地区使用的土地，由各省、自治区、直辖市税务局确定纳税地点。

二、计税依据和应纳税额的计算

1. 计税依据

城镇土地使用税以纳税人实际占用的土地面积（平方米）为计税依据。

纳税人实际占用的土地面积，以房地产管理部门核发的土地使用证书与确认的土地面积为准；尚未核发土地使用证书的，应由纳税人据实申报土地面积，据以纳税，待核发土地使用证以后再作调整。

2. 应纳税额的计算

城镇土地使用税的应纳税额依据纳税人实际占用的土地面积和适用单位税额计算。计算公式如下：

年应纳税额=计税土地面积（平方米）×适用税额

土地使用权由几方共有的，由共有各方按照各自实际使用的土地面积占总面积的比例，分别计算缴纳城镇土地使用税。

【例7-8】某市一商场坐落在该市繁华地段，企业土地使用证书记载占用土地的面积为6 000平方米，经确定属一等地段；该商场另设两个统一核算的分店均坐落在市区三等地段，共占地4 000平方米；一座仓库位于市郊，属五等地段，占地面积为1 000平方米；另外，该商场自办托儿所占地面积2 500平方米，属三等地段。计算该商场全年应纳城镇土地使用税税额。（一等地段年税额4元/平方米；三等地段年税额2元/平方米；五等地段年税额1元/平方米；当地规定托儿所占地免税）

（1）商场占地应纳税额=6 000×4=24 000（元）

（2）分店占地应纳税额=4 000×2=8 000（元）

（3）仓库占地应纳税额=1 000×1=1 000（元）

（4）商场自办托儿所按税法规定免税。

（5）全年应纳城镇土地使用税额=24 000+8 000+1 000=33 000（元）

三、城镇土地使用税会计处理

缴纳土地使用税的单位，应于会计年度终了时预计应交税费数额，记入当期的“税金及附加”“长期待摊费用”等账户；年终后，再与税务机关结算。

【例7-9】甲工业企业，工厂实际占用土地6 000平方米，其中厂办幼儿园占地500平方米。该厂位于大城市，当地政府核定单位土地税额为8元/平方米。计算该厂年度应纳土地使用税税额，并进行相应会计处理（税款按年一次缴纳）。

计算该企业应纳土地使用税并作会计分录如下：

应交城镇土地使用税=（6 000-500）×8=44 000（元）

（1）计提税金时：

借：税金及附加　　44 000

　　贷：应交税费——应交城镇土地使用税　　44 000

（2）上缴时：

借：应交税费——应交城镇土地使用税　　44 000

　　贷：银行存款　　44 000

第四节　耕地占用税会计

一、税制要素

耕地占用税是对在中华人民共和国境内占用耕地建设建筑物、构筑物或者从事非农业建设的单位和个人，以其实际占用的耕地面积为计税依据所征收的一种税。

为了合理利用土地资源，加强土地管理，保护耕地，国务院于 1987 年 4 月 1 日发布了《中华人民共和国耕地占用税暂行条例》（以下简称《耕地占用税暂行条例》）。2018 年 12 月 29 日第十三届全国人民代表大会常务委员会第七次会议通过了《中华人民共和国耕地占用税法》（以下简称《耕地占用税法》），2019 年 8 月 29 日，财政部、国家税务总局、自然资源部、农业农村部、生态环境部制定了《中华人民共和国耕地占用税法实施办法》（以下简称《耕地占用税法实施办法》），两者均自 2019 年 9 月 1 日起施行。

（一）纳税人

耕地占用税以在中华人民共和国境内占用耕地建设建筑物、构筑物或从事非农业建设的单位和个人为纳税义务人。

经批准占用耕地的，纳税义务人为农用地转用审批文件中标明的建设用地人；农用地转用审批文件中未标明建设用地人的，纳税义务人为用地申请人。未经批准占用耕地的，纳税义务人为实际用地人。

（二）征税范围

耕地占用税的征税范围为中华人民共和国境内被占用的耕地。耕地，是指用于种植农作物的土地。

具体而言，下列占地行为应缴纳耕地占用税。

（1）纳税人因建设项目施工或者地质勘查临时占用耕地的。临时占用耕地，是指经自然资源主管部门批准，在一般不超过 2 年内临时使用耕地并且没有修建永久性建筑物的行为。

（2）占用园地、林地、草地、农田水利用地、养殖水面、渔业水域滩涂以及其他农用地建设建筑物、构筑物或者从事非农业建设的。

需要注意的是，下列占地行为不征收耕地占用税。

（1）建设农田水利设施占用耕地的。

（2）建设直接为农业生产服务的生产设施所占用园地、林地、草地、农田水利用地、养殖水面、渔业水域滩涂以及其他农用地。

（三）税率

耕地占用税的税额如下。

（1）人均耕地不超过1亩的地区（以县、自治县、不设区的市、市辖区为单位，下同），每平方米为10元至50元。

（2）人均耕地超过1亩但不超过2亩的地区，每平方米为8元至40元。

（3）人均耕地超过2亩但不超过3亩的地区，每平方米为6元至30元。

（4）人均耕地超过3亩的地区，每平方米为5元至25元。

各地区耕地占用税的适用税额，由省、自治区、直辖市人民政府根据人均耕地面积和经济发展等情况，在国家统一规定的税额幅度内提出，报同级人民代表大会常务委员会决定，并报全国人民代表大会常务委员会和国务院备案。其适用税额的平均水平，不得低于上述平均税额。

在人均耕地低于0.5亩的地区，省、自治区、直辖市，可以根据当地经济发展情况，适当提高耕地占用税的适用税额，提高部分不得超过国家统一规定税额幅度的50%。

占用基本农田的，应按国家统一规定的税额幅度确定当地适用税额，加按150%征收。

（四）税收优惠

（1）军事设施、学校、幼儿园、社会福利机构、医疗机构占用耕地，免征耕地占用税。

（2）铁路线路、公路线路、飞机场跑道、停机坪、港口、航道、水利工程占用耕地，减按每平方米2元的税额征收耕地占用税。

（3）农村居民在规定用地标准以内占用耕地新建自用住宅，按照当地适用税额减半征收耕地占用税。其中农村居民经批准搬迁，新建自用住宅占用耕地不超过原宅基地面积的部分，免征耕地占用税。

（4）农村烈士遗属、因公牺牲军人遗属、残疾军人以及符合农村最低生活保障条件的农村居民，在规定用地标准以内新建自用住宅，免征耕地占用税。

纳税人改变原占地用途，不再属于免征或减征耕地占用税情形的，应当按照当地适用税额补缴耕地占用税。

（五）征收管理

1. 征收单位

耕地占用税由税务机关负责征收。

2. 纳税义务发生时间

耕地占用税的纳税义务发生时间为纳税人收到自然资源主管部门办理占用耕地手续书面通知的当日。自然资源主管部门凭耕地占用税完税凭证或者免税凭证和其他有关文件发放建设用地批准书。下列情形，耕地占用税纳税义务发生时间为：

（1）未经批准占用耕地的，其纳税义务发生时间为自然资源主管部门认定的纳税人实际占用耕地的当日。

（2）因挖损、采矿塌陷、压占、污染等损毁耕地的，纳税义务发生时间为自然资源、农业农村等相关部门认定损毁耕地的当日。

(3) 依照《耕地占用税法》第七条第一款、第二款规定免征或者减征耕地占用税后，纳税人改变原占地用途，需要补缴耕地占用税的，其纳税义务发生时间为改变用途当日。

具体而言为：经批准改变用途的，纳税义务发生时间为纳税人收到批准文件的当日；未经批准改变用途的，纳税义务发生时间为自然资源主管部门认定纳税人改变原占地用途的当日。

3. 纳税申报

(1) 纳税人占用耕地，应当在耕地所在地申报纳税。

(2) 纳税人应当自纳税义务发生之日起30日内申报缴纳耕地占用税。

二、计税依据和应纳税额的计算

(一) 计税依据

耕地占用税以纳税人实际占用的属于耕地占用税征税范围的土地（以下简称应税土地）面积为计税依据。应税土地面积，包括经批准占用面积和未经批准占用面积，以平方米为单位。

(二) 应纳税额的计算

耕地占用税以纳税人实际占用的应税土地面积为计税依据，按应税土地当地适用税额计税，实行一次性征收。其计算公式为：

应纳税额=应税土地面积×适用税额

加按150%征收耕地占用税的计算公式为：

应纳税额=应税土地面积×适用税额×150%

当地适用税额是指省、自治区、直辖市人民代表大会常务委员会决定的应税土地所在地县级行政区的现行适用税额。

【例7-10】假设某市一家企业新占用62 500平方米耕地用于工业建设，所占耕地适用的定额税率为18元/平方米，计算该企业应纳的耕地占用税。

应纳税额=62 500×18=1 125 000（元）

三、耕地占用税会计处理

由于耕地占用税于占用耕地时一次性缴纳，建设单位可将其记入“长期待摊费用”账户，计算出应缴耕地占用税后，借记“长期待摊费用”账户，贷记“应交税费——应交耕地占用税”账户。持续经营中的企业因占用耕地而应缴耕地占用税时，借记“在建工程”账户，贷记“应交税费——应交耕地占用税”账户或直接贷记“银行存款”账户。

【例7-11】某新建服装厂征用一块面积为1万平方米的耕地建厂，当地核定的单位税额是20元/平方米。计算该厂应交耕地占用税并作会计分录如下：

应交耕地占用税=10 000×20=200 000（元）

(1) 在筹建期间计提税金时：

借：长期待摊费用——开办费　　200 000

贷：应交税费——应交耕地占用税　　200 000

（2）开始生产经营当月：

借：税金及附加　　200 000

贷：长期待摊费用——开办费　　200 000

（3）若该厂不作为建设单位而作为生产企业时：

借：在建工程　　200 000

贷：应交税费——应交耕地占用税　　200 000

本章思维导图

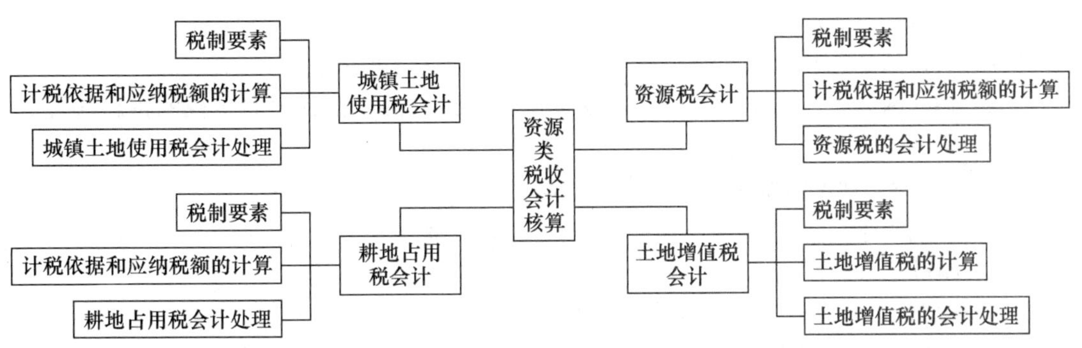

本章延伸阅读

1. 《中华人民共和国资源税暂行条例实施细则》（财政部 2011 年 10 月 28 日）
2. 《中华人民共和国土地增值税法（征求意见稿）》
3. 《国家税务总局关于修订土地增值税纳税申报表的通知》
4. 《财政部、国家税务总局关于继续实施企业改制重组有关土地增值税政策的公告》
5. 《中华人民共和国城镇土地使用税暂行条例》
6. 《中华人民共和国耕地占用税法》

复习思考题

1. 简述土地增值税的纳税范围和纳税人。
2. 土地增值税的增值额如何计算？
3. 土地增值税的税率有何特点？
4. 土地增值税的计税依据与增值税有何不同？简述其会计处理程序。

本章习题

一、单项选择题

1. 下列各项中，征收资源税的是（　　）。
   A. 人造石油　　B. 已税原煤加工的洗选煤
   C. 蜂窝煤　　D. 提取地下卤水晒制的盐
2. 根据资源税规定，原油、天然气资源税实行（　　）。
   A. 从量征收　　B. 从价征收　　C. 复合征收　　D. 选择征收
3. 下列关于资源税的计税依据，说法不正确的是（　　）。
   A. 资源税计税依据包括向购买方收取的优质费
   B. 向购买方收取的违约金不作为资源税的计税依据
   C. 实行从量定额征收资源税的应该以销售数量为计税依据
   D. 纳税人开采应税矿产品由其关联单位对外销售的，按其关联单位的销售额征收资源税
4. 我国现行土地增值税采用的税率形式是（　　）。
   A. 比例税率　　B. 定额税率
   C. 超额累进税率　　D. 超率累进税率
5. 下列房地产转让行为中应征收土地增值税的是（　　）。
   A. 房地产评估增值　　B. 将房产赠与直系亲属
   C. 房地产交换　　D. 房地产的出租
6. 20X3 年某企业转让一栋六成新的旧仓库，取得不含税转让收入 2 000 万元，可扣除的相关税费共计 25 万元。该仓库原造价 1 000 万元，重置成本价 1 500 万元。该企业转让仓库应缴纳土地增值税（　　）万元。
   A. 258. 75　　B. 296. 25　　C. 398. 75　　D. 476. 25
7. 土地增值税纳税人应在签订房地产转让合同之日起 7 日内，到（　　）主管税务机关办理纳税申报。
   A. 房地产所在地　　B. 纳税人注册地
   C. 纳税人核算地　　D. 合同签订地
8. 下列用地行为，应计算缴纳城镇土地使用税的是（　　）。
   A. 宗教寺庙自用土地　　B. 市政休闲广场用地
   C. 农副产品加工厂用地　　D. 直接用于农业生产的土地
9. 下列工程占用耕地，可减征耕地占用税的是（　　）。
   A. 边防管控设施占用耕地　　B. 军用机场占用耕地
   C. 军用输水管道占用耕地　　D. 水利工程占用耕地
10. 根据城镇土地使用税的规定，下列各项中，属于城镇土地使用税计税依据的是（　　）。
   A. 建筑面积　　B. 使用面积　　C. 居住面积　　D. 实际占用的土地

面积

11. 20X3 年初，甲企业经批准占用耕地 10 000 平方米，其中 1 000 平方米用于建造幼儿园、3 000 平方米用于建造医院、1 000 平方米用于建造养老院，其余用作建设办公楼。已知，当地耕地占用税税额为 20 元/平方米。该企业应缴纳耕地占用税（　　）元。

A. 160 000　　B. 200 000　　C. 120 000　　D. 100 000

12. 某企业占用林地 140 万平方米建造花园式厂房，所占耕地适用的定额税率为 30 元/平方米，该企业应缴纳耕地占用税（　　）万元。

A. 800　　B. 1 400　　C. 2 100　　D. 4 200

二、多项选择题

1. 下列各项中属于土地增值税纳税人的有（　　）。

A. 将厂房出租的企业
B. 与国有企业换房的外资企业
C. 合作建房后出售房产的合作企业
D. 将办公楼用于抵押的企业，处于抵押期间

2. 转让旧房的，以下可作为扣除项目金额的有（　　）。

A. 房屋及建筑物的评估价格
B. 取得土地使用权支付的地价款和按国家规定缴纳的有关费用
C. 房地产开发成本
D. 与转让环节有关的税金

3. 下列各项中，应缴纳城镇土地使用税的有（　　）。

A. 名胜古迹园区内附设的照相馆用地
B. 公园中管理单位的办公用地
C. 农副产品加工厂生产用地
D. 妇幼保健机构自用的土地

4. 下列关于耕地占用税的税收优惠表述正确的有（　　）。

A. 军事设施占用耕地免征耕地占用税
B. 养老院占用耕地减半征收耕地占用税
C. 农村居民占用耕地新建住宅，按照当地适用税额减半征收耕地占用税
D. 免征或者减征耕地占用税后，纳税人改变原占地用途，不再属于免征或者减征耕地占用税情形的，应当按照当地适用税额补缴耕地占用税

三、计算分录题

某年 11 月某房地产开发公司转让新建普通住宅一幢，取得不含税收入 5 000 万元，转让环节可扣除的税金及附加合计 60 万元。该公司为取得该住宅地的土地使用权支付地价款和有关税费 2 000 万元，房地产开发成本 1 000 万元，利息支出 100 万元（能够按房地产项目计算分摊并提供金融机构证明）。该公司所在地政府规定的其他房地产开发费用的计算扣除比例为 5%。计算公司应缴纳的土地增值税并做出会计处理。

第八章

财产类税收会计核算

学习目标

了解房产税、契税、车船税、车辆购置税的概念、作用、税率；理解财产类税收的纳税人、纳税范围、计税依据；掌握财产类税收应纳税额的计算和会计处理。

思政目标

本章围绕促进社会和谐，对财产类税收如房产税、车船税、契税等进行详细解读，阐述其税收政策和会计处理方法。通过学习，使学生熟悉财产类税收的性质和作用，培养学生正确核算和缴纳财产类税收的能力，为我国财产税制改革贡献力量。

重点

财产类税收的纳税范围、计税依据、应纳税额的计算和会计处理。

难点

财产类税收的计税依据和会计处理。

第一节 房产税会计

一、房产税概述

房产税是指以房屋为征税对象，按照房屋的计税余值或租金收入，对产权所有人征收的一种财产税。

国务院于 1986 年 9 月 15 日发布了《中华人民共和国房产税暂行条例》，并从当年 10 月 1 日起执行。当时规定房产税只对内资企业和中国公民征收，而对涉外企业和外籍人员仍实行原城市房地产税。自 2009 年 1 月 1 日起，外商投资企业、外国企业和组织以及外籍个人，依照《中华人民共和国房产税暂行条例》缴纳房产税。2011 年 1 月 8 日，国务院令第 588 号对《房产税暂行条例》进行了修改。

（一）纳税人

房产税以在征税范围内的房屋产权所有人为纳税人。其中：

（1）产权属国家所有的，由经营管理单位纳税；产权属集体和个人所有的，由集体单位和个人纳税。

（2）产权出典的，由承典人纳税。所谓产权出典，是指产权所有人将房屋、生产资料等的产权，在一定期限内典当给他人使用，而取得资金的一种融资业务。这种业务大多发生于出典人急需用款，但又想保留产权回赎权的情况。承典人向出典人交付一定的典价之后，在质典期内即获抵押物品的支配权，并可转典。产权的典价一般要低于卖价。出典在规定期间内须归还典价的本金和利息，方可赎回出典房屋的产权。由于在房屋出典期间，产权所有人已无权支配房屋，因此，税法规定由对房屋具有支配权的承典人为纳税人。

（3）产权所有人、承典人不在房屋所在地的，由房产代管人或者使用人纳税。

（4）产权未确定及租典纠纷未解决的，亦由房产代管人或者使用人纳税。所谓租典纠纷，是指产权所有人在房产出典和租赁关系上，与承典人、租赁人发生各种争议，特别是权利和义务的争议悬而未决的。对租典纠纷尚未解决的房产，规定由代管人或使用人为纳税人，主要目的在于加强征收管理，保证房产税及时入库。

以人民币以外的货币为记账本位币的外资企业及外籍个人在缴纳房产税时，均应将其根据记账本位币计算的税款按照缴款上月最后一日的人民币汇率中间价折合成人民币。

（二）征税范围

房产税的征税范围为城市、县城、建制镇和工矿区，不涉及农村，而且仅限于经营性房屋。

城市是指经国务院批准设立的市，其征税范围为市区、郊区和市辖县县城，不包括农村。

县城是指县人民政府所在地。

建制镇是指经省、自治区、直辖市人民政府批准设立的建制镇。建制镇的征税范围为人民政府所在地，不包括所辖的行政村。

工矿区是指工商业比较发达、人口比较集中，符合国务院规定的建制镇标准，但尚未设立镇建制的大中型工矿企业所在地。开征房产税的工矿区须经省级人民政府批准。

（三）税率

房产税采用比例税率，其计税依据分为两种：依据房产计税余值计税的，税率为1.2%；依据房产租金收入计税的，税率为12%。从2001年1月1日起，对个人居住用房出租仍用于居住的，其应缴纳的房产税暂减按4%的税率征收；从2008年3月1日起，对个人出租住房，不区分实际用途，均按4%的税率征收房产税。对企事业单位、社会团体以及其他组织按市场价格向个人出租用于居住的住房，减按4%的税率征收房产税。

（四）税收优惠

依据《房产税暂行条例》及有关规定，下列房产免征房产税。

（1）国家机关、人民团体、军队自用的房产；

（2）国家财政部门拨付事业经费单位自用的房产；

（3）宗教寺庙、公园、名胜古迹自用的房产；

（4）个人拥有的非营业用的房产。

上述单位和个人用于生产经营的房产除外。房地产开发企业建造的商品房，在售出前，免缴房产税；但在售出前本企业已使用或出租、出借的商品房，应按规定缴纳房产税。

（五）征收管理

1. 纳税义务发生时间

（1）将原有房产用于生产经营的，从生产经营之月起，计征房产税。

（2）自建的房屋用于生产经营的，自建成之日的次月起，计征房产税。

（3）委托施工企业建设的房屋，从办理验收手续之日的次月起，计征房产税。对于在办理验收手续前已使用或出租、出借的新建房屋，应从使用或出租、出借的当月起按规定计征房产税。

（4）购置新建商品房，自房屋交付使用之次月起计征房产税。

（5）购置存量房，自办理房屋权属转移、变更登记手续，房地产权属登记机关签发房屋权属证书之次月起计征房产税。

（6）出租、出借房产，自交付出租、出借房产之次月起计征房产税。

（7）房地产开发企业自用、出租、出借本企业建造的商品房，自房屋使用或交付之次月起计征房产税。

2. 纳税期限

房产税实行按年征收，分期缴纳。纳税期限由省、自治区、直辖市人民政府规定。各地一般按季或半年征收。

3. 纳税地点

房产税在房产所在地缴纳。房产不在同一地方的纳税人，应按房产的坐落地点分别向房产所在地的税务机关缴纳。

二、计税依据和应纳税额的计算

（一）计税依据

房产税采用从价计征。计税办法分为按房产余值计税和按租金收入计税两种。

1. 对经营自用的房屋，以房产的计税余值作为计税依据

所谓计税余值，是指依照税法规定按房产原值一次减除10%～30%的损耗价值以后的余额。

2. 对于出租的房屋，以租金收入（不含增值税）为计税依据

房屋的租金收入，是房屋产权所有人出租房屋使用权所取得的报酬，包括货币收入和实物收入。对以劳务或其他形式作为报酬抵付房租收入的，应根据当地同类房屋的租金水平，确定租金标准，依率计征。

（二）应纳税额的计算

1. 地上建筑物房产税应纳税额的计算公式为：

应纳税额=房产计税余值（或租金收入）×适用税率

其中：房产计税余值=房产原值×（1-原值减除比例）

2. 独立地下建筑物房产税应纳税额的计算公式为

（1）工业用途房产，以房屋原价的50%～60%作为应税房产原值。

应纳税额=应税房产原值×（1-原值减除比例）×1.2%

（2）商业和其他用途房产，以房屋原价的70%～80%作为应税房产原值。

应纳税额=应税房产原值×（1-原值减除比例）×1.2%

房屋原价折算为应税房产原值的具体比例，由各省、自治区、直辖市和计划单列市财政税务部门在上述幅度内自行确定。

（3）出租的地下建筑，按照出租地上房屋建筑的有关规定计算征收房产税。

【例8-1】某省一企业20X3年度自有房屋10栋，其中8栋用于经营生产，房产原值1 000万元，不包括冷暖通风设备60万元；2栋房屋租给某公司作经营用房，年租金收入50万元（不含增值税）。试计算该企业当年应纳的房产税（注：该省规定按房产原值一次扣除20%后的余值计税）。

（1）自用房产应纳税额=［（1 000+60）×（1-20%）］×1.2%=10.176（万元）

（2）租金收入应纳税额=50×12%=6（万元）

（3）全年应纳房产税额=10.176+6=16.176（万元）

三、房产税会计处理

企业按规定计算或预提的房产税，应借记“税金及附加”等账户，贷记“应交税费——应交房产税”账户。

【例 8-2】甲企业 20X3 年 1 月 1 日拥有房产原值 660 万元，其中有一部分房产为企业办幼儿园使用，原值 100 万元。当地政府规定，按原值一次减除 20%后的余值纳税。按年计算，分月缴纳。税率为 1.2%，计算该企业应交房产税并作会计分录如下：

年应交房产税=（660-100）×（1-20%）×1.2%=5.376（万元）

月应交房产税=53 760/12=4 480（元）

（1）每月预提税金时：

借：税金及附加　　4 480

　　贷：应交税费——应交房产税　　4 480

（2）每月缴纳房产税时：

借：应交税费——应交房产税　　4 480

　　贷：银行存款　　4 480

第二节　契税会计

一、契税概述

契税是以境内土地、房屋权属发生转移的不动产为征税对象，以当事人双方签订的合同契约为依据，向产权承受人一次性征收的一种财产税。

契税在我国有悠久的历史。它起源于 1600 年前东晋的“估税”。北宋时期，契税逐渐趋于完备。元、明、清等都征收契税。1950 年 4 月 3 日，由政务院颁布《契税暂行条例》，在全国城市和已完成土改的乡村征收契税。改革开放后，我国从 1990 年恢复征收契税。1997 年 7 月 7 日，国务院发布了《中华人民共和国契税暂行条例》，并从当年 10 月 1 日起实施。2019 年 3 月 2 日，国务院令第 709 号修改了《契税暂行条例》。

（一）纳税人

契税的纳税人是指在我国境内转移土地、房屋权属，承受的单位和个人。土地、房屋权属是指土地使用权和房屋所有权。单位是指企业单位、事业单位、国家机关、军事单位和社会团体以及其他组织。个人是指个体经营者和其他个人，包括中国公民和外籍人员。

（二）征税范围

契税的征税对象为发生土地使用权和房屋所有权权属转移的土地和房屋。具体征税范围包括：

（1）国有土地使用权出让。

（2）土地使用权转让，包括出售、赠与和交换；不包括农村集体土地承包经营权的转移。

（3）房屋买卖。

（4）房屋赠与。

（5）房屋交换。

（三）税率

契税实行幅度比例税率，税率为3%~5%。具体适用税率，由省级政府根据本地区具体情况，在规定幅度内确定，并报财政部和国家税务总局备案。

（四）税收优惠

（1）国家机关、事业单位、社会团体、军事单位承受土地、房屋用于办公、教学、医疗、科研和军事设施的，免征。

（2）城镇职工按规定第一次购买公有住房的，免征。第一次购买公有住房是指经县以上人民政府批准，在国家法规标准面积以内购买的公有住房，超过国家法规标准面积的部分，仍按规定缴纳契税。

（3）个人购买家庭（家庭成员范围包括购房人、配偶以及未成年子女，下同）唯一住房及个人购买家庭第二套改善性住房，面积为90平方米及以下的，减按1%税率征收；面积为90平方米以上的，减按2%税率征收。

（4）因不可抗力灭失住房而重新购买住房的，酌情准予减征或者免征。

（5）土地、房屋被县级以上人民政府征用、占用后，重新承受土地、房屋权属的，是否减征或者免征契税，由省、自治区、直辖市人民政府确定。

（6）纳税人承受荒山、荒沟、荒丘、荒滩土地使用权，用于农、林、牧、渔业生产的，免征契税。

（7）依照我国有关法律规定以及我国缔结或参加的双边和多边条约或协定的规定应当予以免税的外国驻华使馆、领事馆、联合国驻华机构及其外交代表、领事官员和其他外交人员承受土地、房屋权属的，经外交部确认，可以免征契税。

（五）征收管理

1. 纳税义务发生时间

契税的纳税义务发生时间是纳税人签订土地、房屋权属转移合同的当天，或者纳税人取得其他具有土地、房屋权属转移合同性质凭证的当天。

2. 纳税期限

纳税人应当自纳税义务发生之日起10日内，向土地、房屋所在地的税务机关办理纳税申报，并在税务机关核定的期限内缴纳税款。

3. 纳税地点

契税在土地、房屋所在地缴纳。

二、计税依据和应纳税额的计算

1. 计税依据

（1）国有土地使用权出让、土地使用权出售、房屋买卖，为成交价格。以竞价方式取得国有土地使用权的，按土地成交总价（不得从中扣除前期开发成本）计缴契税。

（2）土地使用权赠与、房屋赠与，由征收机关参照土地使用权出售、房屋买卖的市场价格核定。

（3）土地使用权交换、房屋交换，为所交换的土地使用权、房屋的价格的差额。交换价格不相等时，由多交方按差额缴纳；交换价格相等时，免缴契税。

（4）精装修房的计税依据是精装修价款。

契税的计税依据（成交价格）不含增值税；若是免征增值税，其成交价格、租金收入、转让房地产收入不得扣减增值税。若成交价格明显低于市场价格并且无正当理由的，或者所交换土地使用权、房屋的价格的差额明显不合理并且无正当理由的，由税务机关核定其计税依据（不含增值税）。

2. 应纳税额的计算

应纳税额的计算公式为：

$$应纳税额=计税依据\times税率$$

应纳税额以人民币计算。转移土地、房屋权属以外汇结算的，按照纳税义务发生之日中国人民银行公布的人民币市场汇率中间价，折合成人民币计算。

【例 8-3】居民甲有两套住房，将一套出售给居民乙，成交价格为 100 000 元；将另一套两室住房与居民丙交换成两处一室住房，并支付换房差价款 40 000 元。试计算甲、乙、丙相关行为应缴纳的契税（假定税率为 3%，所有金额均不含增值税）。

（1）甲应缴纳契税 = 40 000×3% = 1 200（元）

（2）乙应缴纳契税 = 100 000×3% = 3 000（元）

（3）丙不缴纳契税。

三、契税会计处理

企业按规定计算的应交契税，应借记“固定资产”“无形资产”等账户，贷记“应交税费——应交契税”账户。

企业也可以不通过“应交税费——应交契税”账户。当实际缴纳契税时，借记“固定资产”“无形资产”账户，贷记“银行存款”账户。

【例 8-4】某企业接受捐赠房产一幢，房屋按市场售价计算应为 500 万元。假设契税税率为 5%。计算该企业应缴纳的契税，并进行会计处理。

应纳税额 = 5 000 000×5% = 250 000（元）

借：固定资产　　250 000

　　贷：银行存款　　250 000

第三节 车船税会计

一、车船税概述

车船税是指对在中华人民共和国境内属于车船税税目税额表中规定的车辆、船舶的所有人或者管理人征收的一种税。

2006年12月29日，国务院第162次常务会议通过了《中华人民共和国车船税暂行条例》（中华人民共和国国务院令第482号），自2007年1月1日起施行。2011年2月25日第十一届全国人民代表大会常务委员会第十九次会议通过《中华人民共和国车船税法》（以下简称车船税法），自2012年1月1日起施行。2019年4月23日，第十三届全国人民代表大会常务委员会第十次会议修改了车船税法，2019年3月2日，国务院令第709号修改了《中华人民共和国车船税法实施条例》。

（一）纳税人

车船税的纳税人是指在中华人民共和国境内，属于车船税法所附车船税税目税额表规定的车辆、船舶（以下简称车船）的所有人或者管理人。管理人是指对车船具有管理权或者使用权，不具有所有权的单位和个人。

（二）征税范围

车船税的征税范围是指在中华人民共和国境内属于车船税法所附《车船税税目税额表》规定的车辆、船舶。车辆、船舶，是指：

（1）依法应当在车船管理部门登记的机动车辆和船舶。

（2）依法不需要在车船管理部门登记、在单位内部场所行驶或者作业的机动车辆和船舶。

车船管理部门，是指公安、交通运输、农业、渔业、军队、武装警察部队等依法具有车船登记管理职能的部门；单位，是指依照中国法律、行政法规规定，在中国境内成立的行政机关、企业、事业单位、社会团体以及其他组织。

（三）税目与税率

车船税采用定额幅度税率，即对征税的车船规定单位上下限税额标准。税额确定总的原则是：排气量低的车辆的税负轻于排气量高的车辆；小吨位船舶的税负轻于大船舶。依照车船税法所附车船税税目税额表执行（见表8-1）。

车辆的具体适用税额由省、自治区、直辖市人民政府依照车船税税目税额表规定的税额幅度和国务院的规定确定。船舶的具体适用税额由国务院在车船税税目税额表规定的税额幅度内确定。

表 8-1　车船税税目税额表

税目		计税单位	年基准税额	备注
乘用车［按发动机汽缸容量（排气量）分档］	1.0 升（含）以下的	每辆	60 元至 360 元	核定载客人数 9 人（含）以下
	1.0 升以上至 1.6 升（含）的		300 元至 540 元	
	1.6 升以上至 2.0 升（含）的		360 元至 660 元	
	2.0 升以上至 2.5 升（含）的		660 元至 1 200 元	
	2.5 升以上至 3.0 升（含）的		1 200 元至 2 400 元	
	3.0 升以上至 4.0 升（含）的		2 400 元至 3 600 元	
	4.0 升以上的		3 600 元至 5 400 元	
商用车	客车	每辆	480 元至 1 440 元	核定载客人数 9 人以上，包括电车
	货车	整备质量每吨	16 元至 120 元	包括半挂牵引车、三轮汽车和低速载货汽车等
挂车		整备质量每吨	按照货车税额的 50%计算	
其他车辆	专用作业车	整备质量每吨	16 元至 120 元	不包括拖拉机
	轮式专用机械车		16 元至 120 元	
摩托车		每辆	36 元至 180 元	
船舶	机动船舶	净吨位每吨	3 元至 6 元	拖船、非机动驳船分别按照机动船舶税额的 50%计算
	游艇	艇身长度每米	600 元至 2 000 元	

1. 机动船舶具体适用税额

（1）净吨位小于或者等于 200 吨的，每吨 3 元。

（2）净吨位 201 吨至 2 000 吨的，每吨 4 元。

（3）净吨位 2 001 吨至 10 000 吨的，每吨 5 元。

（4）净吨位 10 001 吨及以上的，每吨 6 元。

拖船按照发动机功率每 1 千瓦折合净吨位 0.67 吨计算征收车船税。

2. 游艇具体适用税额

（1）艇身长度不超过 10 米的游艇，每米 600 元。

（2）艇身长度超过 10 米但不超过 18 米的游艇，每米 900 元。

（3）艇身长度超过 18 米但不超过 30 米的游艇，每米 1 300 元。

（4）艇身长度超过 30 米的游艇，每米 2 000 元。

（5）辅助动力帆艇，每米 600 元。

游艇艇身长度是指游艇的总长。

3.《车船税税目税额表》中车辆、船舶的含义

乘用车，是指在设计和技术特性上主要用于载运乘客及随身行李，核定载客人数包括驾驶员在内不超过 9 人的汽车。

商用车，是指除乘用车外，在设计和技术特性上用于载运乘客、货物的汽车，划分为客车和货车。

半挂牵引车，是指装备有特殊装置用于牵引半挂车的商用车。

三轮汽车，是指最高设计车速不超过每小时 50 公里，具有三个车轮的货车。

低速载货汽车，是指以柴油机为动力，最高设计车速不超过每小时 70 公里，具有四个车轮的货车。

挂车，是指就其设计和技术特性需由汽车或者拖拉机牵引，才能正常使用的一种无动力的道路车辆。

专用作业车，是指在其设计和技术特性上用于特殊工作的车辆。

轮式专用机械车，是指有特殊结构和专门功能，装有橡胶车轮可以自行行驶，最高设计车速大于每小时 20 公里的轮式工程机械车。

摩托车，是指无论采用何种驱动方式，最高设计车速大于每小时 50 公里，或者使用内燃机，其排量大于 50 毫升的两轮或者三轮车辆。

船舶，是指各类机动、非机动船舶以及其他水上移动装置，但是船舶上装备的救生艇筏和长度小于 5 米的艇筏除外。其中，机动船舶是指用机器推进的船舶；拖船是指专门用于拖（推）动运输船舶的专业作业船舶；非机动驳船，是指在船舶登记管理部门登记为驳船的非机动船舶；游艇是指具备内置机械推进动力装置，长度在 90 米以下，主要用于游览观光、休闲娱乐、水上体育运动等活动，并应当具有船舶检验证书和适航证书的船舶。

4.《车船税法》及其实施条例所涉及的排气量、整备质量、核定载客人数、净吨位、千瓦、艇身长度，以车船管理部门核发的车船登记证书或者行驶证相应项目所载数据为准

依法不需要办理登记、依法应当登记而未办理登记或者不能提供车船登记证书、行驶证的，以车船出厂合格证明或者进口凭证相应项目标注的技术参数、所载数据为准；不能提供车船出厂合格证明或者进口凭证的，由主管税务机关参照国家相关标准核定，没有国家相关标准的参照同类车船核定。

5. 其他相关规定

（四）税收优惠

1. 法定减免

（1）捕捞、养殖渔船。

（2）军队、武装警察部队专用的车船。

（3）警用车船。

（4）依照法律规定应当予以免税的外国驻华使领馆、国际组织驻华代表机构及其有关人员的车船。

（5）省、自治区、直辖市人民政府根据当地实际情况，可以对公共交通车船，农村居民拥有并主要在农村地区使用的摩托车、三轮汽车和低速载货汽车定期减征或者免征车船税。

（6）悬挂应急救援专用号牌的国家综合性消防救援车辆和国家综合性消防救援专用船舶免征车船税。

（7）对节约能源、使用新能源的车船可以减征或者免征车船税。

（8）对受严重自然灾害影响纳税困难以及有其他特殊原因确需减税、免税的，可以减征或者免征车船税。

2. 特定减免

（1）经批准临时入境的外国车船和香港特别行政区、澳门特别行政区、台湾地区的车船，不征收车船税。

（2）按照规定缴纳船舶吨税的机动船舶，自《车船税法》实施之日起 5 年内免征车船税。

（3）机场、港口内部行驶或作业的车船，自《车船税法》实施之日起 5 年内免征车船税。

（4）国家综合性消防救援车辆由部队号牌改挂应急救援专用号牌的，一次性免征改挂当年车船税。

3. 节能、新能源车船减免

（1）对节能汽车减半征收车船税。

（2）对新能源车船免征车船税。

（五）征收管理

1. 纳税期限

车船税纳税义务发生时间为取得车船所有权或者管理权的当月，即为购买车船的发票或者其他证明文件所载日期的当月。对于在国内购买的机动车，购买日期以《机动车销售统一发票》所载日期为准；对于进口机动车，购买日期以《海关关税专用缴款书》所载日期为准；对于购买的船舶，以购买船舶的发票或者其他证明文件所载日期的当月为准。

2. 纳税地点

车船税的纳税地点为车船的登记地或者车船税扣缴义务人所在地。依法不需要办理登记的车船，车船税的纳税地点为车船的所有人或者管理人所在地。

3. 申报缴纳

车船税按年申报，分月计算，一次性缴纳。纳税年度为公历 1 月 1 日至 12 月 31 日。车船税按年申报缴纳。具体申报纳税期限由省、自治区、直辖市人民政府规定。

二、应纳税额的计算

纳税人按照纳税地点所在的省、自治区、直辖市人民政府确定的具体适用税额缴纳车船税。

（1）购置的新车船，购置当年的应纳税额自纳税义务发生的当月起按月计算。计算公式为：

应纳税额=（年应纳税额÷12）×应纳税月份数

（2）在一个纳税年度内，已完税的车船被盗抢、报废、灭失的，纳税人可以凭有关管理机关出具的证明和完税证明，向纳税所在地的主管税务机关申请退还自被盗抢、报废、灭失月份起至该纳税年度终了期间的税款。

（3）已办理退税的被盗抢车船，失而复得的，纳税人应当从公安机关出具相关证明的当月起计算缴纳车船税。

（4）已缴纳车船税的车船在同一纳税年度内办理转让过户的，不另纳税，也不退税。

【例 8-5】 某航运公司拥有机动船 30 艘（其中净吨位为 600 吨的 12 艘，2 000 吨的 8 艘，5 000 吨的 10 艘），600 吨的单位税额 3 元、2 000 吨的单位税额 4 元、5 000 吨的单位税额 5 元。计算该航运公司年应纳车船税额。

该公司年应纳车船税税额=12×600×3+8×2 000×4+10×5 000×5=335 600（元）

三、车船税会计处理

企业按规定缴纳的车船税，一般可在“税金及附加”账户中列支。

【例 8-6】 根据［例 8-5］计算结果，该运输公司作会计分录如下：

反映应交车船税时：

借：税金及附加　　335 600

　　贷：应交税费——应交车船税　　335 600

实际缴纳车船税时：

借：应交税费——应交车船税　　335 600

　　贷：银行存款　　335 600

第四节　车辆购置税会计

一、车辆购置税概述

车辆购置税是以在中国境内购置的汽车、有轨电车、汽车挂车、排气量超过 150 毫升的摩托车为课税对象，在特定的环节向车辆购置者征收的一种税。车辆购置税是在交通部门收取的原车辆购置附加费基础上，通过“费改税”方式演变而来。

自 2001 年 1 月 1 日起，《中华人民共和国车辆购置税暂行条例》施行；自 2015 年 2 月 1 日起，《车辆购置税征收管理办法》（国家税务总局令第 33 号）实施。2018 年 12 月 29 日，第十三届全国人民代表大会常务委员会第七次会议通过《中华人民共和国车辆购置税法》（以下简称《车辆购置税法》），并于 2019 年 7 月 1 日起施行，《中华人民共和国车辆购置税暂行条例》《车辆购置税征收管理办法》同时废止。

（一）纳税人

车辆购置税的纳税人是在中华人民共和国境内购置汽车、有轨电车、汽车挂车、排气量超过150毫升摩托车的单位和个人。购置包括购买、进口、自产、受赠、获奖或以其他方式取得并自用应税车辆的行为。

（二）征税范围

车辆购置税的应税车辆包括汽车、有轨电车、汽车挂车、排气量超过150毫升的摩托车。地铁、轻轨等城市轨道交通车辆，装载机、平地机、挖掘机、推土机等轮式专用机械车，以及起重机（吊车）、叉车、电动摩托车，不属于应税车辆。

（三）税率

我国车辆购置税实行统一比例税率，税率为10%。

（四）税收优惠

（1）依照法律规定应当予以免税的外国驻华使馆、领事馆和国际组织驻华机构及其有关人员自用车辆免税。

（2）中国人民解放军和中国人民武装警察部队列入装备订货计划的车辆免税。

（3）悬挂应急救援专用号牌的国家综合性消防救援车辆免税。

（4）设有固定装置的非运输专用作业车辆免税。

（5）城市公交企业购置的公共汽电车辆免税。

（五）征收管理

1. 纳税环节和地点

车辆购置税是对应税车辆的购置行为课征，征税环节选择在车辆的最终消费环节。纳税人应当在向公安机关交通管理部门办理车辆注册登记前，缴纳车辆购置税。

纳税人购置应税车辆，应向车辆登记注册地（即车辆的上牌落籍地或落户地）的主管税务机关申报纳税；购置不需要办理车辆登记注册手续的车辆，单位纳税人向其机构所在地的主管税务机关申报纳税，个人纳税人向其户籍所在地或者经常居住地的主管税务机关申报纳税。

2. 纳税义务发生时间

车辆购置税的纳税义务发生时间为纳税人购置应税车辆的当日。购买自用应税车辆的为购买之日，即车辆相关价格凭证的开具日期。进口自用应税车辆的为进口之日，即《海关进口增值税专用缴款书》或者其他有效凭证的开具日期。自产、受赠、获奖或者以其他方式取得并自用应税车辆的为取得之日，即合同、法律文书或者其他有效凭证的生效或者开具日期。

3. 纳税申报

车辆购置税实行“一车一申报”制度。纳税人购买自用应税车辆的，应自购买之日起

60日内申报纳税。进口自用应税车辆的，应自进口之日起60日内申报纳税。自产、受赠、获奖或者以其他方式取得并自用应税车辆的，应自取得之日起60日内申报纳税。

二、计税依据和应纳税额的计算

（一）计税依据

（1）纳税人购买自用应税车辆的计税价格，为纳税人实际支付给销售者的全部价款，不包括增值税税款。

（2）纳税人进口自用应税车辆的计税依据为组成计税价格。组成计税价格的计算公式为：

组成计税价格=关税完税价格+关税+消费税

（3）纳税人自产自用应税车辆的计税价格，按照纳税人生产的同类应税车辆的销售价格确定，不包括增值税税款；没有同类应税车辆销售价格的，按照组成计税价格确定。

（4）纳税人以受赠、获奖或者其他方式取得自用应税车辆的计税价格，按照购置应税车辆时相关凭证载明的价格确定，不包括增值税税款。

（二）应纳税额的计算

车辆购置税实行从价定率的办法计算应纳税额，应纳税额的计算公式为：

应纳税额=计税价格×价格税率

【例8-7】李某于20X3年2月8日从4S店购买一辆轿车供自己使用，取得《机动车销售统一发票》，注明含增值税车价款226 000元，另支付车辆装饰费200元，取得增值税普通发票。车辆购置税税额计算：

计税价格=226 000÷（1+13%）=200 000（元）

应纳税额=200 000×10%=20 000（元）

三、车辆购置税的会计处理

企业购买、进口、自产、受赠、获奖以及以其他方式取得并自用的应税车辆应缴的车辆购置税，或者当初购置的属于减免税的车辆在转让或改变用途后，按规定应补缴的车辆购置税，借记“固定资产”等，贷记“银行存款”“应交税费”等。作为固定资产成本构成的车辆购置税，在车辆使用期间，以计提折旧的方式，可以在税前扣除。

【例8-8】某公司20X3年2月购进一辆小汽车，增值税专用发票所列价款11万元，增值税额1.43万元，3月到主管税务机关缴纳车辆购置税。

应缴车辆购置税=110 000×10%=11 000（元）

（1）购置时：

借：固定资产　　121 000

　　应交税费——应交增值税（进项税额）　　14 300

　　贷：银行存款/应付账款等　　124 300

　　　　应交税费——应交车辆购置税　　11 000

（2）下个月公司缴纳车购税时：

借：应交税费——应交车辆购置税　　11 000

　　贷：银行存款　　11 000

执行《小企业会计准则》的企业，其缴纳的印花税、耕地占用税、契税、车辆购置税等，不通过“应交税费”科目，直接借记“税金及附加”“在建工程”“固定资产”“无形资产”等相应科目，贷记“银行存款”科目。

借：固定资产——小汽车　　135 300

　　贷：银行存款/应付账款等　　135 300

本章思维导图

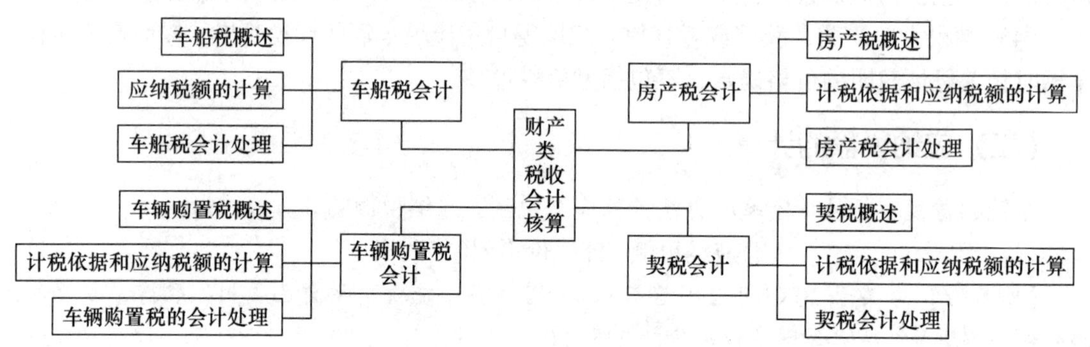

本章延伸阅读

1.《中华人民共和国房产税暂行条例》

2.《中华人民共和国契税法》

3.《国家税务总局关于车辆购置税征收管理有关事项的公告》（国家税务总局公告2019年第26号）

本章习题

一、单项选择题

1. 下列房屋及建筑物中，属于房产税征税范围的是（　　）。

A. 农村的居住用房

B. 建在室外的露天游泳池

C. 个人拥有的市区经营性用房

D. 房地产开发企业尚未使用或出租而待售的商品房

2. 某上市公司 20X2 年以 5 000 万元购得一处高档会所，然后加以改建，支出 500 万元在后院新建一处露天泳池，支出 500 万元新增中央空调系统，拆除 200 万元的照明设施，再支付 500 万元安装智能照明和楼宇声控系统。会所于 20X2 年底改建完毕并对外营业。当地规定计算房产余值的扣除比例为 30%，20X3 年该会所应缴纳房产税（　　）万元。

A. 42　　B. 48.72　　C. 50.4　　D. 54.6

3. 李某 20X3 年 1 月 31 日，将自有住房出租，当月交付使用，每月收取不含税租金 5 000 元。李某 20X3 年应缴纳房产税（　　）元。

A. 2 200　　B. 2 400　　C. 6 600　　D. 7 200

4. 某企业 20X3 年拥有房产原值共 9 000 万元，其中该企业所属的幼儿园和子弟学校用房原值分别为 300 万元、800 万元。当地政府规定计算房产余值的扣除比例为 25%。该企业当年应缴纳房产税（　　）万元。

A. 71.1　　B. 73.8　　C. 78.3　　D. 81

5. 某运输企业 20X3 年初拥有小轿车 5 辆，20X3 年 3 月外购货车 12 辆（整备质量为 10 吨/辆）并于当月办理登记手续。假设货车年税额为整备质量每吨 50 元，小轿车年税额为每辆 500 元，该运输企业 20X3 年应缴纳车船税（　　）元。

A. 5 500　　B. 6 500　　C. 7 000　　D. 7 500

6. 单位和个人发生下列行为，应缴纳契税的是（　　）。

A. 转让土地使用权　　B. 转让不动产所有权

C. 承受不动产所有权　　D. 赠与不动产所有权

7. 某小型运输公司 20X3 年拥有并使用以下车辆：（1）整备质量 4.3 吨的载货卡车 10 辆，省级人民政府规定年税额每吨 50 元；（2）18 座的小型客车 2 辆，省级人民政府规定年税额每辆 530 元。该公司当年应纳车船税为（　　）元。

A. 5 120　　B. 4 800　　C. 3 840　　D. 3 210

8. 某汽车生产企业发生的下列行为中，需要计算车辆购置税的是（　　）。

A. 销售自产的小汽车

B. 将自产的小汽车赠送给股东

C. 从拍卖会上通过拍卖取得一辆全新小汽车自用

D. 进口小汽车用于抵偿债务

二、多项选择题

1. 下列房产中，可以免征房产税的是（　　）。

A. 出租的名胜古迹空余房产

B. 公园附设的影剧院

C. 老年服务机构自用的房产

D. 国有企业自办的幼儿园自用的房产

2. 下列车船，免征车船税的有（　　）。

A. 警用车辆　　B. 纯电动商用车

C. 救护车　　D. 捕捞、养殖渔船

3. 下列人员中，不属于车辆购置税纳税义务人的有（　　）。

A. 应税车辆的捐赠者　　B. 应税车辆的出口者

C. 应税车辆的获奖者　　D. 应税车辆的购买者

三、计算题

某省一企业20X3年度自有房屋10栋，其中8栋用于经营生产，房产原值1 000万元，不包括冷暖通风设备60万元；2栋房屋租给某公司作经营用房，年租金收入50万元（不含增值税）。试计算该企业当年应纳的房产税（注：该省规定按房产原值一次扣除20%后的余值计税）。

第九章

行为目的类税收会计

学习目标

了解印花税、城建税、烟叶税、环境保护税的概念、作用、税率；理解行为目的类税收的纳税人、纳税范围、计税依据；掌握行为目的类税收应纳税额的计算和会计处理。

思政目标

本章全面介绍行为目的类税收的概念、特点、税收政策和会计处理，如城市维护建设税、车辆购置税等。通过学习，使学生了解行为目的类税收的性质和功能，培养学生正确核算和缴纳行为目的类税收的能力，为我国社会事业发展提供支持。

重点

行为目的类税收的纳税范围、计税依据、应纳税额的计算和会计处理。

难点

行为目的类税收的计税依据和会计处理。

第一节　印花税会计

一、印花税概述

印花税是一种行为税，因其采用在应税凭证上粘贴印花税票的方法作为完税的标记，故称印花税。对应税凭证征税，实质上就是对经济行为的课税。

1624 年，荷兰首创印花税。新中国成立后，1950 年 1 月政务院颁布了《全国税政实施要则》，规定印花税为全国统一开征的税种。2018 年 11 月 1 日，财政部、国家税务总局发布了《中华人民共和国印花税法》（征求意见稿）。

（一）纳税人

凡在我国境内书立、领受、使用属于征税范围内所列凭证的单位和个人，都是印花税的纳税义务人。包括各类企业、事业、机关、团体、部队，以及中外合资经营企业、合作经营企业、外资企业、外国公司企业和其他经济组织及其在华机构等单位和个人。按照征税项目划分的具体纳税人是：

（1）立合同人。书立各类经济合同的，以立合同人为纳税人。所谓立合同人，是指合同的当事人。当事人在两方或两方以上的，各方均为纳税人。

（2）立账簿人。建立营业账簿的，以立账簿人为纳税人。

（3）立据人。订立各种财产转移书据的，以立据人为纳税人。如立据人未贴印花或少贴印花，书据的持有人应负责补贴印花。所立书据以合同方式签订的，应由持有书据的各方分别按全额贴花。

（4）领受人。领取权利许可证照的，以领受人为纳税人。

对于同一凭证，如果由两方或者两方以上当事人签订并各执一份，各方均为纳税人，应当由各方就所持凭证的各自金额贴花。所谓当事人，是指对凭证有直接权利义务关系的单位和个人，不包括保人、证人、鉴定人。如果应税凭证是由当事人的代理人代为书立的，则由代理人代为承担纳税义务。

（5）使用人，指在国外书立或领受，在国内使用应税凭证的单位和个人。

（6）各类电子应税凭证的签订人，指以电子形式签订的各类应税凭证的单位和个人。

（二）征税范围

我国经济活动中发生的经济凭证种类繁多，数量巨大，现行印花税只对《印花税暂行条例》中列举的凭证征收，没有列举的凭证不征税。列举的凭证分为五类，即经济合同，产权转移书据，营业账簿，权利、许可证照和经财政部门确定征税的其他凭证。

1. 经济合同

（1）购销合同，包括供应、预购、采购、购销结合及协作、调剂、补偿、易货等合同。

（2）加工承揽合同，包括加工、定做、修缮、修理、印刷、广告、测绘、测试等合同。

（3）建设工程勘察设计合同，包括勘察、设计合同的总包合同、分包合同和转包合同。

（4）建筑安装工程承包合同，包括建筑、安装工程承包合同的总包合同、分包合同和转包合同。

（5）财产租赁合同，包括租赁房屋、船舶、飞机、机动车辆、机械、器具、设备等合同；还包括企业、个人出租门店、柜台等所签订的合同，但不包括企业与主管部门签订的租赁承包合同。

（6）货物运输合同，包括民用航空运输、铁路运输、海上运输、内河运输、公路运输和联运合同。

（7）仓储保管合同，包括仓储、保管合同或作为合同使用的仓单、栈单（或称入库单）。对某些使用不规范的凭证不便计税的，可就其结算单据作为计税贴花的凭证。

（8）借款合同，包括银行及其他金融组织和借款人（不包括银行同业拆借）所签订的借款合同。

（9）财产保险合同，包括财产、责任、保证、信用等保险合同。

（10）技术合同，包括技术开发、转让、咨询、服务等合同。

2. 产权转移书据

产权转移即财产权利关系的变更行为，表现为产权主体发生变更。包括财产所有权、版权、商标专用权、专利权、专有技术使用权的转移书据。

3. 营业账簿

印花税税目中的营业账簿归属于财务会计账簿，是按照财务会计制度的要求设置的，反映生产经营活动的账册。营业账簿按其反映内容的不同，可分为记载资金的账簿和其他账簿。

4. 权利、许可证照

权利、许可证照是政府授予单位、个人某种法定权利和准予从事特定经济活动的各种证照的统称，包括政府部门发给的房屋产权证、工商营业执照、商标注册证、专利证、土地使用证等。

5. 经财政部门确定征税的其他凭证

（三）税率

现行印花税采用比例税率和定额税率两种税率。

1. 比例税率

印花税的比例税率分为 4 档，即 1‰、0.5‰、0.3‰和 0.05‰。按比例税率征收的应税项目包括：各种合同及具有合同性质的凭证、记载资金的账簿和产权转移书据等。其具体规定是：

（1）财产租赁合同、仓储保管合同、财产保险合同的税率为1‰。

（2）加工承揽合同、建设工程勘察设计合同、货物运输合同、产权转移书据、营业账簿中记载资金的账簿，税率为0.5‰。

（3）购销合同、建筑安装工程承包合同、技术合同的规定税率为0.3‰。

（4）借款合同的税率为0.05‰。

2. 定额税率

适用定额税率的是权利、许可证照和营业账簿中的其他账簿，采取按件规定固定税额，单位税额均为每件5元。对其他营业账簿、权利、许可证照，单位税额均为每件5元。

（四）税收优惠

（1）应税凭证的副本或者抄本，免征印花税。

（2）农民、农民专业合作社、农村集体经济组织、村民委员会购买农业生产资料或者销售自产农产品订立的买卖合同和农业保险合同，免征印花税。

（3）无息或者贴息借款合同、国际金融组织向我国提供优惠贷款订立的借款合同、金融机构与小型微型企业订立的借款合同，免征印花税。

（4）财产所有权人将财产赠与政府、学校、社会福利机构订立的产权转移书据，免征印花税。

（5）军队、武警部队订立、领受的应税凭证，免征印花税。

（6）高校学生签订的高校学生公寓租赁合同，免征印花税。

（7）国务院规定免征或者减征印花税的其他情形。

（五）征收管理

1. 印花税的贴花

（1）纳税人在应纳税凭证订立或领受时即行贴花完税，不得延至凭证生效日期贴花。

（2）印花税票应贴在应纳税凭证上，并由纳税人在每枚税票的骑缝处盖戳注销或划销，严禁揭下重用。

（3）已贴花的凭证，凡修改后所载金额增加的部分，应补贴印花。

（4）对已贴花的各类应纳税凭证，纳税人须按规定期限保管，不得私自销毁。

（5）合同在签订时无法确定计税金额时，采取两次纳税方法。签订合同时，先按每件合同定额贴花5元；结算时，再按实际金额和适用税率计税，补贴印花。

（6）不论合同是否兑现或是否按期兑现，已贴印花不得撕下重用，已缴纳的印花税款不予退税。

（7）未贴或少贴印花税票，除补贴印花税票外，应处以应补印花税票金额3~5倍罚款；已粘贴的印花税票，未注销或未划销的，处以未注销、未划销印花税票金额1~3倍罚款；已贴用的印花税票揭下重用的，处以重用印花税票金额5倍或2 000元以上、10 000元以下的罚款。

（8）一份凭证应纳税额超过500元的，纳税人可以采取将税收缴款书、完税证明其中一联粘贴在凭证上或者由地方税务机关在凭证上加注完税标记代替贴花。

(9) 同一种类应纳税凭证，需频繁贴花的，纳税人根据实际情况自行决定是否采用按期汇总申报缴纳印花税的方式。汇总申报缴纳的期限不得超过1个月。采用按期汇总申报缴纳方式的，1年内不得改变。

(10) 多贴印花税票的，不得申请退税或者抵用。

2. 纳税环节

印花税应当在书立或领受时贴花。具体是指，在合同签订时、账簿启用时和证照领受时贴花。如果合同是在国外签订，并且不便在国外贴花，应在将合同带入境时办理贴花纳税手续。

3. 纳税地点

印花税一般实行就地纳税。对于全国性商品物资订货会（包括展销会、交易会等）上所签订合同应纳的印花税，由纳税人回其所在地后及时办理贴花完税手续；对地方主办、不涉及省际关系的订货会、展销会上所签合同的印花税，其纳税地点由各省、自治区、直辖市人民政府自行确定。

二、计税依据和应纳税额的计算

（一）计税依据

印花税根据不同征税项目，分别实行从价计征和从量计征两种征收方法。

1. 从价计税情况下计税依据的确定

实行从价计税的凭证，以凭证所载金额（不含增值税）为计税依据。具体规定如下：

(1) 各类经济合同，以合同上所记载的金额、收入或费用为计税依据。

①购销合同的计税依据为购销金额，不得作任何扣除，特别是调剂合同和易货合同，应包括调剂、易货的全额。在商品购销活动中，采用以货换货方式进行商品交易签订的合同，是反映既购又销双重经济行为的合同。对此，应按合同所载的购、销金额合计数计税贴花。合同未列明金额的，应按合同所载购、销数量，依照国家牌价或市场价格计算应纳税额。

②加工承揽合同的计税依据是加工或承揽收入的金额。

对于由受托方提供原材料的加工、定做合同，凡在合同中分别记载加工费金额和原材料金额的，应分别按“加工承揽合同”“购销合同”计税，两项税额相加数，即为合同应贴印花；若合同中未分别记载，则应就全部金额依照加工承揽合同计税贴花。

对于由委托方提供主要材料或原料，受托方只提供辅助材料的加工合同，无论加工费和辅助材料金额是否分别记载，均以辅助材料与加工费的合计数，依照加工承揽合同计税贴花。对委托方提供的主要材料或原料金额不计税贴花。

③建设工程勘察设计合同的计税依据为勘察、设计收取的费用（即勘察、设计收入）。

④建筑安装工程承包合同的计税依据为承包金额，不得剔除任何费用。如果施工单位将自己承包的建设项目再分包或转包给其他施工单位，其所签订的分包或转包合同，仍应按所载金额另行贴花。

⑤财产租赁合同的计税依据为租赁金额（即租金收入）。

⑥货物运输合同的计税依据为取得的运输费金额（即运费收入），不包括所运货物的金额、装卸费和保险费等。

⑦仓储保管合同的计税依据为仓储保管的费用（即保管费收入）。

⑧借款合同的计税依据为借款金额。

⑨财产保险合同的计税依据为支付（收取）的保险费金额，不包括所保财产的金额。

⑩技术合同的计税依据为合同所载的价款、报酬或使用费。为了鼓励技术研究开发，对技术开发合同，只就合同所载的报酬金额计税，研究开发经费不作为计税依据。但对合同约定按研究开发经费一定比例作为报酬的，应按一定比例的报酬金额贴花。

（2）产权转移书据以书据中所载的金额为计税依据。

（3）记载资金的营业账簿，以实收资本和资本公积的两项合计金额为计税依据。

（4）确定合同计税依据时应当注意的一个问题是，有些合同在签订时无法确定计税金额，如技术转让合同中的转让收入，是按销售收入的一定比例收取或是按实现利润分成；财产租赁合同只是规定了月（天）租金标准而无期限。对于这类合同，可在签订时先按定额 5 元贴花，以后结算时再按实际金额计税，补贴印花。

2. 从量计税情况下计税依据的确定

实行从量计税的其他营业账簿和权利、许可证照，以计税数量为计税依据。

（二）应纳税额的计算方法

1. 按比例税率计算应纳税额的方法

应纳税额 = 计税金额×适用税率

2. 按定额税率计算应纳税额的方法

应纳税额 = 凭证数量×单位税额

3. 计算印花税应纳税额应当注意的问题

（1）按金额比例贴花的应税凭证，未标明金额的，应按照凭证所载数量及市场价格计算金额，依适用税率贴足印花。

（2）应税凭证所载金额为外国货币的，按凭证书立当日国家外汇管理局公布的外汇牌价折合人民币，计算应纳税额。

（3）同一凭证由两方或者两方以上当事人签订并各执一份的，应当由各方所执的一份全额贴花。

（4）同一凭证因载有两个或两个以上经济事项而适用不同税率，分别载有金额的，应分别计算应纳税额，相加后按合计税额贴花；未分别记载金额的，按税率高的计税贴花。

（5）已贴花的凭证，修改后所载金额增加的，其增加部分应当补贴印花税票。

（6）按比例税率计算纳税而应纳税额不足 1 角的，免纳印花税；应纳税额在 1 角以上的，其税额尾数不满 5 分的不计，满 5 分的按 1 角计算贴花。对财产租赁合同的应纳税额超过 1 角但不足 1 元的，按 1 元贴花。

【例 9-1】甲企业 20X3 年 6 月开业，领受房产权证、工商营业执照、土地使用证各一件，与其他企业订立转移专用技术使用权书据一件，所载金额 80 万元；订立产品购销合同两件，所载金额为 150 万元；订立借款合同一份，所载金额为 40 万元。此外，该企业的营业账簿中，“实收资本”科目载有资金 600 万元，其他营业账簿 20 本（注：合同所载金额均不含增值税）。请计算该企业 20X3 年 6 月应纳印花税额。

（1）企业领受权利、许可证照应纳税额：

应纳税额 = 3×5 = 15（元）

（2）企业订立产权转移书据应纳税额：

应纳税额 = 800 000×0.5‰ = 400（元）

（3）企业订立购销合同应纳税额：

应纳税额 = 1 500 000×0.3‰ = 450（元）

（4）企业订立借款合同应纳税额：

应纳税额 = 400 000×0.05‰ = 20（元）

（5）企业营业账簿中“实收资本”所载资金：

应纳税额 = 6 000 000×0.5‰×50% = 1 500（元）

（6）6 月该企业应纳印花税税额：

应纳税额 = 15+400+450+20+1 500 = 2 385（元）

三、印花税会计处理

企业在发生纳税义务时，凡是不需要预计应缴税款的，或者与税务机关不存在结算、清算关系的（不会形成税款债务），则直接计算缴纳的税金，在进行会计处理时，可以不通过“应交税费”账户核算，如印花税、车辆购置税、耕地占用税、契税等。这样进行会计处理，固然可以简化工作量，但“应交税费”及其二级账户不能反映企业缴纳的全部税种及其金额，不能通过一个账户了解企业纳税的全貌，从而不便于分析企业的整体税负。因此，本书对包括印花税在内的所有税种，不论大小（税种、金额），也不论是否会形成税金负债，均通过“应交税费”账户核算。

由于印花税的适用范围较广，记入的账户应视业务的具体情况予以确定。若是固定资产、无形资产购销、转让、租赁，作为购买方或承受方、承租方，其支付的印花税应借记“固定资产”“无形资产”“税金及附加”等账户；作为销售方或转让方、出租方，其支付的印花税应借记“固定资产清理”“其他业务成本”等账户。在其他情况下，企业支付的印花税应借记“税金及附加”账户（如果一次购买印花税和缴纳税额较大，需分期摊入费用，可采用“待摊费用”账户）。企业在债务重组时，债务人应缴的印花税应借记“税金及附加”账户，贷记“银行存款”账户；债权人应借记“长期股权投资”账户，贷记“银行存款”账户。

【例 9-2】 甲建筑安装公司 20X3 年 8 月承包某工厂建筑工程一项，工程造价为 600 万元，按照经济合同法，双方签订建筑承包工程合同。订立建筑安装承包合同，应按合同金额 0.3‰贴花。

计算应交印花税并作会计分录如下：

应交印花税 = 6 000 000×0.3‰ = 1 800（元）

借：税金及附加　　1 800

　　贷：应交税费——应交印花税　　1 800

实际缴纳时：

借：应交税费——应交印花税　　1 800

　　贷：银行存款　　1 800

各种合同应于合同正式签订时贴花。建筑公司应在自己的合同正本上贴花 18 000 元。由于该份合同应纳税额超过500元，该公司应向税务机关申请填写缴款书或完税证，将其中一联粘贴在合同上或由税务机关在合同上加注完税标记。

第二节　城建税与教育费附加税会计

一、城市维护建设税

（一）城市维护建设税的概念与特点

城市维护建设税是对缴纳增值税、消费税的单位和个人征收的一种税。

城市维护建设税与其他税种相比较，具有以下特点。

1. 税款专款专用

按照我国财政的一般性要求，税款根据需要统一安排其用途，并不规定各个税种收入的具体使用范围和方向。但城市维护建设税例外，具有专款专用的特点。城市维护建设税款用来保证城市的公共事业和公共设施的维护与建设。

2. 属于附加税

城市维护建设税与其他税种不同，没有独立的征税对象，而是以增值税、消费税“二税”实际缴纳的税额之和为计税依据，随“二税”征收而征收。

3. 根据城镇规模设计税率

一般来说，城镇规模越大，所需要的建设与维护资金越多，与此相适应，城市维护建设税的税率越高，反之越低。这种根据城镇规模不同，差别设置税率的办法，较好地适应了城市建设的不同需要。

4. 征收范围较广

增值税、消费税在我国现行税制中属于主体税种，而城市维护建设税又是其附加税。缴纳增值税、消费税的单位和个人都要缴纳城市维护建设税，因此城市维护建设税的征税范围也相应较广。

（二）城市维护建设税的基本规定

1. 征税范围

城市维护建设税的征税范围比较广。具体包括城市市区、县城、建制镇，以及税法规定征收“二税”的其他地区。城市、县城、建制镇的范围，应以行政区划为标准，不能随意扩大或缩小各自行政区域的管辖范围。

海关对进口产品代征增值税、消费税的，不征收城市维护建设税。

2. 纳税人

凡缴纳增值税、消费税的单位和个人，为城市维护建设税的纳税人。自 2010 年 12 月 1 日起，对外商投资企业、外国企业及外籍个人征收城市维护建设税。

3. 税率

城市维护建设税实行地区差别比例税率，纳税人所在地区不同，适用不同档次的税率。城市维护建设税税率具体如下：

（1）纳税人所在地在市区的，税率为 7%；

（2）纳税人所在地在县城、镇的，税率为 5%；

（3）纳税人所在地不在市区、县城或者镇的，税率为 1%。

根据《国家税务总局关于中外合作开采石油资源适用城市维护建设税教育费附加有关事宜的公告》（国家税务总局公告 2010 年第 31 号）规定，开采海洋石油资源的中外合作油（气）田所在地在海上，其城市维护建设税适用 1%的税率。中国海洋石油总公司海上自营油（气）田，其城市维护建设税适用 1%的税率。

撤县建市后，纳税人所在地在市区的，城市维护建设税适用税率为 7%；纳税人所在地在市区以外其他镇的，城市维护建设税适用税率仍为 5%。

4. 计税依据

城市维护建设税的计税依据是纳税人实际缴纳的增值税、消费税税额。城市维护建设税以“二税”为计税依据，指的是“二税”实际缴纳税额，不包括加收的滞纳金和罚款。

为保证增值税期末留抵退税政策有效落实，对实行增值税期末留抵退税的纳税人，其退还的增值税期末留抵税额应在计税依据中扣除。

生产企业出口货物实行免、抵、退税办法后，经税务局正式审核批准的当期免抵的增值税税额应纳入城市维护建设税的计征范围，分别按规定的税（费）率征收城市维护建设税和教育费附加。

5. 减税、免税

城市维护建设税以增值税、消费税为计税依据，并与“二税”同时征收。税法规定对纳税人减免“二税”时，相应也减免了城市维护建设税。因此，城市维护建设税原则上不单独规定减免税。但是，针对一些特殊情况，财政部和国家税务总局做出了一些特别税收优惠规定。

（1）对由于减免增值税、消费税而发生的退税，同时退还已缴纳的城市维护建设税。但对出口产品退还增值税、消费税的，不退还已缴纳的城市维护建设税。

（2）为支持国家重大水利工程建设，对国家重大水利工程建设基金自 2010 年 5 月 25 日免征城市维护建设税。

（3）自 2019 年 1 月 1 日至 2021 年 12 月 31 日，自主就业退役士兵从事个体经营的，自办理个体工商户登记当月起，在 3 年（36 个月）内按每户每年 12 000 元为限额依次扣减其当年实际应缴纳的增值税、城市维护建设税、教育费附加、地方教育附加和个人所得税。具体操作参照《财政部 国家税务总局退役军人部关于进一步扶持自主就业退役士兵创业就业有关税收政策的通知》(财税〔2019〕21号)。

(4)经中国人民银行依法决定撤销的金融机构及其分设于各地的分支机构(包括被依法撤销的商业银行、信托投资公司、财务公司、金融租赁公司、城市信用社和农村信用社),用其财产清偿债务时,免征被撤销金融机构转让货物、不动产、无形资产、有价证券、票据等应缴纳的城市维护建设税。

(5)自2019年1月1日至2024年12月31日,由省、自治区、直辖市人民政府根据本地区实际情况,以及宏观调控需要确定,对增值税小规模纳税人、小型微利企业和个体工商户可以在50%的税额幅度内减征城市维护建设税。

此外,对增值税、消费税“二税”实行先征后返、先征后退、即征即退办法的,除另有规定外,对随“二税”附征的城市维护建设税,一律不予退(返)还。

6. 征收管理

城市维护建设税的纳税义务发生时间、纳税地点、纳税期限比照增值税、消费税的相应规定,城市维护建设税分别与增值税、消费税同时缴纳。

(三)城市维护建设税应纳税额的计算

城市维护建设税的应纳税额按以下公式计算:

应纳税额=(实际缴纳的增值税额+实际缴纳的消费税额)×适用税率

【例9-3】 地处市区的某企业,20X3年3月应缴纳增值税494万元,缴纳消费税600万元,因故被加收滞纳金0.5万元。请计算该企业实际应纳城市维护建设税额。

应纳税额=(494+600)×7%=76.58(万元)

二、教育费附加

(一)教育费附加的概念

教育费附加是以单位和个人缴纳的增值税、消费税税额为计算依据征收的一种附加费。教育费附加名义上是一种专项资金,但实质上具有税的性质。为了调动各种社会力量办教育的积极性,开辟多种渠道筹措教育经费,国务院于1986年4月28日颁布了《关于征收教育费附加的暂行规定》(国发〔1986〕50号),同年7月1日开始在全国范围内征收教育费附加。教育费附加计征比率也经历了一个由低到高的变化过程。1986年开征时,比率为1%,1990年5月增至2%,自2005年10月至今,教育费附加比率为3%。

为贯彻落实《国家中长期教育改革和发展规划纲要(2010—2020年)》,进一步规范和拓宽财政性教育经费筹资渠道,支持地方教育事业发展,根据《财政部关于统一地方教育附加政策有关问题的通知》(财综〔2010〕98号),各地统一开征地方教育附加,地方教育附加的缴费人、征收范围、计费依据与教育费附加规定保持一致,地方教育附加的计征比率为2%。

（二）教育费附加的征税范围及计税依据

教育费附加对缴纳增值税、消费税的单位和个人征收，以其实际缴纳的增值税、消费税税额为计费依据，分别与增值税、消费税同时缴纳。自 2010 年 12 月 1 日起，对外商投资企业、外国企业及外籍个人开始征收教育费附加。海关对进口产品代征增值税、消费税的，不征收教育费附加。

（三）教育费附加的计征比率

教育费附加的计征比率为 3%。

（四）教育费附加的计算

应纳教育费附加=（实际缴纳的增值税额+实际缴纳的消费税额）×计征比率

【例 9-4】地处市区的某企业，20X3 年 2 月应缴纳增值税 247 万元，缴纳消费税 300 万元，因故被加收滞纳金 0.25 万元。请计算该企业应纳的教育费附加。

应纳税额=（247 +300）×3%=16.41（万元）

（五）教育费附加的减免规定

（1）对由于减免增值税、消费税而发生的退税，同时退还已纳的教育费附加。但对出口产品退还增值税、消费税的，不退还已缴纳的教育费附加。

（2）为支持国家重大水利工程建设，对国家重大水利工程建设基金自 2010 年 5 月 25 日起免征教育费附加。

（3）自 2016 年 2 月 1 日起，按月纳税的月销售额或营业额不超过 10 万元（按季度纳税的季度销售额或营业额不超过 30 万元）的缴纳义务人免征教育费附加。

（4）经中国人民银行依法决定撤销的金融机构及其分设于各地的分支机构（包括被依法撤销的商业银行、信托投资公司、财务公司、金融租赁公司、城市信用社和农村信用社），用其财产清偿债务时，免征被撤销金融机构转让货物、不动产、无形资产、有价证券、票据等应缴纳的教育费附加。

（5）自 2019 年 1 月 1 日至 2024 年 12 月 31 日，由省、自治区、直辖市人民政府根据本地区实际情况，以及宏观调控需要确定，对增值税小规模纳税人、小型微利企业和个体工商户可以在 50%的税额幅度内减征教育费附加。

此外，对增值税、消费税“二税”实行先征后返、先征后退、即征即退办法的，除另有规定外，对随“二税”附征的教育费附加，一律不予退（返）还。

三、城建税和教育费附加税会计处理

（一）城市维护建设税的会计处理

企业核算应缴纳城市维护建设税时，应设置“应交税费——应交城市维护建设税”

账户。

【例 9-5】天阳城建公司系一般纳税人，在异地某县承揽某一城建工程，20X3 年 2 月销项税额 225 万元，进项税额 120 万元，异地预缴增值税 45 万元。假设该公司只有该项目，当月无其他涉税事项。

1. 应交税费的计算

（1）服务发生地的计算：

应交城市维护建设税=45×5%=2.25（万元）

应交教育费附加=45×3%=1.35（万元）

应交地方教育费附加=45×2%=0.9（万元）

（2）机构所在地的计算：

应交城市维护建设税=（225-120-45）×7%=4.2（万元）

应交教育费附加=（225-120-45）×3%=1.8（万元）

应交地方教育费附加=（225-120-45）×2%=1.2（万元）

（3）服务发生地城市维护建设税税率为 5%，机构所在地城市维护建设税税率为 7%，存在 2%税率差，在机构地申报时不需要补缴。

2. 应交税费的会计分录

（1）在服务发生地预缴税费时：

	借方	贷方
借：税金及附加	45 000	
贷：应交税费——应交城市维护建设税		22 500
——应交教育费附加		22 500
借：应交税费——应交城市维护建设税	22 500	
——应交教育费附加	22 500	
贷：银行存款		4 5000

（2）在机构所在地预缴税费时：

	借方	贷方
借：税金及附加	72 000	
贷：应交税费——应交城市维护建设税		42 000
——应交教育费附加		30 000
借：应交税费——应交城市维护建设税	42 000	
——应交教育费附加	30 000	
贷：银行存款		72 000

（二）教育费附加的会计处理

企业核算应缴纳城市维护建设税时，应设置“应交税费——应交教育费附加”账户。

【例 9-6】20X3 年 2 月底，国税局退税机关已审批某企业“免抵退”税额 200 万元。其中，退税额 80 万元，免抵税额 120 万元。该企业在收到退税机关返还的《生产企业出口货物免、抵、退税申报汇总表》后，依据“免抵退”税额计算城市维护建设税（税率 7%）和教育费附加（费率 3%），有关计算和账务处理如下：

(1) 月底，收到《生产企业出口货物免、抵、退税申报汇总表》：

借：其他应收款——应收出口退税（增值税） 800 000

  应交税费——应交增值税（出口退税抵减应纳税额） 1 200 000

  贷：应交税费——应交增值税（出口退税） 2 000 000

(2) 计提应纳城建税：

应纳城建税＝1 200 000×7%＝84 000（元）

借：税金及附加 84 000

  贷：应交税费——应交城市维护建设税 84 000

(3) 计提教育费附加：

应纳教育费附加＝1 200 000×3%＝36 000（元）

借：税金及附加 36 000

  贷：应交税费——应交教育费附加 36 000

(4) 上缴税费时：

借：应交税费——应交城市维护建设税 84 000

  ——应交教育费附加 36 000

  贷：银行存款 120 000

第三节　烟叶税会计

一、烟叶税概述

烟叶税是对我国境内收购烟叶的行为以收购金额为征税依据而征收的一种税，体现国家对烟草实行“寓禁于征”政策。

中国对烟草征税始于明朝末年，后来一直保持对烟叶征税。工商统一税和产品税都有对烤烟征税的规定。1994 年的税制改革中，取消了原产品税和工商统一税，将原农林特产农业税与原产品税和工商统一税中的农林牧水产品税目合并，改为统一征收农业特产农业税，并于同年 1 月 31 日发布《国务院关于对农业特产收入征收农业税的规定》（国务院令第 143 号），其中规定对烟叶在收购环节征收，税率为 31%。1999 年，将烟叶特产农业税的税率下调为 20%。2004 年 6 月，财政部、国家税务总局下发《关于取消除烟叶外的农业特产税有关问题的通知》（财税〔2004〕120 号），规定从 2004 年起，除对烟叶暂保留征收农业特产农业税外，取消对其他农业特产品征收的农业特产农业税。2006 年 4 月 28 日，《中华人民共和国烟叶税暂行条例》公布施行。2017 年 12 月 27 日，《中华人民共和国烟叶税法》颁布，自 2018 年 7 月 1 日起施行。

（一）烟叶税的纳税人

在中华人民共和国境内收购烟叶的单位为烟叶税的纳税人。烟叶的生产销售方不是烟叶税的纳税人，烟叶的收购方是烟叶税的纳税人。

收购烟叶的单位，是指依照《中华人民共和国烟草专卖法》的规定有权收购烟叶的烟草公司或者受其委托收购烟叶的单位。依照《中华人民共和国烟草专卖法》查处没收的违法收购的烟叶，由收购罚没烟叶的单位按照购买金额计算缴纳烟叶税。

（二）烟叶税的税率

烟叶税实行比例税率，税率为 20%。

（三）烟叶税的征收管理

1. 纳税地点

纳税人收购烟叶，应当向烟叶收购地的主管税务机关申报纳税。

2. 纳税时间

烟叶税的纳税义务发生时间为纳税人收购烟叶的当天。收购烟叶的当天，是指纳税人向烟叶销售者付讫收购烟叶款项或者开具收购烟叶凭据的当天。

3. 申报缴纳

烟叶税按月计征，纳税人应当于纳税义务发生月终了之日起 15 日内申报并缴纳税款。

二、烟叶税的计算和会计处理

（一）烟叶税的计税依据

烟叶税的计税依据是收购烟叶实际支付的价款总额。

实际支付的价款总额，包括纳税人支付给烟叶生产销售单位和个人的烟叶收购价款和价外补贴。按照简化手续、方便征收的原则，对价外补贴统一按烟叶收购价款的 10% 计算。

收购金额计算公式如下：

实际支付的价款总额＝收购价款×（1+10%）

（二）烟叶税应纳税额的计算

应纳税额的计算公式为：

应纳税额＝实际支付的价款总额×税率

【例 9-7】某年 2 月，某烟草公司向烟农收购一批烟叶，收购价款为 100 万元（不含价外补贴），另外支付的价外补贴为烟叶收购价款的 10% ，烟叶税税率为 20%，请计算该烟草公司应缴纳的烟叶税。

应纳税额＝100×（1+10%）×20% ＝22（万元）

（三）烟叶税的会计处理

1. 烟叶尚未提回时，根据有关收购凭证等作账务处理

借：在途物资、材料采购等

应交税费——应交增值税（进项税额）

贷：银行存款

应交税费——应交烟叶税

2. 烟叶提回入库时，根据收货单等凭证作账务处理

借：库存商品

贷：在途物资、材料采购等

3. 缴纳烟叶税时

借：应交税费——应交烟叶税

贷：银行存款

第四节 环境保护税会计

一、环境保护税概述

环境保护税，又称为生态税、绿色税。发达国家由于在经济发展过程中曾饱受环境问题的困扰，率先尝试将税收用于环境保护。与发达国家相比，中国在环境保护方面的措施主要是排污费的征收。我国从 1979 年就确立了排污费制度。2016 年 12 月 25 日，在第十二届全国人民代表大会常务委员会第二十五次会议上《中华人民共和国环境保护税法》（以下简称《环境保护税法》）获表决通过，并于 2018 年 1 月 1 日起施行。2018 年 10 月 26 日，第十三届全国人民代表大会常务委员会第六次会议审议通过《环境保护税法》修订。

（一）纳税人

环境保护税的纳税人是指在中华人民共和国领域和中华人民共和国管辖的其他海域，直接向环境排放应税污染物的企业事业单位和其他生产经营者。

依法设立的城乡污水集中处理、生活垃圾集中处理场所超过国家和地方规定的排放标准向环境排放应税污染物的，应当缴纳环境保护税。企业事业单位和其他生产经营者贮存或者处置固体废物不符合国家和地方环境保护标准的，应当缴纳环境保护税。达到省级人民政府确定的规模标准并且有污染物排放口的畜禽养殖场，应当依法缴纳环境保护税。

（二）征税对象

环境保护税的征税对象为纳税人直接向环境排放的应税污染物，是《环境保护税法》所附《环境保护税税目税额表》《应税污染物和当量值表》规定的大气污染物、水污染物、固体废物和噪声。

（三）不征税项目

有下列情形之一的，不属于直接向环境排放污染物，不缴纳相应污染物的环境保护税。

（1）企业事业单位和其他生产经营者向依法设立的污水集中处理、生活垃圾集中处理场所排放应税污染物的；

（2）企业事业单位和其他生产经营者在符合国家和地方环境保护标准的设施、场所贮存或者处置固体废物的；

（3）禽畜养殖场依法对畜禽养殖废弃物进行综合利用和无害化处理的。

（四）税目和税率

根据《环境保护税法》的规定，环境保护税的征收对象是应税污染物，主要是四类重点污染物，即大气污染物、水污染物、固体废物和噪声。

应税污染物的适用税率有两种，一是全国统一定额税，二是浮动定额税。对于固定废物和噪声实行的是全国统一的定额税制，对于大气和水污染物实行各省浮动定额税制。具体见表 9-1。

表 9-1　环境保护税税目税额表

<table>
<tr><th colspan="2">税目</th><th>计税单位</th><th>税额</th><th>备注</th></tr>
<tr><td colspan="2">大气污染物</td><td>每污染当量</td><td>1.2 元至 12 元</td><td></td></tr>
<tr><td colspan="2">水污染物</td><td>每污染当量</td><td>1.4 元至 14 元</td><td></td></tr>
<tr><td rowspan="4">固体废物</td><td>煤矸石</td><td>每吨</td><td>5 元</td><td></td></tr>
<tr><td>尾矿</td><td>每吨</td><td>15 元</td><td></td></tr>
<tr><td>危险废物</td><td>每吨</td><td>1 000 元</td><td></td></tr>
<tr><td>冶炼渣、粉煤灰、炉渣、其他固体废物（含半固态、液态废物）</td><td>每吨</td><td>25 元</td><td></td></tr>
<tr><td rowspan="6">噪声</td><td rowspan="6">工业噪声</td><td>超标 1~3 分贝</td><td>每月 350 元</td><td rowspan="6">1. 一个单位边界上有多处噪声超标，根据最高一处超标声级计算应纳税额；当沿边界长度超过 100 米有两处以上噪声超标，按照两个单位计算应纳税额。
2. 一个单位有不同地点作业场所的，应当分别计算应纳税额，合并计征。
3. 昼、夜均超标的环境噪声，昼、夜分别计算应纳税额，累计计征。
4. 声源一个月内超标不足 15 天的，减半计算应纳税额。
5. 夜间频繁突发和夜间偶然突发厂界超标噪声，按等效声级和峰值噪声两种指标中超标分贝值高的一项计算应纳税额</td></tr>
<tr><td>超标 4~6 分贝</td><td>每月 700 元</td></tr>
<tr><td>超标 7~9 分贝</td><td>每月 1 400 元</td></tr>
<tr><td>超标 10~12 分贝</td><td>每月 2 800 元</td></tr>
<tr><td>超标 13~15 分贝</td><td>每月 5 600 元</td></tr>
<tr><td>超标 16 分贝以上</td><td>每月 11 200 元</td></tr>
</table>

（五）税收优惠

下列情况免征环境保护税：

（1）农业生产（不包括规模化养殖）排放应税污染物的。

（2）机动车、铁路机车、非道路移动机械、船舶和航空器等流动污染源排放应税污染物的。

（3）依法设立的城乡污水集中处理、生活垃圾集中处理场所排放相应应税污染物，不超过国家和地方规定的排放标准的。依法设立的生活垃圾焚烧发电厂、生活垃圾填埋场、生活垃圾堆肥厂，属于生活垃圾集中处理场所，其排放应税污染物不超过国家和地方规定的排放标准的，依法予以免征环境保护税。

（4）纳税人综合利用的固体废物，符合国家和地方环境保护标准的。

（5）国务院批准免税的其他情形。

（六）征收管理

1. 纳税义务发生时间

环境保护税纳税义务发生时间为纳税人排放应税污染物的当日。

2. 纳税地点

纳税人应当向应税污染物排放地的税务机关申报缴纳环境保护税。应税污染物排放地是指：（1）应税大气污染物、水污染物排放口所在地；（2）应税固体废物产生地；（3）应税噪声产生地。纳税人跨区域排放应税污染物，税务机关对税收征收管辖有争议的，由争议各方按照有利于征收管理的原则协商解决；不能协商一致的，报请共同的上级税务机关决定。

3. 纳税申报

环境保护税按月计算，按季申报缴纳。不能按固定期限计算缴纳的，可以按次申报缴纳。纳税人按季申报缴纳的，应当自季度终了之日起 15 日内，向税务机关办理纳税申报并缴纳税款。纳税人按次申报缴纳的，应当自纳税义务发生之日起 15 日内，向税务机关办理纳税申报并缴纳税款。纳税人申报缴纳时，应当向税务机关报送所排放应税污染物的种类、数量，大气污染物、水污染物的浓度值，以及税务机关根据实际需要要求纳税人报送的其他纳税资料。

二、计税依据与应纳税额的计算

（一）计税依据

应税污染物的计税依据根据污染物的种类来确定。应税大气污染物和应税水污染物的计税依据为污染物排放量折合的污染当量数，应税固体废物的计税依据为固体废物的排放量，应税噪声计税依据为超过国家规定标准的分贝数。

1. 应税大气污染物

应税大气污染物的计税依据应按照污染物排放量折合的污染当量数确定。应税大气污染物的污染当量数，以该污染物的排放量除以该污染物的污染当量值计算。每种应税大气污染物的具体污染当量值依照《应税污染物和当量值表》执行。每一排放口或者没有排放口的应税大气污染物，按照污染当量数从大到小排序，对前三项污染物征收环境保护税。

污染当量数=污染物排放量÷污染当量值

2. 应税水污染物

应税水污染物的计税依据应按照污染物排放量折合的污染当量数确定。应税水污染物的污染当量数，以该污染物的排放量除以该污染物的污染当量值计算。其中，色度的污染当量数，以污水排放量乘以色度超标倍数再除以适用的污染当量值计算。禽养殖业水污染物的污染当量数，以该畜禽养殖场的月均存栏量除以适用的污染当量值计算。畜禽养殖场的月均存栏量按照月初存栏量和月末存栏量的平均数计算。

每一排放口的应税水污染物，按照《应税污染物和当量值表》区分第一类水污染物和其他类水污染物，按照污染当量数从大到小排序，对第一类水污染物按照前五项征收环境保护税，对其他类水污染物按照前三项征收环境保护税。

3. 应税固体废物

应税固体废物的计税依据应按照固体废物的排放量确定。应税固体废物的排放量为当期应税固体废物的产生量减去当期应税固体废物贮存量、处置量、综合利用量的余额。

4. 应税噪声

应税噪声的计税依据应按照超过国家规定标准的分贝数确定。

（二）应纳税额的计算

环境保护税应纳税额按照下列方法计算：

1. 应税大气污染物

应纳税额=污染当量数×具体适用税额

2. 应税水污染物

应纳税额=污染当量数×具体适用税额

3. 应税固体废物

应纳税额=固体废物排放量×具体适用税额

4. 应税噪声

应纳税额=超过国家标准的分贝数×具体适用税额

【例 9-8】 某企业 20X3 年 2 月向大气直接排放二氧化硫、氮化物各 100 千克，一氧化碳 200 千克、氯化氢 80 千克。假设当地大气污染物每污染当量税额为 1.2 元。该企业只有一个排放口。已知二氧化硫的污染当量值为 0.95 千克，氮化物的污染当量值为 0.87 千克，一氧化碳的污染当量值为 16.7 千克，氯化氢的污染当量值为 10.75 千克。计算该企业当月环境保护税的应纳税额。

第 1 步：计算各污染物的污染当量数

二氧化硫的污染当量数=100÷0.95=105.26

氮化物的污染当量数=100÷0.87=114.94

一氧化碳的污染当量数=200÷16.7=11.98

氯化氢的污染当量数=80÷10.75=7.44

第 2 步：按污染当量数将 4 项污染物排序，确认前 3 项污染物氮化物污染当量数 114.94>二氧化硫污染当量数 105.26>一氧化碳污染当量数 11.98>氯化氢污染当量数 7.44

第 3 步：计算前 3 项污染物的应纳税额

应纳税额 =（114.94+105.26+11.98）×1.2=278.62（元）

三、环境保护税的会计处理

计提环境保护税时，借记“税金及附加”，贷记“应交税费——应交环境保护税”，实际缴纳税款时，借记“应交税费——应交环境保护税”，贷记“银行存款”。若按次申报缴纳环境保护税时，则直接借记“税金及附加”，贷记“银行存款”。

本章思维导图

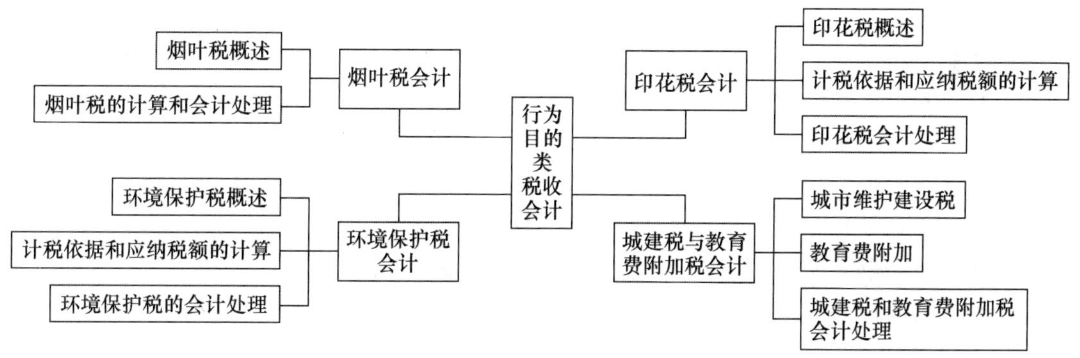

本章延伸阅读

1.《中华人民共和国印花税法》

2.《国家税务总局关于城市维护建设税征收管理有关事项的公告》（国家税务总局公告 2021 年第 26 号）

3.《中华人民共和国环境保护税法实施条例》（国务院令第 693 号）

本章习题

一、单项选择题

1. 依据印花税征税范围的规定，下列合同应缴纳印花税的是（　　）。

A. 未按期兑现合同　　　　B. 银行同业拆借合同

C. 无息贷款合同　　D. 电网与用户之间签订的合同

2. 下列合同，应按照“技术合同”缴纳印花税的是（　　）。

A. 设备测试合同　　B. 专利权转让合同

C. 专利申请转让合同　　D. 专利实施许可合同

3. 某建筑公司与甲企业签订一份建筑承包合同，合同金额6 000万元（含相关费用50万元）。施工期间，该建筑公司又将其中价值800万元的安装工程分包给乙企业，并签订分包合同。该建筑公司上述合同应缴纳印花税（　　）万元。

A. 1.85　　B. 1.80　　C. 2.03　　D. 2.04

4. 某市区一企业为增值税一般纳税人，本月缴纳进口关税65万元，进口增值税15万元，进口环节消费税26.47万元；本月实际向税务机关缴纳增值税46万元，消费税89万元。在税务检查过程中，查补该企业上年隐瞒部分收入导致少缴纳的增值税5万元，并被加收滞纳金600元，罚款300元。本月收到上月报关出口自产货物应退增值税35万元。该企业本月应纳城市维护建设税是（　　）万元。

A. 9.13　　B. 9.80　　C. 11.65　　D. 13.45

5. 甲公司为增值税一般纳税人，本月向税务机关实际缴纳增值税260 000元，消费税750 000元，城市维护建设税70 700元。甲公司当月应缴教育费附加和地方教育费附加（　　）元。

A. 41 035　　B. 46 535　　C. 50 500　　D. 54 035

6. 根据烟叶税的规定，下列属于烟叶税纳税人的是（　　）。

A. 生产烟叶的个人　　B. 收购烟叶的单位

C. 销售香烟的单位　　D. 消费香烟的个人

7. 下列选项中，属于环境保护税征税范围的是（　　）。

A. 某造纸厂将污水集中排放到依法设立的污水处理厂

B. 飞机场因飞机起落产生的超标噪声

C. 居民家庭丢弃的生活垃圾

D. 某集体供热公司在居民采暖期间直接向环境排放的大气污染物

二、多项选择题

1. 下列单位，属于印花税纳税人的有（　　）。

A. 签订运输合同的承运企业

B. 电子应税凭证的签订单位

C. 技术合同的签订单位

D. 贷款合同的担保单位

2. 下列选项中，属于印花税税率形式的有（　　）。

A. 比例税率　　B. 比率税率

C. 定额税率　　D. 定量税率

3. 下列属于城建税计税基础的有（　　）。

A. 本月实际缴纳的消费税

B. 计算的免抵税额

C. 本月实际缴纳的增值税

D. 进口的增值税

4. 下列关于城建税的说法中，正确的有（ ）。

A. 海关对进口产品代征消费税和增值税的，不征收城建税

B. 对于增值税和消费税的滞纳金和罚款，作为城建税的计税依据

C. 对出口产品退还增值税、消费税的，不退还已缴纳的城建税

D. 享受增值税即征即退的税收优惠政策，随增值税附征的城建税一律退还

5. 下列污染物中属于环境保护税征收范围的有（ ）。

A. 噪声　　B. 固体废物

C. 水污染物　　D. 大气污染物

三、计算题

甲企业 20X3 年 6 月开业，领受房产权证、工商营业执照、土地使用证各一件；与其他企业订立转移专用技术使用权书据一件，所载金额 80 万元；订立产品购销合同两件，所载金额为 150 万元；订立借款合同一份，所载金额为 40 万元。此外，该企业的营业账簿中，“实收资本”科目载有资金 600 万元，其他营业账簿 20 本（注：合同所载金额均不含增值税）。请计算该企业 20X3 年 6 月应纳印花税额。

参 考 文 献

[1] 盖地．税务会计[M]. 上海:立信会计出版社,2022.

[2] 盖地．税务会计学[M]. 北京:中国人民大学出版社,2020.

[3] 全国税务师职业资格考试教材税法(Ⅰ).[M]. 北京:中国税务出版社,2022.

[4] 全国税务师职业资格考试教材税法(Ⅱ).[M]. 北京:中国税务出版社,2022.